现代法学
试题系列

12

高校法学专业
核心课程配套测试

依国际法核心课程教材
最新版本体例组编

第十版

国际法
配套测试

依据最新立法及学术动态修订升级
新增考试习题、2020～2021年考研真题

教学辅导中心 / 组编

中国法制出版社
CHINA LEGAL PUBLISHING HOUSE

第十版出版说明

《高校法学专业核心课程配套测试丛书》是我社教学辅导中心组织著名法学院校的优秀教师编写的一套教辅丛书。该丛书专为法学院校学生掌握法律专业知识、培养法律思维能力而精心设计，分册设置涵盖教育部规定的法学专业核心课程，因考点全面、题量充足、解答详尽、应试性强等优点，受到广大师生的普遍欢迎，使得该丛书成为法学教辅图书中口碑相传的实力品牌。

《国际法配套测试》是该丛书中的一本，自2005年首次出版后，历经多次改版重印，很多读者还来电来信向我们表达感谢和期待。正是基于这种信赖，为及时体现该领域法学最新研究成果，并与我国立法发展相适应，在承继该书原有优点的基础上，我们对其全面修订。特点如下：

一、配套主流教材

本书结构上分为十八章，与主流国际法核心课程教材相一致，便于随学随练。

二、内容及时更新

1. 根据最新法律、司法解释及文件等进行全面修订。

2. 新增最新考试习题，部分高校2020～2021年考研真题，并对陈旧题目进行替换。

三、加工精细考究

1. 重点章节前面设置“基础知识图解”，归纳每章的知识体系和基本概念，帮助读者梳理知识点并检验学习成果。

2. 对重点题目的答案以脚注形式提醒注意要点，拓展解题思路。

3. 试题答案讲解细致，重点突出，为培养法律思维和提高应试能力提供有效指导。

4. 本书专门设置两套期末测试题，便于读者进行整体复习和预演自测。

四、附录全面实用

1. 收录全国重点高校国际法学专业2006～2021年研究生入学考试真题，为准备考研的读者提供更多帮助。

2. 收录国际法领域重点法律条文列表，方便读者了解司法实践。

3. 收录参考及推荐书目，为读者顺利完成学习任务、全面掌握国际法的相关知识、深入研究该学科提供扩展阅读的指引。

4. 随书赠送课程相关法律单行本一册，方便读者随时查阅我国现行法律规定。

教学辅导中心

2021年7月

目　录

第一章　导　论

基础知识图解

- 国际法的概念
  - 国际法的概念
  - 国际法的特征
  - 国际法与国际私法、国际经济法、国际法学
- 国际法的发展
- 国际法的主体
  - 国际法主体的概念
  - 现代国际法主体的类型
    - 国家
    - 国际组织
    - 正在争取解放的民族或民族解放运动组织
    - 个人的国际法地位
- 国际法的渊源
  - 国际条约
  - 国际习惯
  - 一般法律原则
  - 辅助方法（司法判例、权威法学家的学说、国际组织和国际会议的决议）
- 国际法的编纂
  - 民间编纂（不具有法律效力）
  - 官方编纂（具有法律效力）
- 国际法的基本原则
  - 《国际法原则宣言》
    - 禁止非法使用威胁或武力原则
    - 和平解决国际争端原则
    - 不干涉内政原则
    - 国际合作原则
    - 民族平等与自决原则
    - 各国主权平等原则
    - 履行依宪章所承担义务原则
  - 和平共处五项原则
    - 互相尊重主权和领土完整原则
    - 互不侵犯原则
    - 互不干涉内政原则
    - 平等互利原则
    - 和平共处原则

配套测试

一、单项选择题

1. 第一次明确表述和确认现代国际法基本原则的文件是(　　)。

A.《马斯特里赫特条约》

B.《非洲统一组织章程》

C.《国际联盟盟约》

D.《国际法原则宣言》

2. 实在法学派认为国际法的效力根据是(　　)。

A. 自然理性　　B. 人类的法律良知

C. 最高规范　　D. 国家的同意

3. 以下关于国际法效力根据的表述中正确的是哪一项？(　　)

A. 国际法效力的根据是社会连带关系的事实，并由统治阶级把这种连带关系的事实制定成条约或法律的形式
B. 国际法效力的根据是现实的国家意志
C. 国际法效力的根据是体现各国的协调意志的协议
D. 国际法效力的根据是自然人和国家意志的合一

4. 第一部有完整体系的国际法著作是《战争与和平法》，其作者是(　　)。
A. 边沁　　B. 苏文
C. 格劳秀斯　　D. 孟德斯鸠

5. 国际法在西方文献中曾先后使用过“万国法”“国家间的法”等名称，首次使用“国际法”这一名称的学者是(　　)。
A. 边沁　　B. 苏文
C. 惠顿　　D. 格劳秀斯

6. 为了实现联合国促进国际法的发展与编纂的职能，联合国专门成立了负责编纂国际法的机构，该机构是指(　　)。
A. 法律委员会　　B. 国际法委员会
C. 经济及社会理事会　　D. 国际法院

7. 在国际法历史上，最古老的国际法渊源是(　　)。
A. 国际习惯　　B. 国际条约
C. 一般法律原则　　D. 国际法院判例

8. 规范法学派主张(　　)。
A. 国内法优先说
B. 国际法优先说
C. 国际法与国内法平行说
D. 国际法与国内法相互转化说

9. 二元论的代表人物是(　　)。
A. 耶利内克　　B. 狄骥
C. 奥本海　　D. 凯尔逊

10.《联合国宪章》作为当今世界最大的国际组织的法律文件，就其本质而言(　　)。
A. 是一个多边性质的国际条约
B. 是现代国际法的唯一的渊源
C. 是“世界宪法”性质的文件
D. 是国际法基本原则产生的依据

11. 当国家参加的国际条约与《联合国宪章》规定的会员国义务发生冲突时(　　)。
A. 国际条约的义务应优先履行
B.《联合国宪章》的义务应优先履行
C. 适用“后法优于先法”原则
D. 适用“先法优于后法”原则

12. 最早提出中央集权国家主权学说的是(　　)。
A. 博丹　　B. 卢梭
C. 孟德斯鸠　　D. 格劳秀斯

13. 按照国际法，本质上属于国家主权管辖的事项都是国家内政，这表明(　　)。
A. 内政是一个地域上的概念
B. 一国在本国境内的行为均属内政
C. 一国在本国境内的某些行为也可能是违反国际法的
D. 一国对他国违法行为的干预构成对该国内政的干涉

14. 宣布和确认民族自决原则的国际法文件有(　　)。
A. 1965 年《关于各国内政不容干涉及独立与主权之保护宣言》
B.《联合国宪章》
C. 1962 年《自然资源之永久主权》决议
D. 1960 年《给予殖民地国家和人民独立宣言》

15. 有些国际文件虽然不是条约，但其中所载的一些原则，已被国际社会公认为具有法律拘束力，这些原则和规则是(　　)。
A. 自然法规则　　B. 习惯法规则
C. 协议法规则　　D. 软法规则

16. 一般地，把旨在确立或修改国际法原则、规则的国际条约，称为(　　)。
A. 契约性条约　　B. 规范性条约
C. 造法性条约　　D. 概括性条约

17. 第一个明文规定废除战争作为国家政策的工具、不得使用战争作为解决国际争端方式的条约是(　　)。
A.《国际联盟盟约》
B.《国际法原则宣言》
C.《巴黎非战公约》
D.《联合国宪章》

18. 下列关于国际法特征的说法中不正确的有(　　)。
A. 国际法是通过特定的权威机关强制各国执行国际法的
B. 国际法的制定者主要是国家
C. 国际法是有拘束力的，对国家或其他国际人格者是有强制性的
D. 国际法的主体主要是国家

19. 下列属于国际法基本原则核心的是(　　)。
A. 民族自决原则
B. 诚实履行国际义务原则
C. 和平共处五项原则
D. 和平解决国际争端原则

20. 从国际法角度看(　　)是国际法的基础。
A. 核不扩散原则
B. 基本人权原则
C. 国籍管辖权原则
D. 国家主权原则

21. 回归后的香港、澳门成为我国的特别行政区，港澳享有涉外事务权，这表明(　　)。
A. 香港、澳门是国际法主体
B. 香港、澳门享有部分的外交权
C. 香港、澳门有外交权
D. 其存在并不影响我国单一国的性质

22. 现代国际法中，国际法主体包括(　　)。
A. 主权国家、国际组织和个人
B. 主权国家、法人和自然人
C. 主权国家、国际组织和跨国公司
D. 主权国家和政府间国际组织

二、多项选择题

1. 由于对国际法效力根据的不同认识，而产生了各种不同的国际法学派，主要有(　　)。
A. 自然法学派　　B. 实在法学派
C. 格劳秀斯法学派　　D. 苏联法学派

2. 国际法与国内法是两个不同的法律体系，其不同体现在(　　)。
A. 主体不同
B. 强制实施方式不同
C. 渊源不同
D. 调整的对象不同

3. 国际法的渊源是指(　　)。
A. 国际法的效力根据
B. 国际法原则和规则的最初出处
C. 国际法的原则和规范的最初表现形式
D. 证明国际法原则和规则存在的证据

4. 按照其调整的国际关系的不同范围，国际法可以分为(　　)。
A. 一般国际法　　B. 区域国际法
C. 特殊国际法　　D. 抽象国际法

5. 现代国际法形成了一些较为系统的部门法，如有(　　)。
A. 海洋法　　B. 条约法
C. 国际组织法　　D. 外交法

6. 国际法基本原则的特征包括(　　)。
A. 各国公认
B. 具有普遍约束力
C. 具有强行法性质
D. 不得更改

7. 平等互利原则要求(　　)。
A. 各国平等相处，互相尊重
B. 国家之间不应谋求任何特权
C. 都有自由竞争的权利
D. 相互给予同等的权利而不问是否获得同等的利益

8. 根据《建立新的国际经济秩序宣言》，每个国家享有充分的永久主权的对象是(　　)。
A. 领土　　B. 全部财富
C. 自然资源　　D. 经济活动

9. 在国际法上，关于平等的国际习惯法包括(　　)。
A. 签署条约的轮换制
B. 国际组织表决制度中的“一国一票制”
C. 非经一国同意不得对其强加有约束力的规则
D. 国家的行为和财产不受外国法院管辖

10. 国际习惯规则确立和存在的证据，可见诸(　　)。
A. 国家的对外文件
B. 国际组织的决议
C. 国内外司法判决
D. 权威国际法学者的著作

11. 国际人道法中的区分对象原则（区分军事与非军事目标，区分战斗员与平民）是一项已经确立的国际习惯法原则，也体现在《1977年日内瓦四公约第一附加议定书》中。甲、乙、丙三国中，甲国是该议定书的缔约国，乙国不是，丙国曾是该议定书的缔约国，后退出该议定书。根据国际法的有关原理和规则，下列哪些选项是错误的？(　　)（司考2007.1.77）
A. 该原则对甲国具有法律拘束力，但对乙国没有法律拘束力
B. 丙国退出该议定书后，该议定书对丙国不再具有法律拘束力
C. 丙国退出该议定书后，该原则对丙国不再具有法律拘束力
D. 该原则对于甲、乙、丙三国都具有法律拘束力

12. 国际法是一个特殊的法律体系，它的强制力是通过(　　)来实现的。
A. 国家单独采取强制措施
B. 国家集体采取强制措施
C. 国际法院采取强制措施
D. 国际警察采取强制措施

13. 现代国际法已经得到迅速发展，出现了许多新的分支，包括(　　)。
A. 跨国公司法　　B. 国际环境法
C. 涉外经济法　　D. 外层空间法

14. 香港特别行政区享有高度自治权，有涉外事务权，(　　)。
A. 但没有外交权
B. 但不是国际法主体
C. 是一个不完全的国际法主体
D. 是准国家性的国际法主体

三、名词解释

1. 万民法
2. 国际法（西北政法大学2007年考研真题）
3. 二元论（中南财经政法大学2010年考研真题）
4. 国际法的主体
5. 国际习惯
6. 国际习惯与国际惯例（华东政法大学2008年考研真题）
7. 国际法的效力根据
8. 强行法（武汉大学2005年考研真题；中南财经政法大学2007年考研真题中有类似题“国际强行法”）
9. 不干涉内政原则
10. 主权
11. particular international law（武汉大学2005年考研真题）
12. 国际法编纂
13. 法律确信（中南财经政法大学2007年考研真题）
14. 格劳秀斯学派（西北政法大学2007年考研真题）

四、简答题

1. 简述国际法的定义。（中国人民大学2008年考研真题）
2. 国际法的基本原则有哪些？（中南财经政法大学2010年考研真题）
3. 国际法基本原则与强行法之间的联系和区别是什么？现代国际法有哪些基本原则？
4. 什么是严格法律意义上的国际法渊源和广泛历史意义上的国际法渊源？（中南财经政法大学2005年考研真题中有类似题“论国际法的渊源”）
5. 结合实际谈谈国际法与国内法相互之间的主要联系与区别。
6. 简述国际强行法的含义和意义。（中国政法大学2005年、2012年考研真题）（中国政法大学2015年考研真题：国际强行法的概念和特征与此类似）
7. 国际法否定论。（中南财经政法大学2005年考研真题）
8. 国际法优先说。（中南财经政法大学2005年考研真题）
9. 从国际法与国内法的角度，试述国际法在国际关系中的普遍效力。（武汉大学2006年考研真题）
10. 国际法的性质。（中国人民大学2007年考研真题）
11. 简述国际法上一般法律原则的地位和作用。（清华大学2007年考研真题）
12. 简答国际法基本原则的特点。（西北政法大学2007年考研真题）
13. 简述国际法主体的“独立性”“直接性”。（华东政法大学2010年考研真题）

五、论述题

1. 阐述国家主权在国际法上的地位。
2. 论个人的国际法主体资格。
3. 论国内法与国际法的关系。（武汉大学2005年考研真题中有类似题“如何理解关于国际法与国内法关系的实践”）
4. 论国家主权平等原则。
5. 论国际法主体资格及其种类。（清华大学2007年考研真题）
6. 有人提出，国际社会共同利益原则（或称全人类共同利益原则），应成为国际法的基本原则，请谈谈你的看法。（武汉大学2007年考研真题）
7. 国家为什么要遵守国际法？（北京大学2010年考研真题）
8. 试论述国际法是不是法律？（中南财经政法大学2009年考研真题）

参考答案

一、单项选择题

1. **答案**：D。《国际法原则宣言》是第一个明确提出国际法基本原则的国际文件，它重申和确认了联合国宪章的各项原则。
2. **答案**：D。国际法的效力根据是指国际法依据什么对国家发生法律效力的问题，由于对国际法效力根据的不同认识而产生了各种国际法学派，实在法学派认为国际法的效力源自国家同意。
3. **答案**：C。国际法的效力依据是指国际法依据什么对国家发生法律效力的问题。对此，不同法学流派存在不同认识。我国通说认为，体现各国的协调意志的协议，构成了国际法效力的根据。
4. **答案**：C。1625年格劳秀斯的《战争与和平法》。
5. **答案**：A。英国哲学家和法学家边沁在1789年出版的《道德及立法原则绪论》中首次使用。
6. **答案**：B。为履行《联合国宪章》关于国际法编纂的职能，联合国大会于1947年通过决议，设立国际法委员会作为负责编纂国际法的主要机构。
7. **答案**：A。国际习惯作为国际法渊源主要渊源之一，早在国际法成为国际关系中的现实势力之前已经存在，古希腊、古罗马及中世纪已经有一系列的国际交往的规则存在。

8. 答案：B。规范法学派认为法律是不同等级的规范，在最上面的是国际法，由此可知，其在国际法和国内法的关系上主张国际法优先。

9. 答案：C。二元论主张国际法和国内法是两个完全不同的法律体系，其主要代表人物有特里佩尔、奥本海、安齐洛蒂。

10. 答案：A。《联合国宪章》作为最大的国际组织的法律文件，其本质是各会员国之间达成的一个国际条约。

11. 答案：B。《国际法原则宣言》宣布，"……当国际协定的义务与《联合国宪章》所规定的联合国会员国的义务发生抵触时，应首先履行宪章所规定的义务"。

12. 答案：A。法国博丹最早提出中央集权国家主权说，卢梭提出的是人民主权说，格劳秀斯在国际法中首先提出国家主权说，瓦尔泰对此进行了系统论述。

13. 答案：C。本题重点在于考查内政的性质，它不是一个地域概念，和地域无关，一国在其境内采取的行为可能不属于内政，一国在其境外采取的行为可能是内政领域的事务。

14. 答案：C。1962 年《自然资源之永久主权》决议宣布和确认了民族自决原则。

15. 答案：B。国际习惯是各国一般实践被接受为法律者，是不成文的国际法规范。国际习惯的形成必须具备两个因素：一是各国的一般实践，即各国长期经常采行的同一国际行为，称为物质因素；另一个是这种国际实践表现的行为规范被各国普遍承认具有法律约束力，即被各国接受为法律，称为"法律的确信"。

16. 答案：C。有的学者将国际条约分为"造法性条约"和"契约性条约"。"造法性条约"是多数国家参加，以宣告或修改国际法规范，或制定新规范，或创立某些新的国际制度为目的和内容的多边条约，或国际公约等。"契约性条约"是指规定缔约国权利和义务关系的，只在当事国之间构成"特殊国际法"，没有一般拘束力，不是国际法渊源。

17. 答案：C。1928 年《巴黎非战公约》的签订，第一次宣布在国际关系中废弃战争作为实行国家政策的工具，对国际法的发展具有重要的意义。

18. 答案：A。国际法是通过国家单独或集体采取措施予以保障的。目前还没有凌驾于国家之上的权威机关，也不可能有强制各国执行国际法的机关。

19. 答案：C。国际法的基本原则有：①互相尊重主权和领土完整；②互不侵犯；③互不干涉内政；④平等互利；④和平共处；⑤和平解决国际争端；⑥民族自决；⑦诚实履行国际义务七项。和平共处五项原则为其核心。

20. 答案：D。国家主权，是国家的根本属性，是指国家独立自主地处理其内外事务的统治权力。对一国国内而言在国家权力之上不得再有权力；对其他国际社会成员而言为独立存在的权力，不受任何其他权力的管辖和支配。但各国在行使主权时不得违反其承担的国际义务。从主权与国际法的关系上看，主权是国际法存在的基础，国际法是在主权基础上产生的，其产生的本身是对主权的限制。

21. 答案：D。回归后的香港和澳门特别行政区享有一定的涉外事务权，但并不表示它们享有外交权，因为外交权是只有国家政府才能享有的权利。我国是单一制国家，它们仍是我国单一制国家的一部分。

22. 答案：D。国际法的主体是具备国际人格并具有国际行为能力和权利能力，能够独立从事国际活动，进行国际交往，并能直接承受国际法确定的权利义务者。其主要包括：国家、争取独立的民族和政府间国际组织。

二、多项选择题

1. 答案：ABC。对国际法效力根据的认识是区分各个国际法学派的标准。由此，国际法学派分为格劳秀斯法学派、自然法学派、实在法学派、社会连带法学派、规范法学派。

2. 答案：ABCD。不同的法律体系，其调整对象不同、主体也不同，进而其渊源和强制方式也不同，国际法和国内法尤其如此。

3. 答案：BC。国际法的渊源可以从两个角度去理解，一是其历史渊源，即第一次出现的地方，另一个是其法律渊源，即其表现形式。

4. 答案：ABC。依据国际法调整的范围，国际法可以分为适用于所有领域的规范即一般国际法、适用于特定区域的国际法即区域国际法和解决特殊问题而形成的特殊国际法。

5. 答案：ABCD。本题考查的是国际法的系统内容。

6. 答案：ABC。国际法基本原则是指在国际法体系中得到各国公认的，具有普遍指导意义的并构成国际法基础的原则。据此，答案为 A、B、C。

7. 答案：ABC。国家之间的平等不仅指形式上的平等，也应包括实质上的平等，并且各国在平等的基础上进行合作与竞争都应是现代国际法平等原则所包括的内容，如果只给予各国同样的权利而不问其实际情况，则可能造成实质上的不平等。因此应选A、B、C。

8. **答案**：BCD。1974年公约规定国家的经济主权包括：对本国境内的自然资源、对境内外国资本及跨国公司的活动的管理监督权、对境内外国资本征收征用权等。对领土的权利不是经济主权而是领土主权。

9. **答案**：ABD。国家之间平等是指各国之间平等与独立，其内容包括国际组织和国际会议上参加国具有平等的投票和表决权，国家具有平等的缔约权，国家之间无管辖权，国家具有平等的位次权，签署条约的轮署制度，国家具有平等的荣誉权等。

10. **答案**：ABC。国际习惯是各国一般实践被接受为法律者。国际习惯的形成必须具备两个因素：一是各国的一般实践，即各国长期经常采取的同一国际行为，二是国际实践表现的行为规范被国际社会普遍承认具有法律效力。国际习惯形成通常可以由以下证据予以证明：国家的外交文件、国家的内部行为、国际组织的实践等。

11. **答案**：AC。本题考查的是国际习惯法原则的效力。区分对象原则（区分军事与非军事目标，区分战斗员与平民）是一项已经确立的国际习惯法原则，具有强行法性质，对国际上任何国家都有拘束力，因此A、C的说法是错误的。D的说法是正确的。日内瓦四公约及第一附加议定书不仅对于发生在缔约国的战争或武装冲突中，对于缔约国有拘束力，而且在交战国中有非缔约国的情况下，对于缔约国也有拘束力。通常只对缔约国有效。故B是正确的。

12. **答案**：AB。国际法的强制力是通过国家单独或集体采取措施予以保障的。

13. **答案**：BD。现代国际法的发展主要表现在国际环境法和外层空间法的出现和发展。

14. **答案**：AB。见《香港特别行政区基本法》，我国是单一制国家，香港不是国际法主体。

三、名词解释

1. **答案**：万民法英文为jus gentium，其原为罗马法上的概念，指调整罗马公民与外国人之间以及外国人之间关系的法律，与只适用于罗马公民之间的市民法相对称。1625年，近代国际法的奠基人格劳秀斯在其著作《战争与和平法》中系统概述了“国家间的法律”，为了指称这一新的法律体系，他最先借用了罗马法中“万民法”这一名称。此时的万民法已不是原来罗马国内法意义上的万民法。

2. **答案**：国际法，或称国际公法，是指调整国际法主体之间、主要是国家之间关系的，有法律拘束力的原则、规则和制度的总体。国际法主要调整各国家之间的关系。国际关系的内容是多种多样的，包括政治、经济、军事、文化等方面的内容。国际关系的多样性也就决定了国际法的多部门性，如外交关系法、海洋法、武装冲突法等。

3. **答案**：二元论是解释国际法与国内法之间的关系的一种学说，其主要观点是：国际法与国内法是两个互不相同、各自独立、平行运作的法律体系。

4. **答案**：国际法的主体（也被称为法律上的“人”，具有“人格”者）是指有能力（capacity）享有国际法上权利和承担国际法上义务，有能力进行国际关系活动的实体。换句话说，国际法主体是指在国际关系中具有国际法上的权利能力和行为能力的实体。这种实体中最重要的就是国家。这种权利能力和行为能力，可表现为缔结条约，提出国际求偿，参加政府间国际组织和国际会议等。

5. **答案**：国际习惯是指经接受为法律的一般实践、惯例或做法（a general practice）。国家实践一般性的因素或所谓物质因素，即在某一方面国家实践实际上一致而且参加实践的国家广泛而有代表性，包括了最有利害关系的国家；以及“法律确信”（opinio juris），所谓心理因素，即这种实践是基于对一项法律或法律义务的一般承认（a general recognition）。

6. **答案**：国际习惯是国际法的重要渊源，是指经接受为法律的一般实践、惯例或做法。

所谓国际惯例，是指在国际实践中反复使用形成的，具有固定内容的，未经立法程序制定的，如为一国所承认或当事人采用，就对其具有约束力的一种习惯做法或常例。

7. **答案**：国际法的效力根据是国际法学中的一个术语，指的是国际法何以对国家及其他国际法主体有拘束力。这是国际法的基本理论问题之一。

8. **答案**：强行法，也称绝对法、强制法，本为国内法的概念，意即必须绝对服从和执行的法律规范，并以此与任意法相区别。1969年的《维也纳条约法公约》承认了一般国际法强制规范的存在。该公约第53条规定，“一般国际法强制规律指国家之国际社会全体接受并公认为不许损抑且仅有以后具有同等性质之一般国际法规范始得更改之规律”。

9. **答案**：《国际法原则宣言》作为“各国依照宪章有不干涉任何国家国内管辖事件（matters within

the domestic jurisdiction of any state）之义务之原则”。宣言指出，任何国家或国家集团均无权以任何理由直接或间接干涉任何其他国家之内政或外交事务（internal or external affairs）。宣言指出，每一国家均有选择其政治、经济、社会及文化制度之不可移转之权利，不受他国任何形式之干涉。

10. 答案：在国际法学中，对“主权”比较一致的看法是：主权是指对内的最高权力，对外独立自主的权力，是不受任何其他国家控制的。对内方面，对一切事物和人有最高权力，国家有权决定其政治、经济、社会和文化制度，也就是属地最高权（territorial supremacy）和属人最高权（personal supremacy）。一国的内部主权使它得以对国家进行统治和管理，制定法律，组织武装部队等，也使该国对该国领土范围内的个人（包括本国人和外国人，自然人和法人）享有最高控制和管辖权。一国的对外主权的核心是独立权，即国家有权独立自主地处理其内部和外部事务，而不受任何国家和其他权力的任何形式的干涉。

11. 答案：特别国际法，与一般国际法相对应。后者是指对世界所有国家（及其他国际法主体）均适用的那一部分原则、规则和制度。而前者是指只能对两个或两个以上的国家（及其他国际法主体）均适用的那一部分原则、规则和制度。两者调整权利义务关系的广狭不同，范围亦不同。原则上一般国际法的效力高于特别国际法。一般国际法对整个国际社会成员具有普遍的法律约束力，特别国际法只针对某些特定国家（及其他国际法主体）具有法律约束力。

12. 答案：国际法编纂（codification），一般是指把国际法或国际法某一部门的规则（包括国际习惯和条约的规则），以类似法典的形式，更精确、系统地制定出来。从狭义来讲，它意味着把分散的法律加以法典化；从广义来理解，它也包括以法典的形式来制定新法律。

13. 答案：法律确信，是惯例形成习惯的一种心理因素，指各国认为该惯例是国际法所必要的，因而相约接受它的约束。

14. 答案：对国际法效力根据的认识不同，产生了各种不同的国际法学流派，格劳秀斯学派即其中之一。格劳秀斯学派认为，国际法的效力根据是自然人和国家意志的合一，国际法对国家有拘束力，一部分是依据自然法和理性，另一部分是依据各国的同意。自然法学派认为，国际法是自然法的一部分，国际法之所以有效力，是因为国际法以自然法则为依据，而自然法则是指人类的良知、理性和法律意识等。

四、简答题

1. 答案：国际法，或称为国际公法，是指调整国际法主体之间，主要是国家之间的、有法律拘束力的原则、规则和制度的总体。国际法包括具体的规则和制度，还有原则，特别是适用于国际关系各个方面的基本原则。

2. 答案：1970 年联合国大会全体一致通过了《关于各国依联合国宪章建立友好关系及合作之国际法原则之宣言》，宣布了七项基本原则，按照此宣言，七项主要原则为：（1）禁止非法使用威胁或武力原则；（2）和平解决国际争端原则；（3）不干涉内政原则；（4）国际合作原则；（5）民族平等与自决原则；（6）各国主权平等原则；（7）履行依宪章所承担义务原则。

3. 答案：（1）国际法的基本原则是指在国际法体系中得到各国公认的，具有普遍指导意义的，并且构成国际法基础的原则，也是国际法的最高原则。强行法是为了满足整个国际社会的利益而存在，因此强行法是不能以条约排除适用，也是绝对不能违反的规则。强行法包括国际法的基本原则，但是并不等于国际法的基本原则，除国际法的基本原则外，它还有很多其他的原则，如条约必须遵守的原则等。

（2）现代国际法的基本原则主要有：互相尊重主权和领土完整原则、互不侵犯、互不干涉内政原则、平等互利原则、和平共处原则、和平解决国际争端原则、民族自决原则、诚实履行国际义务原则。

4. 答案：（1）严格意义上的国际法渊源是国际条约、国际习惯。国际条约是国际法主体（主要是国家）以国际法为准确立它们之间权利和义务的协议，是国际法的最主要的渊源。国际习惯是各国的一般实践被接受为法律者，是不成文的国际法规范。①

（2）国际法，除了条约和习惯之外，还有其他与国际法规范有历史联系的各种渊源，如国际法院的裁决、重要的国际文件和外交文件，著名国际法学家的学说，以及政府间的国际组织的决议等。这是因为，有许多国际法规范，在形成有约束力的法律之前，往往曾在某种学说、法院判决、国际或者国内文件中出现过。例如，“互不侵犯”原则可以追溯到 1899 年和 1907 年的《海牙

① 编者注：我国宪法和民法典对国际习惯在国内法中的地位没有规定。

公约》，公海自由最早是由格劳秀斯在《海洋自由论》中提出来的。

5. 答案：(1) 国际法与国内法①的区别：首先，主体不同。国际法主要是规定国家行为的法律，除此之外还有正在争取独立的民族和政府间的国际组织。而国内法的主体主要是国家管理和支配之下的个人和法人。其次，国际法的制定者主要是国家，国内法则是通过国家的权力机关制定的。最后，国际法的强制执行与国内法不同，国际法是通过国家单独或者集体采取措施予以保障的，而国内法的实施则是通过国家的强制机关如军队、警察、法院等来保障的。

(2) 国际法与国内法的联系首先表现在国家在处理两者的关系上的原则是国内法应当尊重国际法。因为，国家既是国内法的制定者，又参加制定国际法，法律是政策的体现，国内法体现了国家的对内政策，国际法体现了国家的对外政策。就一个国家而言，国家参加制定国际法律制度当然考虑国内法的立场，通过制定国内法履行国际义务，不应当制定与国际法相违背的法律。由此可见，国际法与国内法的实质是国家严格履行国际义务，通过国内法执行国际法的问题。我国著名国际法学者周鲠生在其《国际法》一书中对此作了精辟论述，他说："可以断言，国际法与国内法按其实质来看，不应当由谁属优先的问题，也不能说是彼此对立。作为一个实际问题看，国际法和国内法的关系，归根到底，是国家如何在国内执行国际法的问题，也就是国家履行依国际法承担义务的问题……"

(3) 国际法与国内法的关系还表现在两个法律体系的客观联系互相影响和相互补充方面。从国际法看，它的许多原则、规则源于国内法的实践，如政治犯不引渡的原则最初规定在欧洲的一些国家的国内法中。从国内法看，国家为了履行其国际义务，需要制定或者修改国内法，使得国内法增加新的部门或者新的内容，如《国际海洋法》规定了无害通过制度，沿海国在其国内的海洋立法中就应当作出关于外国船舶无害通过的规定。

6. 答案：国际强行法是指国家之国际社会全体接受并公认为不许损抑且仅有以后具有同等性质之一般国际法规范始得更改之规范。它具有重要的理论和实践意义：进一步明确了国际社会共同利益的存在和对这种利益进行保护的必要性。进一步说明国际法规范具有不同的层次和效力，有助于加强国际法的地位和作用。

7. 答案：关于国际法性质问题的一种观点，认为国际法不是真正意义上的法律，其代表人物是英国法理学者奥斯丁。国际法否定论给出的是主权者、命令、制裁"三位一体"的法律定义，其认为国际法不是实在法律，而是实在道德。

8. 答案：关于国际法和国内法关系的一种理论，认为国际法和国内法不是不同法体系，而是同一法体系的不同部分；其中国际法是上位法，国内法是下位法，国际法优先于国内法，国内法的效力是国际法赋予的，而国际法的效力来自一个最高规范"约定必守原则"。代表人物是美国学者凯尔逊等人。国际法优先说是在批判二元论"平行说"基础上发展起来的，是"二战"以后兴起的理论。

9. 答案：国际法是在国际交往中形成的，用以调整国际关系（主要是国家间关系）的，有法律约束力的原则、规则和制度的总和。国际法是一个与国内法相对应的法律体系。国际法与国内法二者共同构成了当代人类社会完整的法律秩序。国际法作为调整国际关系的行为规则，其效力及于国际社会的所有成员（国家），具有普遍的约束力。

首先，从国际法的角度出发，在国际关系中，国家既然依国际法承担了国际义务，就必须信守地履行国际义务，不得以任何国内法为理由而否认国际义务。

其次，从国内法的角度，国家如果依照国际法承担了相应的国际义务，就有责任使其国内法与其国际义务保持一致。如果国际法与国内法发生抵触，虽然有关国内法院仍然可以根据其国内法规定作出裁判，但该国由于违背了其国际法义务，则必然会产生该国在国际法上的"国家责任"。

最后，国际司法机关对于国际法的效力也多次强调，国家在国际关系中的权利和义务是由国际法规定的，国家不能利用国内法来改变国际法。国际法在国际关系中具有普遍效力。

10. 答案：国际法的性质包括以下两方面：

(1) 国际法的法律性

国际法是国家之间的法律，它的法律性主要表现在：

首先，国际法作为法律得到所有国家的承

① 编者注：国际法与国内法是两种相互联系、相互影响，又相互区别的不同法律体系。读者应当在掌握二者区别、联系的基础上，了解国际法规则的效力、国际法如何转化为国内法、如何在国内法中予以适用、违反国际法所应承担的责任等相关问题。

认。这不仅从国际条约和国际习惯及各国的国内法中反映出来，还可以从国家处理国际关系问题的实践中得到印证。

其次，正如国内法在绝大多数情况和场合下被很好地遵守一样，在国际社会的绝大多数场合，国际法的规则也被很好地遵守。

最后，国际法的法律性也突出表现在对违法行为的处罚上。

（2）国际法的国际性

国际法的国际性表现在：社会基础的国际性；调整对象的国际性；形成方式的国际性。同时还应该考虑到：国际正义；国际社会的共同利益；国际法治。

因此，国际法与国内法最根本的区别在于国际法是国际社会所共同创立的，是反映国际社会共同利益和意志的法律。

11. 答案：《国际法院规约》第38条规定，法院裁判案件时应适用“为文明各国所承认的一般法律原则”。

对于“一般法律原则”的含义以及其是否构成独立的国际法渊源，存在不同看法。较为广泛接受的观点认为，“一般法律原则”是指各国法律体系中所共有的一些原则，如善意、禁止、反言等。

“一般法律原则”的作用是填补法院审理案件时可能出现的由于没有相关的条约和习惯可以适用而产生的法律空白。它在国际司法实践中处于补充和辅助地位，很少被单独适用。在《国际法院规约》第38条第2款中提到的“公允及善良”原则在广义上也被理解为一项“一般法律原则”。

12. 答案：国际法基本原则是指被各国公认的、具有普遍意义的、适用于国际法一切效力范围的、构成国际法基础和核心并具有强行法性质的国际法原则。依据这一定义，国际法基本原则具有下列特点：

（1）各国公认

即基本原则得到国际社会普遍接受。因为国际法是国家之间的法律，一个国家不能创造国际法，尽管有时一国或少数国家提出的某一原则，具有重大的政治、法律意义，在没有得到各国公认之前，尚不能成为国际法基本原则。基本原则必须是为各国所公认的。这种公认或者反复出现在各国缔结的条约中，或者作为国际习惯被各国所接受。这一特点使其区别于仅为少数或部分国家承认的原则。

（2）具有普遍意义

即基本原则适用的范围是国际法律关系的所有领域。国际法基本原则不是个别领域中的具体原则，也不只是关系到国际关系的局部性原则，而是超出了个别领域而具有普遍意义的，适用于国际法一切效力范围的，关系到国际关系全局性的原则，它可以贯穿于国际法的各个方面并具有指导作用。例如，国家平等原则，它对国际法的各个领域都起调整和指导作用，具有普遍意义，其他任何领域的原则、规则只要违背了平等原则均属无效。相反的，政治犯不引渡原则尽管也是一项国际法原则，而且早已为各国公认，但仍不能成为基本原则，因为其只涉及国与国之间引渡罪犯这一方面，不具有普遍适用性，因而不是国际法的基本原则。

（3）构成国际法的基础

这一特点可体现为以下三个方面：①国际法基本原则是一般原则产生的基础。国际法的一般原则和具体规范要么是从基本原则派生或引申出来的，要么是在基本原则指导下形成和发展起来的。②国际法基本原则是一般原则有效的基础。国际法一般原则必须符合基本原则的精神，不得与之相抵触。如同宪法与其他法律的“母法子法”地位相似，任何一项国际法一般原则、规范，与国际法基本原则抵触者均属无效。③国际法基本原则是国际法存在的基础。对国际法基本原则必须遵守，不得违反，倘若破坏了国际法的基本原则就动摇了整个国际法的基础。譬如，假若在国际关系中破坏了主权原则，现代国际法便失去了存在的前提和基础。如果仅仅违反了国际法的具体原则，不足以影响国际法的存在。

（4）具有强行法的性质

强行法，又称绝对法、强制法，指在国际社会中公认的必须绝对执行和严格遵守的，不得任意抛弃、违反或更改的国际法规范。

强行法是任意法的对称。强行法原为国内法的概念，1969年的《维也纳条约法公约》开始正式在国际法领域使用强行法的概念。该公约第53条称国际强行法为“一般国际法强制规律”，并规定：一般国际法强制规范指国家之国际社会全体接受并公认为不许损抑且仅有以后具有同等性质之一般国际法规律始得更改之规律。按照这条规定，国际强行法应具备三个条件或特征：①国际社会全体接受；②公认为不许损抑；③不得随意更改，仅有以后具有同等性质之原则始得更改。但是，国际强行法具体指哪些规范，条约法公约并没有作出明确规定，也没有划定具体范畴。关于国际强行法的效力，《维也纳条约法公约》第53条规定，“条约在缔结时与一般国际法强制规律抵触者无效”；第64条又规定，“遇有新一般国际法强制规律产生时，任何现有条约之与该项规律抵触者即成为无效而终止”，足见其在国际法中的权威性。

按照公认的规定和解释，国际法基本原则完全具备国际强行法的各种条件和特征，但具有强行法性质的原则不一定均为国际法的基本原则。

13. 答案： 国际法主体是指在国际关系上具有国际法上的权利能力和行为能力的实体。所谓享有国际法上的权利能力或行为能力，就必须是直接的、自主的、独立的，不需要经过其他主体的中介或授权。比如，某些国家的地方政府或某些联邦国家的各邦，必须经过国家或联邦的授权才能在授权范围内缔结条约，这种情况就不具有“独立性”和“直接性”。

五、论述题

1. 答案：（1）主权是国际法上的一个核心的概念，它是指国家独立自主地处理内外事务而不受他国干预或限制的最高权力。国家主权作为十分重要的国际法概念，是国际法主体权利义务的中心。国家主权原则是国际法的根本原则，是国家的最重要属性。国家主权作为国家的固有权利，表现在三大方面：一是对内最高管辖权；二是对外独立权；三是反侵略自卫权。

（2）国家主权是国际法的基石和根本基础。

首先，主权国家是国际法产生的前提条件。从国际法的历史发展来看，国际法产生的前提是主权国家的诞生。在古代和中世纪，由于不存在主权国家，因而也就没有真正意义上的国际法。当时存在的某些国家间交往的、零散的且不成体系的规则在性质上显然有别于目前通行的国际法。现代国际法的真正起源在于近代国家的出现。《威斯特伐里亚和约》的订立被认为是独立主权国家和近代国际法产生的标志。

其次，主权国家是创制国际法的主体。从国际法律规范的产生来看，国际法的创制有赖于主权国家的意志和行为。国际法的原则、规则和制度是通过国家间明示或默示的协议确认或创立的，是国家在自愿的基础上承担国际义务，对主权进行自我限制的结果。因此，没有主权国家的同意，就没有国际法。

最后，主权国家是实施国际法的主体。国际上并不存在专门负责实施国际法的强制机关。国际法的实施仍有赖于主权国家的行为。一方面要靠国家自觉和自愿的行动。国际法既然是主权国家在自愿的基础上以协议制定的，主权国家就有政治、道义和法律上的义务遵守国际法的规定。另一方面是国家有权对违反国际法的国家采取行动。

因此可见，国际法赖以产生、存在和发展的基础在于国家主权。

（3）当前，在西方国际法学界出现了某些限制或否定国家主权的学说，最后的结论无不归结于以世界主权代替国家主权，以世界政府代替主权国家，以世界法代替国际法。这也可以从一定意义上说明，当国家主权不存在时，国际法也就失去了其本质的含义，只能成为所谓的“世界法”或“超国家法”了。还有一种观点认为主要人权高于主权，这当然也是我们坚决反对的。

2. 答案： 对于个人是不是国际法主体这一问题，国际法中有不同的，甚至对立的观点。一种看法认为，个人是国际法主体。另一种观点与此相反。持前一种观点的学者中，有代表性的有英国的劳特派特和美国的杰塞普。例如，《奥本海国际法》（第9版）就认为，“国家可以将个人或其他人格者视为直接被赋予国际权利和义务的，而且在这个限度内使他们成为国际法的主体”。国际法在极为有限的范围内给予个人以某种权利和义务，这与国家和国际组织在国际关系中的大量活动中所表现出来的权利能力和行为能力相比，只是少数例外情况。充其量，只能说个人有某种国际法律地位，但是这与国际法主体地位显然是不能同日而语的。英国学者布朗利也认为，“在特殊的场合个人作为具有法律人格者而出现在国际层面上。然而把个人列为国际法的‘主体’是无济于事的，因为这可能意味着个人具有一些能力，而事实上是并不存在的，并且也不能避免将个人和其他类型的主体加以区别的必要性”。所以，个人不能被认为是国际法主体。

主张个人为国际法主体的学者，其论据主要有以下几点：

（1）国家的行为总是由个人来做的。国家的权利和义务也是由个人来行使和履行的。

（2）个人有某些直接的国际法上的责任，如战争罪犯、海盗，因而是国际法主体。

（3）有些国际条约直接适用于个人，如欧共体一些条约中的有些规定就可以直接适用于个人。

（4）国家的一些重要人物在国际法上享有特殊的地位，如国家元首、政府首脑以及外交代表等。国际法赋予了他们一些特殊的权利和义务。

对于以上这些论据，持个人不是国际法主体观点的学者一一予以反驳。

对第一点，他们指出，固然可以说国家行为的最终实施者是个人，但是这种行为无论如何也不应视为个人行为或仅仅是个人行为，而是个人代表国家或根据宪法、法律的授权所做的行为。

对第二和第三点，个人的确有某些直接的国际法上的责任，一些条约的条款直接适用于个人，这也是事实。但是，这种国际法规则和条约是国家作出和缔结的，另外，总的看来，这些事例与国家和国际组织在国际关系中的大量活动中所表现出来的权利能力和行为能力相比，只是少数例外情况。最多只能说个人有某种国际法律地位，但是这当然不等于认为个人就是国际法主体。

最后，至于国家元首、政府首脑以及外交代表享有国际法所赋予他们的特权和豁免权，从根本上来看，这些权利是给国家的，个人之所以享受这些权利，是因为他们依国内法所处的地位和所担任的职务。例如，《维也纳外交关系公约》序言中指出，“确认此等特权与豁免之目的不在于给予个人以利益而在于确保代表国家之使馆能有效执行职务”。

3. 答案：关于国际法和国内法关系的理论主要有两种不同的学说，即一元论和二元论。

1. 一元论。一元论认为国际法和国内法在本质上是相同的，因此同属一个法律体系。一元论又有两种不同的观点：

（1）国内法优先说。此说认为，在同一个法律体系中，国际法的效力来源于国内法，是国内法的一个分支，国际法只有依靠国内法才能发挥法的效力。国际法同国内法相比，是次一等的法律，因此，国内法优先于国际法。由于这种观点否定了国际法自身效力的存在，实际上也就等于否定了国际法。

（2）国际法优先说。此说认为，在同一法律体系中，国际法位于国内法之上，国内法的效力是国际法赋予的。这种学说在实质上是否定国家意志是法律的渊源，进而以“世界政府”否定各国的主权，这是十分有害的。

2. 二元论。此说认为国内法和国际法属于两个不同的法律体系，本质上是不同的，它们的主体、调整对象、法律渊源、效力根据都不同。二元论的观点无疑是正确的，但它过分强调国际法和国内法的不同，忽视了两者之间的联系而将其对立起来，因此不能解决二者的关系。

国内法与国际法之间是既有区别也有联系的。区别主要体现在上述几个方面，联系主要体现在二者相互渗透、相互补充、相互制约上。

4. 答案：国家主权平等原则，既是传统国际法上的重要原则之一，也是现代国际法的一项基本原则。虽然各个国家在领土面积、人口数量、经济实力以及文化素质等方面存在差异，但是国家主权平等原则却是国际社会重申得最多的现代国际法原则之一。无论是联合国还是其他区域性国际组织，在它们通过的有关国家间关系的基本原则的文件中，均无一例外地列有国家主权平等原则，甚至将它列为各项原则之首。因此，深入研究国家主权平等原则的由来、内涵及其法律效果，无论是对于推动国际法基本理论的研究，还是指导国际法实践的发展，无疑具有十分重要的意义。

1. 国家主权平等原则的确立

作为传统国际法上的重要原则之一，国家主权平等既通过一些国际法学家的学说而得以阐明，也在现代国际法律文件中得到了确认。

（1）有关的国际法学说中，平等本是 17 世纪末和 18 世纪初政治学上的一个基本要素。近代的一些国际法学者将这一政治学中所主张的自然状态适用到国际法上。例如，自然法学派的早期代表人物德国学者普芬多夫就曾经断言：“自然状态下的所有的人都是平等的，国际法上的人格者处在自然状态下，因而它们也是平等的。”普芬多夫所阐述的国家平等的法律思想，在 18 世纪得到了许多国际法学者的赞同。英国著名国际法学家詹宁斯和瓦茨在其修订的《奥本海国际法》中也认为：“平等是国际法的基础的引申”“由于国际法是以作为主权社会的国家的共同同意为根据的，国际社会的成员国家是作为国际法主体而彼此平等的。各个国家按照它们的性质在权力、领土等方面肯定不是平等的。但是，作为国际社会的成员，它们在原则上是平等的，尽管它们可以有任何的差异。这是它们在国际范围内的主权的结果。”

（2）现代国际法律文件。早在联合国的筹建过程中，在 1943 年 10 月的莫斯科会议上，国家主权平等就被认定为一项原则。中、苏、英、美四国政府在《普遍安全宣言》中承认：“根据一切爱好和平国家主权平等的原则，建立一个普遍性的国际组织，所有这些国家无论大小，均得加入为会员国。”通过《敦巴顿橡树园建议案》，国家主权平等原则在《联合国宪章》中得到了确认和保障。宪章的序言庄严地宣布“大小各国平等权利之信念”；第 1 条第 2 项确定“发展国际间以尊重人民平等权利及自决原则为根据之友好关系”的宗旨；特别在第 2 条第 1 项规定“本组织系基于各会员国主权平等之原则”，第 7 项声明“不得认为授权联合国干涉在本质上属于任何国家国内管辖之事件”。第 78 条再次肯定：“联合国会员国间之关系，应基于尊重主权平等之原则。”可见，《联合国宪章》重申了国家主权与平等，并把它列为各项原则之首，作为联合国的一项基本组织原则。此外，1965 年《关于各国内政不容干涉及其独立与主权之保护宣言》、1970 年《国际法原则宣言》、1974 年《建立新的国际经济秩序宣言》和《各国经济权利和义务宪章》都规定了国家主权平等原则。国家主权平等原则还得到许多区域性国际文件的确认，如《欧洲关于指导与会国间关系原则的宣言》《美洲国家组织宪章》《非洲统一组织宪章》和《亚非会议最后公报》等。同时，中国倡导的和平共处五项原则，也是国家主权平等原则的具体实施和体现。

2. 国家主权平等原则的含义

《联合国宪章》的历史文件的解释在起草和制定《联合国宪章》的过程中，按照旧金山会议第一委员会第一专门委员会的起草报告，主权平等原则包括以下各项要素：(1) 各会员国在法律上是平等的；(2) 各会员国享有完整主权所包含的各项权利；(3) 各会员国的法律人格、领土完整和政治独立必须得到充分的尊重；(4) 根据国际法，各会员国应当诚实履行自己的国际责任和义务。根据这一规定，联合国的所有会员国都是平等的，对内完全自主，对外完全独立。此外，负责研究起草"关于国家间友好合作关系的国际法原则"的联合国专门委员会，于 1964 年墨西哥举行的第一次会议上，再次就主权平等原则这一国际关系基本准则的具体内涵进行审议，并达成了一致。这种一致意见，也反映在 1970 年 10 月联大通过的《国际法原则宣言》中。按照该宣言的规定，国家主权平等原则的含义包括以下几个方面：(1) 各国一律享有主权平等。各国不问经济、社会、政治或其他性质有何不同，均有平等权利与责任，并为国际社会平等会员国。(2) 主权平等尤其包括下列要素：第一，各国法律地位平等；第二，每一国均享有充分主权之固有权利；第三，每一国均有义务尊重其他国家之人格；第四，国家之领土完整及政治独立不得侵犯；第五，每一国均有权利自由选择并发展其政治、社会、经济及文化制度；第六，每一国均有责任充分并一秉诚意履行其国际义务，并与其他国家和平相处。可见，该宣言除重申上述旧金山会议所提出的四个要素外，还特别强调各国均有义务尊重其他国家的人格和均有权利自由选择并发展其政治、社会、经济及文化制度。

3. 国家主权平等原则与现代国际社会

(1) 应辩证地理解国家主权平等原则。对于国际法上的国家主权平等原则，我们应当辩证地理解，注意避免走向以下两个极端。其一，主张绝对的平等，认为国际社会存在的国家的任何差异以及任何不相等的现象都是违反国家主权平等原则的；其二，认为国家主权平等只是一种幻想，因为各国在自然资源、领土面积、人口素质、经济水平等方面存在明显的不同，因而不可能实现真正的国家主权平等。科学地、辩证地理解国家主权平等原则，意味着一切国家，不论其大小，不论其社会、政治和经济制度的性质如何，也不论其发展水平的高低，其在国际法上的地位一律平等，但这种平等并不是绝对的。

(2) 国家主权平等是相对的。每个国家在版图、人口、资源、经济、文化和制度等许多方面存在诸多差异，这就表明各个国家在事实上就存在一种不平等。国家主权平等原则，像所有的其他法律原则一样，有其特定的内涵、特定的适用范围。因此，从这个意义上说，它也只可能是相对的，而不可能是绝对的。

(3) 国家主权平等是指法律上的平等。由于在事实上各个国家是不可能完全相同的，因此，国际法上所承认的国家主权平等，非指事实上的平等，而是指法律上的平等，指各国在国际法上的地位完全平等，是指各国在国际社会中平等地享有国际法上的权利并承担义务。

(4) 在当今的国际关系中，坚持国家主权平等原则仍具有重要的现实意义。一方面，坚持国家主权平等原则，有利于实现国际关系的民主化、国际法的民主化。另一方面，坚持国家主权平等原则，有利于维护世界和平。

5. 答案：1. 国际法主体①的概念

国际法主体是指具有享受国际法上权利和承担国际法上义务能力的国际法律关系参加者，或称为国际法律人格者。国际法主体须具备以下三个条件：

第一，具有独立参与国际关系的资格。独立是国际法主体的首要条件。作为国际法主体首先必须能够完全自主地平等参与国际关系。

第二，具有直接享有国际法上权利的能力。国际法主体必须能够以自己的名义，直接享有国际法上的权利。包括平等权、缔约权、使节权、诉讼权、求偿权等。

第三，具有直接承担国际法上义务的能力。包括履行国际法一般义务的能力、履行条约的能力、保护外国使馆和外交代表的能力等。

① 编者注：国际法的主体是国际法专业课考试中考查的一个常见考点，请读者注意清楚、准确地掌握。

国际法主体与国内法主体相比有它自己的特征：第一，国际法主体是不受任何权利管辖和支配的独立实体。第二，国际法主体不仅可以独立地进行国际交往，而且能够直接承受国际法的权利和义务，而国内法的主体不能进行国际交往和直接承受国际法上的权利和义务。

2. 国际法主体的范围

(1) 主权国家

主权国家是国际法的基本主体。这是国家的主权属性、国际社会的现实和国际法的特点决定的。在很长一段时间，国家被认为是国际法的唯一主体，至今国家仍然是国际社会最主要、最基本的构成单位，也是国际法最主要的主体。国家也被称为原始和完全的国际法主体。当代国际法是以规范国家关系作为主要对象的。

(2) 国际组织

作为国际法主体的国际组织主要是政府间的国际组织。第二次世界大战以后，国际组织大量出现和其在当代国际关系中的不可替代作用，使其被接受为国际法的主体。但国际组织作为国际法的主体是派生性的，其权利能力和行为能力是由成员国通过作为国际组织章程的国际协定赋予和限定的。它享有权利和承担义务的能力只能在此限度之内。

(3) 其他

某些特定的民族解放组织或民族解放运动，是在殖民地民族争取民族独立的过程中，作为其未来民族国家的过渡性实体，参与某些国际关系，从而被国际社会接受为国际法的主体。但是其作为国际法主体，是有条件的和不完全的。并且，随着全球非殖民化的基本完成，现在这样的实体已为数极少。

(4) 关于个人是否为国际法主体的问题

关于个人是否为国际法主体是一个存在争论的问题。典型的观点有三种：第一种认为个人是国际法的唯一主体；第二种认为个人是国际法的主体之一；第三种认为个人不是国际法的主体。现在大多数学者持后两种观点。认为个人已经是国际法主体的根据主要在于：在现代国际法中，个人可以享有国际法上的权利或承担某些义务或责任。比如，国家元首或外交代表享有的特权与豁免、国际法对从事国际罪行个人责任的直接追究、个人在某些国际司法机构有出诉权及有些国际人权公约对个人权利的直接规定。

但是，依靠这些证明，个人为国际法主体的观点是不能完全成立的。首先，国际法确定的外交代表或国家元首的特权与豁免实质上是赋予国家的，上述个人是代表其国家享有这种权利。其次，在国际罪行的惩处方面，国际法规定的是国家承担合作和惩处犯罪的义务和权利，个人在此仅仅是被国家惩处的对象而不是主体。最后，个人在国际机构的出诉权，仅仅存在于个别区域内并针对特定事项，不具有普遍的意义；而国际人权公约虽然有对个人权利的规定，但实质仍是国家承担保障和促进的义务，个人的权利是通过国家的国内法才能享有的。此时，在国际法上权利和义务的主体仍然是国家而不是个人。综上所述，国际社会的普遍情况中，个人尚不是国际法的主体。

6. 答案：20世纪国际社会的发展使得发达国家、发展中国家以及不发达国家之间的相互关系已经由对立的冷战状态发展到总体缓和的状态。“地球村”，特别是“全球公域”概念的提出与发展，导致了对传统国家主权理论的变革和“人类共同继承遗产”“人类共同财富”“人类共同财产”等概念的提出。全人类共同利益原则也在此时应运而生，越来越多的学者主张全人类共同利益原则是新时期国际法的一项新原则。

“维护全人类的共同利益”的内涵包括：

(1) 维护和平、促进发展是各国人民的共同愿望，也是全人类的共同利益之所在和不可阻挡的历史潮流。和平与发展相辅相成，辩证统一。只有有了和平稳定的国际环境和国内环境，才能保障经济发展，而只有经济发展，才能促进世界的和平与稳定。

(2) 国家利益是对外政策的出发点和归宿，但不能否认国际社会存在全人类的共同利益。在当今世界，“世界多极化和经济全球化趋势的发展，给世界的和平与发展带来了机遇和有利条件。新的世界大战在可预见的时期内打不起来。争取较长时期的和平国际环境和良好周边环境是可以实现的”，但生态环境恶化、人口膨胀、贫困失业、疾病流行、毒品泛滥、国际恐怖主义活动猖獗、妇女儿童权益得不到保障等，这都是事关人类生存与发展的全球性问题。各国人民必须共同应对人类生存与发展面临的挑战。

人类共同利益原则是新时期国际法的一项新原则，对原有的国家主权原则进行了补充和发展，对人类的生存与发展具有重要的意义。在当今世界，国际法已经成为国家之间加强联系，解决争端的最常用、最有效的手段。随着经济全球化的进一步深入发展，国际社会的共同利益性日益凸显，相关的国际法规则也必然会逐渐扩大和不断丰富，各国为维护国家主权，实现国家利益，就必须遵从和信守这些体现全人类共同利益的法律规则，否则，无法融入国际合作，更无从在世界经济交流中发展本国经济。并且，当今国际社会不存在“超国家”的主权，因此，全人类共同利益的维护需要各个主权国家的参与和促进，各个主权国家的利益和全人类的共同利益在根本上是一致的。所以，作为一项新的更加体现时代精神的重要原则，全人类共同利益原则与国家主权原则相结合，构成国际法基本原则的基石和核心，是现实的需要，也是历史的必然。

7. **答案**：国际法是调整国际法主体之间，主要是国家之间关系的，具有法律拘束力的原则、规则和制度的总体。当今国际社会，主要是由国家组成，为了调整国家之间的关系，国际法才应运而生。国际法的存在无疑为国际社会的和平与发展奠定了良好的基础。可以想象，没有国际法存在的一个国际社会也就无法和平安宁。对于国家为什么要遵守国际法的问题，历史上诸多国际法学派有过各自的立场。自然法学派认为，自然法是普遍的、恒久不变的，自然法可以由理性发现，而并不需要国家的同意。国际法也正是如此。实在法学派把国际法主要建立在了习惯和条约的基础之上，强调人造法而非自然法。国际法的两种重要形式——国际条约和国际习惯是由人所造成的，是经过国家同意的，因此国际法为各个国家所遵守正体现于习惯或条约的国家的共同同意。我们认为，国家之所以要遵守国际法，是因为国际法的效力源自各个国家统治阶级的意志，但是这种意志不可能是各个国家的共同意志，而是体现在国际习惯和条约的“协调意志”上。国家遵守国际法，正是出于其统治阶级的意志。

8. **答案**：法律是国家制定或认可的，是由国家强制力保证实施的，以规定当事人权利和义务为内容的具有普遍约束力的社会规范。而国际法是指调整国际法主体之间，主要是国家之间的、有法律拘束力的原则、规则和制度的总体。从定义中我们可以看出法律与国际法之间的四点不同：首先，二者主体不同，国际法的主体主要是国家和政府间的国际组织，而法律的主体主要是自然人和法人；其次，二者制定方式不同，国际法的制定主要是通过国家之间的协议来实现的，国际社会没有专门的立法机关，而法律是由国家制定或认可而得以产生的；再次，国际法调整的对象是国际关系，主要是主权国家之间的关系，而法律调整的关系则不限于此；最后，在强制实施方面，国际法没有居于国家之上的强制机关，联合国、国际法院也不具有强制管辖权，而主要是通过国家自己按照国际法，采取个别或集体的行动；而法律主要通过国家强大的执法手段保证法律的实施。因此我们认为，国际法并不是一般意义上的法律，而是特殊的法律。

第二章　国际法上的国家

基础知识图解

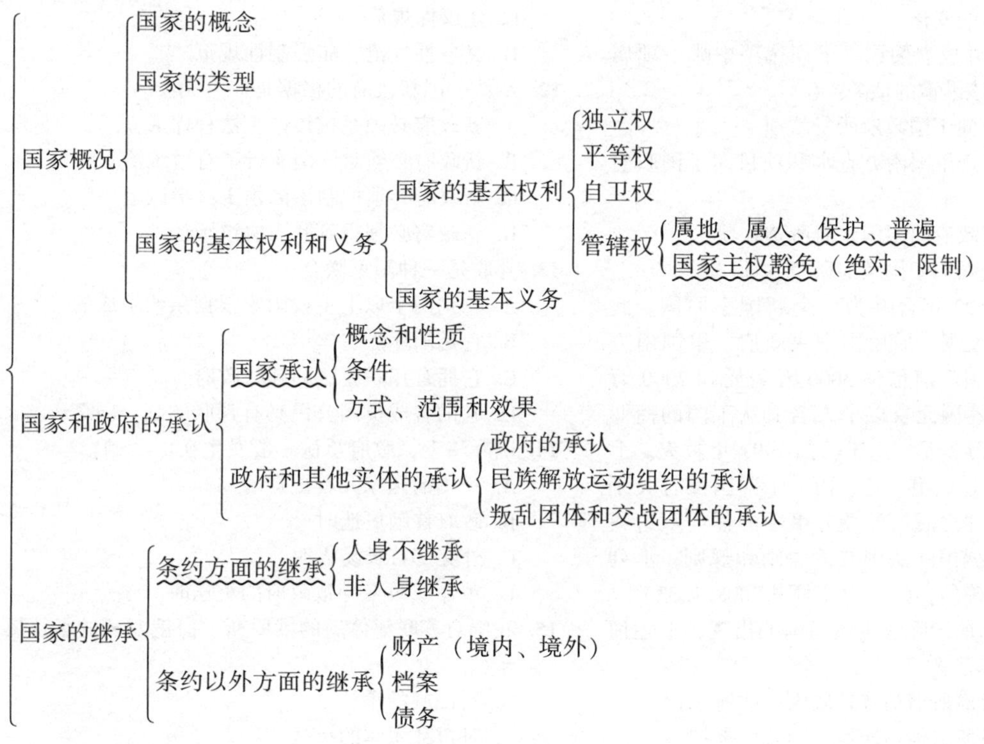

配套测试

一、单项选择题

1. 甲国分立为“东甲”和“西甲”，甲国在联合国的席位由“东甲”继承，“西甲”决定加入联合国。“西甲”与乙国（联合国成员）交界处时有冲突发生。根据相关国际法规则，下列哪一选项是正确的？(　　)（司考 2014. 1. 32）

A. 乙国在联大投赞成票支持“西甲”入联，一般构成对“西甲”的承认

B. “西甲”认为甲国与乙国的划界条约对其不产生效力

C. “西甲”入联后，其所签订的国际条约必须在秘书处登记方能生效

D. 经安理会 9 个理事国同意后，“西甲”即可成为联合国的会员国

2. 在国际法上，永久中立国承担永久中立义务的结果使其在与战争有关的国际活动方面受到一定限制，这种限制表明(　　)。

A. 永久中立国的国家主权受到限制

B. 永久中立国部分丧失了国家主权

C. 是一种自愿的限制

D. 是对国家自卫权的限制

3. 中华人民共和国对旧政府与外国签订的条约所采取的原则是(　　)。

A. 承认一切旧条约当然有效

B. 宣布一切旧条约当然失效

C. 逐一审查、区别对待

D. 废除一切旧条约

4. 按照现代国际法，国家承认(　　)。
A. 仅仅是对新国家已存在这一事实的宣告而已
B. 可创造一个国际法主体
C. 意味着承认国与被承认国建立外交关系
D. 产生全面而广泛的法律后果并为建交奠定基础

5. 在国际法上，引起国家继承的原因是(　　)。
A. 政变引起的政权更迭
B. 宪法程序外的政权更迭
C. 领土主权被限制
D. 国际法主体的变化

6. 甲国和乙国合并成立丙国，下列选项中哪一项属于丙国政府应该继承的债务？(　　)
A. 甲国某企业向丁国政府所贷款项
B. 甲国政府关于甲国南方省水利项目向丁国政府所贷款项
C. 乙国北方省政府向丁国政府所贷款项
D. 乙国东方公司向丁国政府所贷款项

7. 甲国与乙国 1992 年合并为一个新国家丙国。此时，丁国政府发现，原甲国中央政府、甲国南方省，分别从丁国政府借债 3000 万美元和 2000 万美元。同时，乙国元首以个人名义从丁国的商业银行借款 100 万美元，用于乙国 1991 年救灾。上述债务均未偿还。甲、乙、丙、丁四国没有关于甲、乙两国合并之后所涉债务事项的任何双边或多边协议。根据国际法中有关原则和规则，下列哪一选项是正确的？(　　)(司考 2008.1.33)
A. 随着一个新的国际法主体丙国的出现，上述债务均已自然消除
B. 甲国中央政府所借债务转属丙国政府承担
C. 甲国南方省所借债务转属丙国政府承担
D. 乙国元首所借债务转属丙国政府承担

8. 国家对于外国人在其领域外侵害该国及其公民的重大利益的犯罪行为有权行使(　　)。
A. 保护性管辖　　B. 领域管辖
C. 普遍管辖　　D. 国籍管辖

9. 外国对 1949 年成立的中华人民共和国的承认是(　　)。
A. 对新国家的承认
B. 对新政府的承认
C. 对新国家和新政府的同时承认
D. 对中国的承认

10. 甲、乙二国建立正式外交关系数年后，因两国多次发生边境冲突，甲国宣布终止与乙国的外交关系。根据国际法相关规则，下列哪一选项是正确的？(　　)(司考 2010.1.29)
A. 甲国终止与乙国的外交关系，并不影响乙国对甲国的承认
B. 甲国终止与乙国的外交关系，表明甲国不再承认乙国作为一个国家
C. 甲国主动与乙国断交，则乙国可以撤回其对甲国作为国家的承认
D. 乙国从未正式承认甲国为国家，建立外交关系属于事实上的承认

11. 国家财产豁免原则不是(　　)。
A. 任意性规范
B. 强制性规范
C. 建议性规范
D. 义务性规范、非强制性规范

12. 承认一国新政府的根据是(　　)。
A. 新政府必须是按该国宪法程序成立
B. 新政府必须对该国实行了有效统治
C. 新政府必须控制该国领土一半以上
D. 新政府必须得到联大决议承认

13. 邦联是一种国家联合，(　　)。
A. 它是两个以上主权国家根据条约组成的
B. 它是国际法主体
C. 它拥有邦联宪法和邦联政府
D. 它的各成员国公民具有邦联的统一国籍

14. 国际法上，政府承认一般发生在(　　)。
A. 一国的国家元首更迭时
B. 政府首脑更迭时
C. 外交部首长易人时
D. 革命或政变导致政府的更迭时

15. 我国对苏联解体后的俄罗斯、白俄罗斯的承认属于(　　)。
A. 对民族的承认
B. 对叛乱团体的承认
C. 对政府的承认
D. 对国家的承认

16. 甲国政府与乙国 A 公司在乙国签订一份资源开发合同后，A 公司称甲国政府未按合同及时支付有关款项。纠纷发生后，甲国明确表示放弃关于该案的诉讼管辖豁免权。根据国际法规则，下列哪一选项是正确的？(　　)(司考 2010.1.30)
A. 乙国法院可对甲国财产进行查封
B. 乙国法院原则上不能对甲国强制执行判决，除非甲国明示放弃在该案上的执行豁免
C. 如第三国法院曾对甲国强制执行判决，则乙国法院可对甲国强制执行判决
D. 如乙国主张限制豁免，则可对甲国强制执行判决

17. 克森公司是甲国的一家国有物资公司。去年，该公司与乙国驻丙国的使馆就向该使馆提供馆舍修缮材料事宜，签订了一项供货协议。后来，由于

使馆认为克森公司交货存在质量瑕疵，双方产生纠纷。根据国际法的有关规则，下列哪一选项是正确的？（　　）（司考 2008.1.32）

A. 乙国使馆无权在丙国法院就上述事项提起诉讼

B. 克森公司在丙国应享有司法管辖豁免权

C. 乙国使馆可以就该事项向甲国法院提起诉讼

D. 甲国须对克森公司的上述行为承担国家责任

18. 甲国人张某侵吞中国某国企驻甲国办事处的大量财产。根据中国和甲国的法律，张某的行为均认定为犯罪。中国与甲国没有司法协助协定。根据国际法相关规则，下列哪一选项是正确的？（　　）（司考 2011.1.33）

A. 张某进入中国境内时，中国有关机关可依法将其拘捕

B. 中国对张某侵吞财产案没有管辖权

C. 张某乘甲国商船逃至公海时，中国有权派员在公海将其缉拿

D. 甲国有义务将张某引渡给中国

19. 根据《联合国海洋法公约》和中国相关规则和实践，下列哪一选项是正确的？（　　）

A. 甲国军用飞机须经我国同意方能飞越我国毗连区

B. 甲国潜水艇必须浮出水面并展示船旗才能通过我国毗连区

C. 甲国渔民在我国大陆架捕杀濒危海龟，依照我国刑法追究刑事责任

D. 联合国某专门机构的科考船在我国专属经济区科学考察，须经我国同意

20. 甲国驻乙国使馆与乙国某公司签订办公设备买卖合同，后因款项支付发生纠纷，乙国公司诉至乙国某法院。乙国是一个主张限制豁免理论的国家，根据目前的国际法规则和实践，下列选项正确的是（　　）。

A. 因为乙国主张限制豁免论，故乙国对本案有管辖权

B. 若甲国派代表出庭抗议乙国法院的管辖权，视为默示接受乙国法院的管辖

C. 若甲国明示放弃管辖豁免，乙国法院可在诉讼中扣押甲国财产

D. 即使甲国明示放弃管辖豁免，乙国法院也不得强制执行判决

二、多项选择题

1. 国际法上的国家应具备的要素包括（　　）。

A. 定居的居民

B. 确定的领土范围

C. 一定数量的军队

D. 国家主权

2. 单一制国家的特征是（　　）。

A. 一个立法机关　　B. 一个中央政府

C. 一部统一的宪法　　D. 一个统一的国籍

3. 国家的基本权利包括（　　）。

A. 主权　　B. 自卫权

C. 战争权　　D. 平等权

4. 国家的管辖权包括（　　）。

A. 强制管辖　　B. 保护性管辖

C. 专属管辖　　D. 普遍管辖

5. 国际法上承认的方式有（　　）。

A. 国家承认　　B. 政府承认

C. 明示承认　　D. 法律承认

6. S 国是一个新成立的国家。其成立后，甲国代表向联合国大会提案支持 S 国成为联合国的会员国；乙国与 S 国签署了两国互助同盟友好条约；丙国允许 S 国在其首都设立商业旅游服务机构；丁国与 S 国共同参加了某项贸易规则的多边谈判会议。根据国际法的有关规则，上述哪些国家的行为构成对 S 国的正式承认？（　　）

A. 甲国　　B. 乙国

C. 丙国　　D. 丁国

7. 在国际法上，对新国家的承认一般发生在下列哪些情况下？（　　）

A. 两个或两个以上国家合并成一个新的主权国家

B. 一个国家分成两个或两个以上的国家而原来的母体不复存在

C. 依据条约，一国将其领土的一部分割让给他国

D. 殖民地或附属国摆脱殖民统治获得独立而成立新国家

8. 国际法上的继承因参与继承关系的主体不同可分为（　　）。

A. 条约方面的继承

B. 条约以外事项的继承

C. 国际组织的继承

D. 国家和政府的继承

9. 下列哪些是引起国家继承的原因？（　　）

A. 独立　　B. 分离

C. 割让　　D. 分立

10. 国际法上条约的继承实质上是被继承国的有效条约对继承国是否有效的问题，按照国际惯例，下列条约应予继承，包括（　　）。

A. 和平友好条约　　B. 边界领土条约

C. 中立条约　　D. 道路交通条约

11. 国际法上国家债务是指一国对他国或国际组织所负的任何财政义务，属于国家继承的债务包括（　　）。

A. 国债　　B. 地方债务
C. 地方化债务　　D. 战争债务

12. 国际法上政府继承常发生于下列场合，即(　　)。
A. 国家独立　　B. 王位继承
C. 社会革命　　D. 政变后建立的新政府

13. 为国际法上的政府继承提供了实例的有(　　)。
A. 英国资产阶级革命
B. 北美独立战争
C. 法国大革命
D. 十月社会主义革命

14. 下列诸法律关系中，国家作为法律关系的主体一方，依法享有豁免权的是(　　)。
A. 我国驻非洲某国的大使受命将 2000 吨小麦赠与该国某受灾地区
B. 我国某大型国有企业将本企业生产的 200 辆豪华大客车卖给某国运输公司
C. 我国驻某国大使馆因扩建需要，向使馆周围的居民购买土地所有权
D. 我国驻某国大使星期日上街为回国探访亲友购物时不慎与他人汽车相撞致人损失

15. 国际法上明示承认的方式包括(　　)。
A. 发表外交照会
B. 发表声明
C. 以函电的形式正式通知被承认者
D. 派遣特使前往参加庆典活动

16. 在部分领土转移和国家分离的情况下，国家债务继承的原则是(　　)。
A. 通过协议确定
B. 按照公平比例
C. 指定继承的范围
D. 债务随财产一并转移

17. 国家行使自卫权(　　)。
A. 仅指单独自卫
B. 可以单独自卫，也可以集体自卫
C. 正在遭到外国武力攻击和侵略
D. 采取的自卫措施无须向联合国安理会报告

18. 甲国政府与乙国“绿宝”公司在乙国订立了一项环保开发合同，合同履行过程中出现纠纷。“绿宝”公司以甲国政府没有及时按照合同支付有关款项为由诉至乙国法院，甲国政府派代表向法院阐述了甲国一贯坚持的绝对豁免主义立场。如果乙国是采取相对豁免主义的国家，根据目前的国际法规则和实践，下列哪些表述是正确的？(　　)
A. 甲国政府订立上述合同行为本身，是一种商业活动，已构成对其国家豁免权的放弃，乙国法院可以管辖
B. 甲国政府派代表向法院作出说明，这一事实不意味着甲国已放弃在此诉讼中的国家豁免权
C. 即使甲国在其他案件上曾经接受过乙国法院的管辖，也不能意味着，乙国法院在此案中当然地可以管辖
D. 乙国法院作出缺席判决后，甲国要求乙国宣布该判决无效。甲国这一行为表明，甲国此前已接受了乙国法院的管辖

19. 甲国是刚刚从丙国分离出来的国家，尚未得到国际社会的承认，乙国因为和甲国毗邻，出于地缘政治的考虑，需要和甲国发展关系。乙国的下列哪些行为构成了对甲国的承认？(　　)
A. 甲国在一次正式的政府间国际组织会议上投票支持乙国加入该组织
B. 甲国为了方便两国国民之间的交往正式接受了来自乙国的领事
C. 甲国和乙国之间就某重大政治问题签订了双边条约
D. 在没有明确表示承认的情况下，甲国和乙国共同参加有关国家发起的反对恐怖主义的国际条约

20. 法律上的承认产生的法律效果包括(　　)。
A. 双方可以建立外交关系
B. 尊重被承认国的法律法令的效力
C. 双方可以缔结政治、经济、文化等各个方面的条约
D. 它是可以撤销的

三、名词解释

1. 国家
2. 国家主权（中南财经政法大学 2008 年考研真题）
3. 换文（中南财经政法大学 2007 年考研真题）
4. 保护性管辖
5. 国家豁免
6. 事实上的承认
7. 有效统治原则
8. succession
9. 国家继承
10. 国家债务
11. 白板规则
12. 自卫权（中国人民大学 2005 年考研真题；北京大学 2008 年考研真题）
13.《联合国国家及其财产管辖豁免公约》（武汉大学 2006 年考研真题）
14. 自保权（中南财经政法大学 2007 年考研真题）

四、简答题

1. What are the similarities and differences between the protective jurisdiction and universal jurisdiction?
2. 简述国家的构成要素。
3. 国家的管辖权种类。(北京大学2006年考研真题；西北政法大学2007年考研真题与之类似)
4. 简述国家的基本权利。(北京大学2007年考研真题)
5. 为什么说国家是国际法的基本主体?(西北政法大学2007年考研真题)

五、论述题

1. 论国家及其财产豁免。(西北政法大学2007年考研真题)
2. 试述中国台湾地区为何不能成为联合国的成员。
3. 试述当代国际豁免制度的特点和其发展趋势。
4. 论国家的国际合作义务。
5. 论国家及其财产豁免原则的历史及最新发展。(中国人民大学2007年考研真题)
6. 论述国际法上的“自卫权”，并对所谓的“预防性自卫”作出评述。(华东政法大学2007年考研真题)
7. 论国家承认与政府承认之间的差别。(中南财经政法大学2010年考研真题)
8. 试述排除国家行为不当性的情形。(中南政法大学2014年考研真题)

六、案例分析题

Joseph v. Office of the Consulate General of Nigeria (U. S. Court of Appeals 1987) In 1978, Catherine Joseph (“Joseph”) leased a house in San Francisco to the Consulate General of Nigeria (the “Consulate”) . 0. Effion9, a former consular officer, signed the standard form lease on behalf of the Consulate. The house was used as a residence by employees of the Consulate and their families. Shortly after the end of the five year lease period, Joseph allegedly discovered that the tenants had removed property from the house and had left the premise severely damaged. Joseph brought suit in federal district court, seeking, inter alia, compensation for damages to fixtures, landscaping, and appliances. Joseph asserts four causes of action against both Nigeria and the Consulate. The frirst is for breach of contract; the other three are tort claims for conversion, trespass, and waste. The Consulate lodged its objection to the suit in accordance with “sovereign immunity”. On Angust 12, 1986, the court issued the opinion and order. The court determined that it had jurisdiction over Nigeria and the Consulate pursuant to the Foreign Sovereign Immumities Act (“FSIA”). Specifically, the court found jurisdiction over Joseph's tort claim under the FSIA's “tortuous activity” exception to immunity… (华东政法大学2007年考研真题)

Please answer the following questions:

(1) What is the “sovereign immunity”?

(2) Could the court determine its jurisdiction over the Consulate? Why?

(3) Do you know what kinds of the exceptions to sovereign immunity the FSIA provides?

(4) Why did the court determine its jurisdiction on the basis of the “tortuous activity”, but not on the basis of the “breach of contract”?

(5) Can you make any comment on the case?

参考答案

一、单项选择题

1. 答案：A。国际法上的承认被视为主要是一种政治行为。但同时，承认一经作出，将产生一定的法律效果，直接影响承认者和被承认者间的权利义务关系，从这个意义上，它又是一种法律行为。国际法中并没有对承认的形式作出明确规定，国际实践中有明示和默示两种：(1)明示承认形式是指承认者以明白的语言文字直接表达承认的意思。包括通过正式通知、函电、照会、声明等单方面表述，也包括在缔结的条约或其他正式国际文件中进行明确表述。(2)默示承认形式是指承认者不是通过明白的语言文字，而是通过与承认对象有关的行为表现出承认的意思。主要包括：与承认对象建立正式外交关系；与承认对象缔结正式的政治性条约；正式接受领事或正式投票支持参加政府间国际组织的行为一般也被认为是一种默示承认。但是，除非明确表示，下列行为一般不认为构成默示承认：共同参加多边国际会议或国际条约；建立非官方或非完全外交性质的某种机构；某些级别和范围的官员接触等。所以，A选项正确，乙国在联大投赞成票支持“西甲”入联，就是正式投票支持其参加政府间国际组织的行为，是一种默示的承认。

国际法上的继承是指国际法上的权利和义务

由一个承受者转移给另一个承受者所发生的法律关系。国家继承是国际法上继承的一种。发生国家继承的前提是领土的变更，领土因五种情形而变更：合并、分立、分离、独立、部分领土转移。国家继承的对象分为以下两大类：(1) 处理与所涉领土有关事务的"非人身条约"的继承，如有关边界制度的条约，有关河流利用、水利灌溉、道路交通等方面的条约的继承，一般继承。(2) 有关中立化和非军事区的条约，一般继承。所以，甲国与乙国的划界条约对"西甲"有效力，B选项错误。

根据《维也纳条约法公约》《联合国宪章》和其他相关规则：(1) 联合国任何会员国所缔结的一切条约及国际协定应尽速在秘书处登记，并由秘书处公布；(2) 在联合国秘书处登记的条约必须是已生效的条约，条约和国际协定尚未在缔约国之间生效之前，不得进行登记；(3) 此类登记可由任何一缔约国或联合国依职权进行。一缔约国已进行登记，则免除其他缔约国的登记义务。条约或国际协定由联合国依职权进行登记后，免除其他所有缔约国的登记义务。(4) 条约登记后应发给由秘书长或其代表签署的登记证明。未在联合国秘书处登记的条约或国际协定，不得在联合国任何机关援引。但显然签订的国际条约效力与在秘书处登记没有关系，只是生效的条约必须在联合国秘书处登记。所以C选项错误。

根据《联合国宪章》第4条规定：凡其他爱好和平之国家，接受本宪章所载之义务，经本组织认为确能并愿意履行该项义务者，得为联合国会员国。准许上述国家为联合国会员国，将由大会经安全理事会之推荐以决议行之。成为联合国会员国，不仅仅需要9个理事国的同意。所以D选项错误。

2. 答案：C。永久中立国是根据国际条约或国际承认而在对外关系中承担永久中立义务的国家，是具有特殊地位的独立的主权国家，因此，永久中立国在其与战争有关的国际活动方面受到的限制是基于其所参加或签订的条约而来的，是自愿的限制。

3. 答案：C。依据1949年《政治协商会议共同纲领》第55条的规定："对于国民党政府与外国政府所订立的各项条约和协定，中华人民共和国中央人民政府应加以审查，按其内容，分别予以承认，或废除，或修改，或重订。"

4. 答案：D。现代国际法理论和国际实践表明，某一实体只要实际具备现代国际法所要求的国家承认的条件，即当然作为国际法意义上的国家而存在，并当然承受国家固有的基本权利和义务，因而，享有作为国际法主体的一系列法律上的权利和义务。

5. 答案：D。国际法上的国家继承是指由于领土变更的事实所引起的一国的权利和义务转移给另一个国家的法律关系。B项是政府继承的条件。

6. 答案：B。国家继承①是指由于领土变更的事实导致国际法上的权利义务在相关国家之间的转移而发生的法律关系。包括条约的继承、国家财产的继承、国家档案的继承、国家债务的继承等。国家债务是指一国对他国、国际组织或者其他国际法主体所负担的任何财政义务。国家实践中，国家继承的债务包括国家整体所负的债务，也包括以国家的名义承担但事实上仅用于国内某个地方的债务。国家对外国法人和自然人所负之债或国家的地方当局自己承担的对他国所负之债，不在国家继承的范围。故本题正确的答案只有B项。

7. 答案：B。国家债务是指一国对他国、国际组织或其他国际法主体所负担的任何财政义务。国家实践中，国家继承的债务包括国家整体所负的债务，或称国债，也包括以国家的名义承担而实施上用于国内某个地方的债务，或称地方化债务。国家对外国法人或自然人所负之债或国家的地方当局自己承担的对他国所负之债，不在国家继承的范围。本题中甲国南方省的2000万美元的债务，属于地方当局自己承担的对他国所负债务，所以不予继承。而乙国元首以自己的名义向外国法人借款100万美元，也不属于丙国继承的范围。所以丙国继承的债务只有甲国政府从丁国所借债务3000万美元。本题的正确选项是B。

8. 答案：A。国家的管辖权主要分为四种，即属地管辖权、属人管辖权、保护性管辖权和普遍性管辖权。属地管辖权指国家对其领域内的一切人和物及事所具有的管辖权。属人管辖权指国家对一切在国内和在国外的本国人，有权行使管辖权。保护性管辖权指国家对外国人在该国领域外侵犯该国国家和公民重大利益的犯罪行为有权行使管辖权。普遍性管辖权指国家根据国际法的规定，对于普遍危害国际社会和平与安全及全人类共同利益的某些特定的国际犯罪行为，各国均有权进行管辖。本题属于保护性管辖。

9. 答案：B。作为国际法的主体，中华人民共和国是旧中国的继续，中国革命的胜利，推翻了旧政权，建立了新政权，从根本上改变了中国的社会制度和国家性质，但是它并没有使作为国际法主体的

① 编者注：在做题时一定要注意区分国家继承与政府继承的原因、条件、内容等具体情形，以免混淆。

中国因此而消失，也没有因此而增加另一个新的国际法主体，因此属于政府的承认。

10. **答案**：A。本题考查国家的承认。建立外交关系属于法律承认而非事实承认。法律承认是认定被承认者作为法律的正式人格的存在，表明承认者愿意与被承认者发展全面正常的关系，带来全面而广泛的法律效果，这种承认是正式和不可撤销的，我们通常所说的承认都是指法律承认，事实承认被认为是不完全的、非正式的和暂时性的，它比较模糊并可以随时撤销。终止与某国的外交关系，并不必然地导致对国家的承认。

11. **答案**：B。国家作为主权者，根据国际法和国际惯例享有豁免权。国家豁免尚未形成公认的国际习惯法规则，各国做法并不统一，因此不能作为强制性规范。

12. **答案**：B。对政府承认的条件有二：一是有关新政府必须在一国的全部或绝大部分领土上独立而且实际确立了有效统治，并且已经得到本国全体或绝大部分居民的惯常服从；二是该新政府的成立必须符合公认的国际法原则。

13. **答案**：A。邦联是由两个或两个以上主权国家为处理有关的共同事务而依条约结成的国家联合。邦联不是国际法的主体，邦联的各个成员是国际法的主体。邦联一般有一个各成员国外交使节出席的邦联会议，在邦联赖以成立的条约所规定的范围内代表各成员国处理对外关系。

14. **答案**：D。国际法上的政府承认是指一国确认他国因革命或政变而产生的新政府具有代表其本国的正式资格。一般都发生在一国政府因政变或革命而非正常更迭的状况下。

15. **答案**：D。国家承认，是指既有国家确认某一实体作为国际法意义上的国家而存在，并表示愿意将其视为国家而与其交往的行为。国家承认通常发生在产生新国家的场合，其产生主要有以下四种情形：独立、合并、分离、解体（也称分裂）。

16. **答案**：B。本题考查国家主权豁免。选项 A 错误，选项 B 正确。国家主权豁免是指国家的行为及其财产不受或免受他国管辖。在实践中，国家主权豁免主要表现在司法豁免，包括：一国不对他国的国家行为和财产进行管辖；一国的国内法院非经外国同意，不受理以外国国家作为被告或外国国家行为作为诉由的诉讼，也不对外国国家的代表或国家财产采取司法执行措施。但是，国家对于管辖豁免的放弃，并不意味着对执行豁免的放弃。即使国家放弃了管辖豁免，外国法院也不能因此当然地可以对该国国家财产实施扣押、查封等强制执行措施。选项 C、D 错误。国家豁免权的放弃是国家的一种主权行为，必须是自愿、特定和明确的。一国不能通过本国立法来改变别国的豁免立场，也不能将一国对某一特定事项上的豁免放弃推移到其他事项上，或将一国的豁免放弃推移到另一国家上。

17. **答案**：C 。本题考查国家的财产及其豁免。A 项中，乙国使馆是可以在丙国主动提起诉讼的，故 A 错误。克森公司虽然是国有公司，但在从事商业活动时不享有司法管辖豁免权，故 B 错误。因此，甲国也不承担国家责任，故 D 错误。C 项正确。

18. **答案**：A。甲国人张某侵吞中国国企办事处的资产，构成犯罪，中国与甲国都可以进行管辖。所以 B 项错误。公海不属于任何国家的领土，国家不得对公海本身行使管辖权或在公海范围内行使属地管辖。所以 C 项错误。中国与甲国没有司法协助协定，所以甲国没有义务将本国公民引渡给中国。所以 D 项错误。张某进入中国境内，中国可行使属地管辖权，将其拘捕。所以 A 项正确。

19. **答案**：D。毗连区不是国家领土，国家对毗连区不享有主权。因此，各国的飞机在符合国际法和我国法律的情况下可以自由航行和飞越，故 A 项错误。B 项规定存在于领海的无害通过权制度中，对于毗连区没有相关限制性规定，故 B 项错误。根据我国《专属经济区和大陆架法》的规定，我国对大陆架上的自然资源行使主权权利。我国对在专属经济区和大陆架违反我国法律、法规的行为，有权采取必要措施，依法追究法律责任，但并没有关于 C 项的明确规定。另外本题是单选题，以选择最优选项的原则，也应排除 C 项。根据我国《专属经济区和大陆架法》的规定，任何国际组织、外国的组织或者个人在中华人民共和国的专属经济区和大陆架进行海洋科学研究，必须经中华人民共和国主管机关批准，并遵守中华人民共和国的法律、法规。故 D 项正确。

20. **答案**：D。现行国际法有效的是作为国际习惯的国家主权绝对豁免，乙国的主张并不符合国际法。根据主权绝对豁免，一国国内法院无权管辖涉及其他主权国家的争端，A 项错误。国家的“诉”行为构成对主权豁免的默示放弃，出庭应诉构成“诉”行为之一，但出庭抗议管辖权并非出庭应诉，B 项错误。放弃管辖豁免不等于同时放弃了执行豁免，C 项错误，D 项正确。

二、多项选择题

1. **答案**：ABD。国际法意义上的国家是指定居在一定领土之上并结合在一个独立自主的权力之下的人的集合体。其构成要素有以下四个方面：固定的居民、确定的领土、政府、主权。

2. **答案**：ABCD。单一国是由若干地方行政区域组成的具有统一主权的国家。单一国拥有单一的宪法和国籍，其中央机关统一处理国家内部事务，其地方机关则在中央机关的统一领导下行使职权，在对外关系中，单一国由中央机关代表，以单一的国际法主体的身份参与国际关系，某些地方单位经中央机关授权可在特定范围内具有某些对外职能，但不能以国家名义对外交往。

3. **答案**：BD。国家的基本权利是指国家固有的、不可缺少的、根本性的权利，是国家主权的直接体现，包括独立权、平等权、自卫权和管辖权。

4. **答案**：BD。国家的管辖权包括属地管辖权、属人管辖权、保护管辖权、普遍管辖权。

5. **答案**：CD。国际法上的承认方式包括：明示承认和默示承认、法律承认与事实承认、有条件的承认与无条件的承认等。

6. **答案**：AB。本题考查的是对国家的承认。国际法上对国家的承认有两种：明示承认和默示承认。明示承认是指承认者以明白的语言文字直接表达承认的意思；默示承认是指承认者不是通过明白的语言文字，而是通过与承认对象有关的行为表现出承认的意思，这二者都构成正式的承认。其中，默示承认主要包括：与承认对象建立正式外交关系；与承认对象缔结正式的政治性条约；正式接受领事或正式投票支持其参加政府间国际组织。但是，除非明确表示，下列行为一般不认为构成默示承认：共同参加多边国际会议或国际条约；建立非官方或非完全外交性质的某种机构；某些级别和范围的官员接触等。由此可知，本题答案为A、B。

7. **答案**：ABD。国家承认①的原因主要有以下四种：独立，指包括殖民地在内的非自治领土、托管领土及其他附属领土实现独立，建立新的国家；合并，指两个或两个以上既有国家联合组成一个新的国家；分离，指某一国家的一部分和几部分领土脱离母国，建立一个或几个新的国家；解体，指某国家完全分裂为两个或两个以上新的国家。

8. **答案**：CD。国际法上的继承因继承主体的不同可分为国家的继承、政府的继承、国际组织的继承和其他国际法主体的继承等。

9. **答案**：ABCD。引起国家继承的原因是一国部分转移或一国的完全灭失，前者主要包括一国部分领土割让给他国所有、某附属领土实现自治后并入他国、独立和分离四种情况，后者主要包括合并和解体两种情况。

10. **答案**：BCD。处理与所涉领土有关事务的所谓“非人身条约”，如有关边界制定的条约，有关河流的使用、水利灌溉、道路交通等方面的条约和协定，一般是继承的；有关中立化或非军事区的条约，一般也是继承的。

11. **答案**：AC。国际法上的国家债务是指一国对他国或国际组织所负的任何财政义务，包括国债和“地方化债务”。前者指以国家名义承担且用于整个国家的债务，后者指虽以国家名义承担但仅用于某一国家部分领土的债务。

12. **答案**：CD。国际法上的政府继承是指某一政府代表国家的资格被新政府所取代，政府继承的原因主要有二：一是旧政府被政变者和革命者所推翻，二是依其本国宪法规定的程序而解散。

13. **答案**：CD。政府继承是指由于革命和政变所引起的政权更迭。法国大革命和十月社会主义革命是其典型实例。

14. **答案**：AC。选项A为国家的行为；选项B中，国有企业可以作为独立的民事主体进行涉外交易，其行为并不代表国家；选项C涉及的财产为大使馆所有，属国家财产；选项D则属大使个人行为，而非职务行为。

15. **答案**：ABC。国际法上明示承认的方式有：通过单方面发表声明和宣言，向新国家致送照会或函电、与新国家发表联合公报、声明或缔结其他条约等。

16. **答案**：AB。在部分领土割让、分离或解体的情况下，国家债务应依被继承国与继承国之间的协议解决，如无协议，则应考虑有关债务与继承所涉领土之间的关系以及转属继承国的国家财产之间的关系等有关情况，将有关债务按公平比例转属继承国。

17. **答案**：BC。首先一国的自卫权包括集体自卫和单独自卫，同时行使自卫权需满足三个条件，即一是该国正受到武力攻击；二是该国将其采取的办法立即报告安全理事会；三是该国的有关办法不得影响安理会维持国际和平与安全的职责，且不得与安理会为此采取的有关措施相抵触。

18. **答案**：BC。本题考查的是国家豁免权理论。国际私法中的国家及其财产豁免，简称为国家豁免，是指在国际民商事交往中，一个国家及其财产未经其同意免受其他国家的管辖与执行措施的权

① 编者注：读者应注意准确掌握国家承认和政府承认的原因、条件等具体情形。

利。绝对主义豁免是指，凡国家的行为，无论其性质如何，在他国都享有绝对的豁免，除非该国放弃其豁免权；国家元首、国家本身、中央政府及各部、其他国家机构、国有公司或企业等，享有国家豁免权；国家在直接被诉和涉及国家的间接诉讼中均享受豁免；在国家未自愿接受管辖的情况下，一律通过外交途径解决有关国家为当事人的民商事争议。相对豁免主义是指，把国家的行为分为主权行为和非主权行为，对国家的主权行为豁免，对国家的非主权行为则不予豁免。本题中，甲国政府订立合同的行为本身是种商业活动，同时派代表向乙国法院作出说明，或者要求乙国法院宣布该判决无效，都不是自愿接受管辖的表示，也不是对其国家豁免权的放弃，乙国法院不能据此实施管辖。并且，即使甲国在其他案件上曾经接受过乙国法院的管辖，也并不意味着乙国法院在此案中当然享有管辖权。

19. **答案**：ABC。A 正确，正式投票支持承认对象加入政府间的国际组织构成了默示承认。B 正确，接受领事的行为构成默示承认。C 正确，是因为签订政治性条约，这个缔约行为本身构成甲国对乙国的默示承认。D 错误，除非明确表示，否则共同参加国际会议或者国际条约并不构成承认。

20. **答案**：ABC。就国家承认和政府承认而言，法律上的承认的法律后果主要有：①实现承认国与被承认国或政府间关系的正常化，双方结束敌对状态，可以建立外交关系或领事关系；②致使承认国和被承认国能够缔结政治、经济、文化等各方面的条约、协定；③承认被承认国或政府的立法、司法和行政权力和效力；④承认被承认国国家财产和行为享受行政和司法豁免权，以及处理在国外财产的权力。

三、名词解释

1. **答案**：从国际法的观点看，国家是定居在特定的领土之上，并结合在一个独立自主的权力之下的人的集合体。一个国际人格者必须具备下列条件：（1）固定的居民；（2）确定的领土；（3）政府；（4）主权。

2. **答案**：国家主权是国家具有的对内最高权和对外的独立地位。对内最高权是指国家队本国的统治权。对外的独立地位是指国家在国际法上具有独立的人格，在与别国交往的过程中地位平等，不受别国的管辖和支配。

3. **答案**：换文通常是指当事国双方通过互换外交照会，就有关事项达成的协议。

4. **答案**：保护性管辖是指国家为了保护本国的安全、独立和重要利益，包括本国国民的生命、财产和利益，而对于外国人在该国领域之外对该国国家或其国民的犯罪行为实行管辖。

5. **答案**：国家豁免泛指一国的行为和财产不受另一国的立法、司法和行政方面的管辖。通常是指一国的国家行为和财产不受另一国的司法管辖，即非经一国同意，该国的行为不受所在国法院的管辖，其财产不受所在国法院的扣押和强制执行。

6. **答案**：事实上的承认是既存国家出于其国际关系考虑，或是对新国家地位的巩固尚缺乏信心的情况下，愿意即时与新国家建立全面的正常关系，但实际上又有与之进行一定交往的必要，因而决定给予新国家一种事实的承认，暂时与它在比较狭小的范围内建立联系，通常表现在经济、商业、贸易、科技文化方面的交往，不发生政治、外交和军事关系。

7. **答案**：依照现代国际法的理论与实践，一个新政府要获得别国的承认必须是在新政府已经在其国家的全部或绝大部分领土内行使了有效统治，并且得到了人民的支持和服从。这就是有效统治原则，其作为承认新政府的根据，是现代国际实践中一般奉行的。

8. **答案**：继承。国际法上的继承是指由于具有某种国际法律意义的事实或情势的出现，使国际法上有关权利和义务从一个承受者转移给另一个承受者所引起的法律关系的改变。这种法律关系的改变的法律效果直接影响继承者和被继承者以及第三者的权益。因而继承制度是国际法上的一项重要制度。从继承的主体讲，国际法上的继承有国家的继承、政府的继承和国际组织的继承。

9. **答案**：国家继承是指一国对领土的国际关系所负的责任，由别国取代，也就是由于出现了国家间领土变更的事实，而使与变更的领土相关的国际法上的相关权利和义务从被继承国转移给继承国。

10. **答案**：国家债务又称公共债务，是指一个国家按照国际法对另一国、某一国际组织或任何其他国际法主体所负的任何财政义务。恶债不属继承的对象。国家债务通常包括两类，一类是整个国家所负的债务；另一类是地方化国家债务。

11. **答案**：当殖民地或附属领土获得独立建立新国家时，这样的新独立国家对原殖民国家或宗主国的条约有权拒绝继承，这就是所谓的“白板规则”。

12. **答案**：自卫权就是国家遭到外来的武力攻击时，有权实施单独的或集体武装自卫以打击侵略者保卫国家。《联合国宪章》第 51 条规定，“联合国会员国受武力攻击时……本宪章不得认为禁止行使单独或集体自卫之自然权利”。宪章承认自卫是“自然权利”，成为自卫权的重要法律依据。

13. 答案： 国家豁免是国际法上一个比较古老的原则。国家及其财产豁免原则，即一国国家行为不受所在国法院管辖，其财产免受所在国法院扣押和强制执行的原则。20世纪以来，国家从事商业活动已很普遍，先前在国家豁免方面的绝对豁免主义已显得不合时宜，而限制豁免主义或相对豁免主义，也就是国家的商业行为一般不应享有豁免的主张已出现在国内立法和条约之中。鉴于在国家及其财产豁免问题上应该有统一而明确的规则，根据联合国大会的决议，自1978年联合国国际法委员会着手起草有关公约的工作，经长期磋商，2004年12月16日第59届联大通过了《联合国国家及其财产管辖豁免公约（草案）》并开放签署。本公约重申了久已存在的国家及其财产管辖豁免原则，主要由6部分、33个条款和1个附件构成，其中较为重要的是第2、3、4部分，分别规定了有关国家豁免的“一般原则”“不得援引国家豁免的诉讼”和“在法院诉讼中免于强制措施的国家豁免”等内容。

14. 答案： 自保权是指国家在自己的权利和利益受到外来非法侵犯时，可采取相应对抗措施的权利。

四、简答题

1. 答案：（1）保护性管辖权（jurisdiction based on protection of certain states' interests）是国家以保护本国国家和人民利益为标准，对外国人在外国实施的犯罪行使的管辖权。普遍性管辖权（jurisdiction based on universal interests）是以保护国际社会的整体利益或者普遍利益为标准，而不论犯罪人具有何种国籍、犯罪发生在何处，任何一国都可以根据国际法对该犯罪享有刑事管辖权，都有权对该犯罪进行追究和处罚。普遍性管辖权的根据既不是属地原则，也不是属人原则，而是基于对国际和平和安全以及对人类整体利益的保护。

（2）不同点在于：行使管辖权的根据不同；行使管辖权的对象不同；行使管辖权的主体不同；行使管辖权的条件不同。

2. 答案： 构成国际法上的国家应具有四个要素：

（1）固定的居民。国家是由一定的居民组成的社会，是人的集合体，没有人口的社会是不存在的。构成一个国家的人口必须是永久性人口。

（2）确定的领土。领土是国家存在和发展的物质基础，领土又是国家行使排他性权力的空间，是确立国家属地管辖权的基础。

（3）政府。在政府的统治和管理下人民才能有序地生活。在国际关系中，政府代表国家进行国际交往，享有国际法上的权利、承担国际义务。

（4）主权。是国家具有的对内的最高权力和对外的独立地位。

3. 答案： 国家管辖权是指国家对其领域内的一切人、物和事件以及境外特定的人、物和事件具有的行使管辖的权利。可以分为以下几种：

（1）属地管辖权。是指国家对其领土及领土内的人、物和发生的事件，按照本国法律进行管辖的权利。其主要以领域作为管辖的对象和范围。领土管辖是国家管辖权中最基本的管辖，在管辖冲突时具有优越权。

（2）属人管辖权。是指国家有权对具有其国籍的人，无论他们在国内还是在国外，均具有管辖的权利。它主要以国籍作为管辖的标准，国家管辖权在领土外的适用主要是针对具有其国籍的人或其他获得国籍的特定物。

（3）保护性管辖权。是指国家对于严重侵害本国国家或公民利益的行为及行为人进行的管辖，不论行为人的国籍，也不论行为发生在何地。其适用的范围一般是世界各国法律中公认的犯罪行为。

（4）普遍性管辖权。是指对于国际法规定的违反全人类利益的国际罪行，不论犯罪人的国籍，也不论行为发生在何地，各国普遍有权实行的管辖。

4. 答案①： 在传统国际法上，国家的权利分为基本权利和派生的权利。国家的基本权利是指国家固有的和当然享有的权利，如独立权、平等权等。所谓派生的权利是从基本权利推演而来或根据条约而取得的权利。

国际法委员会制定的在1949年被联合国大会通过的《国家权利义务宣言》，规定了独立、平等、自卫、管辖权。

1. 独立权

独立作为国家主权在国际关系上的体现，是指一国按照自己的意志决定自己的政府并处理本国对内对外事务而不受他国控制、干涉的权利。

① 编者注：本题属于对基础知识的考查，题目比较简单，读者应对国际法中的基础知识、基本问题有一个全面、系统的理解和把握。

因此，独立主要包括两方面的意义：一是国家除受国际习惯法或条约的限制外，在领土范围内行使国家权力、不受任何外来干涉的完全自主性和排他性；二是国家除受国际习惯法或条约的限制外，自由地处理其国际事务的自主性和排他性。

2. 平等权

国家主权平等是指不论国家大小强弱或其政治、经济、社会制度如何，在国际法上的地位是完全平等的。真正意义上的国家平等不仅指形式上的平等，更重要的是指实质上的平等。国家的平等权表明：首先，国家在国际法上具有平等的法律地位，无论国际法对国家有哪些保护，这些保护应以平等的方式适用于每个国家。其次，任何国家有权平等地在国际上享有权利并承担义务，并有权平等地实现其权利并履行其义务。再次，所有国家都有在国际上求偿的能力并有权在解决争端的法律程序中享有平等的地位，也就是在法院上的平等地位。最后，无论在国内还是国际上，各国作为主权实体有权在法律面前得到充分的尊重。

3. 自卫权

国家为保卫自己生存、独立和其他合法权益而有限度使用武力抵抗外来侵略，或者武力攻击的权利。与自保权有区别，传统国际法承认自保权是为了自己生存独立或其他利益可以使用一切措施自我保全，其中包括自卫权、战争权。自卫权的缺点是自我判定、缺乏限制，可以采取各种措施，国家可以钻法律的空子。

自卫权的行使必须证明存在迫切、严重的自卫需要，没有选择机会和深思熟虑的时间。而且武装自卫行为不能有任何不合理和过分的成分，因为由于必要才合法的自卫行为，必须在必要这个限度内进行，并明白地遵守这个限度。符合自卫的必要性和相称性要求，是确定自卫权行使是否得当的标准。

4. 管辖权

国家按照一定的原则对有关人、财产、行为、事件行使管辖的权利。

(1) 领土管辖原则（属地管辖）：国家对其领土内的人、物享有完全的和排他的管辖权，即国家的属地优越权，也称领域管辖权。因此，所有处于一国境内的人和财产以及在一国境内发生的一切事件都处于该国的管辖之下。外国人，除根据国际法上国家主权豁免、外交、领事特权和豁免享受豁免权的人外，一进入一国领土就立即处于该国属地管辖之下。

(2) 国籍管辖（属人管辖）：国家的属人管辖权是指国家对有本国国籍的人都有管辖权，不论其居住在国内还是国外。

(3) 保护性管辖：一国对外国在该国领土外所犯侵害国家或公民重大利益的犯罪有权进行保护性管辖。

(4) 普遍性管辖：任何一国对某些特定、严重危害和平与安全，以及反人类犯罪都有权管辖，不论罪犯国籍、身处何地。

与国家管辖权相关的还有一个很重要的问题，就是外国国家享有的管辖豁免权。国家主权豁免，即任何一国的国家行为和国家财产不受外国管辖的特权，这是缘于平等者之间无管辖权的原则。一国不经另一国同意，不能对其行使管辖，特别是对另一国的司法管辖。

5. 答案：国际法主体是指享有国际法上权利和承担国际法上义务，有能力进行国际关系活动的实体。国家是国际法的基本主体。这主要表现在：

(1) 国家是国际法的基础。国家是国际法的主要制定者，又是国际关系的主要参加者，离开了国家，国际法就失去了存在的依据和调整的对象。

(2) 国家是当然的国际法主体。国家是主权者，因而是当然的国际法主体。国家的缔约权、诉讼权、求偿权等国际上的基本权利为国家所固有，而不是由外来力量赋予的。

(3) 国家是完全的国际法主体。由于是唯一的主权者，国家原则上不受限制地承受国际法上的权利义务。

(4) 国家是确定其他国际法主体的基础，其他的主体，正是具备国家的某些国际法上的能力才被视为国家法主体。

五、论述题

1. 答案：国家以及财产享有豁免权是国家主权原则在国际民事诉讼法领域中的具体体现。国家以及其财产享有豁免权是国际法也是国际民事诉讼法上的一项重要原则，它是指一个国家以及其财产未经过该国明确同意不得在另一国家的法院起诉，其财产也不得被另一国家扣押或者用于强制执行。

(1) 根据国际社会的立法与司法实践以及各国学者的普遍理解，国家以及其财产的豁免权的内容包括以下几个方面：一是司法管辖豁免；二是诉讼程序豁免；三是强制执行豁免。

(2) 国家以及其财产的豁免权均可以通过国家自愿放弃而排除。比如，通过条约中的有关条款，明示放弃豁免；争议发生后双方通过协议明示放弃豁免；主动向他国法院起诉、应诉或者提出反诉等。

（3）对于国家以及其财产豁免的理论，主要有两种：一是传统的豁免理论，即绝对豁免理论。该理论认为不论是国家从事的是公法上的行为还是私法上的行为，除非该国主动放弃管辖豁免，其他国家都应当给予豁免。二是限制豁免理论。该理论主张，一国的主权行为或者统治行为在其他国家享有豁免权，他国有义务尊重这种豁免权。但是如果外国国家从事纯商业活动的时候，则不能主张国家豁免而不受他国法院的管辖。

（4）目前，坚持绝对豁免说的国家虽然已经占多数，但是限制豁免说的主张也在不断增加，尽管如此，限制豁免说还没有形成一项普遍的国际法原则。我国理论界坚持绝对豁免说的理论，但是这并不意味着不能主动放弃豁免权利，在具体的民商事活动中，有关国家可以通过条约、协议的方式自愿放弃国家以及其财产的司法管辖权。

2. 答案：联合国是接受1945年在美国旧金山会议上签订的《联合国宪章》所载之义务的国家所组成的，是一个在集体安全原则的基础上维持国际和平与安全的、职能非常广泛的国际政治组织，是当今世界最具普遍性、最有影响和最大的国际组织。

中国是最早在《联合国宪章》上签字的国家之一。中华人民共和国成立以前，中国在联合国的一切席位都由国民党政府占有。国民党政府被中国共产党领导的人民革命推翻以后，由于美国的操纵，它仍然长期非法占有中国在联合国中的一切席位。随着世界和平力量的增长，经中国共产党耐心而富有成效的工作和广大第三世界国家的同情和支持，1971年11月7日联合国大会终于通过了2758号决议，决定恢复中华人民共和国的一切权利，承认其政府的代表为中国在联合国组织的唯一合法代表，并立即把蒋介石的代表从它在联合国及其所属一切机构中所占据的席位上驱逐出去。

《联合国宪章》第4条规定了会员国的条件："一、凡其他爱好和平之国家，接受本宪章所载之义务，经本组织认为确能并愿意履行该项义务者，得为联合国会员国。二、准许上述国家为联合国会员国，将由大会经安全理事会之推荐以决议行之。"根据本条的规定，联合国接纳的新会员国必须符合下列四个条件：（一）为国家，即主权国家；（二）爱好和平；（三）愿意遵行宪章所载各项义务；（四）联合国认为它能够并愿意履行这些义务。另外，它必须符合该条第2款之程序条件。如果说第二、三、四条含有主观因素的话，那么第一条则是客观的。中国台湾地区是否是主权国便成为其能否重返联合国最为掣肘的一个条件。

国家的要素主要有：（一）有常住、定居人口；（二）有确定的领土；（三）有政权组织；（四）有主权。中国台湾地区缺少使其成为国家的最后也是最重要的因素即主权。

国民党政府是被中国人民革命推翻的受帝国主义和殖民主义控制的反动政府，它退踞台湾岛后事实上完全无能力对中国实行有效的统治，中国的立法权、司法权和行政权都由中华人民共和国政府统一行使；在对外关系方面，中华人民共和国政府以政府继承的国际法形式成为中国唯一合法的代表。

3. 答案：（1）国际豁免制度在当代国际法中主要指的就是国家主权豁免，其含义是国家根据国家主权和国家平等原则不接受他国管辖的特权。国家主权豁免是国家平等的必然结果，因为按照"平等者之间无管辖权"的格言，任何国家都不能对其他国家实行管辖。同时，国家独立和国家尊严也是国家豁免的基础。国家主权豁免是一般承认的国际法原则。

（2）当代国际豁免制度处于一个剧烈转化和争论的过程中。目前，各个国家分别从其各自的国家利益出发，在这个问题上各执一词，国际法学界也有几种观点互相交锋。主要存在的是绝对豁免主义和相对豁免主义的争论。前者是指国家的所有行为都享有豁免，后者则是指国家行为中只有部分行为享有豁免，一般将国家行为分为"统治权行为"和"管理权行为"，对后者不给予豁免。对国家行为进行区分的主要标准有三种：目的标准、性质标准、混合标准。

（3）主张绝对豁免的观点则反对上面的那种划分，认为并不科学，其理由主要有两点：①主权行为难以区分。国家的商业行为看似属于司法行为，但实际上最终同一国的军事、政治、外交、行政、司法等有关权力的行使是分不开的。加上由于国家的政治活动错综复杂，在实践上也难以划分主权行为和非主权行为。②对于是否构成商业行为，也缺乏科学标准。绝大多数持限制豁免论的国家和学者主张，某一行为是否构成商业行为取决于行为的性质。这样一来，由于国家为公共目的从事经济活动时，必然会涉及定货、托运、汇兑、保险等商业手续，结果就会导致把国家的任何经济行为都看作商业行为，都不给予豁免，从而把国家豁免缩小到消失的程度。况且两者之间并没有明确的界限，通常存在一个灰色区域，很难认定。

(4) 实际上，国家豁免理论一开始是“绝对豁免论”，之所以发展到现在出现“限制豁免论”与之交锋，是与国际民商事交往日益频繁和世界经济一体化无法分开的。从这个历史发展过程我们可以窥见国际豁免制度的一个大致趋势，即从绝对豁免发展到相对豁免。越来越多的国家都采取了相对豁免主义，一些主要的国家，如美国、英国、加拿大、澳大利亚等，都在其国内立法中采取了这一立场。1972 年缔结的《欧洲国家豁免公约》是在总体上放弃绝对豁免主义的区域性国际条约。限制豁免主义在一些国家的法院和司法实践中也得到广泛采用。

(5) 在我国，相关的法律制度实际上也在经历着一个从绝对豁免到限制豁免的转变。我们通过一系列的案件和国际法实践，如“贝克曼诉中华人民共和国”“湖广铁路债务案”等表明了自己的立场：①坚持国家及其财产豁免是国际法上的一项原则，反对限制豁免论和废除豁免论。②坚持国家本身或者说以国家名义从事的一切活动享有豁免，除非国家自愿放弃豁免，也就是经常绝对豁免论。③在对外贸易的司法实践中我国正开始把国家本身的活动和国有公司或企业的活动区别开来，认为国有公司或企业是具有独立法律人格的经济实体，不应享有豁免，因而中国所坚持的理论与原来意义上的不同。④赞成通过协议来消除各国在国家豁免问题上的分歧。根据我国 1980 年参加的 1964 年《国际油污损害民责任公约》第 11 条的规定，我国实际上已经放弃了油污损害发生地的缔约国法院的管辖豁免。⑤如果外国国家无视我国主权，对我国或我国财产强行行使司法管辖权，我国保留对该国进行报复的权利。⑥我国在外国法院出庭主张豁免权的抗辩，不得视为接受外国法院管辖。

(6) 从上面的论述我们实际看到，我国并非主张那种严格的绝对豁免主义，而是有了相当的限制豁免的因素。所以，从发展方向上看，我国最终走向相对豁免主义是一种必然的趋势。具体而言，我国应当主张限制豁免论中的目的论，这是由我国国情决定的。我国是社会主义国家，又是发展中国家。改革开放以来，我国吸收大量外资，成为制造业大国。作为资本输入国，我国作为被告在外国法院被诉与我国法院受理以外国为被告的诉讼，发生的概率多和涉及的利益大。无疑坚持目的论比坚持性质论更符合我国的利益。另外，也有利于我国摆脱国有企业在外国法院被诉时面临的尴尬境地。

4. 答案：国际社会是由地位平等的主权国家所构成，不存在超越国家之上的世界政府。国际社会的这种“无政府”状态，以及世界范围内资源的有限性，使得国家间的冲突成为可能。但另外，由于各国具有共同的利益，而单边追求本国利益又会受到其他国家的遏制，所以，国际合作又成为每个国家的现实选择。目前，国际关系理论中的两大流派：现实主义和新自由制度主义，分别对国际冲突和国际合作作出了解释。

现实告诉我们，国家的确承担着大量的法律意义上的合作义务。例如，向他国引渡罪犯、向他国提供对外经济贸易管理方面的法律信息、放弃某种税收管辖权、履行国际组织就特定事项作出的决议等。国家的合作义务也只能基于国际法的规定或国家之间的符合国际法的约定而产生。无法证明存在着这样一条国际强行法规则：每个国家都必须与其他国家合作。由此，国家如果承担着合作义务的话，那么，这种合作义务或者产生于它所明确接受的条约规范，或者产生于它所明示或默示接受了的习惯法规则。所以，国家的合作义务，尽管具有法律约束力，但从性质上看，应属于约定义务，而非法定义务。

在实践中，我们可以确切地加以表述的国家的合作义务基本上都属于国家通过条约所接受的义务。比如，《联合国宪章》和世界贸易组织的规则。“二战”结束以来，国际条约的数量急剧增加、条约所覆盖的领域不断扩大、条约的约束机制也不断完善，这使得国家的合作义务也日益增多。国际条约所覆盖的领域的扩大，使得各缔约国几乎在国际社会生活的各个方面都承担起合作的义务。与此同时，国际条约的约束力也不断增强。许多国际条约都设立了特定的机构以保障条约的履行。一些国际条约还设立了争端解决机制，由争端当事国或特定的争端解决机构依据预先设立的程序规则来解决条约履行过程中所产生的争议，以促使缔约国履行自己的合作义务。而且，由于条约的争端解决机制通常都具有救济功能，所以当条约所意图维系的合作关系遭到破坏时，可尽量得以修复。

国际条约成为国际合作的基本载体是由条约的性质所决定的。条约是善意的自由同意的产物，而且，条约必须遵守是普遍承认的国际法规则。国际条约为缔约国所设立的合作义务，不仅是指条约中已经列明的具体义务，而且还包括条约所规定的进一步合作的义务。许多条约在明确了缔约国在特定事项的合作上已取得的进展的同时，还为以后的合作建构出基本的框架。在这种情况下，各缔约国的合作义务就包括了为未来的合作而进行合作的义务。世界贸易组织、欧盟和其他一些区域性政府间国际组织的实践已证明了这一点。国际合作义务，从广义上看，还包括一国不单方面损害其他国家利益的义务。有学者将这类义务的内容归纳为：不干涉他国内政、不鼓动他国内乱和不威胁国际和平。这类合作义务并不需要基于条约的约定。国际习惯法已为国家创设了这类义务。

在没有习惯法依据和条约约定情况下的合作义务，国际合作义务只能是道德义务。国际道德规范也要求国家之间进行合作，但法律意义上的合作义务自然要比道德意义上的合作义务更加确定和更易于履行。

主权其实是国家的身份，而非国家的权力，指某一个体与共同体的其他成员的法律关系。国际条约的大量产生及其覆盖领域的扩大使得国家不能再像先前一样独立地进行决策，因为它必须考虑已经通过条约所承担的国际义务。但不能就此认为国际条约在限制或剥夺国家主权。政府间国际组织所创设的合作义务是条约创设合作义务的一种特殊表现。这种合作义务对有关国家的约束更为广泛和直接。

总之，具体的合作义务源自条约的规定。只有基于条约，我国才会承担确定的合作义务；只有基于条约，我国才会享有要求其他国家予以合作的权利。某些国际合作义务可能仅属国际道德义务。道德义务不会产生法律责任。但国际合作义务可以从道德义务转变为法律义务。合作义务使国家承受约束，但不会损害国家主权。主权作为国家的身份将伴随国家始终。

5. 答案：国际法上的国家豁免也称国家主权豁免或国家管辖豁免，泛指一国的行为和财产不受另一国的立法，司法和行政等方面的管辖，即非经一国同意，该国的行为免受所在国法院的审判，其财产免受所在国法院扣押和强制执行。

1. 国家主权豁免的历史

国家及其财产享有管辖豁免是国际法上一项古老的原则。格劳秀斯在他不朽的著作《战争与和平法》一书中提及主权“不属于其他人的法律控制”，其已隐含着主权国家在他国享有豁免权的意义了。自18世纪后期开始，由于生产力的发展，一些国家政府的职能向经济方面扩大，在国际关系上具体来说是逐渐从传统的外交领域扩大到经济领域，由此国家与私人的经济活动中不可避免地出现纠纷，出现了私人在一些国家的法院诉外国政府的情况时，于是就产生了外国国家在法院的豁免问题。

19世纪初，国家主权豁免的原则就已经在国际实践中确立。但是，20世纪以来特别是第二次世界大战后，国家大量地参与跨国贸易、金融、投资等商业活动，其交易对方包括了大量的外国自然人和法人。国家享有普遍的管辖豁免权，使得外国个人或法人在与国家进行交易中，处于不利地位。这被认为有悖于商事主体平等原则，影响国际商事活动的正常发展。因而，诞生于19世纪末的限制豁免主义理论逐渐得到发展。该理论主张将国家行为分为商业行为和非商业行为，认为国家的商业行为不应享有豁免权，从而将传统上对国家一切行为和财产的豁免原则或主张称为绝对豁免主义。

目前，限制豁免的基本观点已逐渐得到越来越多国家和学者的接受。实践中，一些国家的国内立法及某些区域性的条约，也不同程度地采纳了限制豁免的原则，但各国的观点和做法尚不完全一致。

2. 国家及其财产豁免原则的最新发展

2004年联合国大会通过并于2005年1月17日开放签署的《联合国国家及其财产管辖豁免公约》(以下简称《公约》) 是国家及其财产管辖豁免原则发展新的里程碑。这一公约不仅使国家及其财产管辖豁免这一习惯法原则的内涵更为明确，还给各国提供了一套有关国家及其财产管辖豁免领域的统一的国际法律规则。《公约》所确立的法律原则和规则在继承传统国际法注重保护国家合法权益的基础上，也考虑到了与国家进行交易的自然人和法人的合法权益，更为合理地体现了国际法治中的正义和公平精神。

(1)《公约》通过条约的形式明确了“国家及其财产管辖豁免”这一国际法原则的内涵，有利于这一国际法原则的解释和适用。

尽管国家及其财产的管辖豁免为一项普遍接受的习惯国际法原则，但由于这一原则是一项习惯国际法原则，随着国际社会和国际法的发展，一些国家对这一习惯国际法原则的解释和适用逐渐形成了不同的见解，分歧也越来越大。《公约》明确承认了国家及其财产管辖豁免原则为一项普遍接受的习惯国际法原则，通过对这一原则中的几个关键术语的明确规定，使这一原则更加清楚明确，避免歧义。这些关键术语是第2条规定的“法院”“国家”以及“商业交易”；明确规定“不得援引国家豁免的诉讼”；通过具体原则保证国家及其财产管辖豁免原则的实现。

(2)《公约》通过条约的形式确立了一套统一和明确的国家及其财产管辖豁免的国际法律规

则，有利于各国在国家及其财产的管辖豁免领域依法处理问题。

《公约》对国际法治的重大贡献在于实现了两个转变：一是从抽象原则到具体规则的转变；二是从分歧规则到明确统一规则的转变。《公约》所确立的有关规则非常具体明确。例如，第 14 条"知识产权和工业产权"规定，除有关国家间另有协议外，一国在有关下列事项的诉讼中不得向另一国原应管辖的法院援引管辖豁免：（a）确定该国对在法院地国享受某种程度、即使是暂时的法律保护的专利、工业设计、商业名称或企业名称、商标、版权或任何形式的知识产权或工业产权的任何权利；或（b）据称该国在法院地国领土内侵犯在法院地国受到保护的、属于第三者的（a）项所述性质的权利。

由于2004 年国家及其财产管辖豁免公约是在各国普遍协议的基础上形成的统一和明确的法律规则，而不是将某些国家的价值和观点强加给国际社会，这不仅有助于形成符合国际社会普遍需要的国际法律规则，也有利于这些法律规则在国际社会的普遍接受和广泛适用。

（3）《公约》通过条约的形式确立了处理国家及其财产管辖豁免领域的争端解决机制，有利于维护国际和平与安全。

《公约》第 27 条规定的"争端"都是指公约的解释与适用方面的争端；都包括谈判、仲裁和提交国际法院解决争端的方式；都规定可以对仲裁和提交国际法院解决争端的规定进行保留。《公约》规定，两个或者两个以上的缔约国之间关于本公约的解释或者适用方面的任何争端，不能"在六个月内"谈判解决的，经前述任一缔约国要求，应交付仲裁。《公约》将"合理的时间"直接规定为"六个月"，以防止国家之间谈判久拖不决。

《公约》对于国内法层面的法治和国际法层面的法治都有着重要意义。但是，公约并没有解决所有的问题，如关于国家违反国际强行法规则的管辖豁免问题，关于刑事诉讼问题，在公约中都不涉及。但公约的规定以及今后的实施将会推动国际社会进一步解决国家及其财产管辖豁免领域未能解决的问题以及出现的新问题。①

6. 答案：自卫权是一个国家的自然权利，也是所有国家尊重其他国家领土主权的一般性义务的例外。美国借口行使自卫权而对伊拉克发动的战争是对现存的联合国集体安全体制和关于自卫权的实施条件的挑衅，其行为是违反现行的国际法的。但是，由于现代军事科技的高速发展，武力的威胁也成为影响一个国家安全的潜在危险。因而有必要在自卫权的条件上适当扩大，更好地保护国家的安全权利。而在设定此条件的时候必须在联合国的集体安全框架之内，以防止有关国家对此权利的滥用。

所谓"先发制人"的自卫，也被称作"预防性自卫"。在理论上，的确有人在论证它的合理性。预防性自卫是指一国在受到武力攻击前所进行的先发制人的攻击，它与国际法上国家在"受到武力攻击时"才能进行自卫的规定是不相符的。但是核武器和恐怖主义等新情况的出现对"受到武力攻击时"才能进行自卫的理论提出了严重的挑战，预防性自卫在这种情况下却是合理的。因此，应该承认预防性自卫，同时为防止其被滥用，应该确立合法行使预防性自卫权的标准，因此，实施"预防性自卫"存在下列两个问题：

第一，毫无限制地允许实施"预防性自卫"，势必造成自卫权被滥用的恶果。因此，即使允许实施"预防性自卫"，也必须由一定中立的国际机构来断定实施自卫的时机和条件是否已满足，而不是由当事国自行断定。

第二，现行国际法并不支持实施这种"预防性自卫"。换言之，如真的要允许实施这种自卫，必须在法律上予以完善，如通过制定条约来确定这种自卫方式，当然同时对实施这种自卫权规定一些限制性条件。

联合国应切实面对当前国际形势的变化，尤其是全球化带来的一系列国际安全问题的影响，适当扩大对于行使自卫权条件的解释，同时也应当建立相应的决策和监督机制以防止国家对此种自卫权的滥用，以避免国家以行使自卫权为借口推行强权政治、侵犯他国主权和任意干涉别国内政或其他非法目的。另外，联合国也应当加强安理会的作用，更加积极地维持国际和平与安全，制止武力的发生，抵制单边主义的形成。

总之，作为国际法的"禁止使用武力或武力威胁"原则的一个例外，国家可以单独或集体行使的自卫权的前提必须是在受到武力攻击或威胁之时，并且必须得到联合国的授权或认可。而这个前提的有关实体和程序方面的内容还需要在国

① 编者注：国家主权豁免原则是一个比较重要的知识点，历年各大高校法学硕士研究生入学考试题中多有涉及，应着重掌握。

际法范围内进行切实有效的发展和完善，并且进而强化其强制力和约束力。而作为一个总的要求就是必须在联合国的集体安全体制框架之下。只有在此基础之上，各个国家团结一致，相互合作，才有利于更加有效地防止少数国家滥用自卫权，维护国际社会的安全，促进世界经济的发展，使世界真正建立一个和平、稳定、互助、合作的国际秩序。

7. 答案：国家承认是指确认某一地区的居民已组成为一个国家并具有国际法上的人格，同时表示愿意视其为一个国家而与其交往。政府承认是指确认一个集团的人在一个国家内已组成了一个能够在国内实行有效统治，在国际关系中代表该国家的政府，同时表示愿意视其为该国的唯一合法政府而与之交往。从上述概念中可以看出，两者所涉及的对象有所不同，因此其条件、方法和效果也有一定区别。

8. 答案：国家违反其负担的有效国际义务的行为原则上属于该国的国际不法行为。但在某些情况下，如果根据国际法，一国违反国际义务的行为的不法性可以被排除，则该行为不应被视为该国的国际不法行为。排除国家行为不法性的情况有以下六种：

(1) 同意。同意是指如果一国在另一国有效同意的范围内实施了违背其国际义务的行为，则其不法性应予以排除。

(2) 对抗措施。对抗措施是指一国为对抗他国的国际不法行为而采取的报复性措施，虽然此类措施违反了该国对他国承担的国际义务，但其不法性应予以排除。

(3) 不可抗力和偶然事故。如果一国由于不可抗拒的力量或该国无力控制或无法预料的外界事件而不能履行其国际义务，则该国未履行国际义务的行为不应被视为国际不法行为。

(4) 危难。代表一国行事的个人或机关在极端危难的情况下，为了挽救其本人或受监护人的生命被迫采取的违背其本国国际义务的行为，原则上应被视为其本国的国际不法行为。

(5) 紧急状态。一国在本国的生存和重大利益受到严重和急迫的危险的情况下，如果为了消除这危险被迫采取的紧急措施违反了该国承担的国际义务，则其行为的不法性可以排除。

(6) 自卫。是指一国在遭到另一国的武力攻击或者侵略时采取的相应的武力反击行为。

六、案例分析题

答案：(**1**) “国际豁免”或者“主权豁免”是指非经一国同意，该国的行为不受所在国法院的管辖，其财产不受所在国法院的扣押和强制执行。通常认为，只有国家主权行为和用于政府事务的国家财产才享有豁免。

(**2**) 法院可以对此领事馆行使管辖权。领事馆的司法豁免仅限于为执行职务而实施的行为，而在本案中领事馆的租赁行为并不属于豁免范围，仅为一般的民事行为，应接受法院管辖。

(**3**) 美国1976年《外国主权豁免法》(Foreign Sovereign Immunities Act，FSIA) 对主权豁免的例外规定：被指称的行为“是该外国国家在美国进行的商业行为，或在美国发生的与该外国国家在别处的商业行为有关的某行为，或者在美国之外发生的与该外国国家在别处的商业行为有关，并且该行为对美国产生了直接影响”。在确定是否适用“商业行为”例外时，法院考查外国国家行使权力的性质而不是其效果。如果外国国家行使的“仅仅是那些公民私人也可行使的权利”而不是那些“主权独有的权利”时，则外国国家从事的行为是商业行为；如果主权者“不是作为市场的管理者，而是作为市场内的私营者”行事，主权者即从事了商业行为。问题在于“外国国家的特定行为（无论其背后的动机如何）是否在类别上属于当事方据以进行贸易、运输或商业活动的行为”。

美国形成了法院听从国务院“建议”的判例法惯例，而国务院的决策则是根据美国外交战略作出的。1976年的《外国主权豁免法》规定，将决定外国主权豁免的职能完全移交给法院，但美国政府发言人当即就此指出：行政部门不会轻易抛弃美国在有关影响到外国国家的争端诉讼中的利益。此后，行政部门仍以“法庭之友”的身份陈述意见，而法院也会对行政部门的意见给予充分考虑或支持。

(**4**) 如果主张侵权，美国的当事人一方在举证方面以及在要求赔偿方面具有优势性。

(**5**) 英、美的国际法学者在“一战”前主张绝对豁免。第二次世界大战后，英、美等国也转而适用有限豁免。1976年，美国通过的《外国主权豁免法》，正式以立法形式把外国主权豁免问题纳入美国司法管辖的范围内。有限豁免说与国家主权原则背道而驰，是同西方学者“贬低国家主权原则，甚至把主权描绘为完全过时”的学说紧密相连，在处理涉及外国国家主权问题时，任何国家均应当准确认定行为性质，不得损害他国的主权。在该案中，美国的做法有其合理性，但是其以本国经济利益为准的惯常做法应当予以改正。

第三章　国际法上的居民

基础知识图解

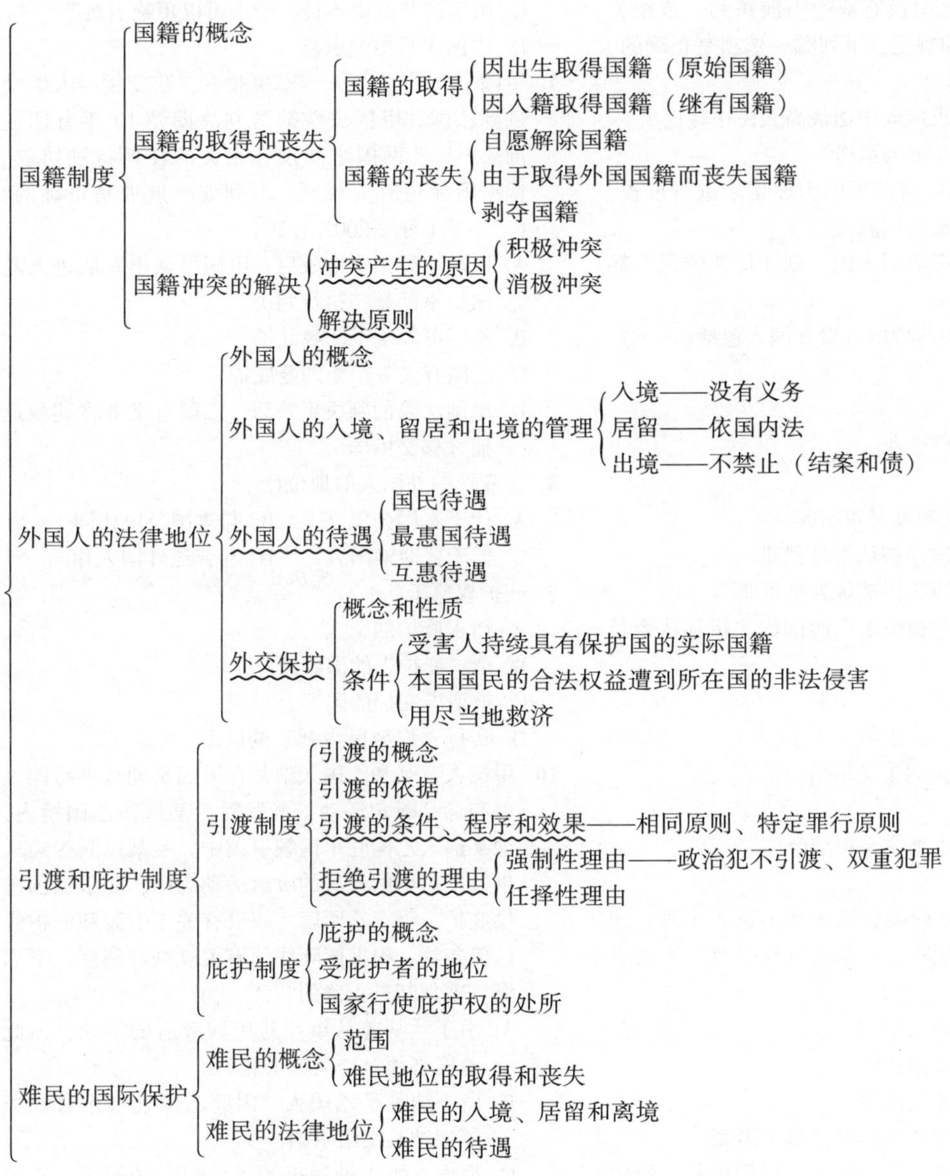

配套测试

一、单项选择题

1. 甲国公民汤姆于2012年在本国故意杀人后潜逃至乙国，于2014年在乙国强奸一名妇女后又逃至中国。乙国于2015年向中国提出引渡请求。经查明，中国和乙国之间没有双边引渡条约。依相关国际法及中国法律规定，下列哪一选项是正确的？（司考2015.1.33）（　　）

A. 乙国的引渡请求应向中国最高人民法院提出

B. 乙国应当作出互惠的承诺

C. 最高人民法院应对乙国的引渡请求进行审查，并由审判员组成合议庭进行

D. 如乙国将汤姆引渡回本国，则在任何情况下都不得再将其转引

2. 国际法上的居民中所说的一般外国人包括（　　）。

A. 外交人员

B. 领事官员

C. 在华的外商独资企业

D. 外国专家

3. 下述哪种情况下的犯罪是可引渡的？（　　）

A. 依请求引渡国法律被认为是犯罪

B. 依被请求引渡国法律被认为是犯罪

C. 依请求引渡国和被请求引渡国的法律都认为是犯罪

D. 依第三国法律被认为是犯罪

4. 我国国籍法采取的原则是（　　）。

A. 血统主义与居住地主义相结合

B. 血统主义

C. 血统主义与出生地主义相结合

D. 出生地主义

5. 甲国公民在乙国将丙国公民杀死后逃入丁国，现甲、乙、丙三国均向丁国要求将其引渡。下列表述中正确的是哪一项？（　　）

A. 丁国应将其引渡给甲国

B. 丁国应将其引渡给乙国

C. 丁国应将其引渡给丙国

D. 由丁国自己决定将其引渡给哪个国家

6. 中国人高某在甲国探亲期间加入甲国国籍，回中国后健康不佳，也未申请退出中国国籍。后甲国因高某在该国的犯罪行为，向中国提出了引渡高某的请求，乙国针对高某在乙国实施的伤害乙国公民的行为，也向中国提出了引渡请求。依我国相关法律规定，下列哪一选项是正确的？（　　）（司考2009.1.32）

A. 如依中国法律和甲国法律均构成犯罪，即可准予引渡

B. 中国应按照收到引渡请求的先后顺序确定引渡的优先顺序

C. 由于高某健康不佳，中国可以拒绝引渡

D. 中国应当拒绝引渡

7. 甲国1999年发生未遂军事政变，政变领导人朗曼逃到乙国。甲国法院缺席判决朗曼10年有期徒刑。甲、乙两国之间没有相关的任何特别协议。根据国际法有关规则，下列哪一选项是正确的？（　　）（司考2007.1.29）

A. 甲国法院判决生效后，甲国可派出军队进入乙国捉拿朗曼，执行判决

B. 乙国可以给予朗曼庇护

C. 乙国有义务给予朗曼庇护

D. 甲国法院的判决生效后，乙国有义务将朗曼逮捕并移交甲国

8. 受庇护的外国人的地位（　　）。

A. 优于本国公民　　B. 与本国公民相同

C. 低于普通外国人　　D. 与普通外国人相同

9. 庇护权属于（　　）。

A. 请求庇护的个人

B. 请求庇护人的国籍国

C. 被请求庇护的国家

D. 实行“议会民主制”的国家

10. 甲国人兰某和乙国人纳某在甲国长期从事跨国人口和毒品贩卖活动，事发后兰某逃往乙国境内，纳某逃入乙国驻甲国领事馆中。兰某以其曾经从事过反对甲国政府的政治活动为由，要求乙国提供庇护。甲、乙两国之间没有关于引渡和庇护的任何条约。根据国际法的有关规则和制度，下列哪一项判断是正确的？（　　）

A. 由于兰某曾从事反对甲国政府的活动，因此乙国必须对兰某提供庇护

B. 由于纳某是乙国人，因此乙国领事馆有权拒绝把纳某交给甲国

C. 根据《维也纳领事关系公约》的规定，乙国领馆可以行使领事裁判权，即对纳某进行审判并做出判决后，交由甲国予以执行

D. 乙国可以对兰某的涉嫌犯罪行为在乙国法院提起诉讼，但乙国没有把兰某交给甲国审判的义务

11. 依据犯罪嫌疑人的国籍行使的刑事管辖原则称作(　　)。

A. 属地管辖　　B. 属人管辖

C. 保护性管辖　　D. 普遍管辖

12. 甲国发生军事政变，政变失败后，领导人逃入乙国驻甲国使馆寻找外交庇护。根据一般国际法，下列哪种判断正确？(　　)

A. 一般国际法承认外交庇护

B. 甲国应提供方便让政变领导人离开甲国前往乙国

C. 乙国使馆给予政变领导人外交庇护违背了使馆的义务

D. 甲国可以进入乙国使馆将政变领导人逮捕

13. 外国人在旅馆以外的其他住所居住或者住宿的，应当在入住后(　　)内由本人或者留宿人，向居住地的公安机关办理登记。

A. 六小时　　B. 十二小时

C. 二十四小时　　D. 四十八小时

14. 甲国船员麦克与其妻子玛丽需要临时入境，登陆中国港口城市上海，应当(　　)

A. 向上海市政府申请办理临时入境手续

B. 向公安机关申请办理临时入境手续

C. 向出入境边防检查机关申请办理临时入境手续

D. 以上都不对

15. 中国人同澳大利亚人结婚而取得澳大利亚国籍后，其中国国籍(　　)。

A. 自动丧失

B. 仍然保留

C. 取决于本人选择

D. 取决于澳大利亚国籍法的规定

16. 原始国籍是指(　　)。

A. 在原居住国所取得的国籍

B. 在原出生地所取得的国籍

C. 因出生而取得的国籍

D. 第一次选择的国籍

17.《国籍法》规定，申请恢复中国国籍的，要经过审批。负责审批的机关是(　　)。

A. 中国外交部　　B. 中国民政部门

C. 中国公安部门　　D. 中国海关

18. 戴某为某省政府的处级干部。两年前，戴父在甲国定居，并获甲国国籍。2006 年 7 月，戴父去世。根据有效遗嘱，戴某赴甲国继承了戴父在甲国的一座楼房。根据甲国法律，取得该不动产后，戴某可以获得甲国的国籍，但必须首先放弃中国国籍。于是戴某当时就在甲国填写了有关表格，声明退出中国国籍。其后，戴某返回国内继续工作。针对以上事实，根据我国《国籍法》的规定，下列哪项判断是正确的？(　　)

A. 戴某现在已自动丧失了中国国籍

B. 戴某现在只要在中国特定媒体上刊登相关声明，即退出中国国籍

C. 戴某现在只要向中国有关部门申请退出中国国籍，就应当得到批准

D. 戴某现在不能退出中国国籍

19. 中国人姜某（女）与甲国人惠特尼婚后在甲国定居，后姜某在甲国生下一女。根据我国国籍法，下列哪一选项是正确的？(　　)

A. 如姜某之女出生时未获其他国家国籍，可以获得中国国籍

B. 姜某之女一出生就无条件获得中国国籍

C. 如姜某之女出生时已获得甲国国籍，她也可以同时获得中国国籍

D. 姜某之女出生地在甲国，因而不能获得中国国籍

20. 根据国际社会的一般实践，一个具有双重国籍的人，当其位于他的任意一个国籍国的领土时，(　　)。

A. 他一般仍可以主张他是外国人

B. 他可以主张他是无国籍人

C. 他可以在该国享有司法豁免

D. 他一般是被作为所处领土的本国人对待

21. 中国公民陆某 2001 年通过其在甲国的亲戚代为申请甲国国籍，2002 年获甲国批准。2004 年 5 月，陆某在中国因违法行为被刑事拘留。此时，陆某提出他是甲国公民，要求我国有关部门通知甲国驻华领事。经查，根据甲国法律陆某持有的甲国护照真实有效；陆某本人到案发时从未离开中国，也从未申请退出中国国籍。根据中国国籍法有关规定，下列哪一项判断是正确的？(　　)

A. 陆某仍是中国人

B. 陆某是中国境内的外国人

C. 陆某是中国法律承认的具有双重国籍的人

D. 陆某的国籍状态不确定

22. 最惠国待遇是当今国家间进行交往中一种常见的给予对方的待遇和优惠，对此(　　)。

A. 一国有义务给予他国以最惠国待遇

B. 最惠国待遇就是指给予某个国家的待遇高于给予其他任何国家的待遇

C. 最惠国待遇是指给予某个国家的待遇不低于现在和将来给予任何第三国的待遇

D. 最惠国待遇必须建立在互惠的基础上

23. 一国对于外国人在某些方面采取差别待遇，(　　)。

A. 是违反国际法的歧视待遇

B. 是指给予外国人不同于本国公民的待遇
C. 属经济共同体范围内的优惠待遇
D. 是给第三国以优惠待遇

24. 王某是定居美国的中国公民，2013 年 10 月回国为父母购房。根据我国相关法律规定，下列哪一选项是正确的？(　　)(司考 2014. 1. 34)
A. 王某应向中国驻美签证机关申请办理赴中国的签证
B. 王某办理所购房产登记需提供身份证明的，可凭其护照证明其身份
C. 因王某是中国公民，故需持身份证办理房产登记
D. 王某回中国后，只要其有未了结的民事案件，就不准出境

25. 甲乙两国因政治问题交恶，甲国将其驻乙国的大使馆降级为代办处。后乙国出现大规模骚乱，某乙国公民试图翻越围墙进入甲国驻乙国代办处，被甲国随员汤姆开枪打死。根据国际法的相关规则和实践，关于本案下列哪项说法是正确的？(　　)
A. 因甲国主动将其驻乙国的大使馆降级为代办处，代办处不再享有使馆的特权与豁免
B. 随员汤姆的行为是为了保护代办处的安全，因此不负任何刑事责任
C. 乙国可以因随员汤姆的开枪行为对其采取刑事强制措施
D. 若甲国明示放弃汤姆的外交豁免权，则乙国可以对汤姆采取刑事强制措施

26. 甲国球星埃尔申请加入中国国籍，根据我国《国籍法》的规定，下列选项正确的是(　　)。
A. 埃尔加入中国国籍后，可保留甲国国籍
B. 埃尔加入中国国籍的申请应该由中国外交部审批
C. 埃尔的申请无论是否被批准，其与中国女子李某在广州出生的儿子具有中国国籍
D. 埃尔申请一旦批准，则不得再退出中国国籍

二、多项选择题

1. 中国公民李某与俄罗斯公民莎娃结婚，婚后定居北京，并育有一女李莎。依我国《国籍法》，下列哪些选项是正确的？(　　)(司考 2017. 1. 75)
A. 如李某为中国国家机关公务员，其不得申请退出中国国籍
B. 如莎娃申请中国国籍并获批准，不得再保留俄罗斯国籍
C. 如李莎出生于俄罗斯，不具有中国国籍
D. 如李莎出生于中国，具有中国国籍

2. 马萨是一名来华留学的甲国公民，依中国法律规定，下列哪些选项是正确的？(　　)(司考 2017. 1. 76)
A. 马萨入境中国时，如出入境边防检查机关不准其入境，可以不说明理由
B. 如马萨留学期间发现就业机会，即可兼职工作
C. 马萨留学期间在同学家中短期借住，应按规定向居住地的公安机关办理登记
D. 如马萨涉诉，则不得出境

3. 通过加入而取得国籍的情况有(　　)。
A. 因收养　　B. 因婚姻
C. 因长期居住　　D. 因自愿申请

4. 国籍法是(　　)。
A. 国际法的一部分
B. 国内法
C. 国家间解决国籍问题引起争执的法律
D. 国家确定谁是其国民的法律

5. 对于合法进入一国境内的外国人，按照国际实践一般享有(　　)。
A. 诉讼权　　B. 继承权
C. 选举权　　D. 财产权

6. 外国人进入一国境内(　　)。
A. 一般要持有护照并经过签证手续
B. 一般要持有护照但无须签证手续
C. 在互惠基础上达成协议可互免签证
D. 国家有权准许或拒绝

7. 签证的种类有哪些：(　　)
A. 外交签证　　B. 礼遇签证
C. 公务签证　　D. 普通签证

8. 一美国人在日本将一伊朗人杀死，后潜逃英国，(　　)。
A. 伊朗可向美国请求引渡
B. 美国可向英国请求引渡
C. 日本可向英国请求引渡
D. 伊朗可向英国请求引渡

9. 最惠国待遇通常适用于以下哪些方面？(　　)
A. 经济方面
B. 贸易方面
C. 经济共同体范围内的优惠
D. 关税同盟范围内的优惠

10. 中国政府在国内受理外国人入境、居留、旅行申请的机关是(　　)。
A. 公安部
B. 公安部授权的地方公安机关
C. 外交部
D. 外交部授权的地方外事部门

11. 下列外国人的哪些情形，将由公安部决定取消其在中国境内永久居留资格：(　　)

A. 甲国人杰瑞被处驱逐出境

B. 乙国人汤姆在中国制造恐怖活动，对中国国家安全和利益造成危害

C. 丙国人约翰弄虚作假骗取在中国境内永久居留资格

D. 丁国人皮特在中国境内居留未达到规定时限

12. 依据国籍法，中国公民在外国出生的子女(　　)（2015年司法考试卷一第75题有所涉及）。

A. 只能具有外国国籍

B. 具有中国国籍

C. 可任意选择中国或外国国籍

D. 如未申请国籍，则属无国籍人

13. 非自愿丧失国籍的原因有(　　)。

A. 婚姻　　B. 收养

C. 认领　　D. 被剥夺国籍

14. 中国某女演员与英国男子结婚并取得英国国籍，根据《国籍法》规定，该女演员(　　)。

A. 自动丧失中国国籍

B. 应继续保留中国国籍

C. 不能再加入中国国籍

D. 放弃英国国籍可加入中国国籍

15. 国际法上的居民中所说的一般外国人包括(　　)。

A. 在驻的外交人员

B. 到访的外国元首

C. 经商的外国业主

D. 讲学的外国专家

16. 在一国居住的外国人，(　　)。

A. 他处于居住国的管辖下，应遵守居住国的法律

B. 还必须履行其作为国民对其国籍国的有关义务

C. 当其权利在居住国受到任何侵害时，其国籍国都应立即给予其提供外交保护

D. 在民事权利方面，他可以要求与居住国国民完全等同的权利

17. 国家一般不禁止外国人的合法出境。但对外国人出境可以规定某些条件，其中包括(　　)。

A. 外国人出境前必须办理出境手续

B. 外国人出境前应依法付清债务或提供担保

C. 外国人有诉讼在身的可以依法限制其出境

D. 外国人的任何财产都不许带出境

18. 一国给予外国人的国民待遇，一般表现在下列哪些事项上？(　　)

A. 同等地参加政治活动或政治组织

B. 拥有选举权和被选举权

C. 平等地作为民事诉讼的原告或被告

D. 人身权利得到法律保护

19. 根据中国的有关法律，在中国境内的外国人，(　　)。

A. 可以参加中国境内的党派或政治团体

B. 没有选举权和被选举权

C. 没有服兵役的义务

D. 只要得到雇用，就可以在中国境内就业

20. 一国行使外交保护权的条件，包括(　　)。

A. 必须已经用尽当地救济

B. 必须由受害人首先提出外交保护请求

C. 有关受害人在受害行为发生时到外交保护结束时连续地拥有保护国的国籍

D. 对于该侵害，所在地国家负有国际责任

21. 外国向中国提出的引渡请求必须同时符合下列(　　)条件，才能引渡。

A. 引渡请求所指向的行为只要依请求国法律构成犯罪即可

B. 引渡请求所指向的行为只要依我国法律构成犯罪即可

C. 引渡请求所指的行为，依我国法律和请求国法律都构成犯罪

D. 为了执行刑罚而请求引渡的，在提出引渡请求时，被请求引渡人尚未服完的刑期至少为6个月

22. 中国公民李某（曾任某国有企业总经理）2004年携贪污的巨款逃往甲国。根据甲国法律，对李某贪污行为的最高量刑为15年。甲国与我国没有引渡条约。甲国表示，如果中国对李某被指控的犯罪有确凿的证据，并且做出对其量刑不超过15年的承诺，可以将其引渡给中国。根据我国引渡法的有关规定，下列哪些判断是正确的？(　　)

A. 我国对于甲国上述引渡所附条件，是否做出承诺表示接受，由最高人民法院决定

B. 我国对于甲国上述引渡所附条件，是否做出承诺表示接受，由最高人民检察院提请最高人民法院做出决定

C. 如果我国决定接受甲国上述引渡条件，表示接受该条件的承诺由外交部向甲国做出

D. 一旦我国做出接受上述条件的承诺并引渡成功，我国司法机关在对李某审判和量刑时，应当受该承诺的约束

23. 外国公民雅力克持旅游签证来到中国，我国公安机关查验证件时发现，其在签证已经过期的情况下，涂改证照，居留中国并临时工作。关于雅力克的出入境和居留，下列哪些表述符合中国法律规定？(　　)（司考2012.1.75）

A. 在雅力克旅游签证有效期内，其前往不对外国人开放的地区旅行，不再需要向当地公安机关申请旅行证件

B. 对雅力克的行为县级以上公安机关可拘留审查

C. 对雅力克的行为县级以上公安机关可依法予以处罚

D. 如雅力克持涂改的出境证件出境，中国边防检查机关有权阻止其出境

24. 甲国公民彼得，在中国境内杀害一中国公民和一乙国在华留学生，被中国警方控制。乙国以彼得杀害本国公民为由，向中国申请引渡，中国和乙国间无引渡条约。关于引渡事项，下列哪些选项是正确的？（　　）（司考 2012. 1. 76）

A. 中国对乙国无引渡义务

B. 乙国的引渡请求应通过外交途径联系，联系机关为外交部

C. 应由中国最高法院对乙国的引渡请求进行审查，并作出裁定

D. 在收到引渡请求时，中国司法机关正在对引渡所指的犯罪进行刑事诉讼，故应当拒绝引渡

25. 甲国人约翰持公务签证来华，在北京已居住两年。在此期间，约翰与中国女子王某结婚并在北京生下一子。根据中国相关法律规定，下列哪些判断是正确的？（　　）

A. 只要约翰有尚未完结的民事诉讼就不得离境

B. 北京是约翰的经常居所地

C. 约翰利用周末假期在某语言培训机构兼职教课，属于非法就业

D. 约翰的儿子具有中国国籍

三、不定项选择题

甲国人艾某在甲国打工时因不满雇主詹某，炸毁了詹某的厂房和住所，逃至乙国。艾某的行为根据甲国刑法，有可能被判处死刑。甲、乙两国之间没有任何涉及刑事司法协助方面的双边或多边条约。基于以上情况，根据国际法，下列判断何者为正确？（　　）

A. 如甲国向乙国提出引渡请求，则乙国有义务将艾某引渡给甲国

B. 如艾某向乙国提出庇护请求，则乙国有义务对艾某进行庇护

C. 乙国可以既不对艾某进行庇护，也不将其引渡给甲国

D. 甲国可以在乙国法院对艾某提起刑事诉讼

四、名词解释

1. 国籍的抵触
2. 双重、多重国籍
3. 积极国籍冲突（中南财经政法大学 2010 年考研真题）
4. 最惠国待遇
5. 外交保护（中国人民大学 2006 年、中南财经政法大学 2009 年考研真题）
6. 卡尔沃条款
7. 引渡（西北政法大学 2007 年考研真题）
8. 政治犯不引渡
9. 庇护与域外庇护（华东政法大学 2008 年考研真题）
10. extra – territorial asylum（华东政法大学 2007 年考研真题）
11. 难民
12. 用尽当地救济原则（中南财经政法大学 2007 年；华东政法大学 2006 年；西北政法大学 2005 年考研真题）

五、简答题

1. 简述外交保护的前提条件。
2. 简述我国国籍法的制度。
3. 简述引渡的基本条件。
4. 简述国家的属人管辖、外国人的定义及地位。
5. 试述我国《国籍法》中不承认双重国籍的原则。
6. 外交保护问题上，为何只有在外国人用尽当地救济后，本国才可提出外交保护。（华东政法大学 2009 年考研真题）
7. 简述对于本国国民的外交保护和领事保护的区别。（华东政法大学 2011 年考研真题）
8. 简述外交代表管辖豁免的主要内容。（中国政法大学 2006 年考研真题）

六、论述题

1. 论国际社会所通行的对外国人的法律待遇的原则。
2. 试述难民的法律地位。
3. 论述引渡的国际法律制度。（西北政法大学 2007 年考研真题；清华大学 2006 年考研真题；中南财经政法大学 2009 年考研真题中有类似简答题“引渡及相关国际法制度”）
4. 论“或引渡或起诉”（北京大学 2010 年考研真题）

参考答案

一、单项选择题

1. **答案**：B。《引渡法》第 4 条规定："中华人民共和国和外国之间的引渡，通过外交途径联系。中华人民共和国外交部为指定的进行引渡的联系机关。引渡条约对联系机关有特别规定的，依照条约规定。"据此，乙国的引渡请求应通过外交途径联系，联系机关为外交部。故 A 项说法错误。在现代国际关系中，引渡是国家之间司法合作的重要形式，是国家主权的合法体现。根据国际法，各主权国家没有必须对罪犯引渡的法律义务。现代国际最通行的办法是当事国双方订立双边或多边条约，为履行条约的义务而给予引渡；也有一些国家按照国内法有关规定，根据具体案情，以互惠为条件，或出于礼让和友好的考虑，把罪犯引渡给他国。故 B 正确。《引渡法》第 16 条规定："外交部收到请求国提出的引渡请求后，应当对引渡请求书及其所附文件、材料是否符合本法第二章第二节和引渡条约的规定进行审查。最高人民法院指定的高级人民法院对请求国提出的引渡请求是否符合本法和引渡条约关于引渡条件等规定进行审查并作出裁定。最高人民法院对高级人民法院作出的裁定进行复核。"据此，我国的引渡是由最高人民法院指定的高级人民法院对案件进行实质审查，然后，最高人民法院对高级人民法院作出的裁定进行复核。故 C 项说法错误。实践中，请求国只能就其请求引渡的特定犯罪行为对该被引渡人进行审判或处罚。这也称为"罪名特定原则"。如果以其他罪名进行审判或将被引渡人转引给第三国，则一般应经原引出国的同意。因此经原引出国的同意可以转引，故 D 项说法错误。
2. **答案**：D。国际法上的居民是指位于一国境内并受该国法律管辖的所有人（包括自然人和法人）。从国籍的角度看，外国人仅指一切不具有本国国籍而具有他国国籍的自然人，即外国国民。
3. **答案**：C。引渡是指一国应外国的请求，将在本国境内而被外国追诉和判刑的人移交该国审判或处罚的行为。引渡一般都要求符合两个条件：一是符合相同原则。即被请求引渡的人所实施的行为按照请求国的法律和被请求国的法律都构成犯罪。二是对所控制刑之惩罚达到一定的严厉程序。即在符合相同原则的前提下，还要求所指控的罪行达到一定的严重性。①
4. **答案**：C。我国《国籍法》规定了双系血统原则为主，出生地原则为辅的混合原则。如父母双方为中国国民，本人出生在中国，即具有中国国籍；本人出生在外国，原则上也具有中国国籍，但如父母一方定居在外国且本人出生时即具有外国国籍的，即不具有中国国籍，如父母无国籍或国籍不明并定居在中国，且本人出生在中国，即具有中国国籍。
5. **答案**：D。有权请求引渡的国家一般有三类：罪犯本人所属国、犯罪行为发生地国、受害人所属国。如果三类国家同时请求引渡同一罪犯，原则上由被请求国决定把罪犯引渡给哪个国家。
6. **答案**：D。本题考核国籍的丧失、引渡。A 错误。该项只说明了符合引渡的部分条件，不能就此判断可准予引渡。B 错误。在确定引渡的优先顺序时，应综合考虑收到引渡请求的先后、中国与请求国是否存在引渡条约等因素，而不能仅根据引渡请求的先后顺序来决定引渡的优先顺序。C 错误。在本题中中国应当拒绝引渡高某，而不是可以拒绝。根据《引渡法》第 8 条，被请求引渡人如果具有中国国籍，中国应当拒绝引渡。《国籍法》第 9 条规定："定居外国的中国公民，自愿加入或取得外国国籍的，即自动丧失中国国籍。"而高某是在甲国探亲期间加入甲国国籍，之后即回国，题中并没有交代高某在甲国定居的事实，因此高某不能自动丧失中国国籍，而且高某没有申请退出中国国籍，所以高某仍然具有中国国籍。
7. **答案**：B。国家的主权不受侵犯，甲国可派出军队进入乙国构成了对乙国主权的侵犯，因此 A 错误。关于 B，所谓的庇护，是指一国对于遭到外国追诉或迫害而前来避难的外国人，准予其入境和居留，给予保护，并拒绝将其引渡给另一国的行为。庇护是国家基于领土主权而引申出权利。决定给予哪些人庇护是国家的权利。因此 B 项正确，C 项错误。所谓的引渡，是一国将处于本国境内的被外国指控为犯罪或已经判刑的人，应该外国的请求，送交该外国审判或处罚的一种国际司法协助行为。在国际法中，国家没有一般的引渡义务，因此 D 项错误。

---

① 编者注：还有另外一种说法：引渡的条件依各国国内法和条约的规定而有所不同，但主要的是两个原则：一是"双重归罪"原则，即被请求人只有在其行为依请求国和被请求国法律均属于犯罪时方能引渡；二是"政治犯不引渡"原则，即经确认犯有政治罪行的被请求人不能被引渡。

8. **答案**：D。庇护是指一国对请求避难的外国人给予保护的行为。受庇护人在庇护国享有合法的居留权，原则上不被引渡和驱逐；其在居留期间除非取得了庇护国的国籍，原则上与一般外国人享有相同的待遇，也可依庇护国的有关法律和政策享有某种优惠待遇，但不能从事敌视和有害于本国的活动；庇护国对受庇护人负有相应的保护和防止责任。

9. **答案**：C。庇护是指一国对请求避难的外国人给予保护的行为。庇护是国家根据其本国法或者国际条约所给予外国人保护的行为，因此主体是进行庇护的国家。各国一般根据其本国国内法规定的庇护条件对请求庇护的人进行审查，并作出决定。

10. **答案**：D。国际法中，国家没有一般的引渡义务，引渡需要根据有关的引渡条约进行。国家通常没有必须给予庇护的义务。甲、乙两国之间没有关于引渡和庇护的任何条约，乙国没有义务引渡和庇护。但乙国可以依据属地管辖原则对兰某的涉嫌犯罪行为在乙国法院提起诉讼，故D项正确。根据《维也纳领事关系公约》的规定，领馆不可以行使领事裁判权。国际法上没有引渡的一般义务，除非有条约关系；无条约时，一国可以自由裁量。提供庇护是国家的权利，而不是国家的义务。庇护的对象主要是从事政治或科学活动而受到迫害的人，对民事争议的当事人、刑事犯罪分子和战争罪犯不能给予庇护。对从事侵略战争、种族灭绝和种族隔离、劫机、侵害外交代表等罪行及其他条约或习惯国际法认为是国际罪行的人，不得进行庇护。庇护原则上只能基于领土主权来行使，域外庇护是没有国际法依据的，除非是基于相互的协议，且在不违反国际义务的前提下进行。

11. **答案**：B。国家的管辖权主要分为四种，即属地管辖权、属人管辖权、保护性管辖权和普遍性管辖权。属地管辖权指国家对其领域内的一切人和物及事所具有的管辖权，属人管辖权指国家对一切在国内和在国外的本国人，有权行使管辖权。保护性管辖权指国家对外国人在该国领域外侵犯该国国家和公民重大利益的犯罪行为有权行使管辖。普遍性管辖权指国家根据国际法的规定，对于普遍危害国际社会和平与安全及全人类共同利益的某些特定的国际犯罪行为，各国均有权进行管辖。本题属于属人管辖。

12. **答案**：C。庇护是指国家对于因遭受他国迫害而来避难的外国人，准其入境和居留，给以保护，并拒绝将他引渡给另一国的行为。领土以外的庇护一般称为域外庇护，如利用国家在外国的外交或领事馆舍进行庇护，而域外庇护没有一般国际法根据，为现代国际社会所反对。因此，本题的正确答案是C。

13. **答案**：C。根据《出境入境管理法》第39条第2款规定，外国人在旅馆以外的其他住所居住或者住宿的，应当在入住后二十四小时内由本人或者留宿人，向居住地的公安机关办理登记。

14. **答案**：C。根据《出境入境管理法》第23条规定："有下列情形之一的外国人需要临时入境的，应当向出入境边防检查机关申请办理临时入境手续：（一）外国船员及其随行家属登陆港口所在城市的；（二）本法第二十二条第三项规定的人员需要离开口岸的；（三）因不可抗力或者其他紧急原因需要临时入境的。临时入境的期限不得超过十五日。对申请办理临时入境手续的外国人，出入境边防检查机关可以要求外国人本人、载运其入境的交通运输工具的负责人或者交通运输工具出境入境业务代理单位提供必要的保证措施。"该题目中的船员麦克和其妻子玛丽临时入境，属于上述规定中的第一种情形，依法应当向出入境边防检查机关申请办理临时入境手续。

15. **答案**：A。不承认双重国籍是我国国籍法的一项基本原则。《国籍法》第3条规定："中华人民共和国不承认中国公民具有双重国籍。"

16. **答案**：C。取得国籍①的方式主要可分为两大类，因出生而获得国籍、因归化而获得国籍。因出生而获得国籍是最主要的取得国籍的方式，又叫原始国籍。其又可分为：以父母任何一方或仅以父亲一方的国籍为赋予子女原始国籍标准的双系或单系（父系）血统原则、以子女本人的出生地作为赋予子女原始国籍标准的出生地原则和兼以父母国籍和子女本人出生地为标准的混合原则。因归化而取得国籍也可大致分为两类：完全基于当事人自愿的取得，如申请加入国籍；由于某些事实而自动取得某国的国籍，如因结婚等。

17. **答案**：C。曾有过中国国籍的外国人，具有正当理由，可以申请恢复中国国籍，由中国公安部负责审批。

---

① 编者注：有关国籍的取得、丧失的方式、情形以及对其的限制问题都是考查较细的考点，如清华大学2008年就考过"简述国际法上国籍的意义"，其他学校也多有涉及。读者应予以全面掌握。

18. 答案：D。《国籍法》第9、11条规定："定居外国的中国公民，自愿加入或取得外国国籍的，即自动丧失中国国籍。""申请退出中国国籍获得批准的，即丧失中国国籍。"本题中戴某不符合《国籍法》中在国外定居的条件，因此不能自动丧失中国国籍，A错误。登报不是实现退籍的法律程序，B错误。我国《国籍法》第12条规定："国家工作人员和现役军人，不得退出中国国籍。"而题目中戴某为某省政府的处级干部，属于国家工作人员，不得退出中国国籍。故C错误，本题答案为D。

19. 答案：A。根据《国籍法》第3条的规定："中华人民共和国不承认中国公民具有双重国籍。"第4条规定："父母双方或一方为中国公民，本人出生在中国，具有中国国籍。"第5条规定："父母双方或一方为中国公民，本人出生在外国，具有中国国籍；但父母双方或一方为中国公民并定居在外国，本人出生时即具有外国国籍的，不具有中国国籍。"本题中，父母一方（母方）为中国公民，本人出生在外国，如果本人没有取得甲国国籍的，就可以获得中国国籍；如果本人因出生而取得甲国国籍，就不能取得中国国籍。因此A项正确，其他三项错误。

20. 答案：D。为避免双重国籍造成的国籍抵触，国际习惯是，当一个人处于其任意一国国籍的领土上时，只承认其具有所在国的国籍，而否认其外国人的身份。

21. 答案：A。根据《国籍法》第9条的规定："定居外国的中国公民，自愿加入或取得外国国籍的，即自动丧失中国国籍。"第10条规定："中国公民具有下列条件之一的，可以经申请批准退出中国国籍：一、外国人的近亲属；二、定居在外国的；三、有其它正当理由。"第11条规定："申请退出中国国籍获得批准的，即丧失中国国籍。"本案中，陆某从未离开中国，不符合上述条件，所以仍是中国国籍，A项正确。

22. 答案：C。最惠国待遇原则，是指一国（施惠国）给予某外国（受惠国）的国民的待遇不低于它现在和将来给予任何第三国国民的待遇。最惠国待遇也有可能受到限制，如给予邻国的利益、特惠，关税同盟之间互相给予的待遇等，就不适用于所有受惠国。

23. 答案：B。差别待遇是指国家给予外国人不同于本国国民的待遇，或者给予不同国籍的外国人不同的待遇。差别待遇是国际法上允许的待遇方式，它不能有任何歧视，如果差别待遇是歧视性的，是违反国际法的歧视待遇。差别待遇给予外国人的可能比本国人和其他外国人低，也可能比本国人和其他外国人高。

24. 答案：B。签证是一个国家的主权机关在本国或外国公民所持的护照或其他旅行证件上的签注、盖印，以表示允许其出入本国国境或者经过国境的手续，也可以说是颁发给他们的一项签注式的证明。概括地说，签证是一个国家的出入境管理机构（如移民局或其驻外使领馆），对外国公民表示批准入境所签发的一种文件，是主权国家准许外国公民或者本国公民出入境或者经过国境的许可证明。由于王某还是中国公民，所以回国是回到自己的国家，不需要签证。所以，A选项错误。

护照是持有者的国籍和身份证明，所以，B选项正确。

身份证是用于证明持有人身份的证件，多由各国或地区政府发行予公民。《居民身份证法》第2条规定，居住在中华人民共和国境内的年满16周岁的中国公民，应当依照本法的规定申请领取居民身份证；未满16周岁的中国公民，也可以依照本法的规定申请领取居民身份证。根据2008年7月1日施行的《房屋登记办法》第15条的规定，申请房屋登记的，申请人应当使用中文名称或者姓名。申请人提交的证明文件原件是外文的，应当提供中文译本。委托代理人申请房屋登记的，代理人应当提交授权委托书和身份证明。境外申请人委托代理人申请房屋登记的，其授权委托书应当按照国家有关规定办理公证或者认证。① 所以，只要是身份证明就可以，不一定非要是身份证。所以，C选项错误。

根据《出境入境管理法》第28条的规定，外国人有下列情形之一的，不准出境：(1) 被判处刑罚尚未执行完毕或者属于刑事案件被告人、犯罪嫌疑人的，但是按照中国与外国签订的有关协议，移管被判刑人的除外；(2) 有未了结的民事案件，人民法院决定不准出境的；(3) 拖欠劳动者的劳动报酬，经国务院有关部门或者省、自治区、直辖市人民政府决定不准出境的；(4) 法律、行政法规规定不准出境的其他情形。所以，D选项错误，必须是人民法院决定不准王某出境才可以。

① 2008年7月1日起施行的《房屋登记办法》已被2019年9月6日公布的《住房和城乡建设部关于废止部分规章的决定》（住房和城乡建设部令第48号）废止。

25. 答案：D。代办处和大使馆性质上均属于使馆，享有使馆的特权与豁免，故A项错误。随员是办理各种外交事务的最低一级外交人员，汤姆作为随员享有外交人员的刑事管辖豁免权，但相关责任并不能因此而被豁免，有关的责任问题将通过外交途径解决，故B项错误。汤姆作为外交人员享有人身不受侵犯的权利，乙国不得因其开枪行为对其采取刑事强制措施，故C项错误。外交人员的特权与豁免可以由派遣国明示放弃，若甲国明示放弃汤姆的外交豁免权，则乙国可以对汤姆实施刑事管辖权及相应的刑事强制措施，故D项正确。

26. 答案：C。根据我国《国籍法》第8条规定，被批准加入中国国籍的，不得再保留外国国籍，A项错误。在我国，国籍加入和退出申请的审批权在公安部，B项错误。《国籍法》第4条规定，父母双方或一方为中国公民，本人出生在中国，具有中国国籍，C项正确。埃尔申请批准后，仍然享有退出中国国籍的权利，D错误。

二、多项选择题

1. 答案：ABD。《国籍法》第12条规定："国家工作人员和现役军人，不得退出中国国籍。"故A正确。

《国籍法》第8条规定："申请加入中国国籍获得批准的，即取得中国国籍；被批准加入中国国籍的，不得再保留外国国籍。"故B正确。

《国籍法》第5条规定："父母双方或一方为中国公民，本人出生在外国，具有中国国籍。"故选项C错误。

《国籍法》第4条规定："父母双方或一方为中国公民，本人出生在中国，具有中国国籍。"故选项D正确。

2. 答案：AC。《出境入境管理法》第25条第2款规定："对不准入境的，出入境边防检查机关可以不说明理由。"故A正确。

《外国人入境出境管理条例》第22条规定："持学习类居留证件的外国人需要在校外勤工助学或者实习的，应当经所在学校同意后，向公安机关出入境管理机构申请居留证件加注勤工助学或者实习地点、期限等信息。持学习类居留证件的外国人所持居留证件未加注前款规定信息的，不得在校外勤工助学或者实习。"故B错误。

《出境入境管理法》第39条第2款规定："外国人在旅馆以外的其他住所居住或者住宿的，应当在入住后二十四小时内由本人或者留宿人，向居住地的公安机关办理登记。"故C正确。

《出境入境管理法》第28条规定："外国人有下列情形之一的，不准出境：（一）被判处刑罚尚未执行完毕或者属于刑事案件被告人、犯罪嫌疑人的，但是按照中国与外国签订的有关协议，移管被判刑人的除外；（二）有未了结的民事案件，人民法院决定不准出境的；（三）拖欠劳动者的劳动报酬，经国务院有关部门或者省、自治区、直辖市人民政府决定不准出境的；（四）法律、行政法规规定不准出境的其他情形。"上述第1项涉诉情形不允许出境，其他情形须经法院或有关政府决定。故D错误。

3. 答案：ABD。取得国籍的方式主要可分为两大类，因出生而获得国籍、因归化而获得国籍。因出生而获得国籍是最主要的取得国籍的方式，又叫原始国籍。又可分为：以父母任何一方或仅以父亲一方的国籍为赋予子女原始国籍标准的双系或单系（父系）血统原则、以子女本人的出生地作为赋予子女原始国籍标准的出生地原则和兼以父母国籍和子女本人出生地为标准的混合原则。因归化而取得国籍也可大致分为两类：完全基于当事人自愿的取得，如申请加入国籍；由于某些事实而自动取得某国的国籍，如因结婚、收养等。

4. 答案：BD。国籍法是一国用以确定本国人身份的法律，是一国的国内法。确定国籍是一国的主权范围内的事情。各国由于其形成过程、民族传统和习惯、人口和经济等情况的不同，关于国籍的立法和原则是不同的。就立法方式来说，有在宪法中规定国籍事项的，也有以单行法规定的，就原则来说，有血统主义和出生地主义等。但国籍的国内立法不能违反国际法上公认的原则。

5. 答案：ABD。选举权是只有一国的公民才能享有的政治权利，除此以外的其他权利都是基本的民事权利，都可由外国人依据国民待遇原则而享有。

6. 答案：ACD。按照国际习惯法，一国没有允许外国人入境的义务。目前在国际交往中，国家之间一般依据互惠原则允许外国人为合法目的进入本国，外国人入境一般需要所进入国家的入境签证，但如有国际协议规定可以免除的除外，并须在入境口岸接受安全、卫生及其他有关的检查。

7. 答案：ABCD。根据《出境入境管理法》第16条第1款的规定，签证分为外交签证、礼遇签证、公务签证、普通签证。

8. 答案：BCD。引渡是指一国应外国的请求，将在本国境内而被外国追诉和判刑的人移交该国审判或处罚的行为。引渡的条件依各国国内法和条约的规定而有所不同，但主要的是两个原则：一是

"双重归罪"原则，即被请求人只有在其行为依请求国和被请求国法律均属于犯罪时方能引渡；二是"政治犯不引渡"原则，即经确认犯有政治罪行的被请求人不能被引渡。

9. 答案： AB。最惠国待遇原则，是指一国（施惠国）给予某外国（受惠国）的国民的待遇不低于它现在和将来给予任何第三国国民的待遇。最惠国待遇也有可能受到限制，如给予邻国的利益、特惠，关税同盟之间互相给予的待遇等，就不适用于所有受惠国。最惠国待遇一般适用于经济、贸易方面。

10. 答案： ABCD。我国批准外国人入境的机关是外交部及其授权的机关，批准外国人居留、离境的机关是公安部及其授权的机关。

11. 答案： ABCD。根据《出境入境管理法》第49条规定："外国人有下列情形之一的，由公安部决定取消其在中国境内永久居留资格：（一）对中国国家安全和利益造成危害的；（二）被处驱逐出境的；（三）弄虚作假骗取在中国境内永久居留资格的；（四）在中国境内居留未达到规定时限的；（五）不适宜在中国境内永久居留的其他情形。"

12. 答案： BC。《国籍法》规定了双系血统为主，出生地原则为辅的混合原则。如父母双方为中国国民，本人出生在中国，即具有中国国籍；本人出生在外国，原则上也具有中国国籍，但如父母一方定居在外国且本人出生时即具有外国国籍的，不具有中国国籍，如父母无国籍或国籍不明并定居在中国，且本人出生在中国，即具有中国国籍。

13. 答案： ABCD。国籍的丧失是指个人作为某一国家的成员的资格和身份丧失并因此不再属于该国的国民。丧失国籍的情况可分为自愿丧失和非自愿丧失两种。前者包括个人申请解除和退出本国国籍、声明放弃本国国籍和选择别国国籍的情况；后者又可分为两种情况：一是个人在外国归化、与外国男子结婚、未经本国政府许可而在外国服兵役或担任公职及其他有关法定事实而自动丧失本国国籍，二是因某种原因而被剥夺本国国籍。

14. 答案： AD。根据《国籍法》，中国公民如取得外国国籍，则中国国籍自动丧失，但如曾具有中国国籍的外国人申请加入中国国籍并放弃外国国籍，符合条件并被批准后是可以的。

15. 答案： CD。国际法上的居民是指位于一国境内并受该国法律管辖的所有人（包括自然人和法人）。从国籍的角度看，外国人仅指一切不具有本国国籍而具有他国国籍，并不享有特权与豁免的自然人，即外国国民。

16. 答案： AB。在一国居住的外国人，受到所在国的属地管辖和本国的属人管辖，其必须遵守所在国的法律法规，同时也应对本国尽效忠的义务。当其合法权利受到所在国的侵害并不能依据所在国的法律和程序进行救济时，本国可以对其进行外交保护。外交保护是本国的权利，而不是义务。另外，其与所在国的国民在民事权利上一般享有同等的待遇，但不享有政治权利。

17. 答案： ABC。外国人出境的条件一般可以包括：外国人出境前必须办理出境手续；外国人出境前应依法付清债务或提供担保；外国人有诉讼在身的可以依法限制其出境。

18. 答案： CD。国民待遇是指一国给予本国境内的外国人在一定事项上与本国国民同等的待遇。一国境内的外国人与所在国的国民一般享有大致相同的民事权利，如生命与人身自由权等，但他们在所在国原则上不享有选举与被选举权等政治权利。

19. 答案： ABC。

20. 答案： ACD。原则上，一国为保护其国民的合法权益可随时与该国民所在国政府进行非正式的交涉，但在进行正式交涉时，必须符合以下三个条件：(1) 本国国民的合法权益受到所在国的不法侵害，即本国国民的人身和财产权利因所在国的国际不当行为而受到了实际损害。(2) 受害人自受害之日起至抗议或求偿结束之日须持续具有保护国国籍，且不得具有所在国国籍。(3) 受害人本国须用尽当地救济且未获合理补偿。原则上，一国只有在本国受害人用尽所在国国内一切可以利用的救济办法而仍未能获得合理补偿的情况下才能对该政府进行抗议或求偿，此即"用尽当地救济原则"。虽然国家就其国内法来说，有保护其公民利益的职责，其公民也可以向其国籍国请求保护，但是否向外国提出外交保护，是国家的权利。无论其国民是否作出请求，国家都可以根据有关情况作出行使或拒绝行使外交保护权的决定。

21. 答案： CD。《引渡法》第7条规定，外国向中华人民共和国提出的引渡请求必须同时符合下列条件，才能准予引渡：（一）引渡请求所指的行为，依照中华人民共和国法律和请求国法律均构成犯罪；（二）为了提起刑事诉讼而请求引渡的，根据中华人民共和国法律和请求国法律，对于引渡请求所指的犯罪均可判处1年以上有期徒刑或者其他更重的刑罚；为了执行刑罚而请求引渡的，在提出引渡请求时，被请求引渡人尚未服完的刑期至少为6个月。对于引渡请求中符合前款第1项规定的多种犯罪，只要其中有一种犯罪符合前款第2项的规定，就可以对上述各种犯罪准予引渡。

22. 答案：ACD。根据《引渡法》第50条第1款规定："被请求国就准予引渡附加条件的，对于不损害中华人民共和国主权、国家利益、公共利益的，可以由外交部代表中华人民共和国政府向被请求国作出承诺。对于限制追诉的承诺，由最高人民检察院决定；对于量刑的承诺，由最高人民法院决定。"第2款规定："在对被引渡人追究刑事责任时，司法机关应当受所作出的承诺的约束。"由此可知，本题答案为A、C、D。

23. 答案：BCD。根据《外国人入境出境管理法》①第21条规定，外国人前往不对外国人开放的地区旅行，必须向当地公安机关申请旅行证件。根据该法第29条规定，对伪造、涂改、冒用、转让入境、出境证件的，县级以上公安机关可以处以警告、罚款或者十日以下拘留处罚，故选项B、C正确。根据该法第24条规定，对于持用伪造或者涂改的出境证件的外国人，边防检查机关有权阻止出境，并依法处理，故选项D正确。

24. 答案：AB。在国际法中，国家之间没有达成引渡条约时，一国对另一国家没有一般的引渡义务。选项A正确。《引渡法》第10条规定，请求国的引渡请求应当向中华人民共和国外交部提出。选项B正确。根据第16条规定，最高人民法院指定的高级人民法院对请求国提出的引渡请求是否符合本法和引渡条约关于引渡条件等规定进行审查并作出裁定。高级人民法院作出裁定，最高人民法院复核，故选项C错误。根据该法第9条规定，中华人民共和国对于引渡请求所指的犯罪具有刑事管辖权，并且对被请求引渡人正在进行刑事诉讼或者准备提起刑事诉讼的，可以拒绝引渡。根据属地管辖原则，中国对甲国公民彼得有管辖权，而且已经进行刑事诉讼，应当拒绝引渡的请求过于绝对，选项D错误。

25. 答案：CD。根据我国《出境入境管理法》第12条，外国人有未了结的民事诉讼，法院作出不准其出境决定的，方能限制其出境，A项错误。根据我国《涉外民事关系法律适用法解释（一）》第13条，经常居住地形成要求连续居住1年以上且作为其生活中心，但公务、劳务派遣、就医等情形除外。约翰因公务连续居住不形成经常居所地，B项错误。根据《出境入境管理法》第41条，外国人在我国境内工作必须有工作类居留证和工作类许可证，约翰因持公务签证入境，没有在中国兼职工作的权利，C项正确。因约翰的妻子为中国人，且二人的儿子出生在中国，根据我国《国籍法》第4条的血统主义原则，孩子出生时即具有中国国籍，D项正确。

三、不定项选择题

答案：C。本题考查的是引渡和庇护。（1）国际法中，国家没有一般的引渡义务，因此引渡需要根据有关的引渡条约进行。当他国在没有引渡条约的情况下提出引渡时，一国可以自由裁量，包括根据其有关国内法或其他因素作出决定。本题中甲、乙两国之间没有任何涉及刑事司法协助方面的双边或多边条约。因此选项A的说法错误。（2）庇护是国家基于领土主权而引申出的权利。决定给予哪些人庇护是国家的权利。国家通常没有必须给予庇护的义务。所以选项B错误。（3）不引渡并不等于庇护，所以C正确。而D显然不符合国际法的规定。

四、名词解释

1. 答案：指一人同时具有两个以上多重国籍或者无国籍的状态，前者称国籍的积极抵触，后者称国籍的消极抵触。

2. 答案：双重、多重国籍是指一个人同时具有两个以上国家的国籍，国籍的取得原因产生于以下几种：由于出生、由于婚姻、由于收养、由于入籍。

3. 答案：积极国籍冲突是指一个人同时具有两个或者两个以上的国籍。

4. 答案：就个人待遇而言最惠国待遇是指一国（施惠国）给予某外国（受惠国）国民的待遇不低于它现在或将来给予任何第三国国民的待遇。最惠国待遇的实行也有例外或受到限制。

5. 答案：外交保护是指国家对于在外国的本国国民的合法权益遭到所在国违反国际法的侵害而得不到救济时，通过外交机关向加害国提出求偿的行为。

6. 答案：卡尔沃条款来源于阿根廷法学家卡尔沃针对外国人外交保护的问题提出的一种理论。卡尔沃在他的国际法著作中，主张外国人在南美国家不应享受比本人更多的权利，他们在私法上的权利应属于普通法院的管辖，任何外交干涉都将造

① 编者注：《外国人入境出境管理法》和《公民出境入境管理法》已被自2013年7月1日起施行的《出境入境管理法》废止，参见后法第21、27、28、43、44、70、71条的规定。

成强国欺凌弱国的结果。这一理论发展成南美国家涉外契约中的一个条款，即卡尔沃条款。卡尔沃条款的实质是反对以滥用外交保护的方式来解决投资争端。但它并非绝对地排斥其他国际解决办法。

7. 答案：引渡是指国家根据条约或基于其他理由把在其境内而被别国指控或判定犯罪的人，应该国的请求，移交该国审判或处罚的行为。引渡是国家间刑事司法协助的一种形式，是一国应别国的请求通过其国内法律程序将在其境内的而被别国指控犯罪或已定罪的人移交该国进行追诉或执行刑罚的活动。引渡的主体是国家。①

8. 答案：政治犯不引渡是法国资产阶级革命以后，通过西欧一些国家的国内立法和各国间的引渡条约的规定，逐渐形成的一种原则。但是由于政治犯的含义和范围缺乏明确性，而且决定是否为政治犯的权力属于被请求引渡的国家，该原则在实践中的适用存在实际困难，可能被滥用。

9. 答案：国际法上的庇护一般是指国家对于因政治或科学研究原因被追诉或受迫害而请求避难的外国人，准其入境、居留，给予保护，并拒绝将他引渡给另一国的行为。这种庇护，也叫领土庇护。

域外庇护又称外交庇护，是指一国在驻外国的本国使馆、领馆中对包括接受国国民在内的外国人给予庇护，或在位于外国领域内的本国军舰、军用飞机或军事基地内对外国人给予其他形式的庇护。

10. 答案：外交庇护，或者域外庇护是指国家在本国领域外对于因政治或者其他原因被迫害或者被追诉而请求避难的外国人给予保护的行为，对此国际法上并不予以承认。

11. 答案：按照难民公约和难民议定书规定，难民包括两部分：（1）根据国际联盟主持缔结的各有关协议、公约、议定书以及国际难民组织章程被视为“难民”的人。（2）由于1951年前发生的事情，并因正当理由畏惧由于种族、宗教、国籍，属于某一社会团体或具有某种政治见解的原因遭受迫害而留在其本国之外，并且由于此种而不能或不愿受该国保护的人，或者不具有国籍并由于上述事情留在他以前的经常居住的国家以外而现在不能或由于上述畏惧不愿返回该国的人。

12. 答案：原则上，国家只能在受害的本国国民已经利用所在国一切可以利用的救济方法而仍然不能获得合理补偿的情况下才能对该国政府提出赔偿要求，除非该国的国际不当行为直接侵害了本国的利益，或者两国之间另有相反的协议，或者存在其他某些特殊情况。此即所谓的“用尽当地救济原则”。

五、简答题

1. 答案：（1）外交保护泛指一国通过外交途径对在国外的本国国民的合法权益所进行的保护。

（2）国家行使外交保护要符合以下几个条件：首先，本国国民的人身权利或者财产因为所在国的国际不当行为而受到了实际损害；其次，受害人自受害之日起至抗议或者求偿结束之日需持续具有保护国国籍，而且不得具有所在国国籍，即“国籍持续原则”。此外，受害人与其国籍国之间无须具有实际（或者真正的）的联系，即“国籍实际联系原则”。最后，受害人还必须用尽当地救济而仍然得不到赔偿，所谓“用尽当地救济”原则。

2. 答案：国籍是指一个人属于某一个国家的国民或公民的法律资格，具有一国国籍的人，与其国籍国有着稳固的法律联系。基于这种法律联系，他接受该国的法律管辖，享有和承担该国法律为本国人所规定的权利和义务。同时这种法律联系也是国家对本国公民实行外交保护的法律依据。在国籍方面我国的基本立法是1980年通过的《国籍法》，其规定我国国籍法的基本制度有如下三点：

（1）兼采血统主义和出生地主义的原则处理出生国籍问题。根据第4、5、6条关于出生国籍的规定：父母双方或一方为中国公民，本人出生在中国，具有中国国籍；父母双方或一方为中国公民，本人出生在外国，具有中国国籍；但父母双方或一方为中国公民并定居在外国，本人出生时即具有外国国籍的，不具有中国国籍；父母无国籍或国籍不明，定居在中国，本人出生在中国，具有中国国籍。

（2）不承认双重国籍。这是我国国籍法的一项基本原则。《国籍法》第3条规定，中华人民共和国不承认中国公民具有双重国籍。此外，有关条文对这一原则在各个方面作出了详细规定。

（3）减少无国籍人。为了防止或减少在中国产生无国籍现象，《国籍法》从两个方面作了规定，一方面是对无国籍人，只要他们是中国人的近亲属、定居在中国的或者是有其他正当理由的，经本人申请并获主管机关批准，就可获得中国国籍；另一方面规定，父母无国籍或国籍不明，定居在中国，本人出生在中国，具有中国国籍。

---

① 编者注：引渡是各大高校考研试题中颇受青睐的题目，因此对引渡的有关知识点，读者应全面、详细把握。

3. 答案：从理论上说，任何人都可能成为请求引渡的对象，但从国际法的角度来看，一国除非受其负担的有效国际义务的拘束，原则上没有义务将某人引渡给其他国家。在此基础上，一国有权根据本国法或本国缔结或参加的有关条约所规定的条件来决定是否接受他国的引渡请求。实践中各国的引渡法规和有关的引渡条约所规定的引渡条件不尽相同，但一般要求符合两个条件：一是符合“相同原则”，即被指控的人所实施的行为按照请求国的法律和被请求国的法律都构成犯罪。任何一方的法律不认为是犯罪都不构成引渡理由。两国的法律所定的罪名不一定相同，但要实质上相似。这是对两国主权的尊重，尤其是被请求国的主权。二是对所控罪行的惩罚达到一定的严厉程度，即在符合相同原则前提下，还要求所指控的罪行达到一定的严重性。若引渡旨在执行刑罚，要求尚未执行的刑期在一定时间以上。

与引渡条件有关的公认的国际法原则是不得引渡犯有政治罪行的人，此即“政治犯不引渡”原则。从有关的国内引渡法规和引渡条约看，有时有些引渡法规或条约会对“可引渡的罪行”作出列举，更多的情况下，有关的引渡法规或条约会规定应当或可以拒绝引渡的情形，前者主要涉及政治罪、政治难民、纯粹的军事罪、时效、一事不再理、酷刑等，后者主要涉及被请求国的国民、被请求国的管辖权、人道主义、死刑等。

4. 答案：（1）国家的属人管辖权是指国家有权对具有其国籍的人，无论他们在国内还是在国外，均具有管辖的权利。它主要以国籍作为管辖的标准，国家管辖权在领土外的适用主要是针对具有其国籍的人或其他获得国籍的特定物。

（2）外国人一般是指处在一国境内而不具有该国国籍的人。包括具有单一国籍的外国人、双重（多重）国籍人和无国籍人。广义的外国人除自然人外，还包括外国的法人，即外国的公司、企业和经济组织。

外国人的地位由各国自主决定，在国际实践中，主要有：

①国民待遇。是指国家在一定范围内给予外国人与本国公民相同的待遇。

②最惠国待遇。指一国给予另一国的公民或法人的待遇，不低于现在或将来给予任何第三国公民或法人在该国享有的待遇。

③优惠待遇。是一国给予另一国的公民和法人在贸易、投资、技术转让、航运、税收等方面的一种特定的待遇。

④普遍优惠待遇。是发达国家向发展中国家允诺，对来自发展中国家的制成品和半制成品普遍给予优惠关税待遇，并不要求回报。

5. 答案：据不完全统计，世界上现有 70 多个国家承认或接受双重国籍，而中国不在其列。不承认双重国籍，是中华人民共和国成立后中国政府一贯主张和坚持的立场和方针。1980 年 9 月 10 日第五届全国人民代表大会第三次会议通过了现行的《国籍法》，明确规定，“中华人民共和国不承认中国公民有双重国籍”“定居外国的中国公民，自愿取得外国国籍的，即自动丧失中国国籍”，即不承认双重国籍的原则。包括不承认中国公民具有双重国籍，也不承认具有外国国籍的人同时具有中国国籍。

具体体现在：（1）《国籍法》第 5 条规定，关于国籍的原始取得，父母双方或一方为中国公民并定居在外国，本人出生时即具有外国国籍的，不具有中国国籍。（2）《国籍法》第 8 条规定，关于国籍的加入，被批准加入中国国籍的，不得再保留外国国籍。（3）《国籍法》第 9、11 条规定，中国人加入外国国籍的，丧失中国国籍。（4）《国籍法》第 14 条规定，关于国籍的恢复，被批准恢复中国国籍的，不得再保留外国国籍。

《国籍法》中不承认双重国籍的基本原则，主要理由是：第一，人人都有国籍而且应只有一个国籍，已成为公认的国际法原则。第二，《国籍法》集中反映了中国政府处理双重国籍的一贯政策和多年的实践和经验，在实践中也取得了良好效果。第三，不承认双重国籍有利于中国处理和发展与有关国家之间的关系，不会与有关国家在对这些双重国籍人行使管辖权和保护权上产生冲突。

6. 答案：“用尽当地救济”规则体现了所在国属地管辖权的优越性。外交保护权应受到用尽所在国国内救济程序的制约。所在国对进入其境内的外国人拥有属地管辖权，外国人在进入该国时应当对该国的国内法和司法救济程序有所了解和预见，所在国对他的侵害行为与该国之间具有最密切的联系，这些都决定了以属地优越权为基础的“用尽”规则的合理性。

7. 答案：（一）外交保护与领事保护的适用前提条件不同。外交保护针对的是外国不法行为，并采取措施追究外国国家责任。领事保护则并非针对国家，而是协助本国国民适用当地救济。针对接受国境内使本国公民或法人利益受到侵害的任何行为。因此，领事保护具有一定的预防作用。（二）外交保护与领事保护的实施主体不同。外交保护以国家名义行使，而领事保护并非总以国家的名义行使。在实践中，外交保护通常由大使馆中负责领事事务的外交官具体实施，而领事保护则由领馆中的领事负责执行。(三) 国家在行使外交保护和领事保护方面的自由裁量权不同。对于是否行使外交保护，国家有其自由裁量权，且无须被保护者提出请求或征得被保护者同意。而领事保护通常是由一国驻外使领馆应被保护公民或法人的请求或经其同意后才予以提供。

8. 答案：(1) 人身自由不可侵犯。接受国尊重外交人员的尊严，不得污辱其价格；不得对外代表的人身实施搜查、逮捕和拘留，接受国有责任保护外交人员人身不受侵犯。

(2) 寓所、财产和文书信件不可侵犯。外交代表的私人寓所应享有同样的不得侵犯权及保护，接受国不得侵犯外交人员的文书、信件以及财产。

(3) 管辖豁免。①刑事管辖豁免，外交人员免受接受国当局司法管辖，接受国不得对其加以传讯、起诉或审判。②民事管辖豁免，是指外交代表卷入民事纠纷，接受国法院不得对其实行审判和处罚，也不得对其强制执行，其责任通过外交途径解决。民事管辖豁免包括以下例外情形：关于私有不动产之物权诉讼；以私人身份参与继承事件的诉讼；关于外交代表于公务范围以外所从事的专业或商业活动引起的诉讼；根据公约规定，如外交代表主动提起诉讼，就不能对与主诉直接相关的反诉主张管辖的豁免。③行政管辖豁免。外交人员对接受国的行政管辖享有豁免权。④无作证义务。外交人员没有以证人身份作证的义务。但在一定条件下，如某一外交人员为某一案件的目击者，此事又不涉及使馆，经派遣国同意，外交人员也可以出庭作证。

(4) 捐税、关税和查验的免除。一般原则是对外交人员应免征直接税，而不免征间接税。

六、论述题

1. 答案：国家给予外国人何种待遇，国际法上并无统一规定，而是由国家自行决定，或通过国家之间在平等的基础上签订双边条约作出规定。在国际实践中，对外国人的待遇采取了各种不同的原则，常见的有国民待遇、最惠国待遇、差别待遇和互惠待遇①。

国民待遇是指国家在一定范围内给予外国人与本国公民相同的待遇。根据这个标准，第一，国家给予外国人的待遇不低于给予本国人的待遇；第二，外国人不得要求任何高于本国人的待遇。根据国际实践，国家给予外国人国民待遇，一般限于民事权利和诉讼权利方面，至于政治权利，外国人一般不能享有。通常是国家之间在互惠原则的基础上互相给予，体现了国家之间的平等关系。国民待遇原则是 WTO 的基本原则之一。

最惠国待遇是指一国 (施惠国) 给予另一国 (受惠国) 的国民或法人的待遇，不低于现在或将来给予任何第三国国民或法人在该国享受的待遇。通常适用于经济和贸易等方面，并由双边或多边条约加以明确。最惠国待遇一般不适用于下列情形：给予邻国的利益、特惠、特权和豁免；关税同盟内的优惠；因参加自由贸易区和优惠贸易区而取得的优惠；经济共同体范围内的优惠。最惠国待遇原则是 WTO 首要的基本原则，与国民待遇原则共同构成国际贸易中平等与非歧视原则缺一不可的两翼，目的都是减少市场扭曲，实现贸易自由。

互惠待遇是指国家之间根据平等互惠的原则，互相给予对方公民同等的待遇，一国给予外国国民某种权利、利益或优惠须以该外国给予本国国民同等的权利、利益或优惠为前提，以避免外国人在本国片面获得某些权利和利益，也防止本国人在外国受到歧视。片面的优惠待遇，除非经过有关国家的自愿同意，如 WTO 体制中发达国家给予发展中国家的普遍优惠待遇，原则上为现代国际法所禁止。

实践中还存在对等待遇和差别待遇，前者指一国在外国限制本国国民的权利和活动的情况下对该外国的国民采取同样的限制措施，后者指一国对外国人给予不同于 (低于或高于) 本国人的待遇 (即本国人与外国人之间的差别待遇)，或对其他不同国家的国民给予不同待遇 (即外国人之间的差别待遇)。根据国家主权原则，一国有权对外国人无理或非法的行为采取相应的对抗措施，当然也有权在自愿的基础上给予外国人以优于本国人的待遇，但不能违反有关公认的国际法原则及本国承担的有效的国际义务。

2. 答案：国际法上的难民在广义上泛指因政治迫害、战争或自然灾害而被迫离开其本国或经常居住国而前往别国避难的外国人或无国籍人，包括政治难民、战争难民和经济难民在内，但目前通常仅指狭义上的难民，即政治难民。

确定某人具有难民身份。根据 1951 年公约和 1967 年议定书的规定，某人欲成为公约和议定书定义下的难民 (即国际政治难民)，必须具备以下两个方面的条件：(1) 客观条件，即该人跻身于其本负有遵守国或居住国之外，且不能或不愿

① 编者注：注意区分国家给予外国人的各种不同待遇适用的对象、条件等具体情形。

受其本国保护或返回其经常居住地国国境内的难民，不分种族、宗教或国籍。(2) 主观条件，即造成上述客观条件的原因是该人有正当理由畏惧而采取的措施的一般义务，同时享受所在国赋予的权利和待遇。缔约国对其境内的难民应当区别情况在不同方面给予以下各种待遇：

(1) 国民待遇。缔约国境内的任何难民在种族、宗教、国籍、属于某一社会团体或具有某种政治见解等原因而受到迫害。

(2) 最惠国待遇。缔约国境内合法居留的难民应在非政治性和非营业性的结社权利。1951 年公约和 1967 年议定书的缔约国并不负有主动接受难民入境并准其在本国居留的积极义务，但在拒绝难民入境、居留以及驱逐出境等和以工资受偿的雇佣方面享有在同样情况下一个外国国民所享有的最惠国待遇。

另外，所在国在难民待遇方面受到了以下限制：(1) 对于未经许可而进入或逗留于缔约国领土但毫不迟疑地自动向有关当局说明了正当理由的难民，该国不得对其因非法入境或逗留的事实本身加以惩罚，如决定不予接纳，应给此类难民以获得另一国入境许可所需要的合理时间以及一切必要的便利；(2) 对于合法位于缔约国境内的难民，该国除非基于国家安全或公共秩序的理由且根据法定程序作出的判决，不得将之驱逐出境，对于决定予以驱逐的难民，该国应给他们一个合理的期间，以便其取得合法进入另一国家的许可；(3) 除非有正当理由认为难民足以危害其所在的缔约国的安全，或难民已被确定的判决认为犯过特别严重罪行从而构成对该国社会的危险，该国不得以任何方式将难民驱逐或送回至其生命或自由因为政治原因而受威胁的领土边界。

3. 答案：引渡是一国将处于本国境内的被外国指控为犯罪或者已经判刑的人，应该外国的请求，送交该外国审判或处罚的一种国际司法协助行为。

(1) 引渡的主体。引渡的主体是国家。引渡是国家之间进行的。在国际法中，国家没有一般引渡义务，因此引渡需要根据有关引渡条约进行，在他国没有引渡条约的情况下，提出引渡时，一国可以自由裁量做出决定。

(2) 引渡的对象。引渡的对象是被请求国指控为犯罪或被其判刑的人，可以是请求国人、被请求国人和第三国人。在国际实践中，除非有引渡条约或国内法的特殊规定，一般来讲，各国都有权拒绝引渡本国公民。

(3) 可引渡的罪行。对于可引渡的罪行，一般都列举和规定在引渡条约中，有些国家的国内引渡法也有规定。“双重犯罪原则”和“政治犯罪不引渡”是被一般接受的原则。

双重犯罪原则是指被请求引渡人的行为必须是请求国和被请求国的法律都认定的犯罪。政治犯不引渡原则中，关键是对政治犯罪的认定问题。实践中，认定政治犯罪的决定权属于被请求国。国际法规定了一些不应视为政治犯罪的行为，包括：①战争罪、反和平罪和反人类罪；②种族灭绝或种族隔离罪行；③非法劫持航空器；④侵害包括外交代表在内的受国际保护人员的罪行等。

(4) 引渡的程序。引渡的程序一般根据引渡条约以及有关国家的国内法进行。包括引渡请求的提出和答复、负责引渡的机构、引渡文件材料的传达、移交被引渡人的条件方式等。

(5) 引渡的效果。引渡的目的就是克服刑法的地域性或各国刑法的差异造成的法律漏洞，防止某种犯罪行为逍遥法外。实践中，请求国只能就其请求引渡的特定犯罪行为对该被引渡人进行审判或处罚。这就是罪名特定原则。如果以其他罪名进行审判或者将被引渡人转引给第三国，则一般应经过原引出国同意。

4. 答案：或引渡或起诉原则是国际公法中普遍管辖原则的重要内容之一。或引渡或起诉原则是指在其境内发现被请求引渡的犯罪人的国家，按照签订的有关条约或互惠原则，应当将该人引渡给请求国；如果不同意引渡，则应当按照本国法律对该人提起诉讼以便追究其刑事责任。一般认为，“或引渡或起诉”原则起源于荷兰学者格劳秀斯在 17 世纪提出的“或引渡或惩罚”思想。另外，格劳秀斯的“或引渡或惩罚”思想同时也被认为是普遍性管辖权原则的理论渊源。

“或引渡或起诉”原则一般被理解为普遍性管辖权的实现方式之一，关于普遍管辖原则与“或引渡或起诉”原则的关系，我国学者认为，它实际上要解决的是管辖权的冲突问题。普遍性管辖原则要求每个有关国际条约的缔约国遵守“或引渡或起诉”原则，它是有关的被请求国在不引渡的情况下的一项义务。不引渡是实行普遍管辖原则的前提条件之一，也就是说，引渡所代表的刑事管辖权比普遍管辖优先适用。但是实际上，该两者在适用范围上存在着交叉。国际刑法公约中关于引渡的共同性条款对“或引渡或起诉”原则起到补充性作用。“或引渡或起诉”原则的最终目的在于赋予犯罪人所在国以设定管辖权的义务。“引渡”与“起诉”的义务对于国家来说应当是选择性的关系。缔约国仅仅有将犯罪分子提交主管机关的义务，而不存在起诉的义务。

第四章 国家领土

基础知识图解

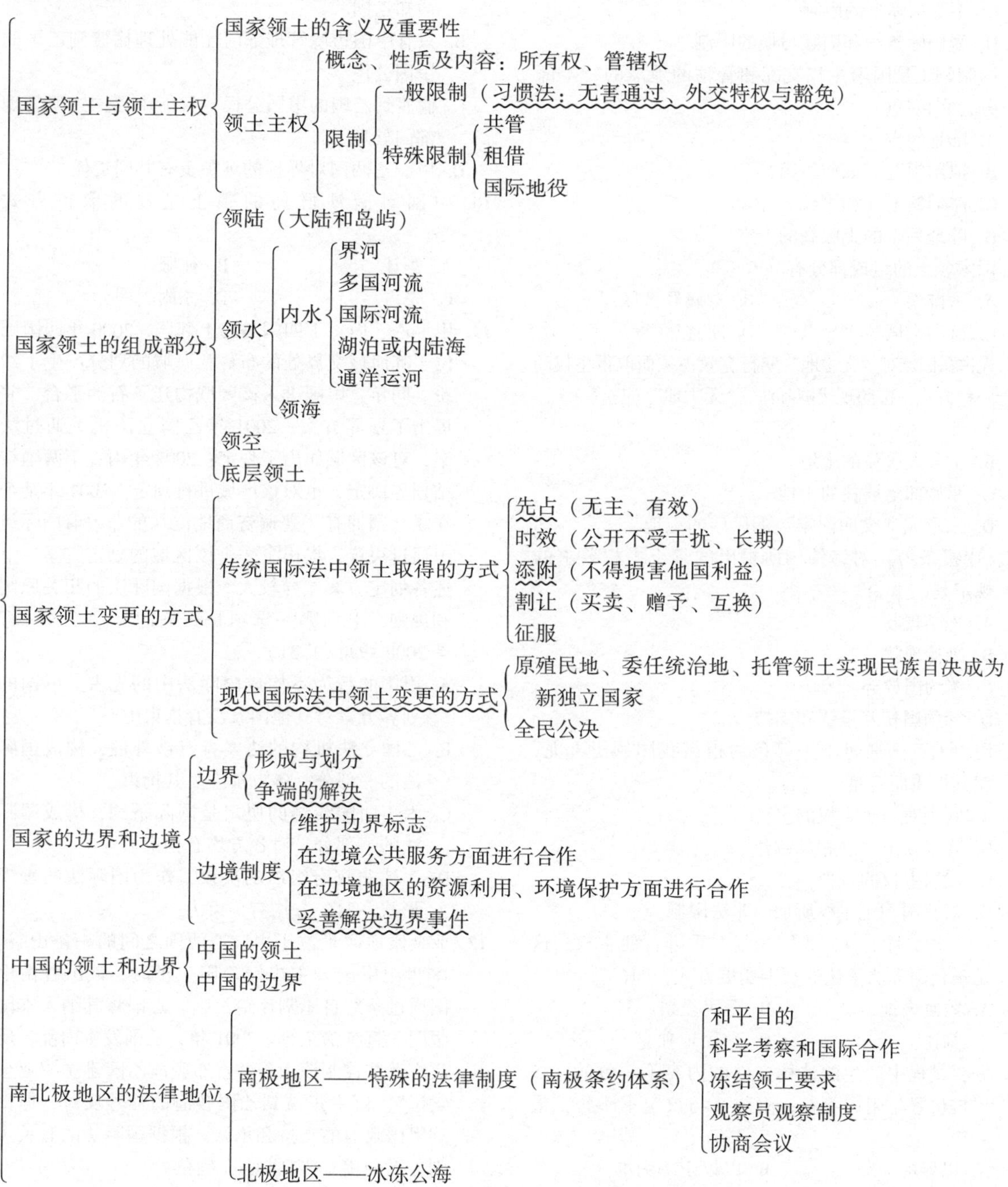

配套测试

一、单项选择题

1. 国家领土主权(　　)。
   A. 不受任何限制
   B. 仅受国际习惯限制
   C. 不受国际条约限制
   D. 受国际条约和国际习惯的限制
2. 国家领土是国家主权支配和管辖的地球的特定部分，它包括(　　)。
   A. 陆地领土
   B. 拟制领土（如使领馆）
   C. 浮动领土（如军舰）
   D. 陆地领土的无限高的上空
3. 国家领土的组成部分有（　　）。
   A. 大陆架　　B. 专属经济区
   C. 群岛水域　　D. 毗连区
4. 先占是国家对“无主地”实行有效占领而取得主权的一种方式，按照现代国际法，“无主地”应指(　)。
   A. 无人居住的荒岛、荒原
   B. 土著人居住的土地
   C. 原始部落居住的土地
   D. 未形成“文明国家”的民族的土地
5. 《南极条约》对缔约国所提出的领土主权要求的规定是(　　)。
   A. 冻结现状
   B. 维持现状
   C. 缔约国放弃
   D. 缔约国相互承认和支持
6. 历史上英国通过不平等条约租借我国领土九龙，就其性质而言是(　　)。
   A. 我国对领土主权的出让
   B. 我国领土“变相的割让”
   C. 我国主权的丧失
   D. 对我国领土主权所加的非法限制
7. 1997 年 7 月 1 日，我国恢复在香港行使主权，这是现代国际法承认的领土变更方式，即(　　)。
   A. 收复失地　　B. 全民投票
   C. 割让　　D. 殖民地独立
8. 划界过程中产生的法律文件的内容不一致的，如界桩位置与附图不符，附图又与议定书不符，最后应(　　)。
   A. 以界桩为准　　B. 以议定书为准
   C. 以附图为准　　D. 以边界条约为准
9. 甲、乙两国边界附近爆发部落武装冲突，致两国界标被毁，甲国一些边民趁乱偷渡至乙国境内。依相关国际法规则，下列哪一选项是正确的？（司考 2016. 1. 33）（　　）
   A. 甲国发现界标被毁后应尽速修复或重建，无须通知乙国
   B. 只有甲国边境管理部门才能处理偷渡到乙国的甲国公民
   C. 偷渡到乙国的甲国公民，仅能由乙国边境管理部门处理
   D. 甲、乙两国对界标的维护负有共同责任
10. 中国对南沙群岛的领土主权的取得方式是(　　)。
    A. 割让　　B. 征服
    C. 先占　　D. 添附
11. 甲、乙、丙、丁四国是海上邻国，2000 年四国因位于其海域交界处的布鲁兰海域的划分产生了纠纷。同年，甲国进入该区域构建了石油平台，并提出了划界方案；2001 年乙国立法机关通过法案，对该区域作出了划定；2002 年丙、丁两国缔结划界协定，也对该区域进行划定。2004 年某个在联合国拥有“普遍咨商地位”的非政府国际组织通过决议，提出了一个该区域的划定方案。上述各划定方案差异较大。根据国际法的相关原则和规则，下列哪一选项是正确的？（　　）（司考 2008 四川 . 1. 31）
    A. 甲国的行为不构成国际法中的先占，甲国的划界方案对其他国家没有拘束力
    B. 乙国立法机构的法案具有涉外性，构成国际法的一部分，各方都应受其拘束
    C. 丙丁两国缔结的协定是国际条约，构成国际法的一部分，对各方均有拘束力
    D. 上述非政府组织的决议，作为国际法的表现形式，对各方均有拘束力
12. 亚金索地区是位于甲、乙两国之间的一条山谷。18 世纪甲国公主出嫁乙国王子时，该山谷由甲国通过条约自愿割让给乙国。乙国将其纳入本国版图一直统治至今。2001 年，乙国发生内乱，反政府武装控制该山谷并宣布脱离乙国建立“亚金索国”。该主张遭到乙国政府的强烈反对，但得到甲国政府的支持和承认。根据国际法的有关规则，下列哪一选项是正确的？（　　）（司考 . 2007. 1. 30）

A. 国际法中的和平解决国际争端原则要求乙国政府在解决“亚金索国”问题时必须采取非武力的方式

B. 国际法中的民族自决原则为“亚金索国”的建立提供了充分的法律根据

C. 上述18世纪对该地区的割让行为在国际法上是有效的，该地区的领土主权目前应属于乙国

D. 甲国的承认，使得“亚金索国”满足了国际法上构成国家的各项要件

13. 国家对其领土拥有排他的主权，从国际法看，这表明国家在行使领土主权时，(　　)。

A. 将不受任何限制

B. 仅受其所承担的条约义务的限制

C. 仅受有关国际习惯法规则的限制

D. 同时受到有关条约义务及国际习惯规则的限制

14. 甲、乙两国是邻国，关系一直紧张。甲国曾多次出动空军，非法轰炸乙国境内的军事目标。“翔飞号”是承担甲、丙两国间航班飞行的民航机，在甲国注册。一日，因天气原因，“翔飞号”在飞往丙国途中偏离航线，误入乙国境内。甲、乙、丙三国都是国际民航组织的成员国，甲、乙之间尚没有双边的航空或航线协定。对此，下列哪一选项是正确的？(　　)(司考2008四川.1.34)

A. “翔飞号”是民航机，在顾及安全的情况下，可以自行飞入乙国领空

B. 乙国有权要求“翔飞号”立即离开乙国领空

C. 乙国无权要求位于其境内的“翔飞号”在其指定安全地点降落

D. 在“翔飞号”载客不明的情况下，乙国有权对其使用武器，将其击落

二、多项选择题

1. 国家领土由以下几个部分构成(　　)。

A. 领陆　　B. 岛屿

C. 领水　　D. 空间

2. 传统国际法上领土取得的方式有(　　)。

A. 先占　　B. 时效

C. 割让　　D. 征服

3. 先占是国际法中国家获得领土主权的一种方式。根据现代国际法的有关规则，下列哪些选项已经不能被作为先占的对象？(　　)

A. 南极地区　　B. 北极地区

C. 国际海底区域　　D. 月球

4. 下列领土变化的情形中，属于添附的是(　　)。

A. 领土的买卖　　B. 建造人工岛屿

C. 涨滩　　D. 新生岛的出现

5. 现代国际法所承认的领土变更方式有(　　)。

A. 交换领土　　B. 添附

C. 公民投票　　D. 收复失地

6. 关于领土的合法取得，依当代国际法，下列哪些选项是正确的？(司考2016.1.75)(　　)

A. 甲国围海造田，未对他国造成影响

B. 乙国屯兵邻国边境，邻国被迫与其签订条约割让部分领土

C. 丙国与其邻国经平等协商，将各自边界的部分领土相互交换

D. 丁国最近二十年派兵持续控制其邻国部分领土，并对外宣称拥有主权

7. 按照不同的标准，边界线可以分为(　　)。

A. 传统边界线与确定边界线

B. 有形边界线和无形边界线

C. 自然边界线和人为边界线

D. 天文学边界线和几何学边界线

8. 现代国际法上新增领土取得的方式有(　　)。

A. 征服　　B. 全民公决

C. 领土交换　　D. 添附

9. 以下关于国际法上领土的表述中正确的是(　　)。

A. 领土由领陆、领水、领空及其底土组成

B. 领水即国家领陆以内的水域和与领陆相邻接的一定宽度的水域

C. 领空指领陆、领水之上受国家主权管辖的无限高度的空间

D. 领土还包括驻外使领馆、位于国外的船舶、航空器等拟制领土

10. 国家对领土拥有主权，意味着(　　)。

A. 领土同时是国家行使排他管辖的空间

B. 一国不得对他国领土进行侵犯

C. 包括其中的资源完全属于国家拥有

D. 领土使用不受任何限制

11. 添附是国际法中获得领土的一种方式，下列哪种情况构成国际法中合法的领土添附？(　　)

A. 河口形成的三角洲

B. 在界河中进行人工填河使领土扩展

C. 自然出现的新生岛屿

D. 在公海中通过人工建设而成的岛屿

12. 甲、乙、丙三国均为南极地区相关条约缔约国。甲国在加入条约前，曾对南极地区的某区域提出过领土要求。乙国在成为条约缔约国后，在南极建立了常年考察站。丙国利用自己靠近南极的地理优势，准备在南极大规模开发旅游。根据《南极条约》和相关制度，下列哪些判断是正确的？(　　)(司考2010.1.78)

A. 甲国加入条约意味着其放弃或否定了对南极的领土要求

B. 甲国成为条约缔约国，表明其他缔约国对甲国主张南极领土权利的确认

C. 乙国上述在南极地区的活动，并不构成对南极地区提出领土主张的支持和证据

D. 丙国旅游开发不得对南极环境系统造成破坏

13. 甲河是多国河流，乙河是国际河流。根据国际法相关规则，下列哪些选项是正确的？（　　）（司考 2011. 1. 74）

A. 甲河沿岸国对甲河流经本国的河段拥有主权

B. 甲河上游国家可对自己享有主权的河段进行改道工程，以解决自身缺水问题

C. 乙河对非沿岸国商船也开放

D. 乙河的国际河流性质决定了其属于人类共同的财产

三、不定项选择题

甲、乙两国是陆地邻国。甲国边防人员在例行巡逻时，发现本国一些牧民将一座界碑擅自移动，将另一座界碑毁坏。根据国际法的有关规则和制度，下列哪些判断是正确的？（　　）

A. 甲国巡逻人员应将被移动的界碑移回到甲国认定的界碑原处

B. 如本国的肇事者逃过边界，甲国巡逻人员可以进入乙国追拿这些肇事者

C. 甲国有义务惩办这些擅移界碑的本国牧民

D. 甲国应迅速通知乙国，并在甲、乙两国代表都在场的情况下追拿这些肇事者

四、名词解释

1. 领土主权
2. 国际地役
3. 国际河流
4. 先占（西北政法大学 2007 年、2005 年考研真题）
5. 边境制度
6. 国际法上的添附
7. terra nullius（武汉大学 2007 年考研真题）

五、简答题

1. 请简述时效和先占制度的不同点。
2. 《南极条约》的主要内容是什么？（中南财经政法大学 2009 年考研真题）
3. 简述国际法上有效占领。（清华大学 2007 年考研真题）

六、论述题

1. 论民族自决与国家主权。
2. 请举例说明先占与时效的区别。（华东政法大学 2008 年考研真题）

七、案例分析题

巴尔马斯岛仲裁案

巴尔马斯岛位于棉兰老、圣阿古斯丁岬东南约 50 海里之外，可以居住。根据结束美国战争的 1898 年 12 月 10 日的巴黎和约之规定：西班牙将菲律宾和巴尔马斯岛割让给美国，1906 年同，美国驻棉兰老岛司令在视察巴尔马斯岛时发现岛上飘着荷兰国旗，于是在美国与荷兰之间形成领土争端。经过外交接触之后，两国于 1925 年缔结仲裁协议，将争端提交国际常设仲裁法院仲裁，由国际常设法院院长麦克斯·胡伯担任独任仲裁员，通过审理发现，西班牙开拓者最早于 16 世纪发现并登上该岛，并在岛上插上了西班牙国旗，宣布该岛为西班牙领土，由于西班牙没有对该岛实行移民管辖，荷兰开拓者后于西班牙开拓者登上该岛，但荷兰政府对该岛实行了移民管辖。（中南财经政法大学 2007 年考研真题）

问题：

（1）何谓“先占”？

（2）“先占”有哪两个前提条件？

（3）从“先占”的角度考虑，你认为荷兰和西班牙谁拥有巴尔马斯岛的主权？理由为何？

（4）巴尔马斯岛的主权最终属于美国还是荷兰？

参考答案

一、单项选择题

1. **答案**：D。国家的领土主权是国家的最主要的主权，但并不是说其行使就完全不受任何限制。在一定情况下，要受国际习惯和国际条约的限制。其中最主要的包括：共管、租借、国际地役等。

2. **答案**：A。国家领土是国家主权支配和管辖的地球的特定部分，它包括：领陆、领水和领水的底土、领空。使馆是拟制领土的说法和军舰是浮动领土的说法只是为了理解某种制度而作的理论解释。实际上，在国际法中，并不将使馆看作派遣国的领土，它还是驻在国的领土，而军舰也不是一国的领土。领空并不是无限高的上空，而是陆地上空的一部分空气空间。领空之上还有外层空间。

3. **答案**：C。一国的领土包括国家主权管辖下的领

陆、领水、领陆和领水之下的底土，以及领陆和领水的上空。群岛国是指包括全部由一个或多个群岛构成的国家，并可包括其他岛屿。群岛国的主权及于群岛基线所包围的水域及其上空，海床和底土。因此，只有C项是国家领土的组成部分。

4. 答案：A。先占是一个国家的占有行为，通过这种行为，该国有意识地取得当时不在其他国家主权之下的土地的领土主权。先占的客体只限于无主土地，也就是不属于任何国家的土地。这种土地或是无人居住地和荒岛，或是虽有土著居民居住，但未形成国家的土地。根据现代国际法，有土著人居住，但未形成国家的土地也不能先占，因此现代国际法所允许的先占的客体只能是无人居住地和荒岛。

5. 答案：A。《南极条约》是1959年经十二国华盛顿会议签订的有关南极地位的条约。它规定，条约的任何规定都不能解释未缔约任何一方放弃在南极原来所主张的领土主权权利或领土要求；在条约有效期内发生的一切行为或活动，都不得构成各国主张、支持或否定对南极领土主权要求的基础，也不得创设在南极的任何主权权利；在条约有效期内，缔约国不得对南极提出新的领土主权要求或者扩大现有的要求。因此是冻结各国的主权要求，而不是放弃。

6. 答案：C。中国香港地区是依据1842年结束鸦片战争的不平等条约《南京条约》割给英国，中国九龙半岛是依据1898年《中英拓展香港界址专约》以99年期限租借给英国的。这是中国主权的丧失，而不是传统国际法上的领土租借。租借是指一国根据条约把部分领土租给他国使用。

7. 答案：A。收复失地又叫恢复领土主权，是指国家收回以前被别国非法占有的领土，恢复本国对有关领土的历史性权利。1984年9月26日，中英两国经长期谈判后发表《关于香港问题的联合声明》，声明中国政府将于1997年7月1日恢复对香港行使主权。

8. 答案：B。划界过程中产生的法律文件的内容应该是一致的，但由于地理状况复杂，有时也会产生不一致的地方，按惯例，如出现这样的情况，则应遵循以下惯例：界桩位置与议定书和附图不一致时，以议定书和附图为准；附图与议定书的规定不一致时，以议定书为准，议定书与条约不一致时，以条约为准。

9. 答案：D。界标，是指竖立在边界线上或边界线两侧，在实地标示边界线走向，且其地理坐标已测定并记载于勘界文件或联检文件中的标志。如发现界标被损坏、移动或毁灭，双方主管部门立即相互通报。按勘界文件和联检文件的规定，负责维护该界标的一方立即采取措施在原位修理、恢复或重建，并应在工作开始前通知另一方。一方主管部门在进行上述工作时，应有另一方主管部门的代表在场，工作完成后做出记录。故A错误。

在已设界标边界线上，相邻国家对界标的维护负有共同责任。应使界标的位置、形状、型号和颜色符合边界文件中规定的一切要求。两国可以协议确定对全部界标的维护进行分工。陆地上的界标和边界线应保持在易于辨认的状态。双方都应采取必要措施防止界标被移动、损坏或灭失。若一方发现界标出现上述情况，应尽速通知另一方，在双方代表在场的情况下修复或重建。国家有责任对移动、损坏或毁灭界标的行为给予严厉惩罚。故D正确。

10. 答案：C。中国南海诸岛早在公元前2世纪就为中国人所发现，并一直在其上居住。因此，此应属于先占取得方式。

11. 答案：A。国际法上的先占必须具备两个条件：一是先占的对象必须为无主地；二是先占应为“有效占领”，须对该地采取实际的控制。本题中，布鲁兰海域并非无主地，而是存在争议的土地，甲国建立石油平台，提出划界方案，并不构成先占。所以A正确。布鲁兰海域的主权归属，甲、乙、丙、丁四国存在争议，他们之中任何一国或两国单独制订的划界方案在没有得到其他国家的同意之前，对其他国家都不具有约束力。BC错误。在联合国拥有“普遍咨商地位”的非政府组织不是布鲁兰海域的主权享有者，因此，它提出的划界方案对当事国没有约束力，因此D错误。

12. 答案：C。关于A，国际法中和平解决国际争端的原则是指国家间发生争端时，各国都必须采取和平方式予以解决，禁止将武力或武力威胁的方式诉诸任何争端的解决过程。该原则是适用于国家之间的，乙国政府在解决“亚金索国”问题时，由于是本国的内政问题，并非国际争端，不适用国际法中和平解决国际争端的原则。关于B，民族自决原则是指在帝国主义殖民统治和奴役下的被压迫民族有权自主决定自己的命运，摆脱殖民统治，建立民族独立国家的权利。由于乙国统治亚金索地区并不是帝国主义的统治，该地区的人民本身就是乙国的人民，不存在民族自决问题。因此B错误。关于C，在国际法中，领土可以通过割让的方式取得。割让是一国根据条约将部分领土转移给另一国。割让分为强制割让和非强制割让。非强制割让在现代仍然是合法的。因此C项正确。关于D，国际法中，对新国家的承认是既存国家对新国家出现这一事实的单方面宣告和认定。这种承认本身并不是新国家成为国际法主体的条件。因此D项错误。

13. **答案**：D。国家对领土拥有排他的主权，这是国家主权最主要的内容。但并不是说国家的领土主权就完全不受限制。国家领土主权会因国际地役、租借、共管等原因而受限制。此种限制可能是依据国际条约，也可能是依据国际习惯。

14. **答案**：B。国家对其领空享有完全的和排他的主权。外国航空器进入国家领空须经该国许可并遵守领空的有关法律。对于非法入境的外国民用航空器，国家可以行使主权，采取符合国际法有关规则的任何适当手段，包括要求其终止此类侵犯立即离境或要求其在指定地点降落等，但不得危及航空器内人员的生命和航空器的安全，避免使用武器。因此B当选。

二、多项选择题

1. **答案**：AC。国家的领土是处于国家管辖和支配下的地球的特定部分。它包括领陆、领水（内水和领海）和领水的底土、领空四部分。

2. **答案**：ABCD。传统国际法上领土取得的方式有先占、时效、割让、征服、添附等，现代国际法上领土的取得方式有全民公决，原殖民地、委任统治地、托管领土实现民族自决而成为新独立国家等形式。

3. **答案**：ABCD。国际法上的先占是国家原始取得无人占有的领土的一种方式。但实践中对该种领土取得方式有所限制。《南极条约》冻结对南极的领土要求。对南极领土任何国家不得提出新的或扩大现有要求，南极领土仅用于和平目的和科学研究，故A错误。大多数国家反对某些北极海沿岸国家依据扇形理论对北极地区提出的领土要求，北极海沿岸的一些国家签订的关于北极环境保护的条约也不改变北极地区本身的法律地位，故B错误。《联合国海洋法约》规定，国际海底区域及其自然资源是人类共同继承的财产，任何国家不得对该区域主张主权或行使主权权利，不得将该区域据为己有，故C错误。《外层空间条约》规定任何国家利用、开发月球都必须是为了全人类的利益，任何国家不得为了自己的片面利益利用月球，不得对月球行使主权，故D错误。由此可知，本题答案为ABCD。

4. **答案**：CD。添附是指由于新土地的形成而使国家领土增加。添附分为两种，一种是由于自然力作用造成的领土扩大，如涨滩和新岛屿的形成；另一种是人为作用所致，如围湖造田等。

5. **答案**：ABCD。现代国际法承认的领土变更方式有：交换领土、添附、全民公决、收复失地。

6. **答案**：AC。在国际法上传统的领土取得方式有：

(1) 先占。是指一个国家有意识地占据不属于任何国家主权所有的土地，将其作为自己领土的一部分的国家法律行为。先占的客体必须是无主土地，即指不属于任何国家主权管辖之下的土地。先占必须是实行有效的占领，即必须对占有地进行实际控制和实施行政管理。

(2) 时效。是指占有他国的某块土地后，在相当长时期内不受干扰地占有而取得该土地的主权。

(3) 割让。是指一国根据条约把部分领土主权转移给另一个国家。从现代国际法看，由战争或不平等条约造成的割让都是违反国际法的。故B错误。

(4) 征服。是指战争结束后战胜国把战败国灭亡而兼并其领土的行为。

(5) 添附。是指领土因自然状态的变化或人工力量而增添的新部分，如新生岛、废河床、人工岛屿等。故A正确。

也就是说，在传统国际法上侵略征服取得的土地之后就算是该国土地。但现代国际法已经将战争作为国际犯罪行为，即采取犯罪手段取得的土地不具有合法权利。故D错误。

现代国家取得领土的方式为：

(1) 交换领土。为了便于边境管理和适应当地的历史条件，有关国家在自愿基础上交换其部分领土这是符合国家主权和民族自决权的原则的。故C正确。

(2) 全民投票。是指由某一领土上的居民以充分自主的投票方式决定其领土的归属。

(3) 收复失地。是指国家为恢复其对某些领土历史性权利而收回被他国侵占的领土。恢复领土主权可以采取武力方式，也可以采取和平方式，如1997年7月1日对香港恢复行使国家领土主权，就是采取和平方式。

7. **答案**：ABCD。国家边界是确定国家领土范围的界限。确定和标明边界的线称为边界线。按不同标准，可分为：传统边界线和确定边界线；自然边界线和人为边界线（又分为几何边界线和天文边界线等）；有形边界线和无形边界线。

8. **答案**：BC。传统国际法上领土取得的方式有：先占、添附、时效、割让、征服；现代国际法上增添了全民公决、领土交换、恢复主权等几种领土取得方式。

9. 答案： AB。领土由领陆、领水、领空及其底土四个部分组成，并不包括驻外使领馆等所谓的拟制领土。故A正确，D错误。领空指领陆、领水之上受国家主权管辖一定高度的空间。所以C项错误。B项关于领水的定义是正确的。

10. 答案： ABC。国家对本国领土拥有主权的含义是：①对领土的所有权或领有权。国家对其领土享有拥有、使用和处分的最高权。②国家享有排他的领土管辖权，即国家对在领土范围内的人、物及事件行使属地管辖权。也就是说，领土同时是国家行使排他管辖的空间；一国不得对他国领土进行侵犯；领土包括其中的资源完全属于国家拥有等。D错，国家在行使领土主权时，同时受到有关条约义务及国际习惯规则的限制，并不是不受任何限制。

11. 答案： AC。添附，是指国家领土由于新的土地形成而增加。有自然添附和人工添附两种情形。自然添附，是指由于自然力的作用而产生新的土地，如涨滩、三角洲、新生岛屿、废河床等。人工添附，是指由于人工造成的围海造田、筑堤等。自然添附是合法的领土添附。对于人工添附，如这种添附涉及他国利益时，在未与利害各国达成协议前，不能进行这种添附，否则即为非法。

12. 答案： CD。本题考查南极地区的法律地位。选项A、B错误，选项C正确。冻结对南极的领土要求，包括对南极领土不得提出新的要求或扩大现有要求；《南极条约》不构成对任何现有的对南极领土主张的支持或否定；条约有效期间进行的任何活动也不构成主张支持或否定对南极领土要求的基础。选项D正确。在南极进行的任何活动不得破坏南极的环境或生态。

13. 答案： AC。多国河流是流经两个或两个以上国家领土的河流。多国河流流经各国的河段分别属于各国领土，各国分别对流经本国的河段拥有主权。所以A选项正确。但多国河流的使用一般涉及流经各国的利益，因此，对多国河流的航行、使用、清理等事项，一般都应由有关国家协议解决。每一沿岸国在对该河流行使权利时，都应顾及其他沿岸国的利益。各国不得有害地利用该河流，不得使河流改道或堵塞河流。所以B选项错误。国际实践中，多国河流一般地对所有沿岸国开放，而非沿岸国船舶未经许可不得航行。通过条约规定对所有国家开放航行的多国河流被称为国际河流。通常，国际河流的法律地位和制度是由国际条约规定的，不同的国际河流可能有所不同。国际河流流经各国领土的河段仍然是该国主权下的领土。国际河流一般允许所有国家的船舶特别是商船无害航行。所以C选项正确，D选项错误。

三、不定项选择题

答案： CD。本题考查的是处理被毁界碑的规则。依据国家对边界线上的界碑负有保护的义务，如遇界碑被移动、损坏或毁灭，一方应迅速通知另一方，并在双方都在场的情况下恢复其原状。同时在处理被毁界碑时，禁止单方面采取行动。

四、名词解释

1. 答案： 国家对其领土范围内的人和事物的最高权力称为领土主权。从格劳秀斯的《战争与和平法》到《联合国宪章》无不承认国家的领土主权原则。

2. 答案： 国际地役是指依据国际条约，一国有关领土在一定范围内满足他国需要或为他国利益服务。这是对该国有关领土的属地管辖权的一种限制。

3. 答案： 国际河流是流经两个或两个以上国家并通海洋，依据国际条约在平时允许各国商船自由航行的河流。国际河流流经各沿岸国的河段属于各沿岸国领土，各沿岸国对其拥有主权。但国际河流通过国际条约实行航行自由原则，即沿岸国或非沿岸国的商船平时在国际河流上可自由航行。

4. 答案： 先占是指国家占有无主地并取得对它的领土主权。先占的主体是国家，客体是无主地，还要有明确占领的意思表示，客观要件上，先占国必须对无主地实施有效占有。

5. 答案： 边境制度是有关相邻国家考虑到边境地区的现实，为谋求该地区居民经济、社会生活的便利和利益，维护边境地区的秩序和环境，通过国内立法和双边条约进行合作而确立的法律制度。

6. 答案： 指因自然或人为作用而使国家领土得到扩大。

7. 答案： terra nullius即无主地。无主地是指未被有效占有、也不受任何国家主权管辖的土地。世界的各个大陆及其沿海地区，早在15世纪末哥伦布发现新大陆以后，就陆续被瓜分完毕。现代社会，除了南极大陆，已不存在无主地，故而“无主地先占”等传统国际法原则也不再适用。

五、简答题

1. 答案： 国际法上时效的概念是指一国对他国领土进行长期占有之后，在很长时间他国并不对此提出抗议和反对，或曾有过抗议和反对，但已经停止这种抗议和反对，从而使该国对他国的领土的占有不再受到干扰，占有现状逐渐符合国际秩序的一种领土取得的行为，而不论最初的占有是否合法或善意。先占①是指一个国家有意识地取得当时不在任何其他国家主权之下的土地的主权的一种占取行为。两者的不同主要体现在以下几个方面：

(1) 时效和先占制度的客体不同。依时效取得的是别国的领土。先占的对象是不属于任何国家的土地，即无主土地。传统国际法认为无主土地是不属于任何国家的荒芜土地，或虽有土著人居住，但尚未形成国家的土地。但现代国际法不认可这种主张，国际法院 1975 年在关于西撒哈拉问题的咨询意见中指出，根据国际实践，凡有部落或人民居住并有一定的社会和政治组织的地方，就不能认为是无主地。

(2) 构成条件不同。依时效取得领土必须是一国占有别国领土在很长时期内不受干扰，而且原属国已停止抗议并且放弃其权利主张。是否构成先占取决于国家的这种行为是否符合有效占领原则，即先占必须具备两个要素：占领和行政管理，如设立居民点、悬挂国旗、建立行政机构等。

2. 答案：法律上的南极地区是指南纬 60 度以南的地区，包括南极洲大陆及其沿海岛屿和海域。南极洲在 18 世纪被发现后，一些国家先后对其某些部分提出领土主张。这些领土主张彼此存在相互重叠，引起有关国家之间的冲突，并且遭到其他一些国家的反对。为协调各国利益，1959 年，当时进行南极活动的 12 个主要国家，签署了《南极条约》，该条约于 1961 年生效。此后，各国就保护南极动植物、保护海豹、保护生物资源及保护环境等问题相继缔结了一系列条约。这些条约构成了南极条约体系，规范各国在南极的活动。根据这些条约，目前南极的法律制度的主要内容包括：

(1) 南极只用于和平目的。在南极地区，禁止建立军事设施、进行军事演习和武器试验，禁止核爆炸和放置核废料。但是为科学研究或其他和平目的使用军事人员和军事设施不被禁止。

(2) 科学考察自由和科学合作。任何国家都有在南极进行科学考察的自由。同时各国应促进考察计划、人员和成果的交换和交流。

(3) 冻结对南极的领土要求。包括对南极领土不得提出新的或扩大现有要求；《南极条约》不构成对任何现有的对南极领土主张的支持或否定；条约有效期间进行的任何活动也不构成主张支持或否定南极领土要求的基础。

(4) 维持南极地区水域的公海制度。任何国家在南极地区根据国际法享有的对公海的权利不受损害或影响。

(5) 保护南极环境与资源。在南极进行的任何活动不得破坏南极的生态或环境。

(6) 建立南极协商会议。南极协商会议由《南极条约》原始缔约国和其他符合条件的加入国组成，一般要求该国在南极建立了常年考察站。会议每两年召开一次，交换有关情报，专门讨论有关南极的共同利益问题，以及向各国政府提出促进南极条约原则和宗旨的相关措施。

3. 答案：先占（亦称占领）是一个国家有意识地取得当时不在任何其他国家主权之下的土地的主权的一种占取行为。15、16 世纪，国际法确认单纯地发现可以获得被发现土地的完整主权。但是，到了 18、19 世纪，发现所具有的法律效果产生变化，单纯的发现仅赋予当事国以初步的权利，即在对被发现的土地加以有效占领所需要的合理期间内，这种权利“有暂时阻止另一国加以占领的作用”。发现的国家如果未在合理期间内对被发现土地加以有效占有则仍不能取得领土主权。因此，国际法要求先占的完成必须是实现有效占领。

所谓有效占领是指，国家应对无主地适当地行使或表现其主权，通过立法、司法或行政管理行为对无主地实行有效的占领或控制。有效占领的两个基本事实是：(1) 占有，即以国家名义宣布占有该土地，把它置于自己主权之下；(2) 行政管理，即设立行政组织，维持先占土地的公共秩序。但这种占有达到何种程度才为有效则是相对的，特别是对无人居住的土地，并不一定要求实际适用土地或移民，只要先占国通过宣告确立统治权即可。

六、论述题

1. 答案：民族自决的定义和表现形式。主权的定义性质和内容。国家主权原则和民族自决原则都是《联合国宪章》和其他有关国际法原则的文件认可的国际法基本原则，但从二者地位来看，国家主权原则是各项原则之首，是现代国际法基本原则体系的核心，其他基本原则的解释运用均不得与国家主权原则相冲突，尤其是民族自决原则。对于一个由多民族自愿组成的国家而言，如果它已建立了合法政府并实行有效的统治，任何国家就不得以民族自决为借口，制造、煽动或支持民

① 编者注：先占是国际法考查中常见的考点，读者应当注意准确掌握。

族分裂，破坏该国的统一和领土完整。否则，就是对国家主权的破坏，违反了不干涉别国内政这一国际法基本原则，从而从根本上违背了民族自决原则的真实意义。

2. 答案：Occupation 先占，指国家对无主地实行有效占领并取得领土主权。时效，指一国占有他国某块土地后，在相当长时期内不受干扰地占有，进而取得该地的主权。两者的主要不同在于：

（1）对象不同。先占的对象是无主地，从概念来看，即从未被占有或不属于任何国家所有的土地；或虽曾一度属于一国所有，但后来又被抛弃的土地，或虽有土著部落居住，但未形成文明国家的土地。而时效的对象是别国的领土。

（2）有效的方式。先占国必须对无主地实施有效占有，才能够取得主权。所谓有效占有，是指国家应对无主地适当地行使或表现其主权，通过立法、司法或行政管理行为对无主地实施有效的占领或控制。对于无人居住的土地，并不一定要求实际使用土地或移民，只要先占国通过宣告确立统治权即可。而时效占领必须要求侵占国能够长时期不受干扰地对占有地行使主权，另外，这种状况得到被占国和其他国家的默认，以至于造成一种一般信念，认为事物现状是符合国际秩序的。

七、案例分析题

答案：（1）先占亦称占领，是一国的占有行为，通过这一行为该国有意识地取得当时不在他国主权之下的土地，即所谓“无主土地”，使之成为本国领土的一部分，并对其行使主权。先占只能由国家并且以国家的名义实行，同时被占领的客体必须是不属于任何国家主权管辖之下的无主土地。所谓无主土地，传统国际法认为，是原先不属于任何国家所有的土地，或者是完全无人居住的荒岛和地区，或虽有土著人居住但尚未形成所谓“文明”国家的土地。现代国际法认为，具有社会政治组织的土著部落居住的土地不能被视为无主土地。

（2）依据国际法，一个国家通过先占取得领土主权必须具备两个条件：①占领的客体是无主土地，即只限于不属于任何国家的土地，或曾经一度属于一个国家所有后来被抛弃掉的土地。②占领必须是真正的占领，即有效的占领。

先占作为国家取得领土的方式已成历史的陈迹。殖民国家曾经在先占的名义下，把殖民地的土地当成无主土地占领，使之成为自己国家的领土。从15世纪到19世纪，一些殖民国家从非洲、亚洲、美洲和澳洲占有大片的殖民地，肆意掠夺和奴役当地居民，建立起残酷的殖民统治。但先占这一方式，也有助于用来解决某些历史遗留下来的领土争端。如我国的钓鱼岛、南海诸岛等，这些地方是我国最早发现和实行有效占领的，一直构成我国领土的一部分，这是有历史证据的。因此，其他国家对这些地方采取任何侵占行动都是侵犯我国的领土完整，是要承担国际责任的。

（3）西班牙拥有巴尔马斯岛的主权。因为先占原则的内涵随着历史的发展而演进。在18世纪以前，国家“发现”无主地即可取得其主权，单纯“发现”即可占有。18世纪中期以后，国际法上要求“无主地先占”必须是实际占有，应具备以下要件：①占领国有占领的意思表示，具体表现为正式宣告并通知他国；②占领国适当地行使了其主权，客观表现为国家对该土地采取了立法、司法、行政以及其他表示主权的行动或措施。

本案中，西班牙开拓者最早于16世纪发现了巴尔马斯岛，并宣布主权，在当时的国际法实践上是有效的。

（4）属于美国。割让是国际法上领土取得的五种传统方式之一，是指一国根据条约将其部分领土转移给另一国。割让一般分为强制性割让和自愿割让，前者以武力胁迫为手段，是非法的，后者是自愿行为，是有效的。依照国际法的规定，被割让的领土必须在和平条约签署完成且生效后，才算合法而且有效。割让已随着战争在现代国际法中被废止而失去其合法性。本案中，根据1898年的巴黎和约，西班牙已经将巴尔马斯岛割让给了美国，这是产生国际法效力的。

第五章 国际海洋法

基础知识图解

- 国际海洋法的概念、历史发展及编纂
- 内水、领海、毗连区
  - 内水
    - 概念和法律地位
    - 海湾
    - 港口
  - 领海
    - 概念和法律地位
    - 宽度和界限
    - 对外国商船的刑事和民事管辖权
    - 无害通过权
  - 毗连区
- 群岛水域、用于国际航行的海峡
  - 群岛水域
    - 概念和法律地位
    - 群岛海道通过权
  - 用于国际航行的海峡
- 专属经济区、大陆架
  - 专属经济区
    - 概念和法律地位
    - 生物资源的养护和利用
    - 人工岛屿、设施和结构的建造和管理
    - 海洋科学研究
    - 划界
  - 大陆架
    - 定义
    - 法律制度
      - 沿海国对大陆架的权利
      - 其他国家对大陆架的权利
    - 划界
- 公海
  - 概念和法律地位
  - 公海自由
    - 航行自由
    - 飞越自由
    - 铺设海底电缆和管道的自由
    - 建造国际法所容许的人工岛屿和其他设施的自由
    - 捕鱼自由
    - 科学研究的自由
  - 公海管辖
    - 船旗国管辖
    - 普遍管辖
    - 所有国家进行合作以制止某些非法行为的义务
    - 登临权
    - 紧追权
- 国际海底区域
  - 概念和法律地位
  - 勘探和开发制度
    - 平行开发制
    - 申请者和合同承包者的财政义务
  - 国际海底管理局

配套测试

一、单项选择题

1. 甲、乙、丙三国对某海域的划界存在争端，三国均为《联合国海洋法公约》缔约国。甲国在批准公约时书面声明海洋划界的争端不接受公约的强制争端解决程序，乙国在签署公约时口头声明选择国际海洋法法庭的管辖，丙国在加入公约时书面声明选择国际海洋法法庭的管辖。依相关国际法规则，下列哪一选项是正确的？（　　）（司考 2017.1.34）
   A. 甲国无权通过书面声明排除公约强制程序的适用
   B. 国际海洋法法庭对该争端没有管辖权
   C. 无论三国选择与否，国际法院均对该争端有管辖权
   D. 国际海洋法法庭的设立排除了国际法院对海洋争端的管辖权
2. 根据相关国际条约，被规定为全人类共同继承财产的区域是（　　）。
   A. 南北极
   B. 国际海底区域及其资源
   C. 外层空间
   D. 公海
3. 可以通航的界河，通常（　　）。
   A. 以河床中央为界
   B. 以航道为界
   C. 以主航道为界
   D. 以主航道中心线为界
4. 下列有关公海上的管辖权，哪个选项正确？（　　）
   A. 船旗国对其在公海上航行的船舶具有专属管辖权
   B. 普遍性管辖的对象主要是从事海盗、贩毒、贩奴、侵害沿岸国等行为
   C. 登临权由各国军舰、军用飞机行使
   D. 行使紧追权是普遍性管辖的一种方式
5. 《联合国海洋法公约》规定，沿海国家有权确定的领海宽度是从领海基线量起不得超过（　　）。
   A. 6 海里　　B. 12 海里
   C. 24 海里　　D. 200 海里
6. 以下哪项不属于国际河流航行制度的主要内容？（　　）
   A. 一切国家的商船都可以在国际河流上航行，并有平等待遇
   B. 沿岸国对本国河段行使管辖权，负责管理和维护自己管辖下的河段，并保留沿岸贸易权
   C. 非沿岸国的军舰也同样享有河流上航行的自由
   D. 设立国际委员会，制定必要的统一管理规章，以保障河流的航行自由
7. 1992 年《领海与毗连区法》规定，我国的领海基线采用（　　）。
   A. 正常基线
   B. 直线基线
   C. 低潮线
   D. 交替采用正常基线与直线基线
8. 国家为防止和惩治违反其海关、财政、移民或卫生等事项的法规，可设立（　　）。
   A. 专属经济区　　B. 渔区
   C. 毗连区　　D. 领海
9. 按照《联合国海洋法公约》的规定，群岛国群岛直线基线最长不得超过（　　）。
   A. 24 海里　　B. 100 海里
   C. 125 海里　　D. 200 海里
10. 《联合国海洋法公约》规定，所有国家的船舶和飞机均具有在用于国际航行的海峡的过境通行权，对此，海峡沿岸国（　　）。
    A. 不应妨碍过境通行
    B. 不应妨碍但在特定情况下可中止过境通行
    C. 特定情况下可限制通行
    D. 可对过境船舶有特殊规定
11. 乙国军舰 A 发现甲国渔船在乙国领海走私，立即发出信号开始紧追，渔船随即逃跑。当 A 舰因机械故障被迫返航时，令乙国另一艘军舰 B 在渔船逃跑必经的某公海海域埋伏。A 舰返航半小时后，渔船出现在 B 舰埋伏的海域。依《联合国海洋法公约》及相关国际法规则，下列哪一选项是正确的？（　　）（司考 2009.1.30）
    A. B 舰不能继续 A 舰的紧追
    B. A 舰应从毗连区开始紧追，而不应从领海开始紧追
    C. 为了紧追成功，B 舰不必发出信号即可对渔船实施紧追
    D. 只要 B 舰发出信号，即可在公海继续对渔船紧追
12. 风光秀丽的纳列温河是甲国和乙国的界河。两国的边界线确定为该河流的主航道中心线。甲、乙两国间没有其他涉及界河制度的条约。现甲国提议开发纳列温河的旅游资源，相关旅行社也设计

了一系列界河水上旅游项目。根据国际法的相关原则和规则，下列哪一项活动不需要经过乙国的同意，甲国即可以合法从事？(　　)

A. 在纳列温河甲国一侧修建抵近主航道的大型观光栈桥

B. 游客乘甲国的旅游船抵达乙国河岸停泊观光，但不上岸

C. 游客乘甲国渔船在整条河中进行垂钓和捕捞活动

D. 游客乘甲国游船在主航道上沿河航行游览

13. 公海法律制度的基础是公海自由，这就决定了公海是(　　)。

A. 全人类的共同财富

B. 是“无主物”

C. 国家不享有管辖权的海域

D. 国家可对其行使管辖权的海城

14. 按照《联合国海洋法公约》规定，国际海底区域的资源开发制度为(　　)。

A. “平行开发制”

B. “单一开发制”

C. “登记注册制”

D. 由管理局代表全人类进行开发的制度

15. 甲国一企业在某国际海底区域发现了丰富的锰资源，并计划开发利用。根据《联合国海洋公约》，其开发须满足下列哪一条件才可进行？(　　)

A. 甲国企业须得到联合国秘书长的同意

B. 甲国企业须向国际海底管理局登记

C. 甲国企业须向本主管机关登记，并获批准

D. 甲国企业须向国际海底管理局提供两块商业价值相等的矿址，并与管理局签订合同，开发由管理局选择的作为合同区的一块矿址

16. 奥尔菲油田跨越甲、乙两国边界，分别位于甲、乙两国的底土中。甲、乙两国均为联合国成员国，且它们之间没有相关的协议。根据有关的国际法规则和国际实践，对油田归属与开发，下列哪一选项是正确的？(　　)(司考 2007. 1. 34)

A. 该油田属于甲、乙两国的共有物，其中任何一国无权单独进行勘探和开采

B. 该油田位于甲、乙两国各自底土中的部分分属甲国、乙国各自所有

C. 该油田的开发应在联合国托管理事会监督下进行

D. 无论哪一方对该油田进行开发，都必须与另一方分享所获的油气收益

17. 专属经济区的宽度为从领海的外部界限量起(　　)。

A. 200 海里　　B. 350 海里

C. 188 海里　　D. 212 海里

18. 甲国在其宣布的专属经济区水域某暗礁上修建了一座人工岛屿。乙国拟铺设一条通过甲国专属经济区的海底电缆。根据《联合国海洋法公约》，下列哪一选项是正确的？(　　)(司考 2010. 1. 31)

A. 甲国不能在该暗礁上修建人工岛屿

B. 甲国对建造和使用该人工岛屿拥有管辖权

C. 甲国对该人工岛屿拥有领土主权

D. 乙国不可在甲国专属经济区内铺设海底电缆

19. 依据《联合国海洋法公约》海岸相邻或相向国家间大陆架划界应依据(　　)。

A. 中间线原则划定

B. 等距离原则划定

C. 自然延伸原则划定

D. 国家间依国际法以协议划定

20. 甲国是一个地理上宽大陆架的沿海国，也是发达国家，其地理大陆架从领海基线到大陆边外缘的距离为 380 海里。根据《联合国海洋法公约》和有关的国际法规则，下列哪一选项是正确的？(　　)(司考 2008 四川 . 1. 33)

A. 甲国大陆架的范围可以延伸到 380 海里处

B. 甲国的大陆架只能限定在 200 海里以内

C. 甲国的专属经济区不必限定在 200 海里以内

D. 甲国如果在 200 海里外的大陆架底土开采石油，应通过国际海底管理局并向其缴纳合理费用

21. 过境通行制适用于下列哪个水域？(　　)

A. 内海

B. 领海

C. 用于国际航行的海峡

D. 通洋运河

22.《联合国海洋法公约》规定，沿海国对专属经济区内自然资源的权利性质是(　　)。

A. 管辖权

B. 占有权

C. 管制权

D. 主权权利

23. 群岛基线是群岛国连接其群岛最外缘各岛和各干礁的最外缘各点划定的直线基线，它应满足一定的要件。下列哪种判断正确？(　　)

A. 水域面积和包括环礁在内的陆地面积之比为 1∶1 至 9∶1 之间

B. 基线长度均不超过 100 海里

C. 只要为群岛水域的组成岛屿，即使明显偏离群岛轮廓，也可作为划定群岛基线的起讫点

D. 低潮高地也可作为划定群岛基线的起讫点

24. 根据国际法，国际河流的主权属于(　　)。
A. 特设的国际委员会
B. 所有国家公有
C. 所有流经国共有
D. 分段属于流经的沿岸国

25. 我国毗连区的宽度为我国领海以外(　　)。
A. 3 海里　B. 12 海里
C. 24 海里　D. 200 海里

26. 根据《联合国海洋法公约》，专属经济区的宽度不超过 200 海里，其起算线是(　　)。
A. 从领海基线算起
B. 从领海外部边缘算起
C. 从毗连区外部边缘算起
D. 从大陆架外部边缘算起

27. 根据《联合国海洋法公约》的规定，私人船舶在公海上的行为(　　)。
A. 受船长所属国管辖
B. 受船舶所有人国籍国管辖
C. 不受任何国家管辖
D. 受船旗国管辖

28. 根据国际法的规则和我国的有关法律，渤海湾水域的法律地位是(　　)。
A. 中华人民共和国的内水
B. 中华人民共和国的领海
C. 中华人民共和国专属经济区
D. 中华人民共和国大陆架上覆水域

29. 甲国是群岛国，乙国是甲国的隔海邻国，两国均为《联合国海洋法公约》的缔约国。根据相关国际法规则，下列哪一选项是正确的？(　　)(司考 2014.1.33)
A. 他国船舶通过甲国的群岛水域均须经过甲国的许可
B. 甲国为连接其相距较远的两岛屿，其群岛基线可隔断乙国的专属经济区
C. 甲国因已划定了群岛水域，则不能再划定专属经济区
D. 甲国对其群岛水域包括上空和底土拥有主权

30. 根据《联合国海洋法公约》和中国相关规则和实践，下列选项正确的是(　　)。
A. 甲国军用飞机必须经我国同意方能飞越我国毗连区
B. 甲国潜水艇必须浮出水面并展示船旗方能通过我国毗连区
C. 甲国渔民在我国大陆架捕杀濒危海龟，依照我国刑法追究刑事责任
D. 联合国某专门机构的科考船在我国专属经济区科学考察，必须经我国同意

二、多项选择题

1. 目前世界上比较重要的国际通洋运河有(　　)。
A. 巴拿马运河　B. 多瑙河
C. 苏伊士运河　D. 基尔运河

2. 领水包括(　　)。
A. 沿岸内水　B. 湖泊
C. 领海　D. 内海

3. 沿海国在专属经济区内可以(　　)。
A. 开发利用资源
B. 建造国际法允许的人工岛屿和其他设备
C. 主张主权
D. 铺设海底电缆和管道

4. 依《联合国海洋法公约》规定，下列哪些情形可视为内海湾？(　　)
A. 湾口超过 24 海里，周围为一国所包围
B. 直线基线以内的海湾
C. 历史性海湾
D. 湾口不超过 24 海里，周围属于一国

5. 划定领海基线的方法有(　　)。
A. 平行线法　B. 等距离中间线法
C. 直线基线法　D. 正常基线法

6. 船舶在公海上航行只服从于(　　)。
A. 国际法　B. 船旗国本国法
C. 外国法　D. 国际私法

7. 公海是指不包括下列哪些海域在内的全部海域？(　　)
A. 内水　B. 领海
C. 大陆架　D. 毗连区

8. 军舰在公海上发现其他船舶有下列哪些嫌疑，可行使登临和检查的权力？(　　)
A. 从事海盗行为
B. 从事未经许可的非法广播
C. 无国籍
D. 贩毒和贩奴

9. 下列海域中属于沿海国领土的有(　　)。
A. 港口　B. 国际海底区域
C. 领海　D. 大陆架

10. 1958 年《日内瓦海洋法公约》调整的海域是(　　)。
A. 领海　B. 毗连区
C. 公海　D. 大陆架

11. 对于领海的宽度，各国法学家曾经提出了不同的主张，主要有(　　)。
A. 视力说　B. 航程说
C. 大炮射程说　D. 12 海里规则

12. 我国领海与毗连区法规定，对于在我国毗连区内违反下列(　　)方面法律和法规的行为，我国有

权行使管辖权

A. 海关　　B. 财政

C. 卫生　　D. 出入境管理

13. 大陆架的外部界限为(　　)。

A. 2500 公尺等深线外 100 海里

B. 200 海里

C. 350 海里

D. 2500 公尺等深线

14. 1958 年《公海公约》只规定了公海自由中的四项自由，1982 年《联合国海洋法公约》增加为六大自由。这增加的两项自由是(　　)。

A. 飞越自由

B. 航行自由

C. 科学研究的自由

D. 建造人工岛屿和设施的自由

15. 军舰在公海上发现其他船舶有下列嫌疑，可行使登临和检查的权利(　　)。

A. 从事海盗行为

B. 使用集装箱运输不便查验

C. 视方便而变换国旗

D. 贩卖毒品

16. 按照《联合国海洋法公约》规定，外国船舶在通过领海时从事哪种活动即构成非无害通过?①（　　）

A. 为救助遇险或遭难的人员而停船

B. 严重的污染行为

C. 进行研究及测量活动

D. 捕鱼

17. 依据《领海及毗连区法》的规定，(　　)。

A. 外国军用船舶进入我国领海，须经中国政府批准

B. 外国非军用船舶享有依法通过我国领海的权利

C. 外国潜水艇不得在我国领海航行

D. 外国潜水艇通过我国领海必须在海面航行并展示国旗

18. 沿海国对于违反其法律的外国船舶的紧追权可由下列船舶和飞机行使(　　)。

A. 军舰

B. 经授权的警察船舶

C. 军用飞机

D. 经授权的政府公务用船舶

19. 根据国际法，对于多国河流(　　)。

A. 沿岸的任一国可以就整条河流的航行制定航行规则

B. 其各段的主权分属各沿岸国

C. 沿岸国军舰可以在河中航行

D. 任何国家的船舶都有航行权

20. 潜水艇在通过他国领海时，下列行为中哪些违反了无害通过规则？(　　)

A. 在水下继续不停和迅速地通过

B. 在水面连续不停地迅速通过，但未展示国旗

C. 浮出水面行驶，并对沿岸国进行侦察活动

D. 在水下行驶，同时进行演习活动

21. 下列说法中正确的有(　　)。

A. 我国的领海基线采用直线法划定，由各相邻基点之间的直线连线组成

B. 外国船舶享有依法无害通过我国领海的权利，包括潜艇在水下通过

C. 我国领海为邻接我国陆地领土和内水的一带海域，其宽度从领海基线量起为 12 海里

D. 我国的有关机关对违反我国法律、法规的外国船舶有权依法处理

22. 根据《联合国海洋法公约》，专属经济区从性质上说，不能被认为是(　　)。

A. 沿海国享有某些专属权利的水域

B. 沿海国领海的一部分

C. 沿海国主权管辖下的水域

D. 沿海国毗连区的一部分

23.《联合国海洋法公约》规定，在一国专属经济区内，其他各国享有的权利和自由包括(　　)。

A. 航行自由

B. 飞越自由

C. 开发非生物资源

D. 铺设海底电缆和铺设海底管道自由

24. 国家拥有某些特定权利及某种程度管辖权的海洋区域包括(　　)。

A. 大陆架　　B. 区域

C. 毗连区　　D. 专属经济区

25. 下列关于大陆架的说法正确的有(　　)。

A. 国家对其大陆架的资源具有主权权利及相应的管辖权，但它又不属于国家的领土，国家对其大陆架不具有领土的完整主权，大陆架上仍允许他国保持某些权利，且不影响其上覆水域及其上空的地位

B. 沿海国为勘探大陆架和开发其自然资源的目的对大陆架行使主权权利，但这种权利不是专属的

C. 沿海国的大陆架包括其领海以外依其陆地领土的全部自然延伸，扩展到大陆边外缘的海

① 2016 年司考卷一第 76 题有所涉及。

底区域的海床和底土

D. 大陆架不仅是沿海国陆地领土在其领海之外的延伸，而且是该国管辖范围之内的海底区域

26. 根据《联合国海洋法公约》，各国享有铺设海底电缆和管道自由的区域包括(　　)。

A. 他国专属经济区海底　B. 他国领海海底

C. 他国毗连区海底　D. 他国大陆架上

27. 在公海上，有权对涉嫌从事《联合国海洋法公约》所规定的非法行为的船舶实施临检的主体包括(　　)。

A. 警务船舶　B. 军舰

C. 军用飞机　D. 武装商船

28. 以下哪些海域是我国的内海，我国对其行使完全的、排他的主权？(　　)

A. 渤海湾　B. 琼州海峡

C. 台湾海峡　D. 东海

29. 根据《联合国海洋法公约》的规定，海湾法律地位的划定取决于(　　)。

A. 海湾中海水的深度

B. 海湾面积的大小

C. 海湾的形状和湾口的宽度

D. 海湾是否为历史性海湾

30. 甲国为沿海国，但从未发表过任何关于大陆架的法律或声明，也从未在大陆架上进行过任何活动。现乙国在甲国不知晓的情况下，在甲国毗连区海底进行科研钻探活动。对此，下列判断哪些是错误的？(　　)

A. 乙国的行动非法，应立即停止并承担相应责任

B. 根据海洋科研自由原则，乙国行为合法

C. 乙国行为合法，因为甲国从来没有提出过有关大陆架的主张

D. 乙国行为合法，因为甲国从未在大陆架上进行任何活动或有效占领

31. 群岛国的主权及于(　　)。

A. 群岛水域本身

B. 群岛水域的上空

C. 群岛水域的海床和底土

D. 群岛水域以外的领海

32. 群岛国在其群岛水域内应(　　)。

A. 允许外国船舶无害通过

B. 允许外国自由捕鱼和开发资源

C. 允许外国渔民保持其传统捕鱼权

D. 允许外国船舶和飞机在其群岛海道自由地过境通行

33. 甲国船东的货轮“欢乐号”(在乙国注册)在丙国港口停泊期间，非丙国籍船员詹某和卡某在船舱内因口角引发斗殴。根据国际法相关规则和实践，下列判断哪些是正确的？(　　)(司考.2004.1.69)

A. 丙国通常根据詹某或卡某的请求，对该事件进行管辖

B. 丙国通常根据该船船长的请求，对该事件进行管辖

C. 丙国通常根据甲国驻丙国领事的请求，对该事件进行管辖

D. 丙国通常根据乙国驻丙国领事的请求，对该事件进行管辖

34. 甲国注册的渔船“踏浪号”应乙国注册的渔船“风行号”之邀，在乙国专属经济区进行捕鱼作业时，乙国海上执法船赶来制止，随后将“踏浪号”带回乙国港口。甲、乙两国都是《联合国海洋法公约》的缔约国，且两国之间没有其他相关的协议。据此，根据海洋法的有关规则，下列哪些选项是正确的？(　　)(司考 2008.1.78)

A. 只要“踏浪号”向乙国有关部门提交适当保证书和担保，乙国必须迅速释放该船

B. 只要“踏浪号”向乙国有关部门提交适当保证书和担保，乙国必须迅速释放该船船员

C. 如果“踏浪号”未能向乙国有关部门及时提交适当担保，乙国有权对该船船长和船员处以3个月以下的监禁

D. 乙国有义务将该事项迅速通知甲国

三、不定项选择题

1. 以下哪些海域完全受沿海国主权的支配和管辖？(　　)

A. 内海

B. 领海

C. 群岛国的群岛水域

D. 大陆架

2. 下列选项哪些是《海洋法》关于船舶在公海上航行悬挂船旗的规则？(　　)

A. 船舶在航行途中，可以根据需要悬挂不同国家的旗帜

B. 如果船舶在两个国家注册，则应悬挂两个国家船旗

C. 如果船舶未挂任何船旗，则任何国家的军舰都可以对其行使登临权

D. 公海上船舶悬挂旗帜的规则只适用不享有豁免的船舶

3. A公司和B公司于2011年5月20日签订合同，由A公司将一批平板电脑售卖给B公司。A公司和B公司营业地分别位于甲国和乙国，两国均为

《联合国国际货物销售合同公约》缔约国。合同项下的货物由丙国 C 公司的“潇湘”号商船承运，装运港是甲国某港口，目的港是乙国某港口。在运输途中，B 公司与中国 D 公司就货物转卖达成协议。

“潇湘”号运送该批平板电脑的航行路线要经过丁国的毗连区。根据《联合国海洋法公约》，下列选项正确的是：(　　)(司考 2011. 1. 97)

A. “潇湘”号在丁国毗连区通过时的权利和义务与在丁国领海的无害通过相同

B. 丁国可在“潇湘”号通过时对毗连区上空进行管制

C. 丁国可根据其毗连区领土主权对“潇湘”号等船舶规定分道航行

D. “潇湘”号应遵守丁国在海关、财政、移民和卫生等方面的法律规定

4. 甲国 A 公司向乙国 B 公司出口一批货物，双方约定适用 2010 年《国际贸易术语解释通则》中 CIF 术语。该批货物由丙国 C 公司“乐安”号商船承运，运输途中船舶搁浅，为起浮抛弃了部分货物。船舶起浮后继续航行中又因恶劣天气，部分货物被海浪打入海中。到目的港后发现还有部分货物因固有缺陷而损失。

“乐安”号运送该货物的航行路线要经过丁国的领海和毗连区。根据《联合国海洋法公约》，下列选项正确的是：(　　)(司考 2012. 1. 97)

A. “乐安”号可不经批准穿行丁国领海，并在其间停泊转运货物

B. “乐安”号在丁国毗连区走私货物，丁国海上执法船可行使紧追权

C. “乐安”号在丁国毗连区走私货物，丁国海上执法机关可出动飞机行使紧追权

D. 丁国海上执法机关对“乐安”号的紧追权在其进入公海时立即终止

5. 甲、乙两国就海洋的划界一直存在争端，甲国在签署《联合国海洋法公约》时以书面声明选择了海洋法法庭的管辖权，乙国在加入公约时没有此项选择管辖的声明，但希望争端通过多种途径解决。根据相关国际法规则，下列选项正确的是(　　)。(司考 2014. 1. 97)

A. 海洋法法庭的设立不排除国际法院对海洋活动争端的管辖

B. 海洋法法庭因甲国单方选择管辖的声明而对该争端具有管辖权

C. 如甲、乙两国选择以协商解决争端，除特别约定，两国一般没有达成有拘束力的协议的义务

D. 如丙国成为双方争端的调停国，则应对调停的失败承担法律后果

四、名词解释

1. 直线基线(中国人民大学 2015 年考研真题)
2. 无害通过权(武汉大学 2006 研究研究生入学考试题；中国人民大学 2006 年、华东政法大学 2007 年考研真题为“无害通过”)
3. 内水(中南财经政法大学 2009 年考研真题)
4. 群岛水域(中南财经政法大学 2007 年考研真题)
5. 内海湾与历史性海湾(华东政法大学 2008 年考研真题)
6. 大陆架
7. 专属经济区(中南财经政法大学 2008 年考研真题)
8. 公海自由
9. 紧追权
10. 无害通过权(中国政法大学 2008 年考研真题)
11. 平等开发制
12. 界河
13. 登临权
14. 领海(中国人民大学 2007 年考研真题)
15. transit passage(武汉大学 2007 年考研真题)

五、简答题

1. 简述中华人民共和国的领海制度。(西北政法大学 2005 年考研真题)
2. 简述领海管辖权。(中国人民大学 2009 年考研真题)
3. 简述专属经济区上空的法律地位。
4. 简述“用于国际航行海峡”的通过制度。
5.《联合国海洋法公约》为国际海底区域的法律地位规定了哪些原则？
6. 分析专属经济区与大陆架法律制度的异同。(中国人民大学 2001 年考研真题；中南财经政法大学 2005 年考研真题中有类似题“试比较专属经济区和大陆架制度”)
7. 什么是外大陆架？(北京大学 2010 年考研真题)
8. 简要说明沿海国对大陆架权利的性质。
9. 简述外国军舰在领海的无害通过问题。
10. 简答专属经济区法律地位的主要内容。(中国政法大学 2006 年考研真题；西北政法大学 2007 年考研真题中有类似题“简述专属经济区的法律地位”)
11. 专属经济区中的权利与义务。(中国政法大学 2008 年考研真题)
12. 大陆架界限及其法律地位。(中南财经政法大学 2007 年考研真题)

六、论述题

1. The dispute settlement system of UN Convention on the Law of the Sea.
2. 试述领海的法律地位。
3. 试述公海的自由航行制度。
4. 论述专属经济区的法律制度。
5. 从航行主体、航行方式、航行领域三个方面比较无害通过制度与过境通行制度的异同。（中南财经政法大学2007年考研真题）

参考答案

一、单项选择题

1. **答案**：B。依据《联合国海洋法公约》的规定，对于海洋划界、领土争端、军事活动、涉及历史性海湾所有权的争端以及安理会正在行使管辖权的争端，缔约国可以通过书面声明排除强制程序的适用。故A错误。

   国际海洋法法庭的管辖权具有任择强制管辖性质，即一国在加入公约时，或在其后任何时间，都可以自由用书面声明方式选择海洋法法庭的管辖，只有争端各方都选择了法庭程序，法庭才有管辖权。故B正确、C错误。

   国际海洋法法庭的设立不排除国际法院对海洋争端的管辖，争端当事国可以自愿选择将争端交由哪个机构来审理。故D错误。
2. **答案**：B。根据《联合国海洋法公约》规定，国际海底区域及财产是人类共同继承的财产；任何国家不应对区域的任何部分或其资源主张或行使主权权利，或据为己有；区域内资源的一切权利属于全人类，由管理局代表全人类行使。因此，本题的正确答案是B。
3. **答案**：D。界河是流经两国之间并分隔两国疆界的河流。沿岸国对其领土内的界河部分具有领土主权，但是，由于河水及其中的生物资源具有流动的特点，所以关于界河的航行、捕鱼及河水利用等问题一般由有关国家协议解决。界河与边界的划分：界河若是可航行的河流，则两国边界应定在主航道的中心线上，如果界河是不可航行的河流，则应定在河流的中心线上。
4. **答案**：A。B项的普遍性管辖的对象主要是从事海盗、贩毒、贩奴、非法广播等行为，侵害沿岸国不属于普遍性管辖的范畴；C项登临权由各国军舰、军用飞机或者经授权的为政府服务的船舶或飞机行使；D项行使紧追权是保护性管辖的一种方式。因此只有A项为正确答案。
5. **答案**：B。《联合国海洋法公约》规定，沿海国有权确定领海宽度，但不得超过自领海基线量起12海里。
6. **答案**：C。本题中A、B、D项都符合国际河流航行制度的内容。只有C项中的表述有误，非沿岸国的军舰不享有河流上航行的自由，故C项为正确选项。
7. **答案**：B。直线基线就是在沿岸向外突出的地方和沿海岛屿上选定一系列的点，将这些点之间连接起来画出的一条线。我国在1958年的《领海声明》指出，“中国大陆及其沿海岛屿的领海以连接大陆岸上和沿海岸外缘岛屿上各基点之间的各直线为基线”。“中华人民共和国领海基线采用直线基线法划定，由各相邻基点之间的直线连线组成。”
8. **答案**：C。毗连区是毗连领海并在领海之外，由沿海国对海关、卫生、财政、移民等特定事项进行管理的一带海域。沿海国在毗连区内的权利有：防止在其领土或领海内违反其海关、卫生、财政、移民法律和规章；惩治在其领土内违反上述法律和规章的行为。
9. **答案**：C。《联合国海洋法公约》规定，群岛国的基线程度不应超过100海里，但围绕任何群岛的基线总数中至多3%可超过该长度，且最长以125海里为限。
10. **答案**：A。《联合国海洋法公约》规定，在用于国际航行的海峡中适用过境通行制度，即专为在上述海峡继续不停和迅速离境的目的而进行自由航行和飞越，这种过境通行是不受阻碍的。
11. **答案**：A。本题考核紧追权。A正确，C、D错误。紧追可以追入公海中继续进行，直至追上并依法采取措施，但必须是连续不断的。另外，紧追应在被紧追船舶的视听范围内发出信号后才可开始。B错误。紧追可以从一国内水、领海、毗连区或专属经济区内开始。
12. **答案**：D。由于纳列温河是甲国和乙国的界河，所以该河流是两国的界水。关于界水的利用和保护一般由边界文件加以规定。一般的，沿岸国对界水有共同的使用权。一国如欲在界水上建造工程设施，如桥梁、堤坝等，应取得另一方的同意，故A错误；除遇难或有其他特殊情况外，一方船舶不得在对方靠岸停泊，故B错误；界河分属沿岸国家部分为该国领土，处于该国主权之下，所以渔民一般只能在界水的本国一侧捕鱼，故C错误；相邻国家在界水上享有平等的航行权。故本题答案为D。

13. 答案：C。“公海自由”表示公海不属于并且也永不能属于任何国家主权，因此公海是国家不享有主权的海域。国际海底区域是全人类的共同财富。国家对公海不享有主权，因此也不可能享有管辖权。

14. 答案：A。根据《联合国海洋法公约》，国际海底区域实行“平行开发制”，即由企业部直接开发，同时也允许由缔约国和国有企业，或在缔约国担保下的具有缔约国国籍或由这类国家或其国民有效控制的自然人或法人，或符合公约有关规定的条件的上述各方的任何组合，与管理局以协作的方式进行勘探开发。

15. 答案：D。在谁有权勘探开发区域资源的问题上，经过长期协商谈判，形成了“平行开发制”。即一方面由联合国国际海底管理局企业部开发，它可以直接牵头把有限的企业或者个人组织起来，自己动手开发。另一方面由缔约国及自然人和法人与管理局以协作方式开发，申请人须向管理局提出两块经探明的具有同等商业价值的海底区域，由管理局选定一块为保留区，该区域由管理局企业部开发；另一块为合同区，由申请人开发。因此，本题应选择D。

16. 答案：B。国际海底区域是指国家管辖范围以外的海床、洋底及其底土，也可以定义为国家领土、专属经济区及大陆架以外的海底及底土，因此奥尔菲油田位于甲、乙两国各自底土中的部分仍属甲、乙两国各自所有，故B正确。国际海底区域及其自然资源是人类共同继承财产，任何国家不得主张主权或行使主权权利，任何国家不得将国际海底区域或其资源据为己有。国际海底区域对所有国家开放，各国可以为和平目的而利用。因此奥尔菲油田不属于甲、乙两国的共有物，且不能由任何一国单独开发，因此A、D错误。国际海底区域内的活动应为全体人类的利益而进行。“区域”由国际海底管理局代表全人类进行管理。因此C错误。

17. 答案：A。专属经济区①是指在领海以外并邻接领海的一个区域，从测算领海宽度的基线量起，不应超过200海里。

18. 答案：B。本题考查专属经济区。选项A、C错误，选项B正确。专属经济区的法律地位既不是领海也不是公海。沿海国对于专属经济区不拥有领土主权，仅享有公约规定的某些主权权利。沿海国对在其专属经济区内建造和使用人工岛屿和设施、海洋科学研究、海洋环境保护事项拥有管辖权。所以，甲国在其宣布的专属经济区水域某暗礁上有权修建人工岛屿，对建造和使用该人工岛屿拥有管辖权，但甲国对该人工岛屿没有领土主权。选项D错误。其他国家在专属经济区仍享有航行和飞越、铺设海底电缆和管道的自由以及与此有关的其他合法活动的权利。

19. 答案：D。对相向和相邻国家大陆架的划界，1958年《大陆架公约》作了两点规定：一是同一大陆架相邻和相向国家的大陆架的疆界将由这些国家协定予以规定；二是在无协定的情况下，海岸相向国家除国家根据特殊情况予以另定疆界外，疆界是一条其每一点与测算各国领海宽度的基线最近距离相等的中间线。

20. 答案：D。根据《联合国海洋法公约》的规定，沿海国开发200海里以外大陆架的非生物资源，应通过国际海底管理局并缴纳一定的费用或实物，应选D项。

21. 答案：C。《联合国海洋法公约》规定，在用于国际航行的海峡中适用过境通行制度，即专为在上述海峡继续不停和迅速离境的目的而进行自由航行和飞越，这种过境通行是不受阻碍的。

22. 答案：D。专属经济区是领海以外并邻接领海的一个区域，在该区域内沿海国享有专属的经济主权权利和特定的管辖权，其他国家享有某些自由权利。专属经济区既非领海也非公海，而是自成一类的特殊海域。沿海国在专属经济区内拥有特殊的经济主权和相应的专属管辖权。

23. 答案：A。《联合国海洋法公约》第47条规定：群岛基线：①群岛国可划定连接群岛基线，但这种基线应包括主要的岛屿和一个区域，在该区域内，水域面积和包括环礁在内的陆地面积的比例应在一比一到九比一之间。②这种基线的长度不应超过一百海里。但围绕任何群岛和基线总数中至多百分之三可超过该长度，最长以一百二十五海里为限。③这种基线的划定不应在任何明显的程度上偏离群岛的一般轮廓。④除在低潮高地上筑有永久高于海平面的灯塔或类似设施，或者低潮高地全部或一部与最近的岛屿的距离不超过领

① 编者注：读者应注意区分掌握包括公海、领海、专属经济区、毗连区、大陆架等在内的区域以及其相对应的基线范围的划置和在不同区域内所享有的权利等问题。

海的宽度外，这种基线的划定不应以低潮高地为起讫点……由此可见，本题应选择 A 项。

24. 答案：D。国际河流，是指流经数国并通向海洋，根据国际条约向所有国家商船开放的河流。国际河流流经各沿岸国的河段属于各该国的领土，沿岸国对本国境内的河段享有主权。

25. 答案：B。《领海及毗连区法》第 4 条规定："中华人民共和国毗连区为领海以外邻接领海的一带海域。毗连区的宽度为十二海里。中华人民共和国毗连区的外部界限为一条其每一点与领海基线的最近点距离等于二十四海里的线。" 应注意，这里的 24 海里是领海的宽度加上毗连区的宽度。

26. 答案：A。《联合国海洋法公约》第 57 条规定："专属经济区从测算领海宽度的基线量起，不应超过二百海里。" 另外，我国《专属经济区和大陆架法》第 2 条第 1 款规定："中华人民共和国的专属经济区，为中华人民共和国领海以外并邻接领海的区域，从测算领海宽度的基线量起延至二百海里。"

27. 答案：D。根据《联合国海洋法公约》的规定，私人船舶在公海上的行为受船旗国管辖。船旗国管辖权，是指各国对在公海上的悬挂其本国旗帜的船舶，船上的人、物、事的管辖权。

28. 答案：A。1958 年《中国政府关于领海的声明》宣布，"中国大陆及其沿海岛屿的领海以连接大陆岸上和沿海海岸外缘岛屿上各基点之间的各直线为基线……在基线以内的水域，包括渤海湾、琼州海峡在内，是中国的内海"。

29. 答案：D。群岛水域是指群岛国按照《联合国海洋法公约》规定的方法划定的群岛基线所包围的水域。是一种具有特殊法律地位的海域。群岛国是全部领陆由一个或多个群岛岛屿组成的国家。群岛国可以连接群岛最外缘各岛和各干礁的最外缘各点构成直线群岛基线。群岛基线的确定需要满足《联合国海洋法公约》规定的条件。群岛水域的划定不妨碍群岛国可以按照《联合国海洋法公约》划定内水，及在基线之外划定领海、毗连区、专属经济区和大陆架。所以，C 选项错误。

所有国家的船舶均享有通过群岛水域的无害通过权。所有国家的船舶和飞机均享有在群岛国指定的海道和其上的空中航道，专为在公海或专属经济区的一部分和公海或专属经济区的另一部分之间继续不停、迅速和无障碍地过境的目的，以正常方式航行和飞越的权利。行使这种权利的外国船舶和飞机不得对群岛国使用武力威胁或武力，并应遵守有关的海上安全国际规章和航空规则。所有船舶和飞机均享有在群岛国指定的海道和其上的空中航道内的群岛海道通过权。为了使船舶能够安全通过群岛海道，群岛国可规定分道通航制度。群岛国可为群岛海道的通过制定相关法律和规章，通过群岛海道的船舶和飞机应遵守这些法律和规章，并不得损害群岛国的和平、良好秩序或安全。未经群岛国事先同意，也不得进行任何研究和测量活动。群岛国应尊重其他国家所铺设的通过其水域而不先靠岸的现有电缆。所以，A 选项错误。

群岛国则可以按照连接群岛最外缘各岛和各环礁的最外缘各点的方式划定直线群岛基线，但这种基线划定的区域内，水域面积和包括环礁在内的陆地面积的比例应在 1:1 至 9:1 之间，基线的长度也不应超过 100 海里，围绕任何群岛的基线总数中至多 3% 可超过该长度，但是最长以 125 海里为限。此外，直线基线不得明显偏离海岸的一般方向，也不得将另一国的领海与专属经济区或公海阻断。所以，B 选项错误。

群岛国的主权及于群岛基线所包围的水域及其上空，海床和底土及其中的资源。所以，D 选项正确。

30. 答案：D。毗连区不是我国领水，其上空也并非我国领空，该区域适用自由航行制度，即外国船舶享有自由航行的权利，外国飞机享有自由飞越的权利，AB 项错误。大陆架是海洋底土的一部分，因大陆架的宽度可以宽于专属经济区，故大陆架上覆水域可能部分是专属经济区、部分是公海。对于专属经济区的自然资源，沿海国有专属勘探、开发以及与此相关的管辖权，但此权利不能延伸至公海，C 项错误。我国对专属经济区的自然资源享有专属勘探、开发以及与此相关的管辖权，根据《专属经济区和大陆架法》第 9 条的规定，任何国际组织、外国的组织或者个人在中华人民共和国的专属经济区和大陆架进行海洋科学研究，必须经中华人民共和国主管机关批准，并遵守中华人民共和国的法律、法规，D 项正确。

二、多项选择题

1. 答案：ACD。国际通洋运河是沟通海洋、构成国际航行要道的运河。主要包括：埃及苏伊士运河、巴拿马巴拿马运河、德国基尔运河。

2. 答案：ABCD。领水是一国具有领土主权的全部水域，包括内水和领海。内水是一国领水除领海外的部分，包括内海水和内陆水。除群岛国的情形外，沿岸国领海基线向陆一面的海域被称为内海，其他则是内陆水。内水主要包括：内河、内湖、港口、内海湾、内海峡以及领海基线以内的其他水域。

3. **答案**：ABD。专属经济区是领海以外并邻接领海的一个区域，在该区域沿海国享有专属的经济主权权利和特定的管辖权。具体包括：以勘探、开发、养护和管理海床上覆水域和海床及底土的自然资源（不论生物和非生物资源）为目的的主权权利；对人工岛屿、设施和结构的建造和使用，海洋科学研究，海洋环境保护和拥有管辖权；《联合国海洋法公约》规定的其他权利，如航行和飞越、铺设海底电缆和管道、拿捕海盗、临检和紧追等；有执行法律和规章的权利。

4. **答案**：BCD。海湾是明显曲入陆地的海域。《联合国海洋法公约》对内海湾所规定的条件有：如果海湾天然入口两端的低潮标线之间的距离不超过24海里，则会在这两个低潮标之间画出一条封口线，该线所包围的水域属于内海湾。另外，公约还特别规定了“历史性海湾”的地位。所谓历史性海湾是指海岸属同一国家，湾口宽度超过两岸领海宽度的海湾，沿岸国长期的历史中对这样的海湾主张并连续行使主权，且此等主权得到了国际社会的默认，即为历史性海湾，也属于内海湾。另外，领海基线以内的海湾当然属于内海湾。

5. **答案**：CD。划定领海基线的方法有两种：直线基线法和正常基线法。直线基线法是在沿海岸向外突出的地方和沿海岛屿的外缘上选择若干基点，然后将相邻的两基点连成直线，画出一条波折线，作为领海基线。此方法适用于海岸比较曲折的情况。正常基线法是以海水退潮时离海岸最远的一条线作为领海的基线。

6. **答案**：AB。公海是不受任何国家权力支配和管辖的海域。任何国家的船舶在公海上享有航行自由，但并不是说毫不受限制的自由。船舶在公海上要受国际法的限制，如不得任意排放污染物等。同时船舶在公海上还受船旗国的管辖。

7. **答案**：ABD。公海是不包括国家的专属经济区、领海或内水或群岛国的群岛水域在内的全部海域。大陆架是指沿海国领海以外依其陆地领土的全部自然延伸，扩展到大陆边外缘的海底区域的海床和底土。沿海国对大陆架的权利，不影响大陆架上覆水域或水域上空作为专属经济区或公海或公空的法律地位。

8. **答案**：ABCD。各国军舰在公海上都有登临和检查的权利。《联合国海洋法公约》第110条规定，临检权是指军舰在公海上有合理根据认为外国船舶（享有完全豁免的除外）有从事海盗行为、奴隶贩运和从事未经许可的广播（且军舰的船旗国对此种广播有管辖权），没有国籍，及虽然悬挂外国旗帜或拒不展示其旗帜，而事实上却与该军舰属同一国籍的嫌疑时，可命令该船舶停船，并派人登临和检查的权利。

9. **答案**：AC。领土是处于一国国家管辖和支配下的地球的特定部分，包括领陆、领水（领海和内水）和领水的底土、领空四部分。领水又包括领海和内水，内水包括内海水、内河水、内湖水等。一般情况下，一国境内的港口属于该国的领土。国际海底区域和大陆架则是海洋法中划定的海洋的部分，不是国家的领土。

10. **答案**：ABCD。1958年《日内瓦海洋法公约》主要包括四个公约，即《领海与毗连区公约》《公海公约》《捕鱼与养护生物资源公约》《大陆架公约》。因此调整的主要是领海、毗连区、大陆架、公海的法律关系。

11. **答案**：ABC。关于领海宽度，历史上国际法学家曾有不同的主张。主要有：早期法学家巴尔图斯和博丹曾主张以两天航程距离（当时约为30海里）作为领海宽度，即“航程说”，中世纪，欧洲北部国家曾流行所谓的“视力说”，即以视力所及的范围作为领海的宽度；17世纪，荷兰法学家主张以大炮射程作为沿海国家控制权力的范围，即“大炮射程说”，这一学说后来被许多国家所接受。

12. **答案**：ABCD。中国《领海与毗连区法》规定，中国有权在毗连区内为防止和惩处在其陆地领土、内水或者领海内违反有关安全、海关、财政、卫生或者出入境管理的法律、法规的行为行使管辖权。中国主管机关有充分理由认为外国船舶在陆地领土、内水或领海内违反了有关上述法律法规时，可对其进行紧追。

13. **答案**：ABC。根据《联合国海洋法公约》规定，大陆架是沿海国领海以外其陆地领土的全部自然延伸，扩展到大陆边外缘的海底区域的海床和底土。如果从测算领海宽度的基线量起到大陆边外缘的距离不超过200海里，则扩展到200海里的距离；如果超过200海里，则沿海国的大陆架在海床上的外部界限的各定点不应超过从测算领海基线量起350海里，或不应超过连接2500公尺深度各点的2500公尺等深线的100海里。

14. **答案**：CD。《公海公约》规定的公海自由有四项：航行自由、捕鱼自由、铺设海底电缆和管道自由、公海上空的飞行自由。《联合国海洋法公约》规定各国的六项自由是：航行自由、飞越自由、铺设海底电缆和管道的自由、捕鱼自由、科学研究自由。补充了两项：建造人工岛屿和进行科学研究的自由。

15. 答案：ACD。登临权是指军舰等在公海上有合理根据认为外国船舶（享有豁免权的除外）有从事海盗行为、贩奴、未经许可的广播、无国籍、虽悬挂一国旗帜却拒不展示旗帜而事实上与军舰同一国籍的嫌疑时，可命令该船舶停船并派人登临检查的权利。从事上述行为的船舶为不享有豁免的船舶。

16. 答案：BCD。《联合国海洋法公约》规定，“无害”的含义是，不损害沿海国的和平、良好秩序或安全，就是无害的。如果外国船舶在领海内进行以下活动，其通过即为损害沿海国的和平、良好秩序与安全：对沿海国主权、领土完整或政治独立进行任何武力威胁或使用武力，或以任何其他违反《联合国宪章》所体现的国际法原则的方式进行武力威胁或使用武力；以任何种类的武器进行任何操练或演习；任何目的在于搜集情报使沿海国国防或安全受损害的行为；任何目的在于影响沿海国防务安全的宣传行为；在船上起落或接载任何飞机；在船上发射、降落或接载任何军事装置；违反沿海国的海关、财政、移民或卫生的法律和规章，以及上下任何商品、货币和人员；违反本公约规定的任何故意和严重的污染行为；任何捕鱼活动；进行研究和测量活动；任何目的在于干扰沿海国任何通信系统和任何其他设施和设备的行为；与通过没有直接关系的任何其他活动。

17. 答案：ABD。依据《领海及毗连区法》，外国非军用船舶享有依法无害通过中国领海的权利；外国军用船舶必须经中国政府批准才可进入中国领海；外国潜水艇和其他潜水器通过领海时必须在水面航行，并展示旗帜，核动力船舶和载运核物质、有毒有害物质或者其他危险物质的船舶通过中国领海时，必须持有证明书，并采取特别的预防措施。

18. 答案：ABCD。根据国际法的规定，紧追权只能由军舰、军用飞机和其他由清楚标志可资识别的为政府服务并经授权紧追的船舶和飞机行使。

19. 答案：BC。多国河流，是指流经两个或两个以上国家领土的河流。多国河流属于沿岸国的内水，沿岸国对本国境内的河段拥有主权。国际实践中，多国河流一般对所有沿岸国开放，而非沿岸国船舶未经许可不得航行。A错，多国河流的使用一般涉及流经各国的利益，故对多国河流的航行、使用、管理等事项，一般都应由有关国家协议解决，就整条河流的航行制定航行规则。

20. 答案：ABCD。无害通过，是指外国船舶在不损害沿海国和平、安宁和正常秩序的条件下，拥有无须事先通知或征得沿海国许可而连续不断地通过其领海的航行权利。无害通过，是指上述定义下的通过只要不损害沿海国的和平、良好秩序或安全，就是无害的。无害通过要求连续不断地迅速通过，不得停泊和下锚，除非不可抗力、遇难和救助。潜水艇或其他潜水器通过领海须浮出水面并展示其船旗。根据《联合国海洋法公约》第19条规定，下列行为属于违反无害通过行为：①对沿海国的主权、领土完整或政治独立进行任何武力威胁或使用武力，或以任何其他违反《联合国宪章》所体现的国际法原则的方式进行武力威胁或使用武力；②以任何种类的武器进行任何操练或演习；③任何目的在于搜集情报使沿海国的防务或安全受损害的行为；④任何目的在于影响沿海国防务或安全的宣传行为；⑤在船上起落或接载任何飞机；⑥在船上发射、降落或接载任何军事装置；⑦违反沿海国海关、财政、移民或卫生的法律和规章，上下任何商品、货币或人员；⑧违反本公约规定的任何故意和严重的污染行为；⑨任何捕鱼活动；⑩进行研究或测量活动；⑪任何目的在于干扰沿海国任何通信系统或任何其他设施或设备的行为；⑫与通过没有直接关系的任何其他活动。

21. 答案：ACD。外国非军用船舶享有依法无害通过我国领海的权利，外国军用船舶必须经中国政府批准才可以进入中国领海。对于潜艇，必须在水面上航行，并展示国旗。所以，B是错误的。

22. 答案：BCD。专属经济区，是指领海以外并邻接领海的一个区域，该区域从测算领海宽度的基线量起，不超过200海里。拥有专属经济区的权利并非沿海国固有的，需要沿海国以国内法形式宣告来实现。专属经济区从性质上讲是沿海国享有某些专属权利的水域，而不是沿海国主权管辖下的水域。专属经济区不属于沿海国领土的组成部分，沿海国的主权只及于专属经济区的自然资源，而不包括其他方面。

23. 答案：ABD。在一国专属经济区内，其他各国享有的权利和自由包括：航行自由、飞越自由、铺设海底电缆和铺设海底管道自由，但在行使此权利时，须遵守沿海国的有关法律和规章。

24. 答案：ACD。沿海国的大陆架，是指其领海以外依其陆地领土的全部自然延伸，扩展到大陆边外缘的海底区域的海床和底土。大陆架是沿海国的一个资源管辖区域，沿海国为勘探和开发其自然资源的目的，对大陆架享有主权权利。专属经济区，是指领海以外并邻接领海的一个区域。毗连区，是指沿海国在毗连其领海并在领海之外的一定范围内，为对其海关、财政、卫生和移民等类事项行使管制而设置的区域。综上所述，国家拥有某些特定权利及某种程度管辖权的海洋区域包括：毗连区、专属经济区、大陆架。

25. 答案：AC。沿海国为勘探、开发大陆架自然资源的目的对大陆架行使专属主权权利。

26. 答案：ACD。各国享有铺设海底电缆和管道自由的区域包括：他国大陆架上、他国专属经济区海底、他国毗连区海底。

27. 答案：ABC。临检权即登临权，是指各国军舰或经授权的政府船舶在公海上遇到外国船舶（军舰等享有豁免权的除外）有从事公约所列违反国际法的行为嫌疑时，可以靠近和登上该船进行检查的权利。

28. 答案：AB。我国的内海海域包括被直线基线划入的海湾、海峡、港口、河口等海域，其由我国实行完全的管辖权，任何外国船舶进入均需取得我国政府许可。其中，渤海湾和琼州海峡都属于我国的内海海域。

29. 答案：CD。海湾是明显曲入陆地的海域。《联合国海洋法公约》对内海湾所规定的条件有：如果海湾天然入口两端的低潮标线之间的距离不超过24海里，则会在这两个低潮标之间画出一条封口线，该线所包围的水域属于内海湾。另外，公约还特别规定了"历史性海湾"的地位。所谓历史性海湾是指海岸属同一国家，湾口宽度超过两岸领海宽度的海湾，沿岸国长期的历史中对这样的海湾主张并连续行使主权，且此等主权得到了国际社会的默认，即为历史性海湾，也属于内海湾。另外，领海基线以内的海湾当然属于内海湾。

30. 答案：BCD。大陆架是沿海国陆地领土的自然延伸。因此是沿海国事实权利的客体，不需要任何声明就可以享有。毗连区是领海以外毗邻领海，由沿海国对其行使财政、海关、移民、卫生等管制权利的区域。其他国家不能未经许可在其中进行勘探活动。

31. 答案：ABCD。群岛水域是群岛国群岛基线所包围的内水以外的海域。群岛国对群岛水域具有主权，主权范围及于水域上空。同时对群岛水域以外的领海也有主权。

32. 答案：ACD。其他国家在群岛水域内的权利有：进行群岛海道通行；直接相邻的国家在群岛水域范围内某些区域的传统捕鱼权应被承认；其他国家所铺设的通过其水域并不靠岸的海底电缆应被承认。

33. 答案：BD。根据国家主权原则，国家对领海中航行的外国船舶拥有管辖权。国际实践中，除非特殊情形，国家此时一般不对外国船舶上人员的船上行为行使管辖权。根据《联合国海洋法公约》的规定，对于通过领海的外国船舶的管辖，沿海国应遵行以下规则：

关于刑事管辖，除以下情况外，沿海国不对外国船舶上人员在船舶无害通过期间船上所犯行为行使管辖权：（1）罪行的后果及于沿海国；（2）罪行属于扰乱当地安宁或沿海国良好秩序的性质；（3）经船长或船旗国外交代表或领事官员请求当地政府予以协助；（4）取缔违法贩运麻醉品或精神调理物质所必要。

本题中"欢乐号"在丙国港口停泊期间，非丙国籍船员詹某和卡某在船舱内口角引发斗殴。并未对丙国人造成伤害或侵犯丙国主权，属于无害通过丙国领海的情形，丙国在通常情况下不对外国船舶上人员在此期间船上所犯行为行使管辖权，除非经船长或船旗国外交代表或领事官员请求当地政府予以协助。另外货轮"欢乐号"在乙国注册，故其船旗国为乙国，结合前述知识点，可知选项为B、D。

34. 答案：ABD。《联合国海洋法公约》第73条第2项规定："被逮捕的船只及其船员，在提出适当的保证书或其他担保后，应迅速获得释放。"AB正确。第73条第3项规定："沿海国对于在专属经济区内违犯渔业法律和规章的处罚，如有关国家无相反的协议，不得包括监禁，或任何其他方式的体罚。"因此，C错误。第73条第4项规定："在逮捕或扣留外国船只的情形下，沿海国应通过适当途径将其所采取的行动及随后所施加的任何处罚迅速通知船旗国。"所以D正确。

三、不定项选择题

1. 答案：ABC。完全受沿海国主权支配和管辖的区域包括内海、领海和群岛水域。而在大陆架，沿海国的主权是有一定限度和事项范围的。因此，A、B、C项为正确答案。

2. 答案：CD。依据规定，船舶应在一国登记，在公海上航行时只悬挂该国的旗帜，受该国的专属管辖。船舶在航程中或在停泊港内不得更换其旗帜。悬挂两国或两国以上旗帜航行，并视方便而换用旗帜的船舶，对任何国家不得主张其中任一国籍，并可视为无国籍的船舶，不受任何国家的保护。公海上船舶悬挂旗帜的规则只适用于不享有豁免权的船舶。

3. **答案**：D。根据《联合国海洋法公约》，毗连区是指在领海外而又与领海毗连，由沿海国对海关、财政、移民和卫生等特定事项行使管辖权的一个海域。它不是国家领土，国家对毗连区不享有主权，只是在毗连区范围行使上述方面的管制，而且国家对于毗连区的管制不包括其上空。毗连区的其他性质取决于其所依附的海域，或为专属经济区或为公海。所以A、B、C选项错误，D选项正确。

4. **答案**：BC。根据《联合国海洋法公约》的规定，外国船舶在他国领海享有无害通过权。无害通过要求连续不停地迅速通过，不得停泊和下锚，除非不可抗力、遇难和救助。"乐安"号可不经批准穿行丁国领海，但不能停泊转运货物，选项A错误。根据该公约规定，国家可以在毗连区内行使必要的管制：一是防止在其领土或领海内违反其海关、财政、移民或卫生的法律或规章；二是惩处在其领土或领海内违反上述法规的行为。紧追权是沿海国拥有对违反其法规并从该国管辖范围内的海域向公海行驶的外国船舶进行追逐的权利。紧追行为可以为军舰、军用飞机或得到正式授权且有清楚可识别标志的政府船舶或飞机从事。对于"乐安"号在丁国毗连区走私货物，丁国可出动海上执法船、飞机行使紧追权，故选项B、C正确。紧追权可以追入公海中继续进行，直至追上并依法采取措施，但必须是连续不断的。但紧追权在被紧追船舶进入其本国或第三国领海时立即终止，故选项D错误。

5. **答案**：AC。根据《联合国海洋法公约》（以下简称《公约》）规定，法庭的管辖权及于下列案件：(1)有关《公约》的解释或适用的任何争端；(2)关于与《公约》的目的有关的其他国际协定的解释或适用的任何争端；(3)如果同《公约》主题事项有关的现行有效条约或公约的所有缔约国同意，有关这种条约或公约的解释或适用的争端，也可提交法庭。但法庭只是《公约》规定的导致有拘束力裁判的众多强制程序之一。缔约国可在任何时间以书面方式选择法庭或《公约》规定的其他争端解决程序，如国际法院、仲裁法庭等解决争端。同时，《公约》也对适用争端强制解决程序设定了一些限制或例外。例如，关于行使主权权利或管辖权的法律执行活动方面的争端；有关划定海洋边界的《公约》条款的解释或适用的争端；关于军事活动的争端；以及正由联合国安理会执行《联合国宪章》所赋予的职务的争端等。对于上类争端，缔约国可在任何时候作出书面声明，表示不接受《公约》规定的强制解决程序。所以，A选项正确。

根据《国际法院规约》的规定，《国际法院规约》的当事国可以通过发表声明，就具有下列性质之一的争端，对于接受同样义务的任何其他当事国，接受法院的管辖为当然具有强制性，而不需要再有特别的协定。这些争端是：对于条约的解释、违反国际义务的任何事实、违反国际义务而产生的赔偿的性质和范围等。这里"任择"是指当事国自愿选择是否作出声明；一旦作出声明，在声明接受的范围内，国际法院就具有了强制的管辖权，而不需其他协定。此本题中，甲作出了接受联合国国际法院强制管辖的声明，乙未作出接受联合国国际法院强制管辖的声明。所以，甲可单方将争议提交海洋法庭的做法不符合国际法。所以，B选项错误。

根据《公约》第280条的规定，用争端各方选择的任何和平方法解决争端。本公约的任何规定均不损害任何缔约国于任何时候协议用自行选择的任何和平方法解决它们之间有关本公约的解释或适用的争端的权利。所以，C选项正确。

调停是指第三方以调停人的身份，就争端的解决提出方案，并直接参加或主持谈判，以协助争端解决。有三个特点：(1)第三方可以是主动进行的，也可以是应邀请进行的。争端当事方和调停方可以对有关活动加以拒绝，并不承担相应的义务；(2)调停者提出的意见只具有建议或劝告的性质，没有法律的强制性，各方当事国对此保留完全的自由；(3)斡旋或调停不论成功与失败，第三方的任务均告终止，不承担监督和担保争端解决方案实施的法律责任。所以，D选项错误。

四、名词解释

1. **答案**：直线基线就是连接沿岸各个适当的点而形成的一条基线。在沿岸海岸线极为曲折或近岸岛屿密布的情况下，直线基线是比较切合实际的。直线基线来源于国际法院1951年审理的"英挪渔业案"。

2. **答案**：国际海洋法承认船舶享有无害通过领海的权利，通过是指为了穿过领海但不进入内水或依靠内水以外的泊船处或港口设施，或为了驶往或驶出内水或依靠这种泊船处或港口设施的目的，通过领海的航行。通过应是继续不停和迅速进行。无害通过的含义是：通过只要不损害沿海国的和平、良好秩序或安全，就是无害的；如果外国船舶在领海内从事公约所列举的任何一种与通过没有直接关系的活动，包括对沿海国的主权、领土完整或政治独立进行任何武力威胁或使用武力，任何捕鱼活动，其通过就是非无害的。①

3. **答案**：内水是指一国领海基线以内的一切水域，包括内陆水和内海水，凡在一国领陆范围内的水域，沿岸领海基线向陆地一面至海岸线的水域，称为内海水。内水是国家领水的组成部分，具有与国家陆地领土相同的地位，完全处在一国管辖之下，非经该国许可，他国船只不得进入。
4. **答案**：群岛水域是指群岛国按照《联合国海洋法公约》规定的方法划定的群岛基线所包围的水域。群岛水域是一种具有特殊法律地位的海域。群岛国的主权及于群岛水域及其上空、海床和底土以及其中的资源。
5. **答案**：内海湾属于内水的一部分，即沿岸属于一国领土的海湾，如果天然入口处两端的低潮标之间的距离不超过24海里，则可在两个低潮标之间画出一条封口线，该线所包围的水域称为内海湾。

    历史性海湾是指海岸同属一国，湾口宽度虽超过24海里，但在历史上一向被承认是沿海国内海的海湾。比如，加拿大的哈德逊湾、苏联的大彼得湾。
6. **答案**：大陆架原是地质地理学上的概念，通常是指从大陆海岸向外自然延伸，直至大陆坡的坡度平缓的海底区域。自从美国等一些国家提出大陆架主张以后，出现了法律上的大陆架定义。根据《大陆架公约》的规定，大陆架是指邻接海岸但在领海范围以外，深度达200米或超过此限度而上覆水域的深度容许开采其自然资源的海底区域的海床和底土。《联合国海洋法公约》第76条中的新大陆架定义：沿海国的大陆架包括其领海以外依其陆地领土的全部自然延伸，扩展到大陆边外缘的海底区域的海床和底土，由于承认沿海国对从领海基线量起200海里以内的海床和底土的自然资源享有主权权利的专属经济区的确立，公约在大陆架定义中还规定“如果从测算领海宽度的基线量起到大陆边的外缘的距离不到200海里，则扩展到200海里的距离”。
7. **答案**：专属经济区是指领海以外并邻接领海、自领海基线量起宽度不超过200海里的海洋区域，是自成一类的国家管辖海域。
8. **答案**：公海自由是公认的国际法原则，是公海制度的核心和基础，其含义是：公海对所有国家开放，无论是沿海国或是内陆国，都有在公海上从事国际法所不禁止的活动的自由。公海自由，并不意味着公海处于无法律状态。公海自由是在这些公约和其他国际法规则所规定的条件下行使的。
9. **答案**：紧追权是国际法为保护沿海国的权益，赋予沿海国在公海上行使的一项特殊权利。沿海国主管当局在有充分理由认为外国船舶在其内水、群岛水域、领海、毗连区、专属经济区内或大陆架上，包括大陆架上设施周围的安全地带内，违反该国法律和规章时，可对该船舶进行紧追。此项追逐须在外国船舶（或其小艇）在其上述管辖海域内时开始，只要追逐未曾中断，可在公海中继续进行。当被追逐的船舶进入其本国领海或第三国领海时，紧追应立即停止。紧追权只可由军舰、军用飞机或其他有清楚标志可以识别的为政府服务并经授权紧追的船舶或飞机行使。
10. **答案**：外国船舶享有经由一国领海的无害通过权，是国际法公认的规则。《联合国海洋法公约》规定，所有的国家，不论为沿海国或内陆国，其船舶均享有无害通过领海的权利。在不损害沿海国的安宁和平及正常秩序的条件下，在不事先通知或征得沿海国同意的情况下，外国船只有连续不间断地通过其领海的航行权利。
11. **答案**：平等开发制是指国际海底区域的资源的开发由国际海底管理局的企业部和缔约国或国有公司或在缔约国担保下的具有缔约国国籍或由这类国家或其国民有效控制的自然人或法人与管理局以协作的方式对国际海底区域的资源进行开发的制度。根据这种制度，申请者须向管理局同时提出两块同等估计商业价值的矿区，管理局选择其中一块作为自己的保留区，留给企业部自己开发或同发展中国家共同开发；另一块则作为合同区，由申请者在同管理局签订合同后自己开发。
12. **答案**：界河是指分隔两个国家，作为两国陆地领土分界线的河流。
13. **答案**：登临权是指各国的军舰在公海上对于合理根据被认为犯有国际罪行或其他违反国际法行为嫌疑的商船，有登临和检查的权利。1982年《联合国海洋法公约》第110条规定，有下列情况之一者可以进行检查：(1)该船从事海盗或贩卖奴隶的行为；(2)从事非法广播；(3)无国籍；(4)拒绝展示国旗；(5)虽然悬挂外国国旗，但实际上与军舰国同一国籍。军舰遇到上述情况可以进行临检，必要时还可以进行进一步的彻底检查。必须指出，临检权是不能滥用的。检查错了要道歉，并对该船舶遭受的任何损失或损害予以赔偿。

① 编者注：“无害通过”或“无害通过权”是非常重要的知识点，请读者着重理解。

14. 答案：领海是指沿着国家的海岸、受国家主权支配和管辖下的一定宽度的海域，包括水域、上空、海床和底土在内。领海所有部分均为国家领土的组成部分，受国家主权的支配和管辖。中华人民共和国领海为邻接中华人民共和国陆地领土和内水的一带海域，其宽度从领海基线量起为12海里。

15. 答案：过境通行。过境通行是指专为在公海或专属经济区的一个部分和公海或专属经济区的另一个部分之间的海峡继续不停和迅速过境的目的而行使航行和飞行自由。

五、简答题

1. 答案：中国领海制度的主要内容有：

（1）中华人民共和国领海为领接中华人民共和国领土和内水的一带海域，其宽度从领海基线量起12海里。

（2）中国领海主权。中华人民共和国对其领海具有主权，这种主权及于领海上空、领海的海床及底土。外国航空器只有根据该国政府与中国政府签订协定、协议或者经中国政府或其授权机关的批准或接受才可进入中国领海上空。

（3）中国领海的航行制度。外国非军用船舶享有依法无害通过中华人民共和国领海的权利；外国军用船舶必须经中国政府批准才可进入中国领海；外国潜水艇和其他潜水器通过领海时必须在水面航行并展示其旗帜；核动力船舶和载运核物质、有毒物质或者其他危险物质的船舶通过中国领海，必须持有证明书并采取特别预防措施。通过领海的船舶必须遵守中国法律、法规，不得损害中国的和平、安全和良好的秩序。中国政府为了航行安全和其他特殊需要可要求通过领海的外国船舶使用指定的航道或依照规定的分道通航制航行。中国政府有权采取防止和制止对领海的非无害通过的一切必要措施。

（4）中国领海的管辖权。中国对其领海中的人、物和事具有管辖权，因此，中国的有关机关对违反中国法律、法规的外国船舶有权依法处理，主管机关有权对违反我国法律的外国船舶决定实行紧追。对违法的外国军用船舶或用于非商业目的的外国政府船舶有权要求其立即离开领海，并要求其船旗国对该船造成的损失或损害承担责任。对非法进入领海进行科学研究、海洋作业等活动的外国组织或个人，中国有关机关有权依法处理。

2. 答案：根据属地原则，沿海国对于发生在其领海内的一切刑事、民事案件均有司法管辖权。但是，为了一般的航行利益，国际习惯是沿海国一般不在通过其领海的外国船舶上的刑事管辖权，除非：（1）罪行的后果及于沿海国；（2）罪行属于扰乱当地安宁或领海的良好秩序；（3）经船长或旗船国外交代表或领事官员的请求；（4）为取缔违法贩运麻醉药品或精神调理物资所必要。

沿海国对通过其领海的外国船舶的民事管辖权也受到一定限制。它不应为对外国船舶上某人行使民事管辖权的目的而停止船舶的航行或者改变其航向，也不得为任何民事诉讼的目的而对船舶从事执行或逮捕，但涉及该船舶在通过沿海国水域的航行中或为该航行的目的而承担的义务或因而负担的责任的，则不在此限。对在领海内停泊或驶离内水后通过领海的外国船舶，沿海国享有为了任何民事诉讼的目的而从事执行或逮捕的权利。

3. 答案：（1）专属经济区是领海以外并且邻接领海的一个区域，其宽度从测算领海宽度的基线量起，不应当超过200海里。在这一海域中，沿海国享有对自然资源的专属经济权利及其管辖权；其他国家享有航行权、飞越权以及铺设海底电缆和管道的权利。专属经济区的制度是《联合国海洋法公约》所确立的一项新的海洋法制度。

（2）《联合国海洋法公约》第58条第1款规定："在专属经济区内，所有国家，不论为沿海国还是内陆国，在本公约有关规定的限制下，享有第87条所指的航行和飞越的自由……"因此，航空器在专属经济区上空有飞越自由。但是，在专属经济区的航空自由，不是在公海上的那种自由，而实际上是在区域的特定法律地位上的一种自由。沿海国为了在本国的专属经济区行使主权权利和专属管辖权，有权制定有关的法律和规章，限制其他国家航空器在区域上空飞行的权利，以维护空中交通秩序，保护飞行安全。同时，沿海国不应当滥用对专属经济区的权利，不适当地妨碍甚至在实际上取消了他国航空器在区域上飞越的自由。

4. 答案：（1）用于国际航行的海峡也称作国际海峡，一般是指经常用于国际航行构成世界性航道的海峡。这种海峡因为其有不同情况而适用不同的航行制度。有的因为两端连接公海或者专属经济区，而且其中有穿过公海或者专属经济区的航道而适用自由航行和自由飞越制度；有的国际海峡适用专门国际公约规定的法律制度。有的国际海峡适用无害通过制度。其情形有两种：一种情形是海峡的两端连接公海或者专属经济区，但是它由沿岸国的一个岛屿和该国大陆形成，而且该岛屿向海一面的海域有在航行和水文特征方面同样方便的一条穿过公海或者穿过专属经济区的航道。如位于意大利大陆和西西里岛之间，连接第勒尼安海和爱奥尼亚海的墨西拿海峡和位于奔巴岛屿与坦桑尼亚大陆之间的奔巴海峡等。另一种情形就是在公海或者专属经济区的一个部分和外国领海之间的海峡。沿岸国对这种海峡中的无害通过不应当禁止，如连接亚速海和黑海的刻赤海峡，沙特阿拉伯和埃及之间的朗蒂海峡等，这类国际海峡是位于领海以内的，一般实行无害通过制度。但是这种特定国际海峡的无害通过不同于前面所述海域的无害通过，就是沿海国不能停止这种海峡中的无害通过。换句话说，在这种海峡中，划定任何部分海域暂时停止外国船舶的无害通过都是不允许的。可以说，这是一种特殊的无害通过权。

(2)《联合国海洋法公约》对一些用于国际航行的海峡适用过境通行制度。该规定是公约的一个新规定。该制度适用于在公海或者专属经济区的一个部分和公海或者专属经济区的另一个部分之间的用于国际航行的海峡。

5. **答案**：国际海底区域是指国家管辖范围以外的海床、洋底及其底土，即国家领土、专属经济区及大陆架以外的海底及其底土。国际海底区域是《联合国海洋法公约》确立的新的国际法概念和海洋区域。“区域”不影响其上覆水域及其水域上空的法律地位。根据《联合国海洋法公约》的规定，“区域”及其自然资源是人类共同继承财产，任何国家不得对“区域”或其任何部分主张主权或行使主权权利，任何人不得将区域或其资源的任何部分据为己有。“区域”对所有国家开放，各国都可以为和平目的加以利用。区域内的活动应为全体人类的利益而进行。“区域”的一切资源属于全人类，由国际海底管理局代表全人类加以管理。

根据《联合国海洋法公约》的规定，国际海底活动应遵循的原则有：(1)区域应不加歧视地开放给所有国家，不论其为沿海国或内陆国，专为和平目的利用；(2)各国在区域内的活动应符合《联合国海洋法公约》的有关规定，并符合《联合国宪章》及其他国际法原则；(3)对于在区域内未履行公约规定的义务而造成的损害，行为者应承担国际赔偿责任；(4)区域内的活动应为全人类的利益而进行，并应特别考虑发展中国家的利益，区域内的活动还应顾及沿海国的权利和合法利益；(5)区域内的科学研究应专为和平目的，并且为全人类的利益服务，区域内的活动应切实保护海洋环境；(6)区域内发现的考古和历史文物，应为全人类的利益予以保存或处置，但应特别顾及来源国，或文化上的发源国，或历史和考古上的来源国的优先权利。

国际海底区域的开发制度主要包括：国际海底管理局组织和控制区域内的活动，特别是区域内资源的开发活动。目前区域内资源开发采取“平行开发制”：区域的开发一方面由海底局企业部进行；另一方面由缔约国有效控制的自然人或法人与海底局以合作的方式进行。具体做法是：在一个区域被勘探后，开发申请者向海底局提供两块价值相当的矿址，海底局选择一块作为“保留区”。另一块作为“合同区”与申请者签订合同进行开发。并且在开发中要遵守公约规定的有关规则和制度，包括生产制度、财政制度、审查制度、技术转让制度等。

6. **答案**：专属经济区是指沿海国为勘探、养护、开发和管理海床、底土及其上覆水域自然资源，在领海之外并邻接领海的海域设置的一定宽度的专属管辖区。而大陆架原是地理地质学上的概念，通常是指从海岸向海自然延伸到大陆坡为止的一段坡度比较平坦的海底区域。专属经济区与大陆架在200海里内是一个重叠区域，沿海国的权利也有重叠，为了解决这种重叠，《联合国海洋法公约》第56条第3款规定，本条所载的关于海床和底土的权利，应按照第六部分（大陆架）的规定行使。专属经济区与大陆架虽然有密切联系，但二者又有很大不同：

(1)沿海国对专属经济区与大陆架权利的依据不同。沿海国对大陆架的权利是固有的，是根据事实而存在的，而沿海国对专属经济区的权利并不是根据事实而存在的，它必须经过宣告。

(2)专属经济区与大陆架的范围不同。200海里是专属经济区的最大宽度，但却是大陆架的最小宽度。因此，在200海里专属经济区外，沿海国仍可能有大陆架。

(3)沿海国在专属经济区与大陆架权利所及的范围不同。沿海国对专属经济区的权利及于该区域内的所有资源，包括生物资源和非生物资源，而沿海国对大陆架的权利仅限于海床和底土的矿物和其他非生物资源以及属于定居种的生物。

7. **答案**：《联合国海洋法公约》规定，所有的沿海国都可以主张200海里宽的大陆架。对于一些拥有宽广大陆架的国家，还可以扩到200海里之外，但最远不得超过350海里或者2500米等深线以外100海里，这就是所谓的“外大陆架”。但并非所有国家都能够实际获得200海里的大陆架，也并不是每个国家都能有“外大陆架”，只有满足一定自然条件和法律条件的国家，才有这样主张的资格。

8. 答案：根据《联合国海洋法公约》的规定，大陆架的法律概念，是指邻接领海并在领海之外，沿海国行使开发自然资源权利的一定宽度的海床和底土。它是沿海国陆地在海水下的自然延伸部分，但不属于沿海国的领土，也不属于公海区域和国际海底区域，它是国家行使管辖权利的一个特殊海域。

沿海国为勘探大陆架和开发其自然资源的目的，对大陆架享有主权权利。这一权利是专属的，即如果沿海国不勘探大陆架或开发其自然资源，任何人未经沿海国明示同意，均不得从事这种活动。而且，沿海国对大陆架的权利也不取决于有效或象征性的占领或任何明文公告。沿海国在其大陆架的权利主要包括：开发自然资源的权利，包括海床的底土的矿物和其他非生物资源；有权建造并授权建造操作和使用管理人工岛屿、设施和结构，并对它们拥有专属管辖权；授权和管理为一切目的在大陆架上进行钻探的专属权利。但是，沿海国的上述权利，是在200海里以内大陆架上的权利。沿海国对200海里以外大陆架上的非生物资源的开发，应缴付费用或实物。

依《联合国海洋法公约》规定，沿海国对大陆架的权利不影响上覆水域或水域上空的法律地位。

9. 答案：所谓无害通过是指外国船舶在不损害沿海国安全和良好秩序的情况下，迅速地连续不停地通过领海而无须事先通知或取得沿海国的许可。这是对沿海国领海主权的一种限制。

关于外国军舰是否可以在领海无害通过的问题，各国之间分歧很大。在实践中，有的国家的国内法规定，外国军舰通过本国领海必须事先通知或事先得到许可；有的国家允许外国军舰在未经通知的情况下通过，但对船只的数量、规模、航行的时间加以一定的限制。

1958年《领海与毗连区公约》第14条规定，所有船舶均享有无害通过领海的权利。对于该条款的解释有三种不同的观点：（1）“所有船舶”在没有相反规定的情况下，包括军舰；（2）“所有船舶”，仅指商舰，因为如果军舰也享有这种权利，应有明确规定；（3）《公约》对此未作规定，因此是习惯法的问题。1982年《联合国海洋法公约》在该问题上仍沿用了1958年公约的规定，所以对这个问题的争论还没有结果。

我国《领海及毗连区法》对外国军用船舶规定了批准制度。它规定：“外国非军用船舶，享有依法无害通过中华人民共和国领海的权利，外国军用船舶进入中华人民共和国领海，须经中华人民共和国政府批准。”还规定，外国船舶通过我国领海，必须遵守我国法律法规，不得损害我国的和平、安全和良好秩序。我国政府有权采取一切必要措施，以防止对领海的非无害通过。

10. 答案：专属经济区是指领海以外并邻接领海、受特定法律制度支配的一个区域，其宽度从测算领海宽度的基线量起不超过200海里。专属经济区制度是1982年《联合国海洋法公约》第五部分所确立的一项新的重要的海洋法律制度，是发展中的沿海国家为维护本国对沿海资源权益所作斗争的产物。目前，世界上多数沿海国都已宣布自己实行专属经济区制度。

根据公约的规定，在这一区域内，沿海国对其自然资源享有主权权利和对特定事项的管辖权，具体而言，即（1）沿海国在其专属经济区内，享有以勘探和开发、养护和管理海床和底土及其上覆水域的自然资源为目的的主权权利；（2）沿海国对专属经济区内的人工岛屿、设施和结构的建造和使用享有专属管辖权；（3）对海洋科学研究的专属管辖权；（4）对海洋环境保护和保全的专属管辖权；（5）在其主权权利和管辖权范围内，在其专属经济区内有行使行政管辖权的权利；（6）在行使主权权利和管辖权时有民事管辖权；（7）刑事管辖权；（8）国际法所赋予的其他权利和管辖。

其他国家在专属经济区内享有航行自由、飞越自由和铺设海底电缆和管道的自由，以及与这些自由有关的海洋其他合法用途。

沿海相邻或相向的国家间专属经济区的划界，按照《联合国海洋法公约》的规定，应在国际法的基础上以协议划定，以便得到公平解决。因此，“公平”应是划界的原则和划界应达到的结果，通过和平方式达成协议是划界应遵循的方法。

11. 答案：沿海国在专属经济区内主要享有如下权利和管辖权：（1）以勘探和开发、养护和管理其自然资源为目的的主权权利，以及从事利用海水、海流和风力生产能源从事经济性开发和勘探等活动的主权权利；（2）对该区域内的人工岛屿、设施和结构的建造和使用的专属权利和管辖权；（3）海洋科学研究的管辖权；（4）对海洋环境的保护和保全享有管辖权；沿海国关于专属经济区海床和底土的权利应依照关于大陆架的第六部分的规定行使。

其他国家在专属经济区内的权利和义务主要

有：(1) 外国在专属经济区内享有船舶航行、飞机飞越和铺设海底电缆和管道的自由，以及与这些自由有关的海洋其他合法用途；(2) 各国的军舰和政府船舶在他国的专属经济区内还享有司法豁免权；(3)《联合国海洋法公约》规定，其他国家，特别是内陆国家和地理条件不利的国家还有权参加专属经济区内可允许渔业的捕获量的剩余部分的捕捞，但必须遵守沿岸国的有关法律和规章，并获得沿海国的同意。

12. 答案：大陆架界限的划定主要是确定大陆边外缘的位置问题。如果从测算领海宽度的基线量起到大陆边的外缘的距离不到200海里，则扩展到200海里的距离，而这个距离各点的连线，就是大陆架的外部界限。如果从测算领海宽度的基线量起超过200海里的任何情况下，沿海国应以下列两种方式之一，划定大陆边的外缘：(1) 以最外各定点为准划定界线，每一点上沉积岩厚度至少为该点至大陆坡脚最短距离的1%；(2) 以离大陆坡脚的距离不超过60海里的各定点为准划定界限。在没有相反证明的情形下，大陆坡脚应定为大陆坡坡底度变动最大之点。按照上述方式，将各定点连接起来划出长度不超过60海里的若干直线，划定其大陆架的外部界限。外部界限的各定点，不应超过从测算领海宽度的基线量起350海里，或不应超过连接2500米深度各点的2500米等深线100海里，海岸相向或相邻国家间大陆架界限应在国际法院规约第38条所指国际法的基础上以协议划定，以便得到公平解决。

大陆架是沿海国陆地领土的自然延伸。沿海国为勘探大陆架和开发其自然资源的目的，对大陆架行使主权权利。沿海国对大陆架的权利并不取决于有效或象征的占领或任何明文公告。

沿海国对大陆架的主权权利是专属性的，即：

(1) 如果沿海国不勘探大陆架或开发其自然资源，任何人未经沿海国明示同意，均不得从事这种活动。这里所指的自然资源包括海床和底土的矿物和其他非生物资源以及属于定居种的生物。

(2) 沿海国有授权和管理为一切目的在大陆架上进行钻探的专属权利。外国在大陆架上铺设海底电缆和管道，其路线的划定须经沿海国同意。

(3) 沿海国有授权和管理建造、操作和使用人工岛屿、设施和结构并对其有专属管辖权。

(4) 沿海国对大陆架的权利不影响上覆水域或水域上空的法律地位。

六、论述题

1. 答案：(1)《联合国海洋法公约》规定了比较合理的国际海洋法律、制度和准则，使得各国的海洋活动有法可依。这对于在一定程度上消除和缓和各国海洋利益的冲突，建立比较正常和稳定的海洋秩序具有重大的意义。公约规定用和平方法解决争端是缔约国的义务。

(2)《联合国海洋法公约》对于争端主要规定了以下解决途径：①调解。又称为和解，是和平解决国际争端的一种程序。它的方法是将争端提交给一个由若干人组成的常设或者特设委员会。委员会的任务是弄清争端中的问题，用调查或者其他方法搜集一切必要的情报，提出包括解决争端的建议在内的报告，并且设法使争端当事国各方达成协议。调解和调查不同，调查的目的是澄清事实，之后仍然由各当事国自行解决争端，而调解的主要目的是取得调查委员会的积极帮助，促使各当事国达成协议。调解和调停也不同，调停是由第三国以调停者的资格提出解决争端的建议作为谈判的基础，并且直接参与当事国之间的谈判，促成双方达成协议。而调解是由当事国将争端提交调解委员会，以便公正地查明事实并建议适当的解决方法。

②仲裁。公约第15部分实际上涉及三种仲裁程序：根据公约第15部分第一节的规定，争端各方自愿选择的公约以外的仲裁程序；公约附件七规定的强制仲裁程序；附件八规定的强制特别仲裁程序。

③国际海洋法法庭。根据《国际海洋法法庭规约》建立的国际海洋法法庭，对缔约国开放，缔约国为法庭的各当事方，法庭也对缔约国以外的实体开放。国际海洋法法庭由不同国籍的21名法官组成，法官享有公平和正直的最高声誉，并且按照世界各主要法系公平地进行分配。法官11人构成法定的出庭人数，法庭可以设立分庭，由法官3人或者3人以上组成，以处理特定种类的争端。为了迅速处理事务，法庭每年得设立以法官5人组成的分庭，用简易的程序审讯和裁判争端。另外，根据《联合国海洋法规约》设立的，由11名法官组成的“海底争端分庭”。海底分庭的法官以海洋法法庭法官的过半数从法庭中选出。虽然海底分庭完全由海洋法法庭的法官组成，但是它的职能和管辖权并不相同。他们之间并不是完全的隶属关系。海洋法法庭所管辖的范围是包括海洋法所调整的一切领域，而分庭则是国际海底管理局有效行使其职能和国际海底制度的一个方面。

2. 答案：《联合国海洋法公约》第 2 条规定：沿海国的主权及于其陆地领土及其内水域以外邻接的一带水域，在群岛国的情形下则及于群岛水域以外邻接的一带海域，称为领海。此项主权及于领海的上空及其海床和底土。领海的法律地位主要表现在：(1) 沿海国在领海中的权利。领海隶属于国家主权之下，所以，国家对领海及其资源具有所有权，对其中的人、物和事具有管辖权。这种所有权和管辖权个体表现为以下方面的权利：①资源的开发和利用权；②沿海航运权；③领空权；④立法和管辖权。(2) 领海中的无害通过制度。领海中的无害通过制度是长期国际实践形成的习惯规则，并为《领海及毗连区公约》和《联合国海洋法公约》所确认。根据《联合国海洋法公约》第 17 条至第 32 条的规定，无害通过制度的内容有以下方面：①无害通过的意义。通过是指船舶以穿过领海，但不进入或停靠内水以外的泊船处或港口设施为目的而通过领海的航行。通过应继续不停和迅速进行。通过包括停船下锚在内，但以通常航行所附带发生的或由于不可抗力或遇难所必要的，或为救助遇险或遇难人员、船舶或飞机的目的为限。无害通过的意义有二：第一，通过只要不损害沿海国的和平、良好秩序或安全，就是无害的。第二，如果外国船舶在领海内进行某些公约所明令禁止的活动，它的通过即损害沿海国的和平、良好秩序或安全。②沿海国对无害通过的权利义务。沿海国为了维护其领海的和平、良好秩序和安全以及权益，保障外国船舶顺利无害通过领海，可行使立法和保护权以及承担相应的义务：第一，可制定利于无害通过的法律和规章。第二，规定海道和分道航行制。第三，沿海国有权采取必要的步骤以防止非无害的通过。第四，沿海国不应妨碍船舶的无害通过。③沿海国的司法管辖权。虽然从领土主权原则上讲，沿海国对其领海内的外国船舶及其人员具有管辖权，但国际实践中除非在特定的情形下，沿海国一般对外国船舶上的人员不行使刑事和民事管辖权。按《联合国海洋法公约》第 27 条的规定，沿海国应按其所规定的规则行使司法管辖权。

3. 答案：长期习惯认为国家领海或内海之外的海洋属于公海，是海洋面积最大的部分。《联合国海洋法公约》第 86 条规定：公海是指不包括在国家的专属经济区、领海或内水或群岛国的群岛水域内的全部海域。

公海属于不受任何国家权力支配和管辖的国际海域。任何国家不得对公海的任何部分主张或行使主权权利。它对所有国家开放，任何国家在遵守国际法律和规章的条件下，在公海中都是自由的。公海自由的事项是随着科学技术的发展逐步扩大的。公海的这种地位在传统国际法上早已成了习惯规则。

公海自由是 17 世纪以后逐渐形成并得到国家社会公认的一项海洋法原则。当今这一原则具体表现的事项主要有航行自由、飞越自由、铺设海底电缆和管道自由、建造人工岛屿和其他设施自由、捕鱼自由和科学自由。为了更好地开发利用、养护和管理公海这一人类共同的资源，保护各国在其中的自由权利，国际法规定了公海自由的法律制度。航行自由制度包括：

(1) 航行权。《联合国海洋法公约》第 8 条规定，每个国家，不论是沿海国或内陆国，均有权在公海上行驶悬挂其旗帜的船舶。此处所称船舶应包括一切军用船舶和非军用船舶。基于国家的这种航行权，悬挂一国旗帜的船舶可在公海上自由航行，除其本国外不受任何他国的管辖和支配。任何国家在公海上不得对别国的船舶航行加以阻碍或实行管辖。公海上航行的船舶不受任何强制性的海上礼节约束，也不交纳任何通行税。

(2) 船舶的国籍及其地位。航行在公海上的船舶必须在一个国家进行登记，具有该国国籍并须悬挂其国旗。船舶还必须与其国籍有真正的联系。无国籍的船舶在公海上航行不受任何国家的保护。

另外，军舰和为政府服务的非商业的国家船舶在公海上享有完全的豁免权。对此，《公海公约》和《联合国海洋法公约》作了同样规定。《联合国海洋法公约》第 95 条规定：军舰在公海上有不受船旗国以外任何其他国家管辖的完全豁免权。第 96 条规定：由一国所有或经营并专用于政府非商业服务的船舶，在公海上应有不受船旗国以外任何其他国家管辖的完全豁免权。

(3) 船旗国的义务。《联合国海洋法公约》第 10 条规定了船旗国的义务。

4. 答案：(1) 专属经济区的概念和法律地位

专属经济区（the exclusive economic zone）是领海以外而邻接领海、自领海基线起宽不超过 200 海里的一个新的海洋区域，包括水体和海床及其底土。这一区域的法律地位既不同于领海，也不同于公海，而是自成一类。《联合国海洋公约》以列举的方式，分别规定了沿海国和其他国家在专属经济区内的权利和义务。按公约规定，沿海国在专属经济区内主要有以下权利、管辖权和义务：

①以勘探和开发、养护和管理海床上覆水域和海床及其底土的自然资源为目的的主权权利，以及从事利用海水、海流和风力生产能等经济性开发和勘探活动的主权权利；②对人工岛屿、设施和结构的建造和使用的专属权利和管辖权；③对海洋科学研究的管辖权；④对海洋环境的保护和保全的管辖权。沿海国在行使这些权利时应适当顾及其他国家的权利和义务，并应以符合公约规定的方式行使。其他国家在专属经济区内的权利和义务有：航行和飞越自由，铺设海底电缆和管道的自由，以及与这些自由有关的海洋其他合法用途，在行使这些权利时，应适当顾及沿海国的权利和义务，并应遵守沿海国所制定的与公约不相抵触的法律和规章。

(2) 生物资源的养护和利用

专属经济区，主要是一种资源管辖区，沿海国在该区域内享有对于海域、海床及其底土上的一切自然资源的主权权利。所以沿海国对专属经济区自然资源权利的行使，主要涉及生物资源的养护和利用。沿海国对专属经济区内生物资源有养护和管理的权利，同时承担促进其适度利用的义务。沿海国在没有能力捕捞全部可捕量的情形下，应准许其他国家进入剩余部分。为此沿海国应决定其专属经济区内生物资源的可捕量，并通过养护和管理，确保专属经济区内生物资源的维持不受过度开发危害。在决定准许其他国家进入其专属经济区捕鱼时，应特别顾及内陆国和地理不利国，尤其是其中发展中国家的利益。为了对专属经济区内生物资源实行养护和管理，沿海国可制定符合公约规定的法律和规范。在专属经济区内捕鱼的外国渔民应遵守这些法律和规章；对于违犯这些法律和规章的外国渔民，沿海国可以采取包括登临、检查、逮捕和进行司法程序在内的一切必要措施；但是，在有关国家间没有相反协定的情形下，处罚不得包括监禁或任何方式的体罚。

(3) 人工岛屿、设施和结构的建造和管理

为了勘探和开发专属经济区的自然资源，沿海国有在专属经济区内建造并授权和管理人工岛屿、设施和结构的建造、操作和使用的专属管辖权。这种人工岛屿、设施和结构周围设置宽度不超过500米的安全地带，并在该地带中采用适当措施，确保航行安全和人工岛屿、设施和机构的安全和正常工作。

(4) 专属经济区的划界

海岸相向或相邻国家间可能因各自主张的专属经济区相互重叠发生划界问题，这方面各国分歧比较大。一些国家主张中界线或等距离原则划界。另一些国家主张按公平原则，考虑一切有关情况。最后国际海洋法会议提出了折中方案，回避了划界问题。

5. 答案： 无害通过是指不损害沿海国的和平、良好秩序或安全的通过。而通过是指为了穿过领海但不进入内水，或为了驶入或驶出内水而通过领海的航行，无须事先通知或取得沿海国的许可。这种航行应继续不停和迅速进行。只有在遇到不可抗力或为救助遇难船舶等情况下才能停船或下锚。潜水艇或其他潜水器通过领海时，须在海面上航行并展示其旗帜。无害通过是任何国家都拥有的一项权利，沿海国不应对此进行妨碍。一国不得强加实际后果等于取消或损害无害通过的要求；不应对各国船舶有所歧视；不得仅以通过领海为由向外国船舶征收费用；对航行危险的情况应妥为公布。同时，沿海国为了维护其秩序及权益，保证无害通过的顺利进行，可以制定有关无害通过的相关法规，可以规定海道包括对油轮、核动力船等船舶实行分道航行制；为国家安全在必不可少时可在特定水域暂停无害通过。对于军用船舶是否享有无害通过权，各国的实践并不一致。无害通过要求连续不停地迅速通过，不得停泊和下锚，除非不可抗力、遇难和救助。潜水艇或其他潜水器通过领海须浮出水面并展示其船旗。

过境通行是指外国船舶在不损害沿海国安全和良好秩序的条件下，迅速地连续不断地通过专属经济区而无须事先通知或取得沿海国的许可。过境通行制度由《联合国海洋法公约》中加以专门规定，主要内容包括：所有国家的船舶和飞机在公海和专属经济区一部分和公海及专属经济区另一部分之间的国际航行海峡中，都享有过境通行的权利。过境通行是专为连续不停和迅速通过目的而进行的自由航行和飞越，也包括以合法地由海峡沿岸国驶入驶出为目的的通过。过境通行应毫不迟疑地迅速通过；禁止非法使用武力或威胁；除因不可抗力或遇难外，不得从事其通过所通常附带发生活动以外的任何活动；不得进行任何研究或测量活动；并应遵守船舶、航空及无线电有关的国标规则，遵守沿岸国有关防止捕鱼、防污、航行安全、海关、财政、移民、卫生等法律和规章。海峡的过境通行制度是对有关沿岸国主权的某种限制，但它不改变海峡水域的法律地位，不影响沿岸国其他方面的任何权利。

无害通过制度与过境通行制度的区别主要有以下三个方面：

(1) 航行主体，无害通过的航行主体仅限于外国非军用船舶，而过境通行适用于外国船舶、飞行器，允许其自由飞过而无须批准。

(2) 航行方式，无害通过只限于水面上的船舶通行；潜艇通过时要浮出水面，并且悬挂国旗明示其所属国家。过境通行权包括上空、水面和水面下，是无条件的开放使用，潜艇可以潜航。当满足暂时的、非歧视性的、有特定区域的、经正式公布的条件时，沿海国有停止无害通过的权力；而过境通行权不能停止。

(3) 航行领域，无害通过仅限于水域，而过境通行不仅涉及水域部分，也涉及专属经济区上空。且过境通行制度和无害通过制度适用的海峡所处的地理位置不同。前者指所有外国船舶或飞机在公海或专属经济区之间的用于国际航行的海峡以继续不停和迅速过境为目的而行使的航行和飞越自由。后者应适用于下列国际航行的海峡：该海峡是位于公海或专属经济区的一部分和外国领海之间的，或者该海峡是由沿岸国的一个岛屿和该国大陆形成的，而该岛向海一面有在航行和水文特征方面同样方便地穿过公海或专属经济区航道。

第六章　国际航空法

基础知识图解

- 航空法的概念、发展
- 空气空间的法律地位
  - 领空制度
  - 领空主权的法律性质：自保权、管辖权、管理权、支配权
- 空中航行的法律制度
  - 领空管理制度：禁区、限制区、危险区、防空识别区
  - 航空器及其国籍
  - 国际空中航行的一般规则
    - 展示识别标志
    - 遵守飞入国的法律、规章
    - 在设关机场降停，接受降停国的检查
    - 携带必备文件
    - 遵守飞入国关于货物限制的规定
    - 不滥用民用航空
  - 国际空中航行的特殊规定
    - 公海和专属经济区上空飞行自由
    - “过境通行权”
    - “群岛海道通过权”
  - 拦截和避免对民用航空器使用武器、国际合作和安全保障
- 国际航空运输
  - 国际航空运输管理体制（芝加哥会议、国际民用航空组织、国际航空运输协会、百慕大协定）
  - 航空运营权
    - 主要权利：市场准入、运力权、定价权
    - 辅助权利
  - 双边航空运输协定
  - 航空运输管理体制的发展变化
- 国际航空的损害赔偿责任
  - 国际航空承运人的责任制度
  - 外国航空器对地（水）面第三人造成损害的赔偿责任
- 国际航空安全法律保护
  - 国际条约规定的罪行
  - 航空犯罪和惩罚
  - 刑事管辖权
  - 引渡或起诉
  - 国家的权力和责任

配套测试

一、单项选择题

1. 乘坐乙国航空公司航班的甲国公民，在飞机进入丙国领空后实施劫机，被机组人员制服后交丙国警方羁押。甲、乙、丙三国均为1963年《东京公约》、1970年《海牙公约》及1971年《蒙特利尔公约》缔约国。据此，下列哪一选项是正确的？（　　）（司考2017.1.32）

   A. 劫机发生在丙国领空，仅丙国有管辖权
   B. 犯罪嫌疑人为甲国公民，甲国有管辖权
   C. 劫机发生在乙国航空器上，仅乙国有管辖权
   D. 本案涉及国际刑事犯罪，应由国际刑事法院管辖

2.《国际民用航空公约》规定的缔约国从事各国际航班飞行的航空器（　　）。

A. 允许飞经他国上空而不降停
B. 不允许在他国作非业务性降停
C. 非经特准而飞越他国领空
D. 非经特别协定不得飞入他国领空

3. 最早确立空中主权原则的国际公约是(　　)。
A. 芝加哥《国际民用航空公约》
B.《巴黎航空公约》
C.《华沙公约》
D.《外层空间条约》

4. 根据《海牙公约》规定，所谓“飞行中”的航空器是指(　　)。
A. 航空器装载完毕、机舱外部各门均已关闭时起，直到降落后24小时
B. 航空器装载完毕、机舱外部各门均已关闭时起，直到降落于机场
C. 航空器装载完毕、机舱外部各门均已关闭时起，直至打开任一机舱门以便卸载时为止
D. 机组人员对航空器进行飞行前的准备时起，直到降落后24小时止

5.《国际民用航空公约》所指的国家航空器是(　　)。
A. 国家所有的航空器
B. 国家经营的航空器
C. 国家批准的航空器
D. 用于国家公务的航空器

6. 航空器的国籍是(　　)。
A. 航空器所有人的国籍
B. 航空器承租人的国籍
C. 航空器登记国的国籍
D. 机长的国籍

7. 第一个关于空中犯罪问题的国际公约是(　　)。
A.《芝加哥公约》
B.《东京公约》
C.《蒙特利尔公约》
D.《海牙公约》

8. 1970年《海牙公约》规定，非法劫持航空器行为嫌疑人所在国应对其(　　)。
A. 予以引渡
B. 予以起诉
C. 依该国法律规定处理
D. 或引渡或起诉

9. 关于国际民用航空安全方面的《海牙公约》和《蒙特利尔公约》，在“劫机”问题上都规定(　　)。
A. 劫机是一种可引渡的罪行，但劫机者所在国不负有引渡义务
B. 劫机是一种可引渡的罪行，劫机者所在国负有引渡义务
C. 劫机行为者是可以不被引渡的，由其所在国提请司法程序
D. 劫机是一种不能引渡的罪行，劫机者不得被引渡

10. 在国际航空法体系中，1929年的《华沙公约》是最基本的公约之一，其全称是(　　)。
A.《关于制止非法劫持航空器的公约》
B.《国际民用航空公约》
C.《国际航空管理公约》
D.《统一国际航空运输某些规则的公约》

二、多项选择题

1. 明确规定每个国家对其领土上空享有完全的和排他的主权的国际公约有(　　)。
A.《巴黎航空公约》
B.《国际民用航空公约》
C.《海牙公约》
D.《华沙公约》

2.《国际民用航空公约》把航空器分为“民用”和“国家”两类，(　　)。
A. 这一分类决定于其所有权
B. 这一分类决定于其使用范围
C. 这一分类将所有权与使用范围相结合
D. 这一分类不决定于其所有权而决定于其使用范围

3. 芝加哥《国际民用航空公约》规定非航班飞行的航空器(　　)。
A. 不需要事先获准，有权飞入缔约国领土而不降停
B. 不需要事先获准，有权飞经缔约国的领土而不降停
C. 不需要事先获准，可作非商业性降停
D. 经事先获准方可作非运输业务性降停

4.《国际航空运输协定》规定的航空运输“五项自由”包括(　　)。
A. 不降停而飞越其领土
B. 非商业性的降停
C. 卸下来自航空器所属国的客、货、邮件
D. 装载前往航空器所属国的客、货、邮件

5. 制止危害国际民用航空安全的非法行为的公约是指(　　)。
A.《东京公约》
B.《芝加哥公约》
C.《巴黎公约》
D.《海牙公约》

6.《蒙特利尔公约》规定危害国际民用航空安全的非法行为包括(　　)。

A. 对飞行中的航空器内的人使用暴力
B. 破坏使用中的航空器使它不能飞行
C. 破坏航行设备危及其飞行安全
D. 传送虚假情报危及飞行中的航空器的安全

7.《海牙公约》采取混合原则，规定下列哪些国家均有权对空中劫持犯罪行使管辖权？（　　）
A. 飞机登记国
B. 降落地国且降落时犯罪者仍在机上者
C. 若该飞机是未带机组的出租飞机，承租人的营业地国
D. 若该飞机是未带机组的出租飞机，承租人的居住地国

8. 对于空中劫持罪，国际法上适用普遍管辖原则，这表明下述国家可行使管辖权（　　）。
A. 行为发生地国
B. 受害人所属国
C. 飞机降落地国
D. 罪犯所属国

9. 民用航空器不得飞越城市上空，但有下列哪些情况除外？（　　）
A. 起飞、降落或者指定的航路所必需的
B. 按照国家规定的程序获得批准的
C. 飞行安全所必需的
D. 执行救助任务或者符合社会公共利益的其他飞行任务所必需的

10. 未经一国通过有关协定或其他方式特别许可，外国航空器不能飞入该国（　　）。
A. 领陆的上空
B. 领海的上空
C. 专属经济区的上空
D. 大陆架的上空

11. 根据《国际民用航空公约》的规定，缔约国有权（　　）。
A. 在他国境内自由飞行
B. 保留“境内载运权”
C. 制定本国的航空法及规章
D. 在空间设立某些“禁区”

12. 下列关于制止危害国际民航安全的非法行为的说法中正确的有（　　）。
A.《海牙公约》和《蒙特利尔公约》都引入了“或引渡或起诉”的原则
B.《蒙特利尔公约》主要将《海牙公约》中未包括的危害国际民航安全的罪行作为制止和惩罚的对象
C.《东京公约》适用的时间范围较《海牙公约》略宽
D. 中国已加入了上述三个公约

13. 甲国发生内战，乙国拟派民航包机将其侨民接回，飞机需要飞越丙国领空。根据国际法相关规则，下列哪些选项是正确的？（　　）（司考.2011.1.75）
A. 乙国飞机因接其侨民，得自行飞越丙国领空
B. 乙国飞机未经甲国许可，不得飞入甲国领空
C. 乙国飞机未经允许飞越丙国领空，丙国有权要求其在指定地点降落
D. 丙国军机有权在警告后将未经许可飞越丙国领空的乙国飞机击落

三、不定项选择题

1. 甲国的一个航海航空爱好者组织“碧海蓝天协会”准备进行一次小型飞机“蓝天号”和赛艇“碧海号”的海上联合表演，按计划涉及我国的领海和领海上空。对此，根据国际法的有关规则和我国的相关法律，下列哪些判断是正确的？（　　）
A. “蓝天号”飞行表演如果在我国领海上空进行，必须得到我国的允许
B. “碧海号”赛艇表演如果在我国领海中进行，必须得到我国的允许
C. “蓝天号”在前往表演空域途中，如果仅仅是以通过为目的，从而飞过我国的领海上空，则无须得到我国的许可
D. “碧海号”在前往表演海域的途中，如果仅仅是以通过为目的，从而穿越我国的领海，则无须得到我国的许可

2. 乙国与甲国航天企业达成协议，由甲国发射乙国研制的“星球一号”卫星。因发射失败卫星碎片降落到甲国境内，造成人员和财物损失。甲、乙两国均为《空间物体造成损害的国际责任公约》缔约国。下列选项正确的是？（　　）（司考.2009.1.98）
A. 如“星球一号”发射成功，发射国为技术保密可不向联合国办理登记
B. 因“星球一号”由甲国的非政府实体发射，甲国不承担国际责任
C. “星球一号”对甲国国民的损害不适用《责任公约》
D. 甲国和乙国对“星球一号”碎片造成的飞机损失承担绝对责任

四、名词解释

1. 空中有限自由论
2. 国际共管论
3. 领空自保权

4. 防空识别区
5. 航空器在“使用中”
6. 空中劫持

五、简答题

简述《海牙公约》和《蒙特利尔公约》关于危害国际民航安全罪的规定。

参考答案

一、单项选择题

1. 答案：B。根据《东京公约》《海牙公约》以及《蒙特利尔公约》的规定，下列国家拥有对于危害民航安全罪行的管辖权：航空器登记国；航空器降落地国，当犯罪嫌疑人仍在航空器内；承租人的营业国或常驻地国，当航空器是不带机组的出租；嫌疑人所在国；嫌疑人国籍国或永久居所国；犯罪行为发生地国；罪行后果涉及国，包括受害人国籍国或永久居所国、后果涉及领土国、罪行危及其安全的国家；根据本国法行使管辖权的其他国家。

本题中，犯罪嫌疑人国籍国为甲国，甲国有管辖权。航空器登记国为乙国，乙国有管辖权。犯罪行为发生地为丙国，丙国有管辖权。故 A 错误，B 正确，C 错误。

国际刑事法院管辖范围限于灭绝种族罪、战争罪、危害人类罪、侵略罪等几大类，危害民航安全罪不属于国际刑事法院的管辖范围。故 D 错误。

2. 答案：D。《国际民用航空公约》将缔约国航空器在其他缔约国领土上空的飞行分为“非航班飞行”和“航班飞行”两类。缔约国从事国际航班飞行的航空器未经另一缔约国的特准许可不得飞入和飞过该国领土上空。

3. 答案：B。第一个规定领空主权的文件是 1919 年《巴黎航空公约》，其中一条确切指出空间的法律地位，该条约明确规定：“缔约各国承认每一国家对其领土上的空间具有完全和排他的主权。”

4. 答案：C。《海牙公约》规定，所谓“在飞行中”一词的含义是，从航空器装载完毕，机舱外部各门均已关闭时起，直至打开任一机舱门以便卸载时为止。

5. 答案：D。《国际民用航空公约》规定：“用于军事、海关和警察部门的航空器，应认为是国家航空器。”（第 3 条第 2 款）因此，军用、海关和警察等用于公务的航空器是国家航空器，国家航空器之外的是民用航空器。

6. 答案：C。航空器的国籍，根据国际法，是航空器的登记地国的国籍。

7. 答案：B。《东京公约》适用于在飞行中的航空器上发生的两种行为：违反刑法的犯罪；不论是否犯罪，可能或确已危及航空器及其所载人员或财产，或者危及机上良好秩序与纪律的行为。它是最早规定航空器上犯罪的公约。

8. 答案：D。有关航空器犯罪的引渡问题，在《海牙公约》之前没有规定。《海牙公约》规定了以下国家对航空器犯罪具有管辖权：航空器登记国、航空器降落地国、承租人的主要营业地国或永久居所所在地国、发现罪犯的国家、其他国家。对于发现罪犯的国家，当被指称的罪犯在一国领土内，而该国未将此人引渡给其他具有管辖权的任何一国时，该国应采取必要措施，对罪犯进行管辖。因此，实质上是规定了航空器犯罪的罪犯所在地国应将罪犯或引渡或起诉。

9. 答案：A。《海牙公约》《蒙特利尔公约》都规定了非法劫持航空器、危害民用航空及其机场安全的罪行是可引渡的罪行。另外还规定了如两公约的缔约国之间未订有引渡条约，可根据这两项公约引渡罪犯。但两公约都未规定强制引渡的义务，也就是说劫持者所在国并不负有引渡义务。上述两个公约都引入了“或引渡或起诉”原则，发现嫌疑犯的国家如不将其引渡给有管辖权的国家，则不论罪行是否在其境内发生，一律应将案件提交主管当局，以便起诉。

10. 答案：D。1929 年华沙公约全称为《统一国际航空运输某些规则的公约》。

二、多项选择题

1. 答案：AB。《巴黎航空公约》和《国际民用航空公约》均承认每个国家对其领土上空具有完全的和排他的主权。《海牙公约》是有关航空器上的犯罪的公约，《华沙公约》是有关航空运输责任的公约。

2. 答案：BD。《国际民用航空公约》将航空器根据使用性质分为国家航空器和民用航空器两类。国家航空器是指用于军事、海关和警察部门的航空器，运送国家元首和政府高级官员的专机，负有特殊使命，如救援、科学活动、并载有适当国家标志的航空器也被视为国家航空器。其他属于民用航空器。这是根据航空器的使用对其进行的分类，不是根据所有权。

3. 答案：ABC。《国际民用航空公约》规定，非航班飞行的航空器，在遵守公约规定的条件下，不需要事先获得批准，有下述权利：飞入和飞经他国的领空而不降停；飞入和飞往他国领空作非商业性降停，即非为装卸旅客、货物和邮件的降停。

4. **答案**：ABCD。《国际航空运输协定》规定缔约国之间相互给予五项飞行权利，即五种自由：飞越其领土而不降停的权利；非商业性降停的权利；卸下来自该航空器所属国领土的旅客、邮件和货物的权利；装上前往该航空器所属国领土的旅客、邮件和货物的权利；装上前往任何其他缔约国领土的旅客、邮件和货物的权利和卸下来自任何缔约国领土的旅客、邮件和货物的权利。

5. **答案**：AD。制止危害国际民用航空安全的非法行为的公约主要有：1963 年《关于在航空器上犯罪和其他某些行为的公约》即《东京公约》；1970 年《关于制止非法劫持航空器的公约》即《海牙公约》；1971 年《关于制止危害民用航空安全的非法行为的公约》即《蒙特利尔公约》。《巴黎公约》和《芝加哥公约》是有关航空法的一般原则的公约。

6. **答案**：ABCD。《蒙特利尔公约》将非法和故意地实施以下五种行为定为危害民用航空安全的行为：对飞行中的航空器内的人采取暴力行为而足以危及航空器安全；破坏使用中的航空器和使其受损，以致不能飞行和足以危及飞行安全；用任何方法在使用中的航空器内放置和使别人放置装置物质，可能破坏该航空器和使其受损坏以致不能飞行和足以危及飞行的安全；破坏和损害航行设备和妨碍其工作，足以危及飞行的安全；传送明知是虚假的情报，从而危及飞行中的航空器的安全。

7. **答案**：ABCD。《海牙公约》规定下述国家对非法劫持航空器的犯罪行为有管辖权：航空器的登记国，罪行是在该航空器内发生的；航空器的降落地国，该航空器降落时，被指称的罪犯仍在航空器内；承租人的主要营业地国或永久居所所在地国；发现罪犯的国家，当被指称的罪犯在一国领土内，而该国未将此人引渡给上述任何一国时，该国应采取必要措施，对犯罪进行管辖；其他国家，不排除其他国家根据本国法行使任何刑事管辖权。

8. **答案**：ABCD。对于空中劫机犯罪，国际法上适用普遍管辖的原则，也就是说，各国均可以对该罪行进行管辖，不论其是否与该罪行有法律和事实上的联系。

9. **答案**：AB。《民用航空法》（2021 年修正）第 79 条规定，民用航空器不得飞越城市上空；但是，有下列情形之一的除外：（1）起飞、降落或者指定的航路所必需的；（2）飞行高度足以使该航空器在发生紧急情况时离开城市上空，而不致危及地面上的人员、财产安全的；（3）按照国家规定的程序获得批准的。

10. **答案**：AB。未经一国通过有关协定或其他方式特别许可，外国航空器不能飞入该国领土的上空，包括领陆的上空、领海的上空，但可以飞入该国专属经济区和大陆架的上空。

11. **答案**：BCD。根据《国际民用航空公约》的规定，缔约国对其领空享有完全排他的主权，国家领土的上空构成国家领土的一部分，受国家主权的支配和管辖。缔约国有权：①国家有权规定准许外国飞机飞入和飞越其领空的条件。如外国违反条件，一国有权对该飞机采取措施；②各国有权制定有关外国航空器入境离境和在境内飞行的规章制度；③各国有权保留国内载运权；④各国有权设立空中禁区。

12. **答案**：ABD。《海牙公约》适用的时间范围较《东京公约》略宽，故 C 项表述错误。

13. **答案**：BC。国家对其领空拥有完全的和排他的主权。外国航空器进入国家领空需经该国许可并遵守领空国的有关法律。对于非法入境的外国民用航空器，国家可以行使主权，采取符合国际法有关规则的任何适当手段，包括要求其终止此类侵犯立即离境或要求其在指定地点降落等，但不得危及航空器内人员的生命和航空器的安全，避免使用武器。故 B、C 正确，A、D 错误。

三、不定项选择题

1. **答案**：ABD。本题考查有关在领海、领空内航行、飞越的规则。依据领海和领空属一国领土的组成部分，所以，如利用一国的领海、领空须得到该国的同意，但国际法上存在领海的无害通过制度，船舶仅以通过为目的时，无须得到沿海国的许可。领海虽存在无害通过制度，但非以通过为目的航行仍需得到沿海国的许可。

2. **答案**：CD。本题考核《空间物体造成损害的国际责任公约》的规定。A 错误，发射国应对其发射的空间物体进行登记。B 错误，国家对其外空活动承担国家责任，不论这种活动是其政府部门或非政府实体从事。C 正确，发射国空间物体对于下面两种人员造成的损害不适用《责任公约》：该国的国民；以及在空间物体从发射至降落的任何阶段内参加操作的或者应发射国的邀请而留在紧接预定发射或回收区的外国公民。D 正确，发射国对其空间物体在地球表面或给飞行中的飞机造成的损害，应负有赔偿的绝对责任。

四、名词解释

1. **答案**：这是关于空气空间的法律地位的一种理论。这种理论以法国法学家福希叶为代表，福希叶开始时是主张空中自由，鉴于空中自由论不被人们所接受，福希叶重新考虑了这个问题，企图在自由论和主权论之间找到一个调和的折中方案，于是有了空中有限自由论。福希叶主张，要考虑空中自由航行，但国家根据自保权可以禁止在1500米以下的空间飞行，即在和平时期建立一个1500米高度的“保护区”，以防范间谍和走私活动；又鉴于“空域”悬在一国之上，为了其国民的安全和国家的经济利益，国家对在1500米以上的空间的飞行活动也可以施行干预。

2. **答案**：这是关于空气空间的法律地位的一种理论。这种理论主张由国际共管，方便空中自由。

3. **答案**：是指一国领空不受侵犯，未经一国允许，任何外国航空器不得进入该国领空。任何国家都有保卫其领空安全，不受外来侵犯的充分权利。

4. **答案**：防空识别区是指从地球陆地或水域的表面向上延伸的划定空域，在该空域内，为了国家安全，需要对航空器能立即识别、定位和管制。它是有关国家为了国防安全的需要而设置的。1950年和1951年，美国和加拿大先后建立防空识别区，向大西洋和太平洋延伸几百海里。凡进入“防空识别区”的航空器，必须报告身份，以便地面国识别、定位和管制。近二十多个国家或地区建立了这类区域。

5. **答案**：是指从地面人员或机组人员为一确定的飞行而对航空器进行飞行前的准备时起，直到降落后二十四小时止，该航空器应被认为是在使用中；在任何情况下，使用的期间均应包括航空器在飞行中的整个时间。

6. **答案**：空中劫持的概念表现在3个公约里：(1) 1963年的《东京条约》规定，非法劫持航空器的行为就是在航空器内使用暴力或威胁，非法地干扰、劫持或以其他不正当方式控制飞行中的航空器。凡从事或准备从事这种行为的人都是犯下了这种罪行。(2) 1970年的《海牙公约》进一步规定，“在飞行中的航空器内的任何人用暴力或用暴力威胁，或用其他恐吓方式，非法劫持或控制该航空器”的行为就是空中劫持行为。该公约规定的“飞行中”是指航空器从装卸完毕、机门关闭时起直到打开机窗门为止的整个过程。(3) 1971年的《蒙特利尔公约》更进一步规定非法劫持行为包括五种行为：①对飞行中的航空器内的人使用暴力；②破坏使用中的航空器使它不能飞行；③在使用中的航空器内放置危及其飞行安全的装置或物质；④破坏航行设备危及其飞行安全；⑤传送假情报危及飞行中航空器的安全。该公约还规定，“飞行中”航空器从装卸完毕、机舱外部各门均已关闭时起，直至打开任一机舱门以便卸载时为止；“使用中”是指从地面人员或机组人员为某一特定飞行而对航空器进行飞行前的准备时起，直到降落后24小时为止。

五、简答题

答案：《海牙公约》是专门针对非法劫持航空器的犯罪而制定的。公约规定，非法劫持航空器是指对在飞行中航空器内的任何人用暴力或用暴力威胁，或以任何其他恐吓方式，非法劫持或控制航空器。该公约还同时规定企图从事这种行为，以及从事或者企图从事这种行为的人的同犯均为犯罪。这里的“在飞行中”一词是指航空器从装载完毕，机舱外部各门均已关闭时起，直至打开任一舱门以便卸载人员和财产。

《蒙特利尔公约》将非法和故意地实施下述5种行为定为危害民用航空安全的罪行[①]：(1) 对飞行中航空器内的人采取暴力行为而足以危及该航空器安全；(2) 破坏使用中的航空器或使其受损坏，以致不能飞行或足以危及其飞行的安全；(3) 用任何方法在使用中的航空器内放置或使别人放置装置物质，可能破坏该航空器，使其受损坏以致不能飞行或足以危及其飞行的安全；(4) 破坏或损坏航行设备或妨碍其工作，足以危及其飞行的安全；(5) 传送明知是虚假的情报，从而危及飞行中航空器的安全。“使用中”的起讫时间为：从地面人员或机组为某一特定飞行而对航空器进行飞行前的准备时起，直到降落后24小时止。

对非法劫持航空器的罪行，《海牙公约》规定下述国家有管辖权：航空器的登记国；航空器的降落地国；承租人的主要营业地国或永久居所所在国；发现罪犯的国家；其他国家。

《蒙特利尔公约》及其补充议定书对管辖权作了与《海牙公约》基本相同的规定，只是增加罪行发生地国的管辖权。并对管辖权的顺序和引渡问题作了更明确的规定。

《海牙公约》和《蒙特利尔公约》都规定，非法劫持航空器，危害民用航空安全和危害用于民用航空机场安全的罪行是可以引渡的罪行，这是国际法上的一大突破。此外，两公约都引入了“或引渡或起诉”的原则。

---

① 编者注：读者要注意掌握危害民用航空安全的罪行的具体情形。

第七章　外层空间法

基础知识图解

- 外层空间法的概念、性质和特点
- 外层空间法的原则和制度
  - 基本原则（“共同利益原则”“自由探索和利用原则”“不得据为己有原则”等）
  - 营救制度——《外空条约》《营救协定》
  - 空间物体损害赔偿制度
    - 责任主体——发射国
    - 范围
      - 人身伤害、财产损失
      - 地理范围
    - 求偿程序（外交途径、一年内提出）
    - 适用法律
    - 赔偿限额问题——绝大多数国家无上限
  - 空间物体登记制度
    - 需要登记的外空物体
    - 国家登记册
    - 联合国登记册
  - 在月球和其他天体上活动的原则
    - 月球非军事化
    - 国际合作与互助
    - 科学研究和探索
    - 环境保护
    - 人类共同继承财产和国际开发制度
    - 协商制度与和平解决争端
- 联合国大会通过的关于空间技术及其应用的原则
  - 卫星国际直接电视广播的原则
  - 卫星遥感地球的原则
  - 外空使用核动力源的原则
- 外层空间法的新领域、新发展
  - 国际空间站
  - 外层空间的商业化利用
  - 空间环境保护

配套测试

一、单项选择题

1. 空气空间和外层空间是两个性质不同的空间领域，这表明(　　)。

A. 国家主权可及于外层空间

B. 空气空间与外层空间的界限已经划定

C. 空气空间和外层空间适用不同的法律

D. 国家的领空主权可延伸到外层空间

2. 外层空间是(　　)。

A. 地面国的领空

B. “无主地”

C. 地面国享有一定主权的空域

D. 任何国家不能主张权利的空间

3. 被称为“外层空间宪章”的条约是指(　　)。

A.《外层空间条约》

B.《各国在探索和利用外层空间活动的法律原则的宣言》

C.《空间物体所造成损害的国际责任公约》

D.《指导各国在月球和其他天体上活动的协定》

4. 外层空间和空气空间的界限(　　)。
A. 已经确定
B. 尚未确定
C. 以地球静止轨道为界
D. 以航空器向上飞行的最高限度为界

5.《空间物体造成损害的国际责任公约》规定的对空间物体造成损害的赔偿责任者是(　　)。
A. 经营人
B. 发射国
C. 经营人和发射国
D. 联合国和平利用外空委员会

6. 宇航员在意外或遇难降落时，发现国应提供援助，立即把他们送还(　　)。
A. 联合国外层空间委员会
B. 联合国秘书长
C. 联合国安全理事会
D. 航天物体的发射国

7. 空间物体发射国对其空间物体对地面的损害(　　)。
A. 负绝对责任
B. 负相对责任
C. 负过错责任
D. 不负责任

8. 根据外空法的有关原则，对发射进入外层空间的实体行使管辖权的主体是(　　)。
A. 联合国外空委员会
B. 发射国
C. 国际宇航组织
D. 联合国秘书长

9. 甲国发射的卫星在外空与乙国的卫星相撞，碰撞后乙国卫星的碎片落在丙国地面；并对丙国造成了损害，则对于丙国的损失，(　　)。
A. 甲国或乙国都不承担赔偿责任
B. 甲国和乙国承担共同赔偿责任
C. 甲国应承担赔偿责任
D. 乙国应承担赔偿责任

10. 甲国一公司制造的卫星在外层空间与乙国的卫星发生相撞，碎片击中了丙国飞行中的民用航空器，并致坠毁。根据国际法，下列哪种判断正确？(　　)
A. 甲国不负赔偿责任，而应由其公司负担赔偿责任
B. 甲国应与乙国负连带赔偿责任
C. 丙国不能证明在碎片击中其民用航空器过程中甲、乙两国存在过失，甲、乙两国不负赔偿责任
D. 国际法不禁止外空活动，由此活动对丙国造成的损害，甲、乙两国不负赔偿责任

11. 20 世纪美国宇航员在月球表面上留下美国国旗，在国际法上(　　)。
A. 具有发现的初步权利
B. 可作为主权的宣告
C. 不得依此主张任何对月球的主权要求
D. 构成国际法中的先占

12. 按照已确立的外空责任的原则和制度，一国的非政府团体在外层空间的活动所产生的损害后果(　　)。
A. 首先应由该非政府团体直接承担责任
B. 首先应由非政府团体所属国承担国家责任
C. 应由该非政府团体和其国家分别承担责任
D. 应由非政府团体与其所属国承担连带责任

13. 月球主人公司是甲国人汤姆在甲国注册的公司，专门从事出售月球土地的生意。该公司把月球分为若干部分供购买者选购，并称通过与该公司订立“月球契约”，买方就拥有了其购买的月球特定部分的所有权。对此，根据外层空间法的有关规则，下列判断哪一项是正确的？(　　)
A. 该类契约规定的所有权，必须得到甲国国家的特别批准方能在国际法上成立
B. 该类契约可以构成甲国国家对月球相关部分主张主权的证据
C. 即使该类契约受甲国国内法的保护，该所有权在国际法上也不能成立
D. 该类契约必须在联合国外空委员会登记，以确立购买者在国际法上的所有权

二、多项选择题

1. 外层空间的性质决定了(　　)。
A. 外层空间是地面主权国家所不能控制的空域
B. 是任何国家不能主张权利的空间
C. 外层空间不能成为国家行使主权的对象
D. 任何国家可为和平目的利用外空

2. 各国在探索和利用外层空间时须遵守的原则包括(　　)。
A. 必须为全人类谋福利和利益
B. 必须遵守国际法
C. 各国对本国在外层空间的活动负有国际责任
D. 各国对其发射入外层空间的实体所造成的损害负有国际责任

3. 以下关于外层空间和领空的界限的主张中，属于“空间说”的有(　　)。
A. 以人造卫星飞行时离地面的最低高度为界
B. 以航空器飞行的最高限度为界
C. 以大气层中的某一项物理标准来确定
D. 以大气层的外部边缘为界

4. 发射国对射入外层空间的实体拥有(　　)。

A. 所有权　　B. 管辖权

C. 控制权　　D. 使用权

三、不定项选择题

甲国登记发射的空间飞船在降落时偏离轨道落入乙国境内，飞船上载有3名宇航员，被乙国军队检测发现。甲、乙两国都是1968年《营救协定》的缔约国。对此事件，乙国应采取下列哪些行动？(　　)

A. 对宇航员提供一切可能的援助

B. 立即将宇航员送还甲国

C. 立即将此事件通知联合国外空委员会

D. 立即将此事件通知联合国秘书长

四、名词解释

1. 外层空间
2. 空间物体
3. 营救协定
4. 国际责任公约
5. 卫星遥感
6. 空间站

五、简答题

1. 简述外层空间法的基本原则。
2. 外空的法律地位如何？(中南财经政法大学2008年考研真题)

参考答案

一、单项选择题

1. **答案**：C。外层空间是领空以上的空气空间。外空与领空的界限，在国际法上有以下几个学说：航空器上升最高限度说；空气构成说；有效控制高度说；卡曼管辖线说；卫星轨道最低近地点说等。但到目前仍未有一个确定被各国所接受的界限。国家对本国领空具有领空主权，已被国际法所确定，但是，国家对外空不具有主权。外空的法律地位与领空完全不同。
2. **答案**：D。根据《外层空间条约》的规定，外层空间不得被占为己有，外层空间包括月球和天体，它们不得为国家、政府、私人或私人企业以各种形式占有。月球及其自然资源是全人类共同继承的财产，不得被各国占有。地球静止轨道也是有限的自然资源，是空间的一部分，也不得被占有。
3. **答案**：A。《外层空间条约》于1966年通过，1967年生效，是外层空间的基本法，内容着重于重申外层空间活动的法律原则和建立外层空间法律制度，被称为“外层空间宪章”。
4. **答案**：B。外层空间是领空以上的空气空间。外空与领空的界限，在国际法上有以下几个学说：航空器上升最高限度说；空气构成说；有效控制高度说；卡曼管辖线说；卫星轨道最低近地点说等。但到目前仍没有一个确定被各国所接受的界限。
5. **答案**：B。外空法中，不论外空活动是否为政府从事的，政府都要承担责任。这是因为，外空活动耗资巨大，牵涉和影响都很广泛，一旦发生责任问题私人单位难以承担。因此外空活动的责任人是发射国。
6. **答案**：D。宇航员意外遇难和降落时，发现国应提供援助，并将情况立即通知发射国和联合国秘书长，并将宇航员送返其发射国。
7. **答案**：A。外空物体所造成的损害责任①主要有两种原则：绝对责任原则和过失责任原则。绝对责任原则是指不论发射国是否有过失，只要对他国造成了损失，发射国就要承担责任。这个原则适用于空间物体对地球表面或对飞行中的飞机造成的损害，无论损害是一个空间物体造成的，还是一个发射国的空间物体对另一个发射国的空间物体造成的损害，并由此对第三国造成损害。过失责任原则是指空间物体造成的损害是因为发射国的过失或其负责人的过失造成的，才负责任。此责任适用于在地球表面以外的地方的空间物体或所载人员或财产造成的损害。
8. **答案**：B。发射国是对发射进入外层空间的实体行使管辖权的主体。
9. **答案**：B。根据1972年的《责任公约》规定，发射国应对其空间物体造成的损害承担责任，而不论发射活动的从事者是该国政府部门还是非政府实体。当空间物体在地面表面以外的其他地方对另一国空间物体及其所载人员造成损害时：①如果损害是由前者的过失或其负责人的过失造成的，该国应负赔偿责任；②如果这一项损害也对第三国的地球表面或飞行中的飞机造成损害时，前两

① 编者注：读者要注意重点掌握外空物体造成损害的责任承担的具体情形。

国应共同对第三国负绝对责任；③如果这一损害在地球表面以外的地方对第三国的空间物体造成损害时，前两国对第三国所负的责任，要根据它们的过失或所属负责人员的过失而定。

10. 答案：B。根据1972年《空间物体造成损害的国际责任公约》，发射国对其空间物体造成他国损害的责任制度可以概括为四点：（1）发射物在地球表面或给飞行中的飞机造成的损害，发射国应负赔偿的绝对责任；（2）发射物在地球表面以外的其他任何地方（主要是外空）给他国的空间物体、宇航员或其他财产造成损害的，发射国应负赔偿的过失责任；（3）甲国发射物在地球表面以外的地方（外层空间）对乙国的空间物体造成损害，并因此对地球表面的丙国人员、财产，包括飞行中的飞机造成损害的，则甲、乙两国对丙国负绝对责任；（4）甲国发射物在地球表面以外的地方（外层空间）对乙国的空间物体造成损害，并因此对丙国在外空的空间物体、人员、财产造成损害的，则甲、乙两国依各自的过失承担相应的责任。根据上述规则的第3项，甲国的卫星与乙国的卫星在外空发生碰撞，由此对地球表面的丙国飞行中的民用航空器造成损害，则甲、乙两国应对丙国的损害承担绝对赔偿责任，因此B选项正确。

11. 答案：C。外层空间活动的原则之一是不得据为己有原则，即外层空间包括月球和其他天体，不得为国家、政府、个人或法人以各种形式占有。故各国现在探索月球及其他天体的行为，包括其行动所留下的标志，在国际法上不得依此主张任何对这些天体的主权要求。故C项正确，A、B、D项错误。

12. 答案：B。根据外空国际法，对外空物体损害的责任，应由外空物体的发射国承担责任。不论该行为是否是国家行为。

13. 答案：C。本题仅用常理即可推知。外空活动的主原则：外层空间法的主要法律渊源是国际条约《外层空间条约》规定：外层空间对人类开放，不得将外空据为己有，包括外空不得被任何国家占有，也不许任何人或团体占有。因此，汤姆或买方都不享有对月球土地的所有权，也不能将其买卖。

二、多项选择题

1. 答案：BCD。外层空间的法律地位是：外层空间不得被据为己有，禁止国家、政府、私人和私人企业以任何形式包括通过主权要求、使用和占领的方法，以及其他任何措施占有外层空间，包括月球和其他天体及其自然资源；外层空间自由，所有国家均可在平等的基础上，根据国际法自由探索和利用外层空间包括月球和其他天体；探索和利用外层空间应为所有国家谋福利和利益，并为全人类的开发范围；外层空间应和平利用。

2. 答案：ABCD。外空活动的九项原则是：探索和利用外层空间必须为全人类谋福利；各国都可在平等的基础上，根据国际法自由探索和利用外层空间和天体；外层空间和天体不能为任何国家以提出主权要求、使用和占领等方式占为己有；各国探索和利用外层空间必须遵守国际法；各国对本国（不管是政府部门和非政府部门）在外层空间的活动负有国际责任；各国在探索和利用外层空间时应遵守合作和互助的原则；各国对其发射入外空的实体及其所载的人员保持管理及控制权，对该实体及其组成部分拥有所有权；各国对其发射到外层空间的实体所造成的损害负有国际责任；各国负有援助及营救宇航员的义务。

3. 答案：ABCD。确定外空的标准，有所谓的“空间说”：以人造卫星飞行时离地面的最低高度为界；以航空器飞行的最高限度为界；以大气层中的某一项物理标准来确定；以大气层的外部边缘为界。

4. 答案：ABCD。发射国对射入外空的物体拥有所有权、管辖权、使用权和控制权，并须为其所造成的损害承担责任。

三、不定项选择题

答案：ABD。本题考查的是宇航员的营救。根据《营救协定》规定，当宇航员发生意外或遇难，在一国境内或公海紧急降落时，该国或发现国应提供一切必要或可能的援助，通知发射国或联合国秘书长，并将他们迅速、安全地送还发射国。《营救协定》规定通知对发射负责的国家或国际组织和联合国秘书长。

四、名词解释

1. 答案：外层空间作为一个法律术语始见于20世纪50年代初一些国际法学者的著述之中，当时被用来泛指国家主权范围以外的整个高层空间。我国法学界一般将外层空间解释为地球大气层即空气空间以外的整个宇宙空间。但迄今为止还没有一个权威性的法律定义。

2. 答案：空间物体指所有由发射国射入外层空间的物体，包括空间物体的组成部分以及空间物体的发射载器及其零件。

3. 答案：所谓“营救协定”是指《营救宇航员、送回宇宙航行员和归还射入外层空间的物体的协定》，该协定于1968年4月22日在伦敦、莫斯科和华盛顿同时对所有国家开放签字，于1968年12月3日起生效。该条约全文共10条，重申营救宇宙航行员的原则并责成非发射国承担营救及送还宇宙航行员的义务。

4. **答案**：所谓"国际责任公约"是指《空间物体所造成损害的国际责任公约》，该公约于1972年3月29日开放签字，并于1973年10月9日生效。该公约全文共28条，规定各国应对发射实际主体（不论是政府机构或民间企业或社会团体）在外层空间及天体的一切活动负直接责任，并规定损害的赔偿原则。

5. **答案**：卫星遥感是一门新兴的综合性空间技术。联合国大会于1986年通过的《关于从空间遥感地球的原则》对"遥感"下了如下定义：为了改善自然资源管理、土地利用和环境保护的目的，利用被感测物体所发射、反射或折射的电磁波的性质从空间感测地球表面。

6. **答案**：目前还缺乏权威性的法律定义，一般指以探测、研究和开发空间为目的的永久性载人和不载人的空间物体群或系统。一个完整的空间站系统通常由空间主体、空间平台、轨道机动器、地空器、地面运输器等几个互相联系的分系统组成。

五、简答题

1. **答案**：（1）共同利益原则；（2）自由探索和利用的原则；（3）不得据为己有的原则；（4）限制军事化原则；（5）援救宇航员的原则；（6）国家责任和赔偿责任原则；（7）对空间物体的管辖和所有权原则；（8）空间物体的登记原则；（9）保护空间环境原则；（10）国际合作原则。

2. **答案**：确定外空法律地位的主要文件是《外层空间条约》及《月球协定》。依据这些法律规定，外空法律地位包括：（1）外空探索和利用自由。外空包括天体是全人类的开发范围，各国均可平等地探索和利用，但应遵守国际法和为全人类谋福利和利益。（2）各国不得对外空主张主权或权利，也不得将其据为己有。（3）探索和利用外空应为和平目的。（4）天体及其资源属全人类的共同财产，待到可以开发资源时要建立国际制度。

第八章　国际环境法

配套测试

一、单项选择题

甲、乙两国是温室气体的排放大国，甲国为发达国家，乙国为发展中国家。根据国际环境法原则和规则，下列哪一选项是正确的？（　　）（司考.2008.1.34）

A. 甲国必须停止排放，乙国可以继续排放，因为温室气体效应主要是由发达国家多年排放积累造成的

B. 甲国可以继续排放，乙国必须停止排放，因为乙国生产效率较低，并且对于环境治理的措施和水平远远低于甲国

C. 甲、乙两国的排放必须同等地被限制，包括排放量、排放成分标准、停止排放时间等各方面

D. 甲、乙两国在此问题上都承担责任，包括进行合作，但在具体排量标准、停止排放时间等方面承担的义务应有所区别

二、名词解释

1. 框架公约
2. "软法"
3. 国际合作原则
4. 共同但有区别的责任原则
5. 事先知情同意制度（PIC 制度）
6. 《生物多样性公约》
7. 环境影响评价

三、简答题

1. 简述国际环境法的特征。
2. 简要回答国际环境法的渊源。

四、论述题

1. 试论国际环境法的基本原则。
2. 论述贸易与环境的影响问题。

参考答案

一、单项选择题

答案：D。作为国际社会成员的所有国家都应该并且有权参与保护和改善国际环境的行动。所以甲国和乙国都应当在温室气体排放上承担责任。国际环境法规定了以下四个原则：国家环境主权和不损害其管辖范围以外环境的原则；国际环境合作原则；共同但有区别的责任原则；可持续发展原则。根据上述四条原则可知，在甲、乙两国解决温室气体排放的问题上，双方都应承担责任，要进行合作，在具体排放标准和停排时间上，要根据各自的工业、经济、科技发展水平区别对待。所以本题应选D。

二、名词解释

1. **答案**：鉴于当今国际环境问题的形成多为发达国家过去几个世纪的发展所为，环境损害与开发决策行为之间因果关系的不确定性，以及目前国际关系的复杂背景，许多国家出于自身的发展需要以及从国内的法律与政策调整、政治和经济利益等方面考虑，不愿意承诺某些具体的环境义务，更不希望以牺牲本国的政治、经济利益为代价来参与环境保护国际合作义务。加上条约又不可能对其要调整的各种国际关系全面、完整地予以表述。在这种条件下就出现了条约只对有关环境保护的目标原则作出规定，而具体的权利义务事项则留待于缔约国事后通过议定书或附件等形式来明确的环境保护框架公约。

2. **答案**：国际环境"软法"主要有三种表现形式：一是国际组织有关环境保护的方针、建议和决议，如经济合作与发展组织曾就资源、废弃物、化学产品、越境污染、海岸管理等制定了指导性文件。二是有关全球环境保护的原则宣言。三是有关环境保护的行动计划。

3. **答案**：国际合作原则是现代国际法的一项基本原

则，最初由《联合国宪章》第74条所确认。在世界范围内实行环境保护的协同与合作，是随着环境问题的全球化过程以及全球经济一体化进程中出现的国际环境管理形式，并且这种合作显得越来越紧迫。国际合作不仅是国际环境法的基石，而且表现为国际环境法的一些具体制度和措施。环境保护的国际合作还要求建立起一个组织严密的管理机构，实行环境情报公开和交换制度，在平等的原则下进行协商和对话。

4. 答案：共同但有区别的责任是指由于地球的整体性和导致全球环境退化的各种因素，各国对保护地球环境负有共同的但又是有区别的责任。它是从国际法的衡平原则的适用中发展而来的，也是发达国家和发展中国家在处理全球环境问题时应遵循的基本原则。这个原则是在1992年联合国环境与发展大会上确立的。

5. 答案：该制度是1989年制定的《控制危险废物越境转移与处理的巴塞尔公约》的核心部分。PIC制度是国际危险物质出口管理的主要法律制度，其主要内容是规定危险物质的出口者必须就拟议中的出口事宜向进口国进行通报，在得到进口国的书面同意后才能出口。公约第6条详细规定了监视从出口者直到最终接受者的事前通行和事后报告程序，以及情报管理程序。这种通告和报告制度要求，必须使情报得到确实传达以及对废弃物进行集中的管理和监视，所有国家有必要制定防止废弃物因贸易而去向不明的具体措施。

6. 答案：联合国环境规划署在1987年决定制定一部《生物多样性公约》，该公约在1992年5月被提交到同年6月召开的联合国环境与发展大会并签署。中国已于同期召开的联合国环境与发展大会上签署了该公约。《生物多样性公约》为人类树立了广泛、长期生存发展的观念，从而脱离了人类利益中心主义的狭隘价值观。

7. 答案：环境影响评价就是在对一项开发或建设项目作出最后决定之前，首先对该项目可能对环境造成的影响的程度和范围，进行调查、预测和评估，供决策者作出最后决定。这种制度的基本特点是在决策过程的早期阶段进行，即在最后决定之前进行。

三、简答题

1. 答案：根据现代国际环境保护条约或协定的规定，可以看出国际环境法具有如下特征：（1）调整范围的全球性；（2）调整方法的综合法；（3）法律理念的生态性；（4）法律规范的技术性。

2. 答案：国际环境法的渊源与国际法基本相同，也是主要由国际条约、习惯、一般法律原则和辅助性渊源等共同组成。但是，国际环境法在其渊源方面也存在一些特殊之处，具体表现在：

（1）国际环境条约

国际环境条约（International Environmental Treaties）是国际环境法的主要渊源。

（2）国际习惯

由于国际环境法的历史较短，因此，目前形成通例的国际环境习惯法规范并不多见。但是，现行国际环境法的许多原则却是习惯的产物。

（3）“软法”

国际环境“软法”主要有三种表现形式：一是国际组织有关环境保护的方针建议（recommendations）和决议，如经济合作与发展组织曾就资源、废弃物、化学产品、越境污染、海岸管理等制定了指导性文件。二是有关全球环境保护的原则宣言（declaration of principles），如《斯德哥尔摩人类环境宣言》《里约环境与发展宣言》等。三是有关环境保护的行动计划（programs of action），如《斯德哥尔摩人类行动计划》等。实践证明，“软法”虽无协定法的拘束力，却有力地影响和推动了国际环境法的发展。

四、论述题

1. 答案：（1）资源开发的主权原则和不损害国家管辖范围外的环境原则

在资源开发的主权原则和不损害国家管辖范围外的环境原则中，包含了两个相互联系的内容：一方面是国家的权利，即国家按照本国环境与发展政策开发本国自然资源的主权。这项权利来源于国家对其管辖范围内的自然资源的永久主权原则，也是国际法中的国家主权原则在国际环境法中的具体适用；另一方面是国家的义务，即各国负有确保在其管辖范围内或在其控制下的活动不致损害其他国家或在各国管辖范围以外地区的环境的责任。这是对国家环境和自然资源主权原则的一种限制，如果一国因行使主权而对他国造成损害，则应承担相应的赔偿责任。

（2）国际合作原则

国际合作原则是现代国际法的一项基本原则，最初由《联合国宪章》第74条所确认。

国际合作不仅是国际环境法的基石，而且表现为国际环境法的一些具体制度和措施，尤其是包括信息共享、参与决策、环境评估、环境标准的越境强制执行等在内的技术性措施。目前，国际环境合作在控制臭氧层耗损、气候变化、海洋资源保护、生物多样性保护、森林保护等全球环境问题方面都有重大进展。

(3) 可持续发展原则

可持续发展是指“既满足当代人的需要，又不对后代人满足其需要的能力构成危害的发展”。它包括两个重要的概念：一为需要（needs），“尤其是世界上贫困人民的基本需要，应放在特别优先的地位来考虑”。二为限制（limitations），即“技术状况和社会组织对环境满足眼前和将来需要的能力上施加的限制”。

可持续发展的含义非常丰富、涉及面很广，不同的国际文件有不同的理解。其内容主要包括以下几个方面：第一，可持续发展的前提是发展，其目的是增进人类的福利，改善人类的生活质量。第二，要实现发展以满足需要，但同时应当为维持生态系统的完整性而限制某些行为，不至于因为当代人类的发展而危害满足后代人类发展所需要的物质基础。第三，应当把经济发展与生态的可持续性有机地结合起来。

(4) 预防原则

预防（prevention）原则是基于环境问题的特点而提出的一项颇具特色的环境法原则。它渊源于国内环境法的某些规定。所谓预防，是指在重大的环境损害发生以前，采取政治、法律、经济和行政等各种手段，防止此类环境损害的发生，即所谓的“防患于未然”。预防原则要求“任何可能影响环境的决策和行动都应在其最早阶段充分考虑到有关的环境要求中”。

共同但有区别的责任（common but differentiated responsibilities），是指由于地球的整体性和导致全球环境退化的各种因素，各国对保护全球环境负有共同的但又是有区别的责任。该原则包含两个基本要素。“共同的责任”是指各国对保护全球环境的责任和义务是共同的。“有区别的责任”就是指在发达国家和发展中国家之间，这种共同责任是有区别的。有区别的责任是对共同责任的具体化和对共同责任的再分配，即发达国家对环境问题应当承担主要责任，而发展中国家则承担次要责任。

2. 答案：贸易与环境问题的联系，是近十年来国际社会讨论得比较热烈的话题，也是世界贸易组织目前所面对的一个重要课题。一般认为，贸易与环境的关系是对立的，哪一方面如果得到了发展，都会对另一方面产生伤害。也即环境控制越严，就越会妨碍自由贸易，或者自由贸易越发达，环境污染和自然破坏就会越严重。

经济学家研究认为，对环境能够产生不良影响的国际贸易活动主要表现在三个方面：

(1) 涉及对环境影响的商品交易

具有代表性的事例，首先是从发达国家或地区流向发展中国家或地区的有害废弃物交易活动，其次是濒危野生动植物的国际贸易。

(2) 能够引起环境问题的贸易活动

这类贸易活动主要包括热带木材贸易、水产品类贸易等，其特点在于，它们都属于因国际贸易而导致自然资源的过度开发和利用从而导致环境的破坏。

(3) 因国际投资带来的环境影响

这类贸易活动主要是由发达国家对外（对发展中国家）进行投资的。其特点在于利用发展中国家劳动力成本低且制定的环境标准不严或者过于宽松，而将污染企业或落后的生产技术投入这些国家，从而导致“污染转嫁”。

第九章　联合国和区域性国际组织

配套测试

一、单项选择题

1. 下列国际组织中不属于区域性国际组织的是哪一项？(　　)

A. 东南亚国家联盟
B. 欧洲联盟
C. 美洲国家组织
D. 世界货币基金组织

2. 首次正式将“联合国”作为战后国际组织名称的文件是(　　)。

A.《联合国家共同宣言》
B.《关于普遍安全的宣言》
C.《联合国宪章》
D.《关于建立普遍性国际组织的建议案》

3. 联合国大会对于“重要问题”的表决，以到会投票会员国的(　　)。

A. 2/3 多数票决定　　B. 1/2 多数票决定
C. 3/4 多数票决定　　D. 4/5 多数票决定

4. 今年是联合国秘书长的换届年，联合国将依据《联合国宪章》选举产生新任秘书长。根据《联合国宪章》，对于秘书长的选举程序，下列哪一表述是正确的？(　　)

A. 由联合国安理会采取关于程序性事项的投票程序，直接表决选出秘书长
B. 由联合国大会直接选举，大会成员 2/3 多数通过
C. 由安理会采取实质性事项表决程序推荐秘书长候选人，经联合国大会以简单多数表决通过
D. 由安理会采取程序性事项表决程序推荐秘书长候选人，经联合国大会表决获 2/3 多数通过

5. 下列国际组织中属于区域性国际组织的是(　　)。

A. 阿拉伯国家联盟
B. 托管理事会
C. 非殖民化委员会
D. 国际劳工组织

6. 联合国大会由全体会员国组成，具有广泛的职权。关于联合国大会，下列哪一选项是正确的？(　　)（司考 2015. 1. 32）

A. 其决议具有法律拘束力
B. 表决时安理会 5 个常任理事国的票数多于其他会员国
C. 大会是联合国的立法机关，三分之二以上会员国同意才可以通过国际条约
D. 可以讨论《联合国宪章》范围内或联合国任何机关的任何问题，但安理会正在审议的除外

7. “加权表决制”作为国际组织表决制度的一种指的是(　　)。

A. 一些金融性国际组织会员国除享有同样的表决票外，还可以就其所认缴股份额的多少增加一定票数
B. 该组织的最高权力机关决定某些会员国可以增加一定票数
C. 该组织行政机关决定某些会员国可以增加一定票数
D. 该组织成员全体一致同意某些会员国可以增加一定票数

8. 联合国经济及社会理事会的议事表决制度采取(　　)。

A. 简单多数制　　B. 特定多数制
C. 加权表决制　　D. 全体一致制

9. 在联合国体系中，协调联合国与联合国专门机构的机关是(　　)。

A. 联合国大会
B. 联合国安理会
C. 联合国经社理事会
D. 联合国秘书处

10. 为促进对人权的尊重和保护，联合国大会 2006 年通过决议，设立了一个专门负责联合国人权领域工作的大会附属机构。下列哪一个选项是正确的？(　　)（司考 2008. 1. 31）

A. 联合国人权委员会
B. 联合国人权事务委员会
C. 联合国人权理事会
D. 联合国人权法院

11. 下列关于联合国大会与安理会在维持国际和平与安全方面的关系说法中正确的有(　　)。

A. 安理会协助大会进行工作

B. 在采取维和行动问题上，大会可以主动向安理会提出建议
C. 大会协助安理会进行工作
D. 大会有优先权

12. 甲国是联合国的会员国。2006 年，联合国驻甲国的某机构以联合国的名义，与甲国政府签订协议，购买了一批办公用品。由于甲国交付延期，双方产生纠纷。根据《联合国宪章》和有关国际法规则，下列哪一选项是正确的？(　　)
A. 作为政治性国际组织，联合国组织的上述购买行为自始无效
B. 上述以联合国名义进行的行为，应视为联合国所有会员国的共同行为
C. 联合国大会有权就该项纠纷向国际法院提起针对甲国的诉讼，不论甲国是否同意
D. 联合国大会有权就该项纠纷请求国际法院发表咨询意见，不论甲国是否同意

13. 联合国会员国甲国出兵侵略另一会员国。联合国安理会召开紧急会议，讨论制止甲国侵略的决议案，并进行表决。表决结果为：常任理事国 4 票赞成、1 票弃权；非常任理事国 8 票赞成、2 票否决。据此，下列哪一选项正确的？(　　)(司考 2016.1.32)
A. 决议因有常任理事国投弃权票而不能通过
B. 决议因非常任理事国两票否决而不能通过
C. 投票结果达到了安理会对实质性问题表决通过的要求
D. 安理会为制止侵略行为的决议获简单多数赞成票即可通过

二、多项选择题

1. 国际组织在对外关系中具有下列权利能力和行为能力(　　)。
A. 缔约权　　B. 对外交往权
C. 承认与被承认权　　D. 国际求偿权

2. 联合国接纳新会员国的条件是(　　)。
A. 爱好和平　　B. 主权国家
C. 接受宪章所载义务　　D. 大会推荐

3. 联合国召开紧急特别会议，须由(　　)。
A. 秘书长提出请求
B. 安理会不能达成一致并经会员国多数请求
C. 安理会常任理事国请求
D. 多数会员国的请求

4. 下列职权中，属于安理会职权的有(　　)。
A. 促使争端和平解决
B. 制止侵略行动
C. 一定条件下采取必要武力行动以维持和恢复国际和平与安全
D. 中止会员国权利

5. 下列机构中，属于联合国专门机构的是(　　)。
A. 万国邮政联盟　　B. 欧洲联盟
C. 世界气象组织　　D. 国际复兴开发银行

6. 国际法院作为联合国的主要司法机关，其法官的选举(　　)。
A. 经安理会同意交大会表决
B. 由安理会和大会并行独立选举产生
C. 安理会的常任理事国享有否决权
D. 安理会的常任理事国不享有否决权

7. 联合国接纳新会员国的程序包括(　　)。
A. 有关国家按规定向联合国秘书长提出申请
B. 安理会审议与推荐
C. 大会审议并以 2/3 多数票表决通过
D. 大会过半数票表决通过

8. 安理会在维持国际和平与制止侵略方面的职权包括(　　)。
A. 建议经济制裁　　B. 断交
C. 采取封锁等武力行动　　D. 建议停止交通电信

9. 区域性组织在解决争端方面与联合国的关系是(　　)。
A. 区域性组织开始解决的争端并不影响安理会职权的执行
B. 区域组织采取的任何行动须经安理会授权
C. 区域组织可视情况自行采取行动，无须安理会授权
D. 区域组织解决争端，必须符合《联合国宪章》的宗旨和原则

10. 联合国安全理事会关于非程序性事项表决时，5 个常任理事国均享有否决权，这表明(　　)。
A. 常任理事国任何一国投反对票，决议便不能通过
B. 常任理事国任何一国投弃权票，决议也不能通过
C. 常任理事国投一致同意票，决议通过
D. 常任理事国一致的同意票加全体理事国 2/3 多数同意票，决议通过

11. 联合国大会在维持国际和平与安全方面采取行动的根据是(　　)。
A. 联合国宪章
B. 安理会决议
C. 受害国请求
D. 有关国家的呼吁

12. 国际组织作为国际法主体，具有法律人格表现在(　　)。
A. 可以缔结双边或多边条约

B. 可以接受或派遣外交使节

C. 有请求国际赔偿的权利

D. 享有特权与豁免

13. 政府间国际组织的特征有(　　)。

A. 国际组织的成员是国家

B. 国际组织的宗旨是处理国际的特定事务

C. 国际组织的成立是通过双边协议

D. 国际组织具有常设机构

14. 国际组织在国际关系中，具有下列权利能力和行为能力(　　)。

A. 缔约权　　B. 承认与被承认权

C. 国际索赔权　　D. 一定的特权与豁免

15. “恐龙国际”是一个在甲国以非营利性社会团体注册成立的组织，成立于1998年，总部设在甲国，会员分布在20多个国家。该组织的宗旨是鼓励人们“认识恐龙，回溯历史”。2001年，“恐龙国际”获得联合国经社理事会注册咨商地位。现该组织试图把活动向乙国推广，并准备在乙国发展会员。依照国际法，下列哪些表述是正确的？(　　)

A. 乙国有义务让“恐龙国际”在乙国发展会员

B. 乙国有权依照其本国法律阻止该组织在乙国的活动

C. 该组织在乙国从事活动，必须遵守乙国法律

D. 由于该组织已获得联合国经社理事会注册咨商地位，因此，它可以被视为政府间的国际组织

三、名词解释

1. 观察员
2. 全体一致通过
3. 加权表决制
4. 否决权
5. 双重否决权
6. 区域性国际组织
7. 欧洲联盟（European Union）
8. 联合国专门机构（中南财经政法大学2007年、2005年、武汉大学2006年考研真题）

四、简答题

1. 国际组织的基本特征有哪些？(中南财经政法大学2010年考研真题)
2. 简述国际法院的诉讼管辖权。(北京大学2007年考研真题；中国政法大学2011年考研真题)
3. 简述《联合国宪章》第2条的基本原则。
4. 简答联合国安理会常任理事国的“双重否决权”。(西北政法大学2007年、中南财经政法大学2008年考研真题)
5. 简述国际人权法和国际人道法的区别。(中国政法大学2016年考研真题)

五、论述题

1. Describe and comment briefly on the reform of the United Nations from the perspective of international law.
2. 联合国在国际法编纂中的地位和作用。
3. 试论联合国的改革问题。
4. 比较并评述联合国大会和安全理事会在联合国事务中的地位和作用。
5. 论非政府间国际组织的地位及作用。
6. 试论国际组织对现代国际法发展的影响。(武汉大学2007年考研真题)

参考答案

一、单项选择题

1. **答案**：D。世界货币基金组织是全球性、专门性国际组织。

2. **答案**：D。此题是关于联合国的建立历史的考题，应明确，在联合国建立的历史上几个重要的会议和国际文件，包括1941年《大西洋宪章》、1942年《联合国家共同宣言》、1943年《关于普遍安全的宣言》(莫斯科宣言)、1944年《关于建立普遍性国际组织的建议案》。其中1944年宣言建议将国际组织命名为联合国。

3. **答案**：A。见《联合国宪章》，大会对于“重要问题”，须会员国2/3多数决定，其他问题，要求半数通过。

4. **答案**：C。根据《联合国宪章》，联合国秘书长人选由联合国安全理事会向联合国大会推荐，安理会推荐联合国秘书长人选适用非程序性事项表决程序。① 而宪章要求，对非程序性事项的决议表决，要求包括全体常任理事国在内的9个理事国一致同意。即任何一个常任理事国都不投反对票。联合国大会将要表决的事项分为一般问题和重要

① 编者注：由于程序性事项与非程序性事项的表决程序不同，所以读者要注意区分事项性质和具体的表决程序。

问题，对一般问题的决议采取简单多数通过；对于重要问题的决议采取2/3多数通过。而联合国大会通过新任秘书长的决议属于一般问题。故本题答案为C。

5. **答案**：A。除A外其他都是联合国的组织。

6. **答案**：D。《联合国宪章》第13条规定，联合国大会应发起研究，并作成建议，提倡国际法之逐渐发展与编纂，因此大会不具有立法权，联合国大会决议仅具有建议的性质。《国际法院规约》第38条已是公认对国际法渊源的权威说明，该条除传统国际法渊源外，还涉及了一般法律原则、司法判例及各国权威最高之公法学家学说，然而该条并没有列入国际组织包括联合国大会的任何决议，因此，联大决议不应具有国际法效力。故A错误。《联合国宪章》第18条还规定，大会之每一会员国，应有一个投票权。故B错误。《联合国宪章》第18条亦规定，大会对于重要问题之决议应以到会及投票之会员国2/3多数决定之。此项问题应包括：关于维持国际和平及安全之建议，安全理事会非常任理事国之选举，经济及社会理事会理事国之选举，依第86条第1项所规定托管理事会理事国之选举，对于新会员国加入联合国之准许，会员国权利及特权之停止，会员国之除名，关于施行托管制度之问题，以及预算问题。关于其他问题之决议，包括另有何种事项应以2/3多数决定之问题，应以到会及投票之会员国过半数决定之。由此可知，大会表决原则是，每个会员国在大会拥有投票权，但对重要问题的决定，均需经出席并参加投票的会员国以2/3的多数通过；其他问题只需以简单多数通过。故C错误。

7. **答案**：A。加权表决制是指在某些涉及经济、金融事务的国际组织中，其表决程序是按照各成员国在人口、经济实力、贡献大小等方面的不同而分别赋予不同票数的投票权。如国际货币基金组织每一成员国的投票权与其在基金的份额成正比。

8. **答案**：A。经社理事会的每个理事国有投票权，以简单多数进行表决。

9. **答案**：C。联合国专门机构是根据政府间协定而建立的，在经济、社会、文化、教育、卫生及其他有关领域负有广泛的国际责任，并根据与联合国经社理事会缔结的协定与联合国发生联系的专门性国际组织。由此定义可以看出，联系各专门机构的是经社理事会。

10. **答案**：C。联合国人权理事会是根据《联合国宪章》成立的人权机构。答案为C。

11. **答案**：C。在维持国际和平与安全的问题上，安理会有优先权，大会在这方面主要是协助安理会进行工作，对于采取维和行动已列入安理会议事日程的问题，非经安理会请求，大会不得提出任何建议。

12. **答案**：D。政治性国家组织可以在一定程度上成为民事主体，因此，上述的购买行为是有效的。故A错误。只有在联合国的目的和宗旨内，并且经适当程序作出的决议后所从事的行为才属于共同行为，单纯的民事行为不可以视为所有会员国的共同行为。故B错误。国际法院管辖权包括两方面：一是咨询管辖权；二是诉讼管辖权。国际法院只能审理国家与国家之间的争端。而且必须获得甲国的同意受其管辖。故C错误。根据《联合国宪章》的规定，国际法院除诉讼活动外，还有提供法律咨询的重要职能，称为法院的咨询管辖权。联合国大会及专门机构或其他机构，可以就执行其职务中的任何法律问题请求国际法院发表咨询意见。因此本题的正确选项是D项。

13. **答案**：C。安理会的每个理事国有一个投票权。程序性问题，由15个理事国中的9个理事国的可决票决定。非程序性问题，以9个理事国的可决票包括全体常任理事国的同意票决定。即任一常任理事国的反对票都可以否决决议。但是常任理事国不参加投票或者弃权，不构成否决。故A错误。

程序性问题有：通过或修改安理会的议事规则；确定推选安理会主席的方法；组织安理会本身使其能持续行使职能；选定安理会会议的时间和地点；设立执行其职能所必需的机构；邀请在安理会中没有代表的会员国在对该国利益有特别关系时参加安理会讨论；邀请在安理会正在审议的争端中为当事国的任何国家参加关于该争端的讨论。

实质问题是：解决争端，调整足以引发争端的情势，断定对和平的威胁，消除对和平的威胁制止对和平的破坏。关于和平解决争端的决议，作为争端当事国的理事国不得投票，但是关于采取执行行动的决议，可以投票和行使否决权。此外，安理会在作出关于建议大会接纳新会员国、中止会员国的权利、开除会员国和向大会推荐秘书长人选等问题时，也需包括五个常任理事国在内9个理事国的可决票来决定。故D错误。

本题属于实质问题，由9个理事国的赞成票，且没有常任理事国的否决票即可通过。故B错误，C正确。

二、多项选择题

1. **答案**：ABCD。国际组织也是国际法的主体。其在国际关系中也具有一定的权利能力，其主要权利能力是：缔约权、对外交往权、承认与被承认权、国际求偿权。

2. 答案：ABC。联合国接纳会员国的条件是：爱好和平的主权国家，并愿意遵守宪章所规定的各项义务，而联合国认为它能够并愿意履行这些义务的。其须由有关国家向秘书长提出申请，由安理会审议推荐，最后经大会通过方可成为会员国。

3. 答案：BD。紧急特别会议的召开是根据1950年联合国大会通过的《联合一致共同和平决议》确立的制度，在遇有威胁和平、破坏和平或侵略的行为发生，安理会五大国不能达成一致而作出决议时，经安理会九理事国的表决提出要求，或经多数会员国的请求，可以在24小时内召开紧急特别会议。

4. 答案：ABC。见《联合国宪章》，中止会员国的权利是大会的职权。

5. 答案：ACD。欧盟是地区性国际组织。

6. 答案：BD。国际法院的法官选举由大会和安理会在候选人中分别独立选举产生，安理会理事国可参加两次选举，但常任理事国不具有一票否决权。

7. 答案：ABC。联合国接纳会员国的程序是：由有关国家向秘书长提出申请，由安理会审议推荐，最后经大会通过方可成为会员国。

8. 答案：ABCD。安理会可建议和决定采取不牵涉到使用武力的措施（包括经济制裁、停止交通电信和断绝外交关系），并促请会员国执行该措施，如认为上述措施不够，可采取必要的武力行动（包括会员国的空、海、陆军示威、封锁和其他军事举动），也可组织并使用联合国军来维持国际和平与安全。

9. 答案：ABD。见《联合国宪章》，地区性国际争端在提交安理会前，应依区域办法和通过该区域的国际组织和平解决，在适当情况下，安理会可把属于自己职权范围内的执行行动，授权区域组织采取区域办法协助进行。但区域办法和区域组织必须符合《联合国宪章》的宗旨和原则，并不得影响联合国各机构的职权的行使。

10. 答案：AD。见《联合国宪章》，安理会非程序问题的表决须包括5个常任理事国在内的9个理事国的可决票方可通过。

11. 答案：AB。大会在维持国际和平与安全方面协助安理会工作，见《联合国宪章》。

12. 答案：ABCD。国际组织作为国际人格者，具有缔约权、国际求偿权、接受或派遣使节、享受豁免等权利。

13. 答案：ABD。政府间国际组织是指数国为达到特定目的，依条约建立，并有专门机关履行其职能的团体。其特征主要有：国际组织的成员是国家；国际组织的宗旨是处理国际的特定事务；国际组织具有常设机构。

14. 答案：ABCD。国际组织也是国际法的主体，其具有以下的权利能力和行为能力：缔约权、进行国际求偿和诉讼权、承认与被承认权、特定的特权与豁免。

15. 答案：BC。政府间的国际组织是指通过政府协议成立的、旨在进行国际合作、具有常设机构的国家间的联合体。“恐龙国际”只是一个在甲国以非营利性社会团体注册成立的组织，尽管已经获得联合国经社理事会注册咨商地位，仍无法被视为政府间国际组织。故D错误。国家独立权是指国家依照自己的意志处理内外事务并不受他国控制和干涉的权利。因此，乙国无义务让“恐龙国际”在乙国发展会员；乙国有权依照其本国法律阻止该组织在乙国的活动；该组织在乙国从事活动，必须遵守乙国法律。故A错误，B、C正确。由此可知，本题答案为B、C。

三、名词解释

1. 答案：大部分国际组织邀请非成员国、民族解放运动、其他政府间或非政府间的国际组织作为观察员出席其有关的会议。观察员通常是在每次开会时临时邀请的。但有些国际组织也邀请长期的观察员。

2. 答案：全体一致通过是指国际组织的方案必须取得出席并投票的成员国的一致同意才能通过。这是19世纪时的国际会议通常采取的表决方式。

3. 答案：加权表决制是指某些会员国在享有同样的表决票外还增加一定的票数。这种表决制在带有股份制性质的国际金融组织中常常采用。

4. 答案：否决权是指在联合国安理会的表决程序中，对于实质事项来说，它要求全体常任理事国的一致同意方可决定，这种突出大国地位的表决制度事实上赋予了大国以特权，即所谓的“否决权”。

5. 答案：联合国安理会常任理事国对于非程序性事项的表决享有否决权，由于决定某个事项是否属于程序事项的问题也要由包括全体常任理事国同意票在内的9个理事国的可决票决定，即也享有否决权，常任理事国就享有两次否决的权利，称为“双重否决权”。

6. 答案：区域性国际组织是指在相同的地域内的国家或者虽不在相同的地域内但以维护区域性利益为目的的国家组成的国际组织与集团。

7. 答案：欧洲联盟的前身为欧洲共同体。欧洲煤钢联营、欧洲经济共同体和欧洲原子能共同体三机构合并为单一机构，统称欧洲共同体。欧洲共同体成员国首脑1991年12月在荷兰马斯特里赫特召开会议，通过《政治联盟与经济、货币联盟条约》即《马斯特里赫特条约》，意在扩展和深化欧共体经济一体化，进而实现政治联盟和经济、货币联盟。该条约于1993年11月1日生效，欧洲共同体更名为欧洲联盟。欧洲联盟是目前一体化程度最高的区域组织。

8. 答案：联合国专门机构，是指根据特别协定而同联合国建立关系的或根据联合国决定而创设的那种对某一特定业务领域负有国际责任的政府间专门性国际组织。它们具有下列特征：第一，它们是政府间组织；第二，它们是具有独立国际法律人格的组织；第三，它们是某一特定领域的全球性专门组织；第四，它们是同联合国具有特殊法律关系的专门组织。联合国现有的专门机构是：国际电信联盟、国际劳工组织、世界卫生组织、世界气象组织、世界知识产权组织、国际货币基金组织、世界银行、国际开发协会、国际金融公司、万国邮政联盟、联合国粮食及农业组织、联合国教科文组织、国际民用航空组织、国际海事组织、国际农业发展基金、国际原子能机构、联合国工业发展组织等。

四、简答题

1. 答案：（1）国际组织是国家之间的组织。首先，国际组织的主要参加者是国家。其次，国际组织不是超国家组织，国际组织并不凌驾于国家至上。（2）国际组织是国家为了国际合作而建立的。（3）国际组织依据国家间协议而创立，主要通过缔结国际条约的形式创设国际组织。（4）国际组织设有常设性机构。（5）国际组织有独立的法律人格，具有一定的独立性和平等性，能独立参与国际关系，享有和承担国际法上的权利和义务。

2. 答案：国际法院的管辖权包括诉讼管辖权和咨询管辖权两项。国际法院的诉讼管辖权是指法院审理争端当事国提交的诉讼案件的权利。根据《国际法院规约》第34条第1款规定，国际法院的诉讼当事国限于国家，任何组织、团体、个人均不得成为诉讼当事方。法院以国家为诉讼当事方，但是并非一切国家都可以在国际法院提起诉讼。根据规约第35条规定，法院的诉讼当事国可以是规约当事国或者其他国家，但是法院受理其他国家诉讼的条件，除现行条约另有规定外，由联合国安理会决定。所有诉讼当事国在法院审理中处于完全平等的地位。根据《国际法院规约》第36条，法院管辖的案件，主要包括以下三个方面：

（1）各当事国提交的一切案件。这类案件应当在当事国双方同意的基础之上，签订一个特别协定，提交给国际法院审理。当事国双方相互同意构成国际法院管辖权的根据。由于此类案件是由当事国自愿提交的，因此，法院对这些案件的管辖通称为自愿管辖。

（2）《联合国宪章》或者其他现行条约及协定中所特定的一切事件。在现行的条约和协定中，有许多包含有因为条约的解释或者适用所产生的争端提交国际法院审理的规定。这种规定可以是条约的一项争端解决条款，也可以是与条约同时签订的一个任择议定书。由于条约或者协定的缔约国根据争端解决条款或者解决争端的任择议定书事先接受了法院的管辖权，所以将来在因为条约的解释或者适用发生争端的时候，就不能拒绝法院的管辖。法院对此类案件的管辖权称为协定管辖。

（3）根据规约第36条第2款提交的案件。《国际法院规约》第36条第2款规定：“本规约各当事国得随时声明关于具有下列性质之一的法律争端，对于接受同样义务的其他国家，承认法院管辖之当然而具有强制性，不须另订特别协定。”该款主要规定了对条约的解释、国际法的任何问题、违反国家义务的任何事实的存在和违反国际义务应当赔偿的性质和范围这四类事项的强制管辖权。根据上述规定，规约某一当事国一旦作出该款要求的声明，则其与承担同样义务的国家之间发生以上法律争端时，就必须要接受国际法院的管辖。如果一方起诉，另一方有义务应诉，否则国际法院有权作出缺席判决。国际法院对此类案件的管辖虽然具有强制性，但是当事国是根据其所作的声明任意承担的，因而称为“任意强制管辖”。

3. 答案：宪章第2条规定，为实现联合国的宗旨，联合国及其会员国应遵行下列原则：

（1）联合国系基于各会员国主权平等之原则。

（2）各会员国应一秉善意，履行其依宪章所担负之义务，以保证全体会员国由加入本组织而发生之权益。

（3）各会员国应以和平方式解决其国际争端，不危及国际和平、安全及正义。

（4）各会员国在其国际关系上不得使用威胁或武力，或以与联合国宗旨不符之任何其他方法，侵害任何会员国或国家之领土完整或政治独立。

（5）各会员国对于联合国依本宪章规定而采取的行动，应尽力予以协助，联合国对于任何国家正在采取防止或执行行动时，各会员国对该国不得给予协助。

（6）联合国在维系国际和平及安全之必要范

围内，应保证非联合国会员国遵行上述原则。

(7) 本宪章不得认为授权联合国干涉在本质上属于任何国家国内管辖之事件，且并不要求会员国将该项事件依本宪章提请解决；但此项原则不妨碍第七章内执行办法之适用。

4. 答案：联合国安理会的表决程序中分为程序性事项和实质性事项。程序性事项的决议以15个理事国中的9个理事国的可决票决定；而实质性事项则以包括全体常任理事国的同意票在内的9个理事国的可决票决定，即任何一个常任理事国的否决票都可以否决关于实质性事项的决议。在认定某一事项是否属于程序性事项时，常任理事国也可以行使否决权，即认定某一事项为“实质性事项”也要由包括全体常任理事国在内的9个理事国的可决票决定。常任理事国享有的两次否决的权利，称为双重否决权。也即 (1) 决定是否属于程序性事项，五大国拥有否决权；(2) 对非程序性事项进行表决，五大国拥有否决权。

5. 答案：国际人权法和国际人道法的区别主要表现在以下方面：

(1) 起源不同。国际人权法是伴随着《联合国宪章》《世界人权宣言》等具有普遍性和区域性的人权条约的签署而发展起来的，是国际法的新分支。国际人道法起源于传统的“战争法”，是由战争法的海牙体系和日内瓦体系发展而来的。

(2) 宗旨目的不同。国际人权法的宗旨和目的是给人们在社会、政治、经济和文化等方面的发展提供可能性，使个人权利和基本人权受到法律保护。国际人道法的宗旨和目的是在发生武装冲突的情况下，为了使战争受难者免于遭受不必要的痛苦和威胁。

(3) 法律渊源不同。国际人权法主要是由普遍性和区域性的人权条约组成，国际人道法的法律渊源主要是《日内瓦公约》及其附加议定书。

(4) 适用时期不同。国际人权法主要适用于和平时期，国际人道法主要适用于战争时期。

(5) 权利行使途径不同。国际人权法主要赋予个人人权，个人有权行使或者放弃。国际人道法通过国家或者武装冲突团体实现权利。

五、论述题

1. 答案：(1) 冷战结束已达10年之久，雅尔塔体制早已瓦解，联合国今天面临的国际形势与1945年旧金山会议通过《联合国宪章》(以下简称《宪章》) 时的情况已大不相同。半个世纪以来，联合国的队伍不断壮大，已从成立时的51个会员国增加到了188个，发展中国家已成为这个最有权威的政府间国际组织中最大的队伍和中坚力量，《宪章》中敌国条款所指的那些“二战”中的“敌国”德、意、日等都早已成了联合国的成员。尤其重要的是，当今世界出现了政治多极化和经济全球化两大趋势，给联合国提出了许多新问题和新任务：不仅国家间的冲突和地区冲突仍然时有发生，而且冷战时期被掩盖着的民族和种族矛盾、宗教矛盾、领土纠纷也越来越突出，发生在国家内部的武装冲突连续不断，经济全球化使南北贫富差距进一步扩大，从1997年起始于东亚的金融危机几乎损及所有发展中国家和俄罗斯等转型国家，所有这些都是联合国在21世纪内将面临的新的严峻挑战。然而，联合国目前的机制基本上依然是“二战”结束时确立的那样，显然不能适应这些新的挑战的需要。因此，自冷战结束以来，国际社会要求改革联合国现行机制的呼声日益高涨。在改革的目的方面，美国与国际组织主张通过改革使联合国能为它们在全世界推行西方价值观和民主制度服务，也就是要把改革纳入建立美国领导下的或者西方大国主宰下的世界新秩序的轨道。广大发展中国家则希望通过改革摆脱霸权主义和强权政治，使联合国能够真正按照《宪章》的宗旨和原则，为建立一个“和平、平等、公正、合理”的世界新秩序服务。

(2) 联合国改革涉及各大国、各地区不同国家和集团的利益，关系到在联合国内建立何种新的力量平衡以及联合国今后的发展方向问题，最终将影响世界的前途。因此，即便是在现行框架内进行渐进式的改革，也必然充满着激烈的争论甚至尖锐的斗争，不可能是一帆风顺的。从这些年联合国改革的艰难历程来看，从绝大多数会员国的愿望和要求来看，联合国的改革只能是在现行框架和《宪章》的基础上进行。激进主义的改革是不可取的，任何抛弃联合国的主张都是危险的。联合国改革涉及的面很广，有联合国行政领域的改革，如秘书处的改革，有政治领域和结构性的改革，如安全理事会（简称安理会）的改革、经济和社会理事会（简称经社理事会）的改革、《宪章》的修改、财政制度的改革等。自安南秘书长1997年提出了名为《革新联合国》的一揽子改革计划以来，迄今行政领域的改革进展顺利，已经得到落实的有设立联合国常务副秘书长、成立高级领导小组、削减预算、裁减人员、合并职能重叠的机构、减少行政支出、减少和缩短秘书处文件等。但政治领域和结构性的改革，尤其是其核心部门——安理会的改革依然步履艰难。

(3) 从目前的趋势看，联合国未来的发展将有以下几个特点：第一，联合国将继续由大国占主导地位，并在相当程度上继续是实现大国利益的工具，同时也将继续是协调国际关系的中心。第二，按照现行《宪章》，联合国的中心任务仍将继续是维护和平与安全，但有两个方面正在发生变化：首先是安全概念的变化。一是把国内问题纳入国际和平与安全的范畴。二是扩大安全概念的内涵。即集体安全、普遍安全和人民安全，把国际的、国内的和个人的安全统统纳入联合国的治理范围，实质也是在干涉各国国内事务，并对这三种不同的安全概念提出了三个不同的处理方式。其次是安理会职能的扩大。近几年已经出现了这个趋势，如频繁使用强制性措施，加强预防性外交，将维和行动扩大到监督国家选举、建立“禁飞区”和“安全区”，实施所谓的“人道主义干预”，介入主权国家的内部事务等，并将防止核扩散、反对恐怖主义和划定国际边界等问题也拿到安理会讨论决定。西方国家还力图把人权纳入安理会的议程，虽然遭到中国等国家的反对，但它们至今仍未死心。第三，发展问题将更加受到会员国特别是广大发展中国家的重视。这是联合国在迎接21世纪挑战中必须解决的根本问题。

2. **答案**：国际法的编纂狭义指把现有的国际法规则，特别是习惯法规则，加以准确表述和条文化、系统化；广义则一般还包括修订、补充原有规则或提出新的规则，将它们变成条款草案，由一个有权确定的机构，通常是外交会议，予以认可，并通过一定程序，形成国际公约。

联合国很重视国际法的编纂，宪章第13条规定，联合国大会的职权之一，是发动研究并作成建议，提倡国际法之逐渐发展及编纂。联合国系统内有一些常设的或临时性的赋有国际法编纂职能的机构，如联合国大会第六委员会（法律委员会），此外为了进行专项的编纂工作，有时根据联大决议成立特别委员会，如《国际法宣言》就是由一个特别委员会草拟的。技术性极强的国际公约以及国际规则和标准，则由主管的联合国专门机构负责制定。在联合国的主持下还召开了一些外交会议，如第一、第二、第三次联合国海洋法会议，进行编纂和制定国际公约。但是在国际法编纂方面负基本责任的是联合国国际法委员会。

联合国国际法委员会是根据《联合国宪章》第13条成立的，按照《联合国国际法委员会规约》，其主要任务是促进国际法的逐渐发展和编纂。国际法的编纂是指在已经有广泛的各国实践、先例和学说的领域内对国际法规则进行更精确的制定和系统化；国际法的逐渐发展是指对尚未为国际法所调整的或在各国实践中法律尚未充分发展的问题草拟公约草案。规约对他们规定了不同的工作程序，但实际上两者不能截然分开。

3. **答案**：改革的总体原则：(1)《联合国宪章》所载的宗旨和原则在今天依然有效并且切合实际。坚持和信守联合国的宗旨和原则是联合国改革的前提和方向。(2) 改革的目标是进一步凝聚共识，加强团结，增强联合国应对新挑战的能力和效率。各方应通过改革，共同推动加强多边集体安全机制，落实“千年发展目标”，使联合国在国际事务中发挥更大作用。(3) 改革是全方位和多领域的，各领域改革均应同等重视，并兼顾所有国家的合理关切，尤其要着重解决广大发展中国家对发展问题的关注。(4) 改革是一个循序渐进的过程，不可能一蹴而就或一劳永逸。既要积极推动，也要水到渠成。已有原则共识的可争取尽快完成，尚有分歧的可继续讨论。所有重大决定都应建立在最广泛共识的基础之上。人为设定时限，强行推动表决都不利于会员国的团结，更与推进改革的初衷背道而驰。

改革的具体问题分别是：(1) 联合国，是191个主权独立国家在宪章所载宗旨与原则基础上进行广泛国际合作的一种最高形式，但它并不是一个世界政府。它没有自己的领土，对于世界事务的管辖权、可供其使用的资金、人员、机构、兵源等，都是很有限的。它只有可能根据宪章规定做它力所能及的工作。有些事，它不可管；有些事，它无能管。21世纪的联合国，应从某种理想主义步入一条更加现实与创新的道路。人们也不能对其抱有超越现实条件的过高的期望。

(2) 安理会的改革：①安理会是联合国的权力核心和执行机关，其组成应根据国际社会50多年来的发展予以扩大。一个由包括7~9名常任理事国在内的21~27名理事国组成的安理会，估计是有可能为国际社会所接受的。常任理事国及理事国的名额，应适当注意地域分配上的公允。如常任理事国超过7名，除7名有否决权的常任理事国外，其余则可为无否决权但可始终连任的(半)常任理事国。②为了缓和对安理会否决权制度的抵制，为了扩大国际民主，可以考虑将常任理事国的“一票否决制”改进为“2~3票（缀连）否决制”。

(3) 维和行动：应在安理会权力之下，由根据宪章第47条建立之军事参谋团协助，加强传统意义上的维持和平行动，并建立或授权若干非常任理事国的会员国建立可供安理会使用的中立性常备部队，以备维持和平行动的紧急需要，遏制地区突发性事件的发生或进一步恶化。同时，规范和健全维持和平的法律机制；提高安理会决策授权的公正和效率；解决维持和平行动的经费困难；增强维和部队的快速反应能力。

(4) 应该加强联合国人道主义援助机构，尽力解决其捉襟见肘的财政困难。使之在紧急危难关头，能够及时履行救援职责。

(5) 进一步精简机构，简化办事及公文等程序，提高工作效率，加强对联合国预算及其下属机构经费开支的监督，以缓和多年来的财政危机，并防止腐败滋生。

(6) 联合国的改革（特别是在体制结构方面的重大改革），均将涉及宪章若干条款相应部分的修正问题。例如，继纳米比亚这块非洲大陆的最后殖民地正式宣告独立后，北太平洋岛国贝劳的独立，作为联合国六大机关之一的托管理事会已经基本上胜利完成其历史任务。因此，其建制应予撤销，宪章第13章的全部条文应按宪章修正程序予以删除。宪章第17章的“敌国条款”已经失效，亦应删除。此外，对现有的集体安全制度、自卫权制度、宪章修正程序（第18章）等需要改进、补充、完善的部分及相关条款，亦应根据宪章宗旨原则的精神，加强调查研究工作，予以改善和修正，使之能适应21世纪国际关系的需要。

(7) 在缺乏最高统一立法机关的国际社会里，为了加速国际法律秩序的改进与建设，需要进一步发挥国际法委员会编纂工作的创造性功能。国际法委员会在过去的半个多世纪中，曾经起草过30多项重要的法律草案，其中一部分已经过国际会议缔结为正式公约，成绩显著。但是，在国际法律秩序还严重落后于时代发展的情况下，国际法委员会应迅速克服其先天性缺陷，健全工作机制，改进编纂程序，以提高其促进国际法制的效能。例如，对于高度信息化和因特网所带来的法律问题、恐怖犯罪问题、以人工诱导无性繁殖方式克隆人的问题、全球化过程中滋生的种种法律问题等，国际法委员会应具有时代精神，从全人类的根本利益出发，加强调查研究工作，提出（建议性的）研究报告，以加快造法（起草）步伐，促进国际法律秩序的改进与发展。

4. **答案**：相同方面：都是联合国的主要机关。不同方面：组成不同、会议制度（活动方式）不同、职权不同（大会权限包括宪章所有事项，以安理会权限为限——安理会在和平安全方面负有主要职责）、表决机制不同、决定的效力不同。评述：大会是全体会员国的代表机构、职能广泛但决定权小，主要依靠舆论和道义的力量发挥其在联合国事务中的作用；安理会是大国的机关，职能狭窄但职责重大（只负责和平与安全问题），是联合国唯一有决定权和执行权的机关，可以使用包括武力在内的强制手段发挥其在联合国事务中的作用。

5. **答案**：非政府间国际组织是各国的民间团体联盟或个人为促进在政治、经济、科学技术、文化、宗教、人道主义及其他人类活动领域的国际合作而建立的一种非官方的国际联合体。

(1) 地位。传统的国际法不承认非政府间国际组织的国际法主体资格，但是随着它们在国际舞台上发挥日益重要的作用，国际法已经不能再对此漠视了，在有限的范围内非政府间国际组织的国际法主体资格应当给予确认。

(2) 作用。首先，由于非政府间国际组织的多样性，为来自不同国家、不同背景的成员提供了一个讲坛。其次，非政府间国际组织的造法性功能。由于其专业性，其制定的某一行业标准和准则往往为世界所普遍采纳。最后，还起着自愿配置的作用。例如，奥运会的主办权具有经济上的稀缺性，是一种宝贵的财富，国际奥委会就起着这种资源配置的作用。而且非政府间国际组织总部或分支，不仅促进所在地内需，其人员雇用也会解决所在地的部分就业问题。

6. **答案**：国际组织是国家间依据条约或协议成立的国际性组织。根据组织构成的性质，可分为政府间的国际组织和非政府间的国际组织；根据地域的范围，可分为全球性的组织和区域性的组织。国际组织在维护国际和平、促进国际合作和解决国际争端方面发挥着越来越大的作用，对现代国际法的发展与完善产生了巨大而深远的影响，主要体现在以下三个方面：

(1) 国际组织对国际法理论的影响。“二战”后国际组织的迅速发展及其对国际关系的深刻影响，向国际法提出了新的挑战。首先产生的是如何对其进行法律定性的问题。随着时间的推移，国际组织的国际法主体地位已得到绝大多数国际法学者的认同，而且在实践中也得到了解决。此外，国际组织的发展还对国际法的其他基本理论，如国家主权理论等提出了挑战。

(2) 国际组织对国际法创设和完善的影响。①国际组织的基本文件构成了国际法的基本原则内容；②国际司法组织的判例构成了国际法的重要依据；③国际组织对国际法的编纂；④国际组织的决议极大地影响了国际法。

(3) 国际组织对国际法实施和执行的影响。

①以决议的形式对违反国际法的国家进行谴责，宣布其行为违反了国际法，要求其立即停止违法行为等；②取消违法国家的会员资格及中止其权利；③经济制裁；④派驻军事观察团、维和部队等，监督和敦促争议方遵从国际法，停止武力行动；⑤对违反国际法的国家进行军事打击；⑥设立特别法庭，对违反国际法的个人及集体进行审判。

第十章　外交和领事豁免、国际组织的豁免

基础知识图解

- 外交特权和豁免
  - 使馆特权和豁免
    - 使用国旗和国徽
    - 使馆馆舍不可侵犯
    - 档案、文件不可侵犯
    - 通信自由
    - 行动及旅行自由
    - 免纳捐税、关税
  - 外交人员的特权和豁免
    - 人身不可侵犯
    - 寓所和财产不可侵犯
    - 管辖的豁免（刑事、民事、行政管辖的豁免、作证义务免除、豁免的放弃、免纳捐税、免除关税和查验等）
  - 其他人员的特权和豁免（外交代表家属、使馆行政和技术人员、服务人员、使馆人员的私人服务员）
  - 使馆和享有外交特权与豁免人员的义务
    - 使馆馆舍不得以与使馆职务不相容的方式加以使用
    - 尊重接受国的法律和规章
    - 不干涉接受国内政
- 领事特权和豁免
  - 领馆的便利、特权和豁免（领馆工作的便利、使用国旗国徽、馆舍不可侵犯、档案文件不可侵犯、通信自由、行动及旅行自由、免纳捐税、关税、与派遣国国民通信和联络、得到接受国有关通知）
  - 领事官员及其他领馆人员的特权和豁免
    - 人身自由或尊严受保护、人身不受侵犯
    - 管辖豁免
    - 作证义务
    - 特权与豁免的放弃
    - 免纳捐税、关税或免受查验
    - 不享受特权和豁免人员
  - 领事馆及享有领事特权和豁免的人员的义务
- 联合国及各专门机构的特权和豁免
  - 联合国和联合国各专门机构及其官员的特权和豁免
  - 常驻使团及其人员的特权和豁免
  - 临时性代表团及其人员的特权和豁免

配套测试

一、单项选择题

1. 甲、乙两国均为《维也纳外交关系公约》缔约国，甲国拟向乙国派驻大使馆工作人员。其中，杰克是武官，约翰是二秘，玛丽是甲国籍会计且非乙国永久居留者。依该公约，下列哪一选项是正确的？（　　）（司考 2017.1.33）

A. 甲国派遣杰克前，无须先征得乙国同意

B. 约翰在履职期间参与贩毒活动，乙国司法机关不得对其进行刑事审判与处罚

C. 玛丽不享有外交人员的特权与豁免

D. 如杰克因参加斗殴意外死亡，其家属的特权与豁免自其死亡时终止

2. 我国加入《维也纳外交关系公约》时对外交代表的等级提出保留的是(　　)。

A. 大使　　B. 教廷大使

C. 公使　　D. 代办

3. 下列使馆人员中具有外交官职位的是(　　)。

A. 译员　　B. 会计

C. 三等秘书　　D. 无线电技术员

4. 按照《维也纳外交关系公约》的规定，下列使馆人员中应享有各项外交特权与豁免的有(　　)。

A. 行政技术人员及其成年子女

B. 与外交人员构成同一户口的家属

C. 服务人员

D. 私人仆役

5. 国家在对外关系上的最高代表是(　　)。

A. 使馆馆长　　B. 国家元首

C. 政府首脑　　D. 外交部长

6. 一国政府和政府各部门同外国政府或外国使领馆的联系一般通过(　　)。

A. 国家元首　　B. 政府首脑

C. 外交部　　D. 驻该外国使领馆

7. 按照《维也纳领事关系公约》的规定，领事开始执行职务的时间为(　　)。

A. 派遣国通知接受国之时

B. 进入接受国国境之时

C. 接受国与派遣国商定之时

D. 接受国发给领事证书之时

8. 按照领馆特权与豁免的规定，领馆档案及文件不得侵犯适用于下列情形(　　)。

A. 只在领馆内

B. 只在领事馆区内

C. 只在外交邮差手中或外交邮袋里

D. 无论何时何地

9. 使馆馆舍不得侵犯，但接受国的下列哪种行为是合法的？(　　)

A. 得到使馆馆长的同意后，接受国官员进入使馆馆舍

B. 使馆内发生了严重火灾或瘟疫，接受国官员进入使馆馆舍

C. 在出现紧急情况时，接受国官员征用使馆馆舍和交通工具

D. 接受国的警卫人员进入使馆驱逐侵入使馆者

10. 2007 年，甲国国内不幸爆发某种流行传染病。据报，甲国驻乙国大使的官邸发现疑似患者。乙国卫生防疫人员迅速赶到该官邸外，做好处理患者准备工作。甲、乙两国都是《维也纳外交关系公约》的缔约国，且彼此间没有其他的相关协定。根据该公约规定，下列哪一选项是正确的？(　　)

A. 由于官邸处于城市居民区，乙国卫生防疫人员可以立即进入官邸调查处理患者

B. 只要患者不是大使本人或其家属，乙国卫生防疫人员就可以进入官邸进行调查和处理工作

C. 如果未得到甲国大使的明确同意，乙国卫生防疫人员不得进入官邸进行调查和处理工作

D. 只要甲国大使没有明确反对，乙国卫生防疫人员就可以进入官邸进行调查和处理工作

11. 依使馆人员派遣和接受的程序，使馆武官的派遣(　　)。

A. 由派遣国决定

B. 由派遣国、接受国协商决定

C. 须征求接受国的同意

D. 无须征求接受国意见

12. 关于外交特权与豁免的根据，《维也纳外交关系公约》采取(　　)。

A. 代表说

B. 治外法权说

C. 职务需要说

D. 职务需要说与代表说相结合的主张

13. 下列各项中，与使馆职务不相符合的行为是(　　)。

A. 在接受国中作为派遣国的代表

B. 与接受国政府办理交涉

C. 保护派遣国及其国民利益

D. 以一切手段调查接受国的状况并向本国报告

14. 接受国准许派遣国领事执行职务的证书是(　　)。

A. 领事任命书　　B. 国书

C. 介绍函　　D. 领事证书

15. 我国任命总领事的机关是(　　)。

A. 外交部　　B. 国务院

C. 主席　　D. 总理

16. 领馆的设立地点、类别及其辖区，由(　　)。

A. 派遣国决定，与接受国无关

B. 接受国决定，与派遣国无关

C. 派遣国决定，但须经接受国同意

D. 接受国决定，但须经派遣国同意

17. 在不完全外交关系中，双方互派的外交使节一般是(　　)。

A. 大使　　B. 公使

C. 代办　　D. 临时代办

18. 我国历史上设立的第一个国内外交机关是(　　)。

A. 外交部　　B. 总理各国事务衙门

C. 外务部　　D. 政治部

19. 使馆馆长职位空缺时，代行使馆馆长职务的官员称为(　　)。

A. 代办　　B. 临时代办

C. 参赞　　D. 武官

20. 使馆馆长的等级由(　　)。

A. 派遣国决定

B. 接受国决定

C. 派遣国和接受国双方协商决定

D. 联合国秘书长决定

21. 享有外交特权与豁免的人员在接受国的外交特权与豁免的开始时间是(　　)。

A. 自外交代表进入接受国国境前往就任之时起

B. 自外交代表被任命之日起

C. 自外交代表向接受国国家元首递交国书之日起

D. 自外交代表正式执行职务之日起

22. 正式外交关系的建立，通常是通过(　　)。

A. 互设使馆来实现的

B. 互设领馆来实现的

C. 互相正式承认来实现的

D. 国家元首互访来实现的

23. 根据《维也纳外交关系公约》，对于使馆的馆舍，免纳国家或地方的捐税，并且(　　)。

A. 对使馆的所有部分，都不得征用

B. 在必要时可以征用，但需给予充分、及时、有效的补偿

C. 馆舍工作部分不得征用，非工作部分在必要时可以征用

D. 对于租赁的使馆馆舍可以征用

24. 两国一旦断交，使馆和使馆人员的职务(　　)。

A. 即告终止　　B. 暂时中止

C. 仍旧保持　　D. 继续执行

25. 根据《中华人民共和国外交特权及豁免条例》，外交人员的家属指(　　)。

A. 与其构成同一户口的配偶及子女

B. 与其构成同一户口的父母

C. 与其构成同一户口的配偶及其未成年子女

D. 以其作为监护人的其他被监护人

26. 康某是甲国驻华使馆的官员。与康某一起生活的还有其妻、其子（26 岁，已婚）和其女（15 岁）。该三人均具有甲国国籍。一日，四人在某餐厅吃饭，与邻桌发生口角，引发斗殴并致对方重伤。警方赶到时，斗殴已结束。甲国为《维也纳外交关系公约》的缔约国，与我国没有相关的其他协议。根据国际法和我国法律的相关规定，下列哪一选项是正确的？(　　)（司考 .2007. 1. 33）

A. 警方可直接对康某采取强制措施，包括立即限制其人身自由

B. 警方可直接对其妻依法采取强制措施，包括立即限制其人身自由

C. 警方可直接对其子依法采取强制措施，包括立即限制其人身自由

D. 警方不得对康家的任何人采取任何强制措施，包括立即限制其人身自由

27. 理查是甲国驻乙国的领事官员。一日，理查目睹了发生在乙国的一起交通事故。甲、乙两国都是《维也纳领事关系公约》的缔约国，且两国之间没有其他双边的涉及外交和领事特权与豁免方面的协定。根据国际法规则，下面哪些判断是正确的？(　　)

A. 理查作为领事官员，免除作证义务

B. 理查作为领事官员，虽然免除作证义务，但派遣国同意其出庭作证时，理查应出庭作证

C. 理查就该交通事故不得拒绝作证，如果其拒绝，甲国法院可以依照本国法对其强制出庭作证或予以处罚

D. 理查就该交通事故不得拒绝作证，但如果其拒绝，甲国法院也不得对其施以强制或处罚

28. 甲、乙、丙 3 国均为《维也纳外交关系公约》缔约国。甲国汤姆长期旅居乙国，结识甲国驻乙国大使馆参赞杰克，2 人在乙国与丙国汉斯发生争执并互殴，汉斯被打成重伤。后，杰克将汤姆秘匿于使馆休息室。关于事件的处理，下列哪一选项是正确的？(　　)（司考 2012. 1. 32）

A. 杰克的行为已超出职务范围，乙国可对其进行逮捕

B. 该使馆休息室并非使馆工作专用部分，乙国警察有权进入逮捕汤姆

C. 如该案件在乙国涉及刑事诉讼，杰克无作证义务

D. 因该案发生在乙国，丙国法院无权对此进行管辖

二、多项选择题

1. 国家元首在对外关系上的职权有（　　）。

A. 派遣和接受外交代表

B. 批准和废除国际条约

C. 宣战和讲和

D. 出席国际会议

2. 下列人员中享有全部外交特权与豁免的是（　　）。

A. 在外国的一国元首

B. 在外国的政府首脑

C. 在外国的外交部长

D. 大使

3. 外交团是（　　）。

A. 依法组成的团体

B. 由驻在一国的所有使馆馆长组成

C. 在礼仪方面起作用的团体

D. 国家派进的外交代表团

4. 领馆人员分为（　　）。

A. 领事官员　　B. 领事雇员

C. 服务人员　　D. 私人服务人员

5. 依据《维也纳外交关系公约》，使馆作为一国派驻另一国的外交代表机构，主要享有哪些特权与豁免？（　　）

A. 使馆馆舍不受侵犯

B. 使馆档案及文件不受侵犯

C. 通信自由

D. 免纳捐税、关税，使用国旗和国徽

6. "使馆馆舍不得侵犯"中"使馆馆舍"包括的内容有（　　）。

A. 使馆馆长的寓所

B. 使馆馆舍

C. 使馆馆舍所在之土地

D. 使馆设备

7. 下列有关外交保护的发生情况，符合国际法规定的是哪些？（　　）

A. 甲国公民阿里在乙国留学，后阿里被乙国警察非法逮捕并长期非法关押，比尔甲国提出外交保护后不久，加入了丙国国籍

B. 丙国公民侯赛因与乙国人发生斗殴，被乙国警察非法逮捕，丙国在侯赛因用尽乙国救济手段无效后提出外交保护

C. 丁国公民斯密在乙国的汽车被政府征收，且未得到任何补偿，斯密在乙国投诉无门，申请丁国要求外交保护

D. 戊国公民中村在乙国遭遇抢劫，中村立即申请戊国进行外交保护

8. 甲国人亨利持假护照入境乙国，并以政治避难为名进入丙国驻乙国的使馆。甲、乙、丙三国都是《维也纳外交关系公约》的缔约国，此外彼此间没有相关的其他协议。根据国际法的有关规则，下列哪些选项是正确的？（　　）（司考 2007. 1. 78）

A. 亨利目前位于乙国领土上，其身份为非法入境者

B. 亨利目前位于丙国领土内，丙国有权对其提供庇护

C. 丙国有义务将亨利引渡给甲国

D. 丙国使馆有义务将亨利交由乙国依法处理

9. 按照《维也纳外交关系公约》的规定，外交人员以外享有一定特权与豁免的人有（　　）。

A. 外交人员的家属

B. 行政人员的家属

C. 技术人员的家属

D. 服务人员的家属

10. 使馆人员在享有特权与豁免的同时，对接受国负有如下义务（　　）。

A. 不介入接受国政党活动

B. 不参与政治集会

C. 不公开批评接受国政府

D. 不参与游行示威

11. 国内外交机关包括（　　）。

A. 政府　　B. 国家元首

C. 常驻使团　　D. 外交团

12. 国家派出的临时外交代表机关可分为（　　）。

A. 常驻国际组织的使团

B. 特别使团

C. 外交团

D. 临时代表团

13. 外交关系与领事关系的区别表现在（　　）。

A. 职务范围不同

B. 工作地域范围不同

C. 地位不同

D. 享受特权与豁免的程度不同

14. 使馆通常由下列各类人员组成（　　）。

A. 使馆馆长　　B. 外交职员

C. 行政技术人员　　D. 事务职员

15. 使馆人员职务可因下列情形终止（　　）。

A. 任期届满

B. 本国召回

C. 接受国要求召回

D. 派遣国与接受国外交关系断绝

16. 使馆及其人员对接受国的义务有(　　)。

A. 使馆人员在不妨碍外交特权与豁免的情况下，负有尊重接受国法律规章的义务

B. 使馆人员不得干涉接受国内政

C. 保证使馆馆舍不得用于与使馆职务不相符的用途

D. 外交人员不应在接受国内为私人利益从事任何专业或商业活动

17. 根据《维也纳外交关系公约》和《维也纳领事关系公约》的规定，(　　)。

A. 两国建交，领事关系亦相应建立，不需另有协议

B. 两国建立领事关系也就意味着建立了正式外交关系

C. 外交关系断绝并不一定断绝领事关系

D. 除另有声明，两国建交即意味着两国同意建立领事关系

18. 根据国际实践，外交关系的形式一般包括(　　)。

A. 以互派大使、公使为特征的正式外交关系

B. 以互设代办处为特征的半外交关系

C. 非正式外交关系

D. 国民外交关系

19. 驻外使馆馆长的任命(　　)。

A. 应征得接受国的同意

B. 无须考虑接受国的意见可随时派遣

C. 接受国有权拒绝但须说明理由

D. 接受国不同意接受时无须说明理由

20. 构成现代外交关系法渊源的主要国际公约包括(　　)。

A. 1961 年《维也纳外交关系公约》

B. 1969 年《特别使团公约》

C. 1946 年《联合国特权及豁免公约》

D. 1947 年《联合国专门机构特权及豁免公约》

21. 现代外交关系和领事关系的特点是(　　)。

A. 国家间关系不断发展，外交使团的职务日益繁重、复杂

B. 国际组织的发展丰富了现代外交使团的种类

C. 现代外交关系法和领事关系法从过去的分散状态向较为集中方向发展

D. 现代外交法是由国际习惯组成的

22. 外交团成员的位次，按下列方式排列(　　)。

A. 等级　　B. 年龄

C. 职衔　　D. 到任日期

23. 经乙国同意，甲国派特别使团与乙国进行特定外交任务谈判，甲国国民贝登和丙国国民奥马均为使团成员，下列哪些选项是正确的？(　　)

A. 甲国对奥马的任命需征得乙国同意，乙国一经同意则不可撤销此项同意

B. 甲国特别使团下榻的房舍遇到火灾而无法获得使团团长明确答复时，乙国可以推定获得同意进入房舍救火

C. 贝登在公务之外开车肇事被诉诸乙国法院，因贝登有豁免权乙国法院无权管辖

D. 特别使团也适用对使馆人员的“不受欢迎的人”的制度

24. 关于外交特权与豁免，国际上的学说有(　　)。

A. 治外法权说

B. 个人利益说

C. 代表说

D. 职务需要说

25. 按照《中华人民共和国外交特权和豁免条例》的规定，在中国境内享有外交特权和豁免的人员包括(　　)。

A. 使馆人员

B. 外交信使

C. 途经中国的驻第三国的外交人员

D. 持有互免签证的国家外交护照来中国的外交官

26. 根据《维也纳外交关系公约》，通信自由包括(　　)。

A. 使用外交邮袋的自由

B. 使用外交信使的自由

C. 使馆来往公文不得侵犯

D. 使用明密码电信的自由

27. 甲系某国派往 A 国的外交官，因与 A 国乙公民发生纠纷，甲在 A 国法院对乙提起民事诉讼，乙在诉讼过程中对甲的主诉直接提出反诉。A 国法院对二人的纠纷作出判决，由甲赔偿乙的经济损失。下列说法哪些是错误的？(　　)

A. 甲具有民事豁免权，A 国法院不应受理该案件

B. 甲具有民事豁免权，A 国法院不应受理乙对甲的反诉

C. 甲具有民事豁免权，但其到 A 国法院起诉后，就意味着其放弃了豁免权，因此 A 国的判决可以强制执行

D. 甲具有民事豁免权，但甲主动提起诉讼后，乙提出与主诉直接相关的反诉，甲不享有豁免，因此 A 国的判决可以强制执行

28. 下列属于外交代表享有的特权与豁免的选项是(　　)。

A. 人身、寓所、财产和文书信件不可侵犯

B. 刑事、民事和行政管辖豁免

C. 不得干涉接受国的内政

D. 免纳个人所有税和其他直接税

29. 根据国际法中与豁免权有关的原则和制度，一般地，下列人员中享有司法豁免权的有(　　)。

A. 外国元首

B. 外国外交官

C. 外国政府的律师

D. 联合国秘书长

30. 甲、乙、丙三国因历史原因，冲突不断，甲国单方面暂时关闭了驻乙国使馆。艾诺是甲国派驻丙国使馆的二秘，近日被丙国宣布为不受欢迎的人。根据相关国际法规则，下列哪些选项是正确的？(　　)（司考 2014. 1. 74）

A. 甲国关闭使馆应经乙国同意后方可实现

B. 乙国驻甲国使馆可用合法手段调查甲国情况，并及时向乙国作出报告

C. 丙国宣布艾诺为不受欢迎的人，须向甲国说明理由

D. 在丙国宣布艾诺为不受欢迎的人后，如甲国不将其召回或终止其职务，则丙国可拒绝承认艾诺为甲国驻丙国使馆人员

三、不定项选择题

1. 安某和皮某分别是甲国驻乙国使馆的三等秘书和随员。安某多次参加乙国群众举行的反政府集会和游行；皮某则是大量订阅乙国反对党公开出版的刊物并将有关内容向甲国报告。根据国际法的有关规则，下列判断何者为正确？(　　)

A. 安某的行为违背了外交人员对驻在国的有关义务规定

B. 皮某的行为违背了外交人员对驻在国的有关义务规定

C. 一旦安某或皮某的行为被确定为违背了相关的义务，其外交特权与豁免即应被剥夺

D. 一旦外交人员的行为被确定为违背了相关的义务，驻在国可以宣布其为“不受欢迎的人”，要求其在限定时间内离境

2. 依据现行的司法解释，我国法院受理对在我国享有特权与豁免的主体起诉的民事案件，须按法院内部报告制度，报请最高人民法院批准。为此，下列表述正确的是(　　)。（司考 2008. 1. 99）

A. 在我国享有特权与豁免的主体若为民事案件中的第三人，该报告制度不适用

B. 若在我国享有特权与豁免的主体在我国从事商业活动，则对其作为被告的民事案件的受理无须适用上述报告制度

C. 对外国驻华使馆的外交官作为原告的民事案件，其受理不适用上述报告制度

D. 若被告是临时来华的联合国官员，则对其作为被告的有关的民事案件的受理不适用上述报告制度

四、名词解释

1. 治外法权说

2. 领事裁判权

3. 领事制度

4. 外交团（西北政法大学 2007 年、中山大学 2005 年、武汉大学 2006 年考研真题）

5. special mission（武汉大学 2007 年考研真题）

五、简答题

1. What are the reservations made by our country to the Convention on Diplomatic Relation of Vienna? Please give your comments.

2. 外交特权与豁免的现代国际法依据有哪些？（中南财经政法大学 2008 年考研真题）

3. 简述外交代表的特权与豁免与领事官员的特权与豁免有什么不同？

4. 试比较外交关系与领事关系。

5. 试比较领事馆和使馆。

6. 使馆不可侵犯主要包括哪些基本内容？（中南财经政法大学 2010 年考研真题）

7. 简答外交代表管辖豁免的主要内容。（中国政法大学 2006 年考研真题）

六、论述题

1. 从国际法的角度论述以美国为首的北约轰炸中国驻南斯拉夫大使馆的非法性质。

2. 试论外交特权与豁免的理论依据。（西北政法大学 2007 年考研真题中此题为简答题）

3. 试述外交特权与豁免。（西北政法大学 2005 年考研真题；中南财经政法大学 2007 年考研真题将此题设为“名词解释”）

参考答案

一、单项选择题

1. **答案**：B。依据《维也纳外交关系公约》的规定，在派遣武官时，应先将其拟派人选通知接受国，征得接受国同意后正式派遣。故A错误。

外交人员享有刑事管辖豁免，接受国司法机关不得对其进行刑事审判和处罚。一般外交人员包括参赞、武官、秘书、随员。本题中约翰是二秘，属于一般外交人员。故B正确。

外交人员特权与豁免的人员范围包括：(1) 外交人员；(2) 外交人员的家属（与外交人员构成同一户口的家属，如不是接受国国民，享有与外交人员相同的特权与豁免）；(3) 行政和技术人员及其家属（行政和技术人员及与其构成同一户口的家属，如不是接受国国民，且不在该国永久居留者，也享有一定的特权与豁免，但有某些例外：①执行职务范围以外的行为，不享有民事和行政管辖豁免；②到任后进口的自用物品不能免纳关税；③其行李不免除海关查验）；(4) 服务人员（使馆的服务人员，如不是接受国国民，且不在该国永久居留者，仅享有一定的优遇）。本题中玛丽属于行政和技术人员，在其不是接受国国民，也非接受国永久居留者的情况下，其享有外交人员特权与豁免。故C错误。

如果使馆人员死亡，其家属继续享有相关特权与豁免，直到给予其离境的合理期间结束时为止。故D错误。

2. **答案**：B。我国不向外派出教廷大使。

3. **答案**：C。使馆人员分为三类：(1) 外交职员，即外交官。包括参赞（政务参赞、文化参赞、新闻参赞、商务参赞等），是协助馆长办理外交事宜的高等外交官，在未设公使的使馆中地位仅次于馆长；秘书（一等秘书、二等秘书、三等秘书），他们是按馆长旨意办理外交事务和文书的外交官；武官（包括陆、海、空军武官），是负责与接受国进行军事联系的外交官；随员，是使馆中的低级外交官，在馆长的领导下办理外交事宜。(2) 行政及技术人员，即承办使馆行政和技术事务的人员。包括办公室人员、财会人员、译员、打字员、无线电技术人员、登记员等。(3) 事务职员，是从事使馆服务工作的人员，有司机、传达人员、维修工、清洁工、厨师等。ABD是行政及技术人员。

4. **答案**：B。《维也纳外交关系公约》规定，享有外交特权与豁免的人员范围是：(1) 外交代表及与其构成同一户口的家属，如非接受国国民，享有与外交代表相同的特权与豁免。(2) 使馆行政与技术人员及与其构成同一户口的家属，如非接受国国民且不在该国永久居留者，也享有外交代表享有的特权与豁免，但其执行职务范围以外的行为不享有民事和行政管辖的豁免，除其最初定居所带入的物品外不能免纳关税及其他课征；其行李不免除海关查验。(3) 使馆事务职员如非接受国国民且不在该国永久居留者，就其执行公务行为享有豁免，其受雇所得报酬免纳捐税，免于适用接受国所施行的社会保险办法。

5. **答案**：B。国家的外交机关分为两类：国内外交机关和国外外交机关。国内外交机关包括：国家元首、政府、外交部。国家元首是国家对外关系的最高代表，具有派遣和接受外交代表、批准和废除国际条约、宣战和讲和等权利。政府是国家的最高行政机关，是国家外交事务的领导机关。具有制定国家外交政策、决定重大的国际关系，同外国政府签订条约和协定，签发某些谈判和国际会议代表的全权证书，任免一定等级的外交人员的外交职权。外交部是处理国家外交事务的中心机关。国外外交机关是使馆。

6. **答案**：C。国家的外交机关分为两类：国内外交机关和国外外交机关。国内外交机关包括：国家元首、政府、外交部。外交部是处理国家外交事务的中心机关。它负责执行政府的外交政策、处理外交业务、保护本国和本国侨民在外国的合法权益、代表国家与外国政府和国际组织进行经常的联系等。

7. **答案**：D。《维也纳领事关系公约》规定，领事由派遣国委派，并由接受国承认准予执行职务。派遣国对领事的委派，应将领事委任书通过外交途径送至接受国政府，接受国发给领事证书即表示准许领事执行职务。因此，领馆馆长取得领事证书后，方开始执行职务。

8. **答案**：D。领馆档案文件不得侵犯。领馆档案是指领馆的一切文件、函电、簿籍、胶片及登记册，以及明密电码、记录卡片及供保护和保管此类文件之用的任何器具。领馆档案及文件无论何时，也不论处于何处，均不得侵犯。

9. **答案**：A。接受国官员在得到使馆馆长的同意后可以进入使馆馆舍，本题应选择A项。

10. **答案**：C。《维也纳外交关系公约》规定了使馆馆舍不得侵犯。使馆馆舍不可侵犯表现在：

（1）接受国人员非经使馆馆长许可，不得进入使馆馆舍。这表明接受国官员未经使馆馆长同意，不得擅自进入使馆馆舍执行公务，即使是送达司法文书或遇火灾以及流行病发生，也不例外。（2）接受国对使馆馆舍负有特殊的保护责任，应采取一切适当步骤保护使馆馆舍免受侵入或损害，并防止一切扰乱使馆尊严和安宁的事情。（3）使馆馆舍及设备，以及馆舍内其他财产与使馆交通工具免受搜查、征用、扣押或强制执行。所以本题选C。

11. 答案：C。派遣国向接受国正式派遣使馆馆长和使馆的陆、海、空军武官之前，必须先将其拟派遣的人选通知接受国，征得接受国的同意后，正式任命派遣。使馆其他职员的派遣无须事先征得接受国的同意。使馆馆长派遣后，还需履行递交国书的手续。

12. 答案：D。《维也纳外交关系公约》在其序言中指出："确认此等特权与豁免之目的不在于给予个人以利益而在于确保代表国家之使馆能有效执行职务。"由此可见，《维也纳外交关系公约》是把外交代表的代表性和职务工作的需要作为外交特权与豁免的基础。

13. 答案：D。使馆的职务主要有：在接受国代表派遣国。包括谈判：使馆作为派遣国的代表经常地与接受国就两国关系和共同关心的国际问题进行洽谈、协商和交涉；调查：使馆在遵守国际法和接受国法律的前提下，以一切手段调查接受国政治、经济、文化、社会方面的情况和发展情形，调查可能影响派遣国权益的事情，并随时向派遣国政府报告；保护：在国际法许可的范围内，保护派遣国国民在接受国的合法权益。

14. 答案：D。《维也纳领事关系公约》规定，领事由派遣国委派，并由接受国承认准予执行职务。派遣国对领事的委派，应将领事委任书通过外交途径送至接受国政府，接受国发给领事证书即表示准许领事执行职务。因此，领馆馆长取得领事证书后，方开始执行职务。

15. 答案：C。我国《宪法》规定，由主席任命驻外代表。

16. 答案：C。《维也纳领事关系公约》对领馆的建立作了如下规定：领馆须经接受国同意始得在该国境内设立；领馆设立的地点、领馆类别及其辖区由派遣国决定，须经接受国同意；领馆之设立地点、类别与辖区确定后，派遣国须经接受国同意后始得变更；总领事馆和领事馆如欲在本身所在地之外地点设立副领事馆和领事代办处须经接受国同意。

17. 答案：C。根据《维也纳外交关系公约》，使馆馆长分为如下等级：第一等级是向国家元首派遣的大使和教廷大使；第二等级是向国家元首派遣的公使及教廷公使；第三等级是向外交部派遣的代办。各级使馆馆长，除关于有限位次及礼仪事项外，不应因其所属等级而有任何差别。国家之间互派代办是很少的，通常在两国关系上存在问题时才这样做。另外，代办与临时代办是不同的。代办是一级馆长，临时代办是在馆长职位空缺和不能执行职务时，被委派暂代馆长职务的使馆外交人员。

18. 答案：B。中国正式设立专门的外交主管机关始于清朝咸丰十一年（1861年），称为"统领管理各国通商事务衙门"。及至1901年，将"总理各国事务衙门"改称为"外务部"。

19. 答案：B。临时代办是在馆长职位空缺和不能执行职务时，被委派暂代馆长职务的使馆外交人员。

20. 答案：C。使馆馆长等级由派遣国和接受国协商决定。

21. 答案：A。按《维也纳外交关系公约》的规定，凡享有外交特权与豁免的人员，自其进入接受国境内前往就任时起，就享有此等特权与豁免。

22. 答案：A。正式外交关系的建立，是通过互相派设使馆实现的。

23. 答案：A。《维也纳外交关系公约》规定，使馆馆舍及设备，以及馆舍内的其他财产与使馆的交通工具免受搜查、征用、扣押与强制执行。

24. 答案：A。使馆是一国派驻在外国的外交全权代表。两国外交关系一旦终止，使馆人员的职务自然终止。但是，领馆并不如此。

25. 答案：C。根据《外交特权及豁免条例》，外交人员的家属是：与其构成同一户口的配偶及未成年子女。

26. 答案：C。根据《维也纳外交关系公约》，外交人员享有管辖豁免权，不得对其进行审判与处罚，也不得对其采取强制执行措施。同时，对于外交人员的特权与豁免权的适用范围，根据《维也纳外交关系公约》，除使馆馆长及外交人员外，与外交人员构成同一户口的家属，如系非接受国国民，也享有与外交人员相同的特权与豁免。因此康某及其家属其妻、其女构成同一户口，享有管辖豁免权。由于其子已婚，另构成一个户口，故不享有管辖豁免权，因此C项正确。

27. 答案：D。领事官员豁免权的范围小于外交代表豁免权的范围，根据《维也纳领事关系公约》的规定，领事对其执行职务所涉及的事项没有作证或提供有关公文或文件的义务。除上述情形外领事官员不得拒绝作证，但如领事拒绝作证也不得对他施以强制或处罚。

28. 答案：C。杰克为乙国大使馆参赞，属一般外交人员。根据外交人员的人身不可侵犯的原则，作为接受国的乙国对外交人员的尊严应予以尊重，不得对外交人员的人身实施搜查、逮捕或拘留，故选项A错误。使馆馆舍是指供使馆使用及使馆馆长寓所之用的建筑物或建筑物的各部分，使馆休息室自然属于使馆的一部分。根据使馆馆舍不得侵犯原则，乙国警察无权进入甲国驻乙国的大使馆，选项B错误。根据保护管辖原则，由于受害人为丙国公民，丙国可依法实施管辖，故选项D错误。杰克作为外交人员，可免除作证义务，故选项C正确。

二、多项选择题

1. 答案：ABCD。国家的外交机关分为两类：国内外交机关和国外外交机关。国内外交机关包括：国家元首、政府、外交部。国家元首是国家对外关系的最高代表。具有派遣和接受外交代表、批准和废除国际条约、宣战和讲和等权利。政府是国家的最高行政机关，是国家外交事务的领导机关。具有制定国家外交政策、决定重大的国际关系，同外国政府签订条约和协定，签发某些谈判和国际会议代表的全权证书，任免一定等级的外交人员的外交职权。外交部是处理国家外交事务的中心机关。国外外交机关是使馆。

2. 答案：ABCD。外交特权与豁免被一国具有外交职能的机关所享有。国家元首、政府首脑、外交部长、大使都具有外交职能。因此也都享有外交特权与豁免。

3. 答案：BC。按照外交惯例，外交团是由驻在一国的各国外交使节全体组成的团体。国际实践中外交使节的配偶也参加外交团的一些活动。外交团的团长一般由到任最早的一位大使担任，在无大使的情况下由公使使馆馆长担任。外交团的作用主要在礼仪方面，如参见接受国举行的庆典和国宴，由团长代表各国使节致辞。另外，还可以应新任使馆馆长请求向其介绍接受国的风俗习惯，向接受国政府转达外交团成员有关日常事务方面的要求。外交团不具有任何法律职能，不能从事任何政治性的活动或干涉接受国的内政。

4. 答案：ABC。领馆人员分为领事官员、领事雇员及服务人员。领事官员是指派任此职的任何人员，包括领馆馆长在内。领馆馆长分为四个等级：总领事、领事、副领事、领事代理人。领事官员分为职业和名誉的，职业领事官员由派遣国任命的专职政府工作人员，不从事其他职业。名誉领事是执行领事职务的非专职官员。领事雇员是受雇担任领馆行政和技术事务的人员，如书记、速记员、办公室助理员、档案员等。服务人员是指受雇用担任领馆杂物的人员，如司机、清洁工等。

5. 答案：ABCD。依据《维也纳外交关系公约》，本题四个选项都是正确的。

6. 答案：ABCD。使馆馆舍不得侵犯。接受国官员非经使馆馆长许可，不得进入使馆馆舍。这里所称的使馆馆舍是指供使馆使用及供使馆馆长寓所之用的建筑物和建筑物的各部分，以及其所附属的土地。

7. 答案：BC。本题考查外交保护。外交保护是指乙国国民在外国受到不法侵害，且以该外国法律得不到救济的时候，其国籍国可以通过外交途径要求该外国进行救济或者承担责任，以保护其国民或者国家的利益。进行外交保护要求三个条件：其一，本国公民在外国因该国国家不当行为而受损害；其二，本国国民从受害至外交保护完毕须保持本国国籍不能变化，即“国籍连续”原则；其三，本国国民须先用尽当地救济。外交保护是在国家之间进行的，无论国民是否申请，国家都可以根据有关情况作出行使或者不行使外交保护权的决定。一般引起外交保护的事项有下列几项：(1) 国民被非法逮捕或者拘禁；(2) 国民的财产或者利益被非法剥夺；(3) 国民受到歧视性待遇；(4) 国民被“拒绝司法”等情况。A错误，因为阿里的行为违反了“国籍连续”原则，D错误，因为中村违反了“用尽当地救济”原则。

8. 答案：AD。关于A，亨利持假护照入境乙国，并以政治避难为名进入丙国驻乙国的使馆，但使馆仍为乙国领土，只是在此处使馆有其特权与豁免，故A正确。关于B，它将使馆当作他国领土，因此是错误的。关于C，引渡是一个国家的权利，并不是义务，故C的说法错误。关于D，由于使馆应尊重接受国的法律规章，不得用于与使馆职务不相符合的用途。因此，丙国使馆有义务将亨利交由乙国依法处理。故D正确。

9. 答案：ABC。《维也纳外交关系公约》规定，享有外交特权与豁免的人员范围是：(1) 外交代表及与外交代表构成同一户口的家属，如非接受国国民，享有与外交代表相同的特权与豁免。(2) 使馆行政与技术人员及与其构成同一户口的家属，如非接受国国民且不在该国永久居留者，也享有外交代表享有的特权与豁免，但其执行职务范围以外的行为不享有民事和行政管辖的豁免，除其最初定居所输入的物品外不能免纳关税及其他课征；其行李不免除海关查验。(3) 使馆事务职员如非接受国国民且不在该国永久居留者，就其执行公务行为享有豁免，其受雇所得报酬免纳捐税，免于适用接受国所施行的社会保险办法。

10. 答案：ABCD。使馆人员除了享有外交特权与豁免之外，在接受国还享有如下义务：尊重接受国的法律规章；不得干涉接受国的内政；使馆馆舍不得用于与使馆职务不相符合的用途，如不得利用使馆馆舍保护接受国所追诉的人或罪犯或其他人，也不得利用使馆馆舍关押使馆以外的人，即使是使馆本国的国民也不例外；使馆与接受国洽谈公务，概应经与或经由接受国外交部或另经商定的其他部门办理；外交代表不应在接受国内为私人利益从事任何专业或商业活动。

11. 答案：AB。国家的外交机关分为两类：国内外交机关和国外外交机关。国内外交机关包括：国家元首、政府、外交部。国家元首是国家对外关系的最高代表。具有派遣和接受外交代表、批准和废除国际条约、宣战和讲和等权利。政府是国家的最高行政机关，是国家外交事务的领导机关。具有制定国家外交政策、决定重大的国际关系，同外国政府签订条约和协定，签发某些谈判和国际会议代表的全权证书，任免一定等级的外交人员的外交职权。外交部是处理国家外交事务的中心机关。国外外交机关是使馆。

12. 答案：BD。特别使团是一国经另一国同意或邀请，派往另一国进行谈判或完成某项特定外交任务的代表国家的临时使团。临时代表团是指各成员国派往联合国及其各专门机构参加各该组织活动或出席这些组织主持举行的会议的临时性代表团。

13. 答案：ABCD。外交关系与领事关系的主要不同是：(1) 外交代表与领事代表的职务范围不同。外交代表在接受国代表派遣国，行使的主要是外交上的职务，如谈判、调查、保护等；领事代表在接受国主要行使经济及社会上的职务，如促进本国与接受国之间经济文化关系的发挥发展，办理各种证件、手续等。(2) 外交代表与领事的工作地域或范围不同，一个国家内可以有数个领馆，各自分管不同的地域，但只能有一个使馆。(3) 地位不同。使馆是国家的外交代表，领馆不是，其地位低于使馆。(4) 享受特权与豁免的程度不同。使馆由于其地位和职能的重要性，享受的特权与豁免较领馆多。

14. 答案：ABCD。使馆人员分为三类：(1) 外交职员，即外交官。包括参赞（政务参赞、文化参赞、新闻参赞、商务参赞等），是协助馆长办理外交事宜的高等外交官，在未设公使的使馆中地位仅次于馆长；秘书（一等秘书、二等秘书、三等秘书），他们是按馆长旨意办理外交事务和文书的外交官；武官（包括陆、海、空军武官），是负责与接受国进行军事联系的外交官；随员，是使馆中的低级外交官，在馆长的领导下办理外交事宜。(2) 行政及技术人员：承办使馆行政和技术事务的人员，包括办公室人员、财会人员、译员、打字员、无线电技术人员、登记员等。(3) 事务职员，是从事使馆服务工作的人员，有司机、传达人员、维修工、清洁工、厨师等。

15. 答案：ABCD。使馆人员的职务一般因派遣国与接受国断绝外交关系和暂时中断外交关系，或者因派遣国或接受国主体资格消失，以及因革命产生新政府等原因而终止。外交代表职务的终止，一般有以下情形：派遣国接受通知接受国外交代表职务已经终止；接受国通知派遣国该国拒绝承认该外交代表为使馆人员。

16. 答案：ABCD。使馆人员享有外交特权与豁免之外，在接受国享有如下义务：尊重接受国的法律规章；不得干涉接受国的内政；使馆馆舍不得用于与使馆职务不相符合的用途，如不得利用使馆馆舍保护接受国所追诉的人或罪犯或其他人，也不得利用使馆馆舍关押使馆以外的人，即使是使馆本国的国民也不例外；使馆与接受国洽谈公务，概应经与或经由接受国外交部或另经商定的其他部门办理；外交代表不应在接受国内为私人利益从事任何专业或商业活动。

17. 答案：CD。根据公约的规定，两国建交，除非有特别声明外，即意味着同意建立领事关系，而两国断交，并不当然断绝领事关系。

18. 答案：ABCD。外交关系的内容十分广泛。既可以是正式或半正式的外交关系，如大使或代办级外交关系，也可以是非正式的国民外交关系。

19. 答案：AD。对驻外使馆馆长的任命，派遣国在正式任命前应将拟任命的人选通知接受国，接受国有权表示该人为不能接受的，而不声明任何原因。这是为了维护国际关系的需要。

20. 答案：ABCD。

21. 答案：ABC。

22. 答案：ACD。外交人员的位次，应按等级排列，如等级相同，应按职衔排列，如等级、职衔都相同，则按到任日期排列。位次有礼仪上的用途，不代表法律地位的高低。

23. 答案：BD。本题考核特别使团的相关规定。A 错误，任命接受国或第三国国民为代表或外交人员时，应征得接受国同意，并且接受国可随时撤销此项同意。B 正确，特别使团的房舍不可侵犯，但在遇到火灾或其他严重的灾难而无法获得使团团长明确答复的情况下，接受国可以推定获得同意而进入房舍。C 错误，有关人员公务以外使用车辆的交通肇事引起的诉讼，接受国可以管辖。D 正确，特别使团也适用接受国对使馆人员的“不受欢迎的人”和“不能接受”的制度。

24. 答案：ACD。外交代表特权与豁免的依据，国际法上有代表说，即认为外交代表是国家的代表，是派遣国的化身，代表国家的尊严；治外法权说，即认为外交代表所在地应视为派遣国的领土的延长，外交代表身处接受国，但在法律上假设他仍在派遣国；职务需要说，即认为外交特权与豁免的根据是由于外交代表履行职务的需要。

25. 答案：ACD。此题考外交代表特权与豁免的范围。

26. 答案：ABCD。使馆的通信自由包括以下内容：(1) 接受国应允许使馆为一切公务目的的自由通信，并予以保护。(2) 使馆为了通信需要可采用一切适当的方法，包括外交信差、外交邮袋以及明密码电信在内，但非经接受国许可不得装置使用无线电发报机。(3) 使馆往来公文不得侵犯。(4) 接受国对外交邮袋不得予以开拆或扣留，并应提供便利以保障迅速传递。(5) 外交信差在执行公务时应受到接受国的保护。

27. 答案：ABCD。外交代表若主动提起诉讼，被告提起与主诉直接相关的反诉，外交代表不享有豁免。外交代表对管辖豁免权的放弃，不得视为对判决执行的豁免也放弃，对判决执行豁免的放弃，也必须由派遣国明示作出。

28. 答案：ABD。不得干涉接受国内政属于外交代表的义务，而不是外交代表享有的特权与豁免。

29. 答案：AB。外交豁免是指一国外交机关在他国享有一定的不受所在国管辖的权利和地位。由于国家元首代表国家，外交部长也代表国家，他们在国外都具有外交职能。因此其行为享有外交豁免。

30. 答案：BD。大使馆是一国在建交国首都派驻的常设外交代表机关。大使馆代表整个国家的利益，全面负责两国关系，馆长一般是大使，也可以是公使或者其他等级的由派遣国委派的外交人员，由国家元首任命并作为国家元首的代表履行职责。大使馆的首要职责是代表派遣国，促进两国的政治关系，其次是促进经济、文化、教育、科技、军事等方面的关系，使馆同时具有领事职能。促进两国关系和人民间的往来是领事馆的重要职责，但其最主要的职责是领事工作。比如，维护本国公民在外国的合法权益，向本国公民颁发或延期护照、向外国公民颁发签证。大使馆的关闭是派出国的自主选择，无须经过派驻国的同意。所以，A 选项错误。

根据《维也纳外交关系公约》第 3 条规定，除其他事项外，使馆之职务如下：（甲）在接受国中代表派遣国；（乙）于国际法许可之限度内，在接受国中保护派遣国及其国民之利益；（丙）与接受国政府办理交涉；（丁）以一切合法手段调查接受国之状况及发展情形，向派遣国政府具报；（戊）促进派遣国与接受国之友好关系，及发展两国间之经济、文化和科学关系。所以，B 选项正确。

不受欢迎的人，原意为“不能接受的人”。一国拒绝接受或要求派遣国召回的外交人员。各国按照国法选定它派驻别国的外交代表，但无权使别国必须接受其派去充任外交代表的某一个人，每个国家都可拒绝接受或要求召回任何一个它所认为不能接受的外交官。一名外交官可在未到任前被宣布为“不受欢迎的人”，这时就不需给其签证或在到达边境时不让其入境从而使其无法到任履职。为避免这种情形，实践中形成外交代表人选事先征求接受国同意的规则。接受国也可随时通知派遣国宣告使馆馆长或任何外交职员为不受欢迎人员并要求召回。遇此情形，派遣国应斟酌情况召回该员或终止其在使馆中的职务。如派遣国拒绝或不在相当期间内履行这种义务，接受国得拒绝承认该人为使馆人员。在拒绝接受或要求召回某一个人时，接受国无须说明其理由或为其行为辩解，派遣国也无权要求听取和审查接受国的理由。宣布“不受欢迎的人”的理由通常有：外交官被指控犯有严重刑事罪；其行为被指责为干涉接受国内政或违反该国法律；从事间谍和敌对性质等活动；或者仅因其个人举止、态度或行为冒犯了接受国政府或个人。外交实践中，宣布“不受欢迎的人”的做法，常被用作对对方实行报复或反报复的方式，并不时被一些国家滥用，从而引起派遣国与接受国间的龃龉和纠纷，甚至导致一方暂时终止派遣外交代表。根据《维也纳外交关系公约》第 9 条规定，1. 接受国得随时不具解释通知派遣国宣告使馆馆长或使馆任何外交职员为不受欢迎人员或使馆任何其他职员为不能接受。遇此情形，派遣国应斟酌情况召回该员或终止其在使馆中之职务。任何人员得于其到达接受国国境前，被宣告为不受欢迎或不能接受。2. 如派遣国拒绝或不在相当期间内履行其依本条第 1 项规定所负义务，接受国得拒绝承认该员为使馆人员。所以，C 选项错误，D 选项正确。

三、不定项选择题

1. 答案：AD。安某和皮某为三等秘书和随员，属于具有外交职衔的使馆人员，根据《维也纳外交关系公约》具有外交特权与豁免。《维也纳外交关系公约》第 41 条规定，“凡享有此项特权与豁免之人员，均负有尊重接受国法律规章之义务。此等人员并负有不干涉该国内政之义务”。其中不得干涉接受国的内政包括：不得介入接受国的党派斗争，不得参加或支持旨在反对接受国政府的集会、游行示威活动，等等。而对于订阅接受国反对党公开出版的刊物，公约并未禁止。接受国对于违反相关义务的使馆及人员可采取不同的措施，包括对派遣国政府提出抗议并要求其承担国家责任，宣布使馆人员为“不受欢迎的人”，等等。被宣布为“不受欢迎的人”后，接受国可以令其限期离境。

2. 答案：C。根据《最高人民法院关于人民法院受理涉及特权与豁免的民事案件有关问题的通知》的规定，上述选项中 A、B、D 错误，而对外国驻华使馆的外交官作为原告的民事案件，其受理不适用上述报告制度，C 当选。

四、名词解释

1. 答案：它以使馆和外交代表处于接受国领域之外这种拟制来说明外交特权和豁免。这种学说既不是以事实为根据，也不符合各国在外交特权和豁免方面的做法。治外法权说现已被摒弃，但有时仍可看到治外法权一词被用来作为外交特权和豁免的同义语。

2. 答案：领事裁判权是指历史上西方列强在亚非各国的领事按照其本国法对其本国侨民行使司法管辖权的片面特权。列强在中国的领事裁判权首次规定于 1843 年中英《五口通商章程》中。

3. 答案：领事制度是一国为了实行其对外政策，经另一国同意派驻在该国一定地点，以便在该国一定区域内执行领事职务的人员的制度。领事制度的产生较常设外交使团为早。领事的萌芽在古希腊就曾有过。

4. 答案：外交团，是驻在一国首都的各外国使馆馆长、馆员和其他外交人员的总称。外交团的成员包括各国使馆的馆长、馆员及其家属。外交团团长由到任最早、等级最高的使馆馆长担任，通常以呈递国书的日期，或虽尚未呈递国书但已向驻在国外交部递交国书副本的日期来决定。外交团不具有任何法律职能，而只是在外交礼仪方面发挥作用。例如，当驻在国举行庆典或吊唁的场合，外交团团长代表全体外国使节人员致辞等。

5. 答案：特别使团。特别使团是一国经另一国的同意或邀请，派往另一国，代表派遣国进行谈判或完成某项特定外交任务的临时机构。特别使团有的是纯属礼仪性的，其职务只是代表派遣国参加接受国的重要庆典；有的是为了出席双边或多边国际会议，其职务是代表派遣国参加会议的各项活动；有的是为了缔结一项条约，其职务是代表派遣国与对方谈判，达成有关协议；有的是为了处理某种突发事件，其职务是调查和解决有关争端。

五、简答题

1. 答案：（1）中国政府于 1975 年 11 月 26 日通知联合国秘书长加入《维也纳外交关系公约》，并对公约第 37 条第 2、3、4 款关于使馆、技术职员、事务职员以及使馆人员的私役享有外交特权和豁免的规定作出了保留。1980 年又撤回了这一保留。此外，我国对公约第 14、16 条关于教廷使节的规定也提出了保留，这一保留仍然有效。

（2）我国并没有经历与欧洲国家相类似的天主教的兴起、发展和鼎盛的漫长历史，因此它在我国社会中并没有深入人心的实际影响；对于梵蒂冈教廷的国际地位一直有争议；我国也明确表示不接受梵蒂冈教廷的使节。

2. 答案：现代国际法认为，外交特权与豁免，使得使馆和外交官可以在不受驻在国的干扰和压力的条件下，自由地代表本国进行谈判，自由地同本国政府联系。《维也纳外交关系公约》对此表示认同，同时也应考虑到使馆的代表性。公约序言中明确：“确认此等特权与豁免之目的……在于确保代表国家之使馆能有效执行职务。”

3. 答案：领事特权与豁免和外交特权与豁免比较①，主要区别有：

（1）领馆馆舍不得侵犯是在一定限度内，使馆馆舍不得侵犯无此限制。

（2）领馆官员人身不可侵犯受到一定限制，而外交人员人身不可侵犯不受此种限制。如当领事官员有严重罪行时，依当地司法机关裁判，可

① 编者注：领事特权与豁免和外交特权与豁免很容易混淆，读者要注意具体区分，一般来说，前者比后者的范围要窄些。本章的其他个别题目也对此及相关的知识点进行了考查。

予以逮捕或拘押，为了执行有效的司法裁决，可施以监禁或对人身自由加以拘束。如对领事官员提起刑事诉讼，该官员须出庭应诉。对外交人员的犯罪行为，接受国不能对其提起刑事诉讼，只能通过外交途径解决。

(3) 与外交人员比较，领事官员作证义务的免除是有一定限度的，领事官员就其执行职务所涉事项，无担任作证或提供有关来往公文及文件的义务。但领馆人员得被请求在司法或行政程序中到场作证，除其执行职务所涉事项外，不得拒绝作证。而外交人员无任何作证的义务。

4. **答案**：领事关系与外交关系既有联系又有区别。二者间的联系主要表现为：首先，两国同意建立外交关系，也就意味着同意建立领事关系。其次，在行政系统上，领事官一般与外交官同属于外交人员组织系统，由外交部门领导。此外，外交使节也可以同时执行领事职务。二者的区别主要是：使馆全面代表派遣国，与接受国政府进行外交往来；而领馆通过只就护侨、商业和航务等领事职务范围内的事务与所在国的地方交涉；领事特权与豁免略低于外交特权和豁免。

5. **答案**：领事馆和使馆都是执行本国对外政策的国家对外关系机关，但有很大的差别，两者之间的主要区别在于：使馆全面代表派遣国，同接受国政府进行外交往来，领事馆通常就领事职务范围内的事项同地方当局进行交涉；使馆所保护的利益一般对派遣国来说是全局性的，而领事馆的保护则一般表现于经常性的事务；使馆的工作和活动范围是接受国全境，而领事馆则一般限于领区。

6. **答案**：(1) 使馆使用国旗和国徽的权利不受侵犯；(2) 使馆馆舍不受侵犯，首先接受国官员非经使馆馆长许可不得进入馆舍，其次对使馆馆舍要加以特别保护，此外，接受国不得对馆舍及其设备等财产采取强制措施；(3) 档案和文件无论何时都不能受到侵犯，即使外交关系断绝或者发生武装冲突；(4) 使馆通信自由不受侵犯；(5) 使馆人员的行动和旅行自由不受侵犯；(6) 免纳捐税、关税。

7. **答案**：根据《维也纳外交关系公约》第1条，外交代表是指使馆馆长和外交职员。其所享有的特权与豁免有：

(1) 人身不可侵犯。接受国应对外交代表的人格给予尊重并采取适当保护措施，不得对他进行逮捕或拘禁。

(2) 外交代表的住所、财产和文书信件不可侵犯。

(3) 管辖豁免。包括刑事、民事和行政的管辖豁免，此外还有作证义务的豁免。其中刑事管辖为绝对豁免，没有例外。民事和行政管辖为相对豁免，有例外，具体为：①关于外交代表在接受国境内的私有不动产之物权诉讼，但其代表派遣国为使馆用途置有之不动产不在此列；②关于外交代表以私人身份并不代表派遣国而为遗嘱执行人、遗产管理人、继承人或受遗赠人之继承事件之诉讼；③关于外交代表于接受国内在公务范围以外所从事之专业或商务活动之诉讼。此外，外交代表还不得对其主动提起诉讼而引起的相关的反诉主张豁免。

(4) 免纳捐税、关税和行李免受查验。外交代表免纳一切对人或对物课征之国家、区域或地方性捐税，私人行李免受查验。

(5) 其他特权和豁免，接受国对外交代表应免除一切个人劳务及所有各种公共服务，并应免除关于征用、军事募捐及屯宿等之军事义务。

六、论述题

1. **答案**：(1) 1999年5月8日凌晨，以美国为首的北约悍然使用了5枚导弹，从不同角度袭击了中国驻南斯拉夫大使馆，造成3人死亡，20余人受伤，使馆馆舍遭到严重毁坏。北约的这一行径是对中国主权的粗暴侵犯，也是对《维也纳外交关系公约》和国际关系基本准则的肆意践踏，更是外交史上罕见的暴行。美国为首的北约在这一事件中严重违反国际法应承担国际法律责任。众所周知，主权原则是国际法及国际关系中最基本的原则，是国际社会赖以存在的基石。使馆是一个国家主权的象征，以美国为首的北约对中国使馆的轰炸是对中国主权的严重侵犯。对使馆馆舍及使馆人员的严格保护最早是由习惯国际法确认的，经过世界各国长时间的广泛实践，最终由1961年制定的《维也纳外交关系公约》加以系统编纂，成了条约法规则。

(2)《维也纳外交关系公约》第22条明确规定：使馆馆舍不得侵犯。这一规定主要包括两层含义：一是接受国官员未经使馆馆长同意，在任何情况下都不得进入使馆；二是接受国政府对外国使馆负有特别保护的义务。该公约第29条还规定：外交代表人身不得侵犯。1973年，联合国主持制定了《关于防止和惩处侵害应受国际保护人员包括外交代表的罪行的公约》。公约序言明确指出："侵害外交代表和其他应受国际保护人员的罪行危害到这些人员的安全，构成对各国间合作所必要的正常国际关系的维持的严重威胁。"该公约第1条对应受国际保护人员作出了明确的界定，指出使馆人员是应受国际保护人员。第 2 条规定：每一缔约国应将下列罪行定为其国内法上的罪行，其中包括对应受国际保护人员及公用馆舍进行暴力攻击，因而可能危及其人身或自由的行为。由此可见，使馆及其工作人员在国际法上是属于受特殊保护的对象。北约对我国驻南使馆进行轰炸并造成人员伤亡及财产损失，显然严重地违反了国际法。特别需要指出的是，“条约必须遵守”是国际法的一项基本原则，以美国为首的北约国家都是上述公约的缔约国，背弃自己的诺言，不履行条约义务，其本身就构成了国际不法行为，践踏了国际法。同时，以美国为首的北约对我驻南使馆及南联盟的轰炸也是对《联合国宪章》的公然违反。《联合国宪章》第 2 条第 3 款明确规定：“各会员国应以和平方法解决其国际争端，避免危及国际和平、安全及正义。”第 4 款进一步规定：“各会员国在其国际关系上不得使用威胁或武力，或以与联合国宗旨不符之任何其他方法，侵害任何会员国或国家之领土完整或政治独立。”根据由《联合国宪章》所体现的现代国际法的要求，在当今国际社会，除国家在受到攻击时采取单独或集体的自卫，以及经安理会授权的武装行动外，其他任何以武力解决国际争端的行为，都属非法。北约国家都是联合国的会员国，同时也是《联合国宪章》的缔约国，其中美、英、法还是身兼重任的安理会常任理事国，他们理应善意履行《联合国宪章》义务，为维护国际和平与安全作出自己应有的贡献。但事实上，自 3 月 24 日以来，以美国为首的北约国家一直与《联合国宪章》的要求背道而驰，撇开联合国安理会对南联盟非法动武，并冒天下之大不韪悍然轰炸我驻南使馆。北约的暴行表明，以《联合国宪章》为基础的国际法基本原则及联合国集体安全制度正在经受着最为严峻的挑战与考验。最后，从战争法和国际人道主义法的角度来看，早在 1923 年，法学家委员会就制定了《空战规则草案》，其中第 22 条规定：“为使平民发生恐怖、破坏或损坏非军事用性质的私人财产或伤害非战斗员的目的而进行的空中轰炸，应予禁止。”第 25 条还规定：对宗教、艺术、科学或慈善事业的建筑物、历史纪念物、医院及其他享有特权的建筑物应特别保护，禁止不分皂白的轰炸。1949 年《关于战时保护平民的日内瓦公约》也规定，禁止对平民不分皂白地攻击，民用物体不应成为攻击和报复的对象。毫无疑问，以美国为首的北约袭击我国驻南使馆的行为已经严重违反了国际法的基本原则及有关国际公约的规定，必须对此事件负全部责任。

2. 答案：由于使馆和外交代表处于一种特殊的地位，因此国家在实践中往往彼此都给予使馆和外交代表一定的特权和特殊待遇，这些特殊权利和待遇统称为外交特权与豁免。自外交使节在国际交往中出现，尤其常驻使馆制度的广泛推行，国际上就产生了使馆和外交使节为何要享有特权和豁免的争论。

关于这一问题，传统国际法学上有两种解说，一种是代表说，另一种是治外法权说。前者认为外交代表是国家的代表，是派遣国的化身，代表着国家的尊严；而且主权国家是平等的，平等者之间无管辖权，因此外交代表应享有特权与豁免，这种主张不全面，不能解释外交代表的非公务行为的豁免。后者认为外交代表所在地应视为派遣国领土的延长，外交代表身处接受国，但在法律上假设他仍在派遣国，所以不受接受国的管辖，这种拟制说与事实不符，在“一战”后就成了衰退的主张。

现在通行的学说是职务需要说，这种学说认为外交特权与豁免的根据是由于代表履行职务的需要。但也有法学家认为应把代表说和职务需要说结合起来作为解释外交特权和豁免的根据。我们认为给予外交代表特权与豁免的根据，一方面表示对其所代表的国家尊严和主权的尊重，另一方面是外交代表执行使馆职务的需要。1961 年《维也纳外交关系公约》在其序言中指出，“给予此等特权与豁免之目的不在于给予个人以利益而在与确保代表国家之使馆能有效执行职务”。由此可见，公约是把外交代表的代表性和职务工作的需要作为外交特权与豁免的根据的。

3. 答案：1. 外交特权与豁免的根据

给予外交代表特权与豁免的根据，有治外法权说、代表性说和职务需要说。《维也纳外交关系公约》采取职务需要说，同时也考虑到使馆的代表性。一方面表示对其所代表的国家尊严和主权的尊重，另一方面是外交代表执行使馆职务的需要。为了保障外交代表有效地执行职务，保护他的特殊地位，必须为其创造一个安全而无干扰的环境。

2. 使馆的特权与豁免

（1）使用国旗和国徽。

（2）使馆馆舍不得侵犯，接受国官员非经使馆馆长许可不得进入使馆馆舍，对使馆馆舍要加以特别保护，接受国不得对馆舍及其设备等财产采取强制措施。具体表现在三个方面：

①接受国官员非经使馆馆长许可，不得进入使馆馆舍。即使是送达司法文书或遇火灾及流行

病发生，均无例外。因此使馆馆舍不得侵犯是绝对的。

②接受国对使馆馆舍负有特殊的保护责任，应采取一切适当措施保护使馆馆舍免受侵入或损害，并防止一切扰乱使馆安宁或有损使馆尊严的情势。

③使馆馆舍及设备以及馆舍内其他财产与使馆交通工具免受搜查、征用或强制执行。

(3) 使馆的档案和文件不得侵犯。《维也纳外交关系公约》第24条规定，“使馆的档案及文件无论何时，也无论位于何处，均属不得侵犯”。这是指接受国的有关当局不得要求使馆交出其档案和文件，也不得对使馆的档案和文件采取搜查、查封、扣押、没收或销毁等措施。

(4) 使馆有通信自由。接受国应允许使馆为一切公务目的的自由通信并予以保护。使馆为了通信的需要可采用一切适当方法。使馆的来往公文不得侵犯。接受国对外交邮袋不得予以开拆或扣留，应提供便利以保障迅速传递。外交信使在执行职务时应受到接受国的保护。外交邮袋可托交预定在准许入境地点降落的商业飞机机长传递。

(5) 使馆免纳捐税。使馆馆舍免纳全国性或地方性各种捐税，但其为对提供的特定服务所应付的费用不在免除之列。使馆办理公务所受的规费和手续费免征一切捐费。

(6) 使馆人员有行动和旅行的自由。除接受国为国家安全设定禁止或限制进入区域另定法律规章外，接受国家应确保所有使馆人员在其境内行动及旅行之自由。

3. 外交代表的特权与豁免

(1) 人身不可侵犯。一是接受国对外交代表的尊严予以尊重，不得侮辱人格，不得对外交代表的人身实施搜查、逮捕或拘留，但这并不排斥接受国对外交代表犯罪行动的防止或制止的措施的实施，也不排除由于外交代表本人的挑衅行为而引起的他人自卫措施的实施。另一层意思是接受国对外交代表应表示尊重，并应采取一切适当步骤以防止其人身、自由或尊严有任何侵犯，接受国有义务对外交人员以特别的保护。

(2) 寓所、财产和文书信件不可侵犯。外交代表的私人寓所如使馆馆舍应享有同样不可侵犯的权利和保护，接受国不得侵犯外交代表的文书、信件及财产。

(3) 管辖豁免。

①刑事管辖的豁免。外交代表触犯了接受国的刑律，接受国的司法机关不得对其进行审判和处罚。其责任通过外交途径解决。

②行政和民事管辖的豁免。外交代表卷入民事纠纷，接受国的法院不得对其实行审判和处罚，也不得采取强制执行措施。其责任通过外交途径解决。在行政管辖事项上，接受国有关机关不得对其实行管辖，如免除外交代表的户籍和婚姻登记，对其违警事件不得进行制裁。外交代表还被免除作证义务。但是外交代表在接受国境内私有不动产之物权诉讼，以私人身份而为继承事项的诉讼，外交代表与接受国内在公务范围以外所从事的专业或商务活动的诉讼，属于管辖豁免的三种例外情形。

③管辖豁免的放弃与执行豁免的放弃。外交代表和其他享有特权和豁免的人员对管辖的豁免可由派遣国放弃。豁免的放弃必须是明示的。外交代表仅仅出庭辩护不构成豁免的放弃。然而，在民事或行政程序上管辖豁免的放弃，不得视为对判决执行的豁免的默示放弃，后面一项放弃须分别进行。

(4) 免税免验。外交代表私人行李免受查验，但是有重大理由推定其中装有不在上述免税之列的物品，或接受国法律禁止进出口或有检疫条例加以管制的物品的，不在此限。

4. 其他人员的特权和豁免

(1) 外交代表的家属。外交代表的同户家属，如果不是接受国国民，也应享有各项外交特权和豁免。

(2) 使馆行政和技术人员。使馆行政和技术人员及其同户家属，如果不是接受国国民而且不在该国永久居留的，除下述两点外，享有外交人员所享有的各种特权和豁免。第一，他们对接受国民事和行政管辖的豁免仅限于执行职务范围之内的行为。第二，他们依照接受国的法律和规章免纳关税限于新到任安家时运进的物品。

(3) 使馆服务人员。使馆服务人员如果不是接受国国民，而且不在该国永久居留享有职务上的豁免，仅就其执行公务的行为享有豁免，其受雇所得报酬免纳捐税，免予适用接受国实行的社会保险办法。

(4) 使馆人员的私人服务员。使馆人员的私人服务员如果不是接受国国民，而且不在该国永久居留，其受雇所得报酬免纳捐税。其他方面只能在接受国许可范围内享有特权和豁免。

5. 使馆人员及其家属在第三国的地位

外交代表和使馆其他人员前往接受国就任或返任，或返回本国，途经第三国国境，如果第三国曾发给所需的签证，它就应给予不可侵犯权和确保其过境或返回住所所必需的其他豁免。享有外交特权与豁免的家属如果与外交代表同行，或单独旅行前往会聚或返回本国，上述规定也适用。使馆行政和技术人员或服务人员及其家属，在类似情况下，第三国不得阻碍其通过该国国境，而并非必须给予不可侵犯权和豁免权。

6. 使馆及享有外交特权与豁免人员的义务

（1）尊重接受国的法律规章。

（2）不得干预接受国的内政。

（3）使馆馆舍不得用于与使馆职务不相符合的用途。

（4）使馆与接受国洽谈公务，概应经与或经由接受国外交部门或另行商定之其他部门办理。

（5）外交代表不应在接受国为私人利益从事任何专业或商业活动。

第十一章　国际经济法律制度

基础知识图解

- 国际货币基金组织
  - 宗旨和会员国的义务
  - 组织机构、资金来源、投票权、特别提款权
  - 主要活动（监督与协调、贷款、技术援助）
  - 中国与基金组织
- 世界银行集团
  - 国际复兴开发银行
  - 国际金融公司
  - 国际开发协会
  - 多边投资担保机构
  - 解决投资争端国际中心
  - 世界银行与中国
- 世界贸易组织
  - 世贸组织协议的主要内容
    - 宗旨、目标、基本原则（非歧视、可预见、自由、鼓励、促进）
    - 职能、法律地位、组织机构
  - 世贸组织的主要协议之一
    - 多边货物贸易协议（关贸总协定、农产品协议等13项）
    - 服务贸易总协定
    - 与贸易有关的知识产权协议
  - 世贸组织的主要协议之二（附件二：关于争端解决的规则与程序的谅解）
  - 世贸组织的主要协议之三（附件三：贸易政策审议机制）
  - 世贸组织的主要协议之四（附件四：诸边协议）

配套测试

一、不定项选择题

甲、乙、丙三国均为WTO成员国，甲国给予乙国进口丝束的配额，但没有给予丙国配额，而甲国又是国际上为数不多消费丝束产品的国家。为此，丙国诉诸WTO争端解决机制。依相关规则，下列哪些选项是正确的？（　　）（司考2017.1.80）

A. 丙国生产丝束的企业可以甲国违反最惠国待遇为由起诉甲国

B. 甲、丙两国在成立专家组之前必须经过“充分性”的磋商

C. 除非争端解决机构一致不通过相关争端解决报告，该报告即可通过

D. 如甲国败诉且拒不执行裁决，丙国可向争端解决机构申请授权对甲国采取报复措施

二、名词解释

1. 布雷顿森林体系

2. 特别提款权

3. 多边投资担保机构

4. 海关估价

5. 原产地规则

6. 进口许可证制度

7. 保障措施

8. 加权表决（西北政法大学2007年考研真题）

三、简答题

1. 布雷顿森林体系的主要内容。
2. 简述采取保障措施必须符合的条件。
3. 简要回答世界贸易组织的职能和法律地位。

参考答案

一、不定项选择题

答案：CD。最惠国待遇是 WTO 多边贸易制度中最重要的基本原则和义务。WTO 的任何成员，都可以享有其他成员给予任何国家的待遇。WTO 争端解决机制的主体是国家。故 A 错误。

磋商是争端解决的必经程序，提出磋商请求日起 60 天内没有解决争端时，申诉方才可以申请成立专家组。但磋商事项以及磋商的充分性，与设立专家组的申请及专家组将作出的裁定没有关系。故 B 错误。

与关税与贸易总协定的争端解决机制相比，WTO 争端解决机构在通过专家组和上诉机构报告的程序上有所突破，将关税与贸易总协定的“协商一致原则”改为“反向协商一致原则”，即除非争端解决机构一致不通过相关争端解决报告，该报告即得以通过。该通过实际上是一种一票通过制，是一种准自动通过方式。故 C 正确。

被裁定违反了有关协议的一方，应当在合理时间内履行争端解决机构的裁定和建议。如果被诉方在合理期限内没有履行裁定和建议，原申诉方可以经争端解决机构授权交叉报复，对被诉方中止减让或中止其他义务。故 D 正确。

二、名词解释

1. **答案**：鉴于金本位制崩溃后国际货币体系的长期混乱及其严重后果，1944 年 7 月 1 日，参加联合国会议的 45 个国家的代表，在美国新罕布什尔州的布雷顿森林召开了具有历史意义的联合国货币与金融会议，通过了《国际货币基金协定》和《国际复兴开发银行协定》。1945 年 12 月 27 日，29 个国家的代表在美国国务院举行仪式，正式签署了基金组织协定，协定正式生效，布雷顿森林体系正式宣告成立。这个体系的特点是建立平价制度和美元与黄金的自由兑换制度。
2. **答案**：特别提款权是基金组织 1969 年创立的，是基金组织所有金融和财务活动的计值单位，由 5 个占世界商品和劳务出口比重最大的国家的货币组成，即美元、德国马克、日元、法国法郎和英镑，各种货币的比重进行调整。特别提款权是基金组织分配给会员国的一种使用资金的权利，也是一种特殊的货币计值单位。当时，特别提款权与美元等值。会员国分配到一定数额的特别提款权后，可以作为会员国自己的国际储备资产，也可以用来归还基金组织贷款或抵偿会员国之间国际收支的差额，但是不能作为现实的货币用于国际上的一般收支。由于美元的贬值和主要国家实行浮动汇率制，为了保持特别提款权的稳定，发挥其定值作用，从 1974 年 7 月 1 日起，基金组织宣布特别提款权与黄金脱钩，而按“一篮子货币”原则定值。
3. **答案**：20 世纪 50、60 年代，大量的殖民地国家宣布独立，新独立的国家对一些外国私人公司采取了征收和国有化等措施，对发达国家的投资者造成了很大的非商业性风险，阻碍了这些国家的资本输出。而各投资国的保险机构能力有限，私人保险公司也大多不愿对这种风险提供担保。世界银行积极倡导成立该机构，并提出了《多边投资担保公约》草案。1988 年 4 月 12 日，公约正式生效。
4. **答案**：海关估价是指进口国海关当局对进口货物进行估算，并以此作为计算关税数额的依据。
5. **答案**：原产地规则是各个国家和地区为了商品的原产国或地区而制定的法律、规章和行动命令。商品的原产地在国际贸易中具有重要的作用，签发原产地证书是各国实行进出口贸易管制的一种手段，也是海关核定减免进口关税的证明。但各国制定的确定原产地的规则相差很大。一般来说，原产地规则是指根据国家立法或国际协议确立的原则发展出来的，并由一国用于确定货物原产地的特别规定。原产地是产品的经济国籍，确定原产地的最初目的是为消费者的选择提供便利，此外，便于一国海关统计。在国际贸易中，越来越多的人认识到原产地对产品的重要价值，原产地成为一项重要的知识产权受到各国法律的保护。
6. **答案**：进口许可证制度是一种进口管理制度，即商品必须经进口国政府批准并发给进口许可证后才能进口。进口许可证维护了进口国正当的贸易权益，但同时也有可能会成为非关税壁垒。
7. **答案**：如果一国的某一具体产业受到突然大量增加的进口产品的冲击以致损害，则该国可以采取时性限制措施，即保障措施。

8. **答案**：是指根据一定标准给予国际组织成员国以不同票数或不等值的投票权的一种表决制度，是与一国一票的制度相反的。在这种表决制中，分配表决权所依据的标准包括成员国的人口、对组织的出资金额、贡献、责任、利害关系等。主要适用于国际经济组织中，是联合国安理会模式加权表决制的类型之一。

三、简答题

1. **答案**：主要内容是：确立可以固定价格（每盎司35美元）兑换黄金的美元为国际货币；实行可调整的固定汇率制，即会员国货币与美元保持固定汇率，但在国际收支失衡时可以经基金组织批准后调整；会员国可以通过两个途径调整国际收支，即使用基金组织贷款以弥补逆差，调整汇率以纠正根本性失衡。
2. **答案**：采取保障措施必须符合以下条件：（1）产品进口出现不正常情况，包括进口数量是因为未预见的发展情况或因为承担关贸总协定的义务所致，进口增加对国内生产者造成严重损害或严重威胁。（2）采取的保障措施，必须在防止或纠正严重损害或其威胁的必要限度和时间内，不能长久地实施。（3）采取的保障措施必须针对某一产品的所有进口，而不分其来源，不能针对该项产品的出口国。（4）遵守关贸总协定的有关程序。
3. **答案**：（1）世贸组织的职能。促进乌拉圭回合多边协议的执行、实施和管理；为成员间有关贸易协议的后续谈判和未来有关新议题的谈判提供一个场所；协调解决货物贸易、服务贸易和知识产权等贸易纠纷和争端；负责审议和监督各成员的贸易制度和相关的国内经济政策，从而实现全球经济政策制定的统一性；组织编写年度世界贸易报告和举办世界经济与贸易研讨会，并向发展中国家提供必要的技术援助。

（2）法律地位。具有法人资格；世贸组织享有为履行其职责所必需的特权与豁免，其范围与联合国大会于1947年11月21日通过的《专门机构特权和豁免公约》所规定的特权与豁免一样。

第十二章　人权的国际保护

配套测试

一、单项选择题

1. 人权的含义是指(　　)。
   A. 人所享有或应享有的基本权利
   B. "天赋人权"
   C. 对少数民族保护的权利
   D. 国际社会对人权的保护权
2. 国际人权法中被称为"国际人道法的部分"是指(　　)。
   A. 保护人的基本权利的原则和制度
   B. 保护人的基本自由的原则和制度
   C. 战争和武装冲突期间保护平民以及战争受难者的原则、规则和制度
   D. 战争法中调整交战国与非交战国之间关系的原则、规则和制度
3. 在集体人权中构成其他各项人权和基本自由的基础和前提的是(　　)。
   A. 发展权　　B. 自决权
   C. 平等权　　D. 生存权
4. 第一个系统地提出基本人权具体内容的国际文书是(　　)。
   A.《国际联盟盟约》
   B.《世界人权宣言》
   C.《联合国宪章》
   D.《公民和政治权利国际盟约》
5. 与1966年两个国际人权公约一起构成"国际人权宪章"的文件是(　　)。
   A. 1948年《防止及惩办灭绝种族罪公约》
   B. 1966年《消除一切形式种族歧视国际公约》
   C. 1948年《世界人权宣言》
   D. 1964年《消除一切形式种族歧视宣言》
6. 人权条约中关于国际人权保护的个人申诉制度是指(　　)。
   A. 个人直接到国际法院对国家提出申诉
   B. 个人由国家代表到国际法院对另一国提出申诉
   C. 个人直接向国际人权机构对国家提出书面控诉
   D. 个人由国家代表在国际人权机构对另一国提出书面控诉
7. 国际人权法是国家间达成的保护人权的原则和制度，在当前的国际社会现实中，(　　)。
   A. 人权保护的主要和根本方式通过国际法来实现
   B. 人权保护的主要和根本的方式通过国内法来实现
   C. 人权是依靠国际法来创设和保障的
   D. 人权原则是国际法最基本的原则
8. 下列关于人权的说法中不符合中国政府的基本立场的有(　　)。
   A. 人权高于国家主权
   B. 人权既是一项个人权利，又是一项集体权利
   C. 人权中首要的权利是国家独立权和人民的生存权
   D. 人权既包括公民政治权利，也包括经济、文化和社会等方面的权利

二、多项选择题

1. 根据现行的主要国际人权公约的规定，个人人权应包括(　　)。
   A. 生存权　　B. 平等权
   C. 生命权　　D. 自决权
2. 平等权作为一项基本人权主要包括(　　)。
   A. 法律上的平等　　B. 民族平等
   C. 种族平等　　D. 男女平等
3. 生存权作为首要人权，其内容包括(　　)。
   A. 人身自由权　　B. 人身安全权
   C. 生命权　　D. 宗教信仰权

三、名词解释

1. 人权（中南财经政法大学2008年考研真题）
2. 人权国际保护
3. 基本需要说
4. 人权国际标准
5. 自决权
6. 发展权
7.《消除一切形式种族歧视国际公约》
8. 联合国人权委员会

四、简答题

1. Is the "principle of human rights" one of the basic principle of international law? Give your reasons to your answer.
2. 请说明联合国1966年两项人权公约执行制度上的主要差异。
3. 简述人权保护的国际实施机制。
4. 全球性与区域性人权公约主要有哪些?(中南财经政法大学2007年考研真题)
5. 人权理事会的个人申诉。(中国人民大学2015年考研真题)

五、论述题

1. 结合人权的国际保护论述个人在国际法上的地位。
2. What is your opinion concerning the legal aspects of humanity interference?
3. 结合国家在国际法上的地位和有关条约,谈谈国家在人权的国际保护方面的主要权利和义务。
4. 论国际人权法的新发展。(中国人民大学2007年考研真题)

参考答案

一、单项选择题

1. **答案**:A。人权主要指国家依国际法负有义务以尊重、确认和保护的人的基本权利和自由。国际人权主要具有以下三个特征:国际人权的权利主体是全人类或所有个人;国际人权的义务主体是国家;国际人权的依据是国家之间的协议。国际人权的内容主要有个人人权与集体人权两大类。个人人权又分为公民和政治权利、经济、社会、文化权利等。目前,国际社会正在形成以经济权利、环境权利为内容的"第三代人权"。
2. **答案**:C。人道主义法是战争中交战国应严格遵守的保护战俘、伤病员和平民的国际习惯法。
3. **答案**:B。民族自决权是民族权利的集中体现。民族自决权主要有以下内容:所有民族有权自由决定其政治地位并自由从事其经济、社会与文化的发展;所有民族在不妨害基于互惠原则的国际经济合作以及任何国际法义务的前提下,可自由处置其天然资源财富;民族生计在任何情况下均不容剥夺;各国应尊重民族自决权。
4. **答案**:B。1948年12月10日,联合国大会通过了《世界人权宣言》,这是在联合国主持下制定的第一个系统提出基本人权具体内容的国际文书。
5. **答案**:C。"国际人权宪章"包括1948年《世界人权宣言》、1966年《公民及政治权利国际盟约》(简称政治盟约)和《经济、社会、文化权利国际盟约》(简称经济盟约和经社文盟约)。
6. **答案**:C。个人申诉和来文制度是个人通过国际机构维护自身权利、促使有关国家(特别是本国)履行国际人权义务的重要程序。该程序主要分为两大类:一类依联合国经社理事会的决议设立,适用于针对联合国任何会员国提交的个人来文;另一类依有关的人权公约设立,由公约规定的执行机构负责执行。
7. **答案**:B。国际条约虽然能够规定人权的标准和内容,但是各国由于实际情况的差异,对人权保护的水平肯定有所不同,不能要求各国对人权的理解完全一致,在国际法允许的范围内,各国以本国法对本国国民的人权进行保护,是实现人权的最基本、最有效的方法。
8. **答案**:A。中国政府认为,人权在目前既是一项个人权利,同时又是一项集体权利,既包括公民政治权利,也包括经济、文化和社会等方面的权利,其中首要的权利是国家独立权和人民的生存权。

二、多项选择题

1. **答案**:ABC。个人人权包括公民及政治权利与经济、社会文化权利两大类。自决权利是民族的权利,属于集体权利。
2. **答案**:ABCD。平等的含义非常广泛。应避免因种族、肤色、性别、语言、宗教、政见或其他主张、民族本源和社会阶级、财产、出生或其他身份而受歧视。
3. **答案**:ABC。生存权是人的首要人权,应包括人身的安全、自由、生命健康的权利等。

三、名词解释

1. **答案**:人权是指人人基于生存和发展所必需的平等、自由等物质和精神方面的基本权利。
2. **答案**:人权国际保护是国际关系和国际法发展到现代的产物,指的是国家根据其主权并依据公认的国际法基本原则,主要通过签订国际条约,确立各国一般接受的国际人权规则和原则,并承担予以尊重和履行的国际义务,由有关人权公约所规定的国际机构或法律机制对这些国际义务的履行实行监督,加以保证。

3. 答案：基本需要说认为，人权国际保护的基础或根据是人的基本需要。持此学说的大多是发展中国家及其学者，强调自下而上权、自决权和发展权是人的基本需要。西方学者中也有赞同此说者。

4. 答案：所谓人权国际标准主要指有关人权的国际文书中所确认或确立的人权国际保护的准则。当代许多国际人权文书是由主权国家平等参与制定的，反映了各国的共识和协调意志。从这个意义上来说已经产生了一些反映各国共同需要的国际标准。

5. 答案：自决权，又称民族自决权，是指在外国奴役和殖民统治下的民族，有权决定政治地位及自由从事其经济、社会与文化的发展，并摆脱殖民统治，建立民族独立国家的权利。

6. 答案：发展权是指所有国家和民族都有决定自由谋求他们的经济、社会和文化的发展权利。发展权是一项不可剥夺的人权，这已获得国际社会的普遍赞同和接受。

7. 答案：1963 年 11 月 20 日，联合国大会通过了联合国防止歧视和保护少数小组委员会拟定的《联合国消除一切形式种族歧视宣言》草案。鉴于南非种族歧视、种族隔离情况的急剧恶化，联合国大会于 1965 年 12 月 21 日又通过了《消除一切形式种族歧视国际公约》。公约于 1969 年 1 月 4 日生效，截至 1998 年 6 月，已有 150 个缔约国。中国政府于 1981 年 12 月 29 日向联合国秘书长交存批准书，公约于 1982 年 1 月 28 日对中国生效。

8. 答案：人权委员会是根据《联合国宪章》第 68 条，由经社理事会于 1946 年成立的，是联合国系统内处理人权问题的主要机构。人权委员会的职责，主要是负责进行专题研究、拟具建议和起草与人权有关的国际文书，调查有关侵犯人权的指控和处理与这种侵犯有关的来文，协助经社理事会协调联合国系统内人权的活动。

四、简答题

1. 答案：（1）国际法基本原则是指国际法中具有指导性和概括性的规范。国际法基本原则具有各国公认的特点。国际法基本原则首先是被整个国际社会普遍接受的原则，不能只是部分国家或地区承认，而是适用于国际法律关系的所有领域。它贯穿国际法的各个方面，在国际法的一切领域都发生作用，构成国际法体系的基础。

（2）而“人权原则”这一命题不具备这些特点。首先，它不是国际公认的，而只是西方某些国家和学者的观点。西方某些发达国家和学者认为“人权高于主权”①，理由是“天赋人权”，个人的权利神圣不可侵犯；如果国家侵犯了这些权利，国际社会可以进行干预，而国家不能以主权作为反对干涉的理由。而广大发展中国家则重视集体权利，认为没有国家的生存和发展，就谈不上个人权利的保障，因此国家可以为整体利益的需要限制个人的某些权利；而这是一国主权范围内的事，国际社会不能干涉，否则就是侵犯国家主权。其次，这一命题并非适用于国家法律关系的所有领域，而是仅限于人权领域。最后，这一命题并非构成国际法的基础；相反，它对国际法的基础起着破坏的作用。因为它与国际法的两个重要的基本原则——国家主权平等原则和不干涉内政原则相悖。国家主权平等原则有两层含义：主权和平等。“主权”是指任何国家都是拥有主权的，各国都有义务尊重他国的主权及国际人格；任何国家都有权自由选择并发展其政治、社会、经济和文化制度，其他国家不能干预。“平等”是指各国法律地位一律平等，相互之间并无从属关系，任何国家都不得以任何借口对其他国家发号施令。当然，国家拥有主权，并不是说国家可以为所欲为，国家在国际社会要受到自身接受或国际公认的国际法规则的约束。但是，“人权原则”并没有成为这样一项有约束力的规则，可以限制国家的主权。不干涉内政原则是指，在国际关系中，任何国家或国际组织不得以任何借口或任何方式直接或间接地干涉本质上属于任何国家国内管辖的事项，即一国内政；也不得以任何手段强迫他国接受自己的意志，维持或改变被干涉国的社会制度和意识形态。因此，很显然，西方某些国家借口“人道主义”“人权保护”，实质上是按照自己的价值判断，为了自身私利对他国进行干涉活动，因而是违反国际法的。

2. 答案：（1）联合国 1966 年两项国际人权公约分别为《经济、社会文化权利国际公约》和《公民权利和政治权利国际公约》，这两项公约连同《世界人权宣言》一起被称为“世界人权宪章”。

（2）在实施措施上，《公民权利和政治权利国际公约》规定了缔约国的克减权。在有关缔约国履行公约义务的方式方面，两项公约也规定了不同的原则。关于公民和政治权的国际公约对缔

① 编者注：针对国际社会中存在的“人权”与“主权”孰高孰低的争论，读者应注意掌握好基本立场，以国际法基本原则为指导对此问题进行客观评述。

约国规定了“立即实施”的义务，而关于经济、社会和文化权利的国际公约只是要求缔约国承担“渐进实现”的义务。

3. **答案**：国际人权公约缔结后，为了监督公约的实施，多数成立了由个人专家组成的执行监督机构。公约监督机构的主要职责有：(1) 审议缔约国递交的执行公约情况的定期报告，多数人权公约都规定了报告制度，即赋予各缔约国将其履行条约情况向有关机构提交报告的义务。(2) 负责秘密审议个人针对缔约国政府的指控来文，派出调查特定领域人权情况的查访团。(3) 研究公约使用过程中遇到的理论、实践问题，对公约条文作出解释。此外还有个人申诉制度。

4. **答案**：按照公约适用的地理范围，国际人权公约可以分为全球性国际人权公约和区域性国际人权公约两类。

自《联合国宪章》把尊重基本人权予以确认以来，为促进对人权及基本自由的普遍尊重。联合国大会通过或者在联合国主持下制定了一系列有关人权方面的重要宣言、决议和公约等。1948年联合国通过的《世界人权宣言》是战后第一个关于人权问题的专门性国际文件。它第一次在国际范围内系统地提出了基本人权的具体内容，第一次提到经济、社会和文化权利，以及人人享有工作权和休息权等对劳动人民有利的内容，并为以后制定国际人权文件奠定了基础。《世界人权宣言》虽然在实质上并没有脱离西方资产阶级关于人权的传统观念，存在历史的局限性，如只强调个人的权利，而忽视集体的权利，但其国际影响却是深远的。《世界人权宣言》制定后，联合国决定着手把宣言中的内容变成对缔约国有法律拘束力的国际公约，以确保宣言所确认的权利与自由切实得以实施，经过18年的努力，于1966年缔结了经联合国大会通过并于1976年生效的《经济、社会、文化权利国际公约》和《公民权利和政治权利国际公约》。这两项公约的重要意义在于把《世界人权宣言》内容进一步完善和法律化，使之对缔约国产生了法律拘束力，从而使国际人权保护由无法律状态进入有法可循的时代。该宣言和1966年通过的两个公约一起被称为国际人权宪章。此外，联合国还通过了属于一般性的人权公约：《防止及惩办灭绝种族罪公约》《妇女政治权利公约》《废止奴隶制、奴隶贩卖及类似奴隶制之制度与习俗补充公约》《消除一切形式种族歧视宣言》《消除一切形式种族歧视国际公约》《禁止并惩治种族隔离罪行国际公约》《反对劫持人质国际公约》《消除对妇女一切形式歧视公约》等。值得一提的是，1993年6月25日，包括中国在内的160多个国家参加的联合国世界人权大会，通过了《维也纳宣言和行动纲领》（以下简称《宣言》）。《宣言》确认发展权是一项不可剥夺的人权，是人权与基本自由的组成部分；再次确认国际社会保护各项人权与基本自由的共同目标；要求国际社会把迅速全面地消除种族主义、种族歧视和排外现象作为一项优先任务等。为实现上述目标，《宣言》提出了具体任务和行动纲领。这次世界人权大会在多方面取得了成果，如在人权的普遍性方面、保障少数民族权利、妇女权利、儿童权利、土著人、残疾人、难民和异地劳工等易遭受损害的社会群体的权利等方面作了规定。该文件的通过，“是与会国共同努力的结果，也是相互妥协的产物”。

区域性国际组织相继通过或主持签订了一些一般性和特殊性的人权公约，如1950年欧洲十多个国家在罗马签署的《欧洲保护人权与基本自由公约》。该公约的内容主要是保护公民的各项权利，如生存权、人人享有自由和人身安全的权利，保障自由选举权等。为保证各缔约国对公约所规定的义务遵守，还规定了设立欧洲人权委员会和欧洲人权法院。1969年有12个美洲国家在哥斯达黎加的圣约瑟召开的美洲人权专门会议上通过并签署了《美洲人权公约》。在公约中所规定的内容，如财产权、不被流放的自由、禁止集体驱逐外国人、政治犯不得处以死刑等，超过了国际人权公约的规定。1981年非洲统一组织国家及政府首脑会议在内罗毕举行，通过了《非洲人权和民族权利宪章》。该宪章不仅规定了个人的权利，同时也规定了集体的权利，如不可剥夺的自决权、民族平等、一个民族不受另一民族统治的权利等，还规定了在非洲统一组织内部设立非洲人权和民族权利委员会。

5. **答案**：个人申诉，是指个人处于一国管辖下的受害个人或其代表对于该国侵害有关人权公约所载权利而向相关条约监督机构提出申诉，它适用于承认条约监督机构有权接受并审查个人申诉来文的缔约国。这种程序是以有关公约的任择议定书或任择性条款为基础。

人权理事会的个人申诉，是人权理事会根据联合国大会第60/251号决议的授权，通过《联合国人权理事会的体制建设》决议建立的一个允许个人或者非政府组织提起申诉的程序，以处理在世界上任何地方和任何情况下发生的经证明系一贯和严重地侵犯所有人权和基本自由的情势。人权理事会个人申诉程序的特征在于：主要面对受害人；公正、客观、高效；理事会在结束程序时有采取措施的多种选择。

五、论述题

1. 答案：（1）在传统国际法中基本没有直接与个人相关的国际法内容。在唯一的与个人的权利和义务有关的国际法内容中，个人还是以国家的侨民或在国家境内的外国人的身份出现的。具体内容无非是个人的国籍、外国人的法律地位、引渡与庇护等，所有这些内容都是与国家对其在国内或国外的国民行使管辖权有关的。虽然在第二次世界大战之前，国际法上有一些零星的关于个人权利保护的条约或协定，但是它们的内容仅限于非常特殊的部分人群，如宗教或语言少数者、奴隶或受奴役者、战争中的伤病员或平民等。国际法上大量的关于个人的内容是从第二次世界大战之后，确切地讲是在《联合国宪章》规定了人权问题之后才开始出现的。1948 年联合国大会通过了《世界人权宣言》，1966 年又通过了《经济、社会、文化权利国际盟约》《公民权利和政治权利国际盟约》和《公民权利和政治权利国际盟约议定书》。这些文件构成所谓的"国际人权宪章"，与其他关于人权的国际公约一起成为现代国际法的一个重要组成部分。传统国际法中基本没有直接与个人相关的国际法内容的现象永远成为历史。个人在国际法上的地位也因此有了改变，受到国际法学者的重视。但是个人在国际法上究竟处于什么地位？他们是不是国际法的主体？这些问题并没有解决，在学者中仍存有很大分歧。

（2）按照学者们一般接受的国际法主体的定义，作为国际法主体必须能够直接享受国际法上的权利并承担相应的义务，有进行诉讼的能力。这两个能力似乎是衡量国际人格者资格的标准。在国际人权法形成之前，人们争论的焦点在个人是否具有直接在国际法上享受权利并承担义务的能力这个标准上。在国际人权法形成之后，个人是否能够在国际法上享有权利似乎成为无可争议的问题。人们争论的焦点自然就转向第二个标准，即个人是否具有国际求偿能力。个人根据国际人权公约而享有的人权在遭到国家特别是自己本国的侵害后，能否以其独立于国家的身份在国际上得到法律救济成为判断个人在国际法上的地位的关键因素。许多支持个人是国际法主体的学者，认为个人已经取得了国际求偿能力。主要的理由有：首先，随着《公民权利和政治权利国际盟约议定书》的生效以及越来越多的国家成为该议定书的当事国，个人的国际求偿能力有了国际公约的保障并得到越来越多的主权国家的接受。根据该议定书的规定，人权事务委员会专门可以审议来自个人的关于违反公约的申诉。此外，国际上还有一些类似于人权事务委员会那样的其他人权机构可以受理由个人以自己的身份对国家提出的申诉。其次，在联合国体系内的人权保护机制中，个人可以通过"1503 程序"对侵害自己人权的国家提出申诉。最后，在欧洲人权保护体制中，个人过去可以通过欧洲人权委员会、部长委员会和欧洲人权法院这三个机构按照规定的程序控告侵害自己人权的国家。现在，个人可以直接到欧洲人权法院提起诉讼。这些都足以说明个人具有在国际上进行求偿的能力。反对个人作为国际法主体的人对于上述关于个人国际求偿能力的论证不屑一顾。他们强调国家在国际人权保护机制中的主导地位，强调除欧洲人权保护机制外所有受理个人申诉的制度都是任意性的，即国家的同意仍然是这些制度的基础。没有国家的同意，这些制度的建立都是不可能的。欧洲人权保护机制是特殊情况，不能或者很难推广适用于世界其他区域。因此，个人作为国际人格者的资格是以国家的同意为前提的，很难说个人已经取得了独立于国家的国际求偿能力。

（3）根据国际法，作为普通的个人，他们在国际上被自己的国家所代表。被国家所代表意味着国际法不涉及个人的权利和利益，后者只能通过国内法加以规定。国家在其国内法中关于如何对待其本国公民的规定是国际法不关心的。但是，国家如何对待其境内的外国人却是国际法的重要内容。如果外国人的权利受到侵害，外国人的本国可以在用尽当地救济后对受到侵害的本国侨民实行外交保护。外交保护制度是以国家的属地和属人优越权为基础的。由于国家的属地和属人优越权，国际法上出现了协调国家这两种管辖权的原则、规则或制度。国籍制度就是典型的这类国际法制度。此外还有外国人的出入境、外国人的法律地位、庇护与引渡制度等。这些国际法的内容虽然都与个人有关，但个人无论作为一般的外国人还是与庇护或引渡相关的人，他们都是国家行使属人和属地管辖权的对象。此外国家还有一种"普遍性管辖权"，即国家对于在公海上所犯的"国际罪行"行使管辖权。当时所谓的"国际罪行"包括海盗行为、奴隶贩运、毒品走私、在公海上的非法广播等。在这种情况下，作为"国际罪犯"，个人是国际法直接惩治的对象。无论作为国际法保护的对象还是惩治的对象，个人在国际法上的地位都不是独立的。在外交保护的情况下，外交保护权是保护国的权利；惩治“国际罪犯”的情况下，国际法赋予国家以“普遍性管辖权”，权利也是国家的。总之，近代国际法上有关个人的规定或制度都是为了协调国家的管辖权而形成的，其目的主要是调整以国与国对等双边关系为主体的国际关系。与近代国际法相比，现代国际法有了很大发展。在保留了近代国际法原有的具有协调性质的内容的基础上，现代国际法增加了具有合作性质的内容，打破了以国与国对等双边关系为主体的传统。维护人类共同利益或国际社会的整体利益逐渐成为现代国际法的目标之一。国际法在这方面的内容最初（第二次世界大战之后）主要是关于惩治战争犯罪，其中包括反人道罪、反和平罪和战争罪，后来又增加了灭绝种族罪（1948 年）、种族隔离罪（1973 年）和酷刑罪（1984 年）等。国际法对这些罪行的惩治不是为协调两个国家之间的对等关系，而是维护整个人类的利益。国际法在这方面的更大发展应该是国际人权法的产生。从《联合国宪章》到《世界人权宣言》，再到 1966 年的两个国际人权盟约，国际人权法到 20 世纪 70 年代末（两个国际人权盟约生效）就基本形成了。从此，个人在国际法上的地位发生了根本的变化。国际人权法就是使国家承担国际义务保护个人（所有个人，其中包括本国人、外国人、无国籍人、难民等）的基本权利与自由。从表面看，与近代国际法相比，现代国际法只是扩大了保护个人和惩治个人所犯罪行的范围。实际上，同样是对个人的保护和惩治但其目标却有着根本的区别：前者是为了协调两个国家之间的对等关系以便更好地行使它们的主权和管辖权；后者则是为了维护整个国际社会和全人类的利益。因此必须要限制国家的主权，虽然限制仍然是国家行使主权的结果，但是国际法对个人基本权利和自由的保护是直接的，而不是像外交保护那样，通过协调两个国家的对等关系来实现。

2. 答案：（1）“人道主义干涉”① 的界定早在 17 世纪，近代国际法学说的奠基人雨果 · 格劳秀斯提倡过“爱的万国法律”，即通过武力限制战争，因为“正确的理性原则和社会本质并不禁止一切暴力行为，所禁止的只是那些反社会的暴力行动”。结合当今的国际实际及已经实施了的“人道主义干涉”所具有的特征，所谓“人道主义干涉”是指当一国“对它的国民施行虐待或加以迫害到了否定他们的基本人权和使人类良心震惊的程度”，在未得到被干涉国政府同意的情况下基于人道主义原因对该国实施武力干涉或以武力干涉相威胁。它包括两类行为：一类是出于人道主义目的而实施的强制行动，它出现在有大规模侵犯人权发生的情形下，根据《联合国宪章》第 7 章，由全球性或区域性国际组织实施的或由其授权而进行的集体干涉；另一类是没有授权的单方面的或由多国进行的干涉，这种以武力相威胁或使用武力的行为既没有事先得到联合国有关机构的授权，也没有得到被干涉国合法政府的同意。我们所讲的主要是后一种情况。

（2）对“人道主义干涉”正当性的分析。一种行为，要获得法律的承认，首先应具有正当性，所谓“正当”，指某种行为在伦理上、道德上是可接受的，在实践层面上是必需的、可行的或至少是无须禁止的，同时此种行为还不会危及其他既存的利益，或至少能将危害限制在合理的限度以内。简言之，行为的正当性必须具有伦理道德上的可接受性、实践上的必要性、效果上的无害性或最小危害性。但从实际看，虽然世界上绝大多数民族都共有某些最根本的伦理信念，但也必须肯定它们相互间存在形形色色具体的伦理准则和道德惯例，因此，各个民族从其固有的伦理准则和道德惯例出发来评价“人道主义干涉”的伦理可接受性，得出的结论无疑是不同的。从实践上的必要性来看，大规模侵犯人权行为波及一定范围时，为保护基本人权而进行干预当然是必要的。但在现实中，对于基本人权的国际保护存在两种表现形式：一种是真正实质意义上的国际保护，即在联合国体制下的保护，这种方式是在联合国授权下的行动，是符合国际法的行为，是真正出于维护和实现人权的合法行为；另一种是没有经过合法授权的个别国家的所谓“人道主义干涉”，而后者之中不乏打着“保护人道主义”的旗帜，实质上却是为达到其他目的而干涉的情况。由此我们不难看出，联合国体制下的国际人权保护在实践中当然是必要的，并对实现和平安定的国际秩序具有一定的现实意义；没有经过合法授权的单方面的所谓人道主义干涉的“保护”，却对和平稳定的国际秩序具有一定的潜在危害性。实践已经证明，多数人道主义干涉并非真正出于保护人权的目的，而是为少数国家推行霸权主义服务的。关于“人道主义干涉”在效果上是否具有无害性问题，需从两方面来进行考察：既无损于国际秩

① 编者注：本题中涉及的观点很容易与时事政治结合起来命题，请读者注意掌握。

序，也无害于被干涉国的独立及其国民的生命、财产安全。但在实践中，一些大国往往通过所谓的“人道主义干涉”来获取各种经济、军事及政治利益。在这种复杂的干涉动机之下，要保证效果的无害性也就相当困难了。具体而言，“人道主义干涉”对国际社会秩序之害可从以下方面分析：其一，“人道主义干涉”有可能会打破原有国际政治体制的相对平衡格局，会使世界政治格局的一极化发展趋势更加明显；其二，“人道主义干涉”会打破数百年来形成的以国家主权原则为理论基石的国际法体系，使国际法失去原有的公平、正义、安全和秩序价值。同时，“人道主义干涉”所倡导的“人权高于主权”的法律理念会诱导国际法向有利于大国霸权主义的方向变异。另外，“人道主义干涉”对被干涉国之利益也是有害的。比如，会在国际政治和外交方面孤立被干涉国，扼杀被干涉国的经济发展，在某些情况下，甚至还会加剧被干涉国的灾难。以北约对南联盟的“人道主义干涉”为例，北约的干涉不但在南联盟地区造成新的直接战争灾难，而且因干涉而扶植的阿族部队又成为在该地区制造灾难的新根源。因此，国际上的“人道主义干涉”实践已经反复证明了“人道主义干涉”的不正当性，忽视“人道主义干涉”所带给人们的痛苦及其对国际秩序所产生的负面影响是一种极不负责任的态度，盲目地认为“人道主义干涉”已经被各国文化传统涵纳，或者仅因看到其短期的表面效果就认定其具有正当性，这只是少数为某种目的实施干涉的大国的一面之词。

(3) 综上所述，“人道主义干涉”的存在既不符合正当性的要求，也没有国际法上的合法性依据，因此，在实践中它往往成为西方大国借以干涉他国内政，谋取政治军事战略利益的一种手段，因此为“人道主义干涉”大唱赞歌并企图使其合法化的观点是十分错误的。而种种打着“保护人权”旗帜进行“人道主义干涉”的行为，无论是对国际秩序的稳定，还是对被干涉国的利益，都有着不小的负面影响，并非对人道主义危机的合法与正当的解决之道。

3. 答案：各国采取必要而适当的国内措施确认、保护和增进其国民的权利和自由是确保国际人权得以普遍而充分实现的最为直接有效和重要的途径。为此，人权公约均在不同程度上为缔约国设定了以国内措施促进和保证公约确认的权利得以实现的国际义务，这些措施可以分为三类：

(1) 立法措施。这一措施的主要目的是为国际人权提供国内法的保护。由于个人原则上不能直接根据其本国参加的人权公约向本国有关机关提出权利请求，而且就许多国家而言，其国内机关也并无义务适用于本国国内法相抵触的国际法的规定，因此，为保证国际人权的实现，有关人权公约的缔约国首先应当将公约规定的权利确认为其国内法上的权利，其次应该以立法禁止或者惩治侵犯此类权利的行为，最后应当修改或者废除其违背公约宗旨和精神的现行法律、规章、习俗和惯例，从而使得其国内法与公约保持一致。

(2) 救济措施。这一措施的目的首先是保证个人在其权利受到来自政府和个人的各种形式的侵犯的时候能够获得有效的补救。其次应当保证有关主管机关准予救济的最终裁决能够得到迅速而充分的执行。1966 年的《政治盟约》《种族歧视公约》《妇女歧视公约》《酷刑公约》《美洲人权公约》等对此都有不同程度的规定。

(3) 社会进步与发展措施。这一措施的目的是促成各项人权的充分实现所必要的经济、社会和文化的全面发展。根据有关国际人权公约的规定，每一国家应当在社会成员的普遍参与以及尊重人的尊严和价值的基础上，制定和实施社会整体发展战略和具体发展规划，以消除实现各项权利所面临的各种国内障碍。

4. 答案：(1) 人权内涵的新发展

①提出并论证发展权是一项不可剥夺的基本人权。《非洲人权与民族宪章》首次确认了发展权：“一切民族在适当顾及本身的自由和个性并且平等分享人类共同遗产的条件下，均享有经济、社会和文化的发展权。”从 1977 年以来，联合国大会及其直属机关曾多次通过决议，强调发展权是一项人权。1993 年召开的第二次世界人权大会再次确认发展权是一项集体人权，也是一项个人权利。它和生存权一样，是最重要的两项基本人权。

②坚持民族自决权。1966 年 12 月，在联合国大会上，第三世界国家排除西方国家的干扰，以多数票通过了《公民权利与政治利公约》，其第 1 条就确认了民族自治权。

③宣布环境权。保卫环境是人类文明和社会进步的重大标志，1972 年 6 月召开的人类环境会议首次通过了《人类环境宣言》，开始确认环境权。1992 年在巴西召开的国际环境与发展会议正式确认了环境权。

④提出和平与安全权。把和平与安全作为一项人权，这是新发展的创举。《非洲人权与民族宪章》明确宣布：“一切民族均有权享有国内和国际的和平与安全。”1984 年 12 月，联合国通过了

《人民享有和平权利宣言》，庄严宣布："全球人民均有享有和平的神圣权利。"

人权理论新发展有三个特点：第一，突出集体人权；第二，强调人权必须结合各国历史与现实，必须结合本民族的特点与发展水平；第三，坚决反对西方国家以人权为借口粗暴干涉他国内政。这三大特点，在 1993 年 6 月召开的世界人权大会上，反映得更为强烈。《维也纳宣言和行动纲领》强调"一切人的权利和基本自由"，宣布"所有民族都拥有自决的权利"。

(2) 国际人权开始重视实施机制，强调执行力

国际法是靠其主体自身的力量来实施的，国际人权法也不例外。国际人权法的实施主要靠缔约国的诚信，包括对国际社会承诺履行条约义务；对其境内居民承诺保障和保护他们依条约规定应享有的权利。国际人权法的主体依然是国家。但人权条约规定的缔约国义务，正是其境内居民应享有的权利，人权条约与个人有着密切联系。人权条约的实施有其特殊性，就条约本身规定而言，除规定缔约国之间解决争端的方法外，还规定了实施条约的监督机制。

①人权条约的监督机制

一般地，各项国际条约都规定有缔约国之间就条约解释和适用产生争议时解决争端的方法，即应以和平方式解决争端。但是，对每项争议具体采取哪种和平方式，由当事国在自愿的基础上协商决定。而人权条约有其独特的机制，由依各该公约成立的委员会执掌，各委员会由经选举产生的以个人身份活动的专家组成。它们不是缔约国之间的政府机构，却是依公约规定工作的，故又不是非政府组织。人权公约设立的委员会依次是：经济、社会、文化权利委员会；公民权利和政治权利人权事务委员会；消除种族歧视委员会；消除对妇女歧视委员会；禁止酷刑委员会和儿童权利委员会。各该条约委员会监督执行条约的主要方式是当事国报告制度，还有当事国之间的来函（指控）和个人申诉制度。

首先，报告制度是委员会监督缔约当事国履行义务的主要措施。缔约当事国向委员会提交报告是依条约规定应履行的接受监督的义务。有关条约规定缔约当事国应在条约对其生效 1 年（《儿童权利公约》规定 2 年）内提出报告，并在此后定期提出补充报告。报告向联合国秘书长提出，由秘书长转委员会审议。委员会有权要求缔约当事国提交进展的报告，此类报告仍是向秘书长提出，且实践中委员会也从未提出过此种要求。可以认为，各委员会作为一个专家机构与缔约国之间没有直接的条约关系。

委员会对缔约当事国报告进行研究或审议，结果可作为建议交给有关国家。有关国家对委员会的建议应予尊重但也可置之不理，条约并未规定缔约国这方面的义务。委员会使其建议有效的方式是向联合国经社理事会或秘书长提出，由他们提交联合国大会作出决议，但这只能是针对普遍性的或重大（严重）的人权问题。

委员会对缔约当事国报告的审议监督是一种专家程序，其实质是委员会与缔约当事国之间就条约人权事项的对话。这种对话是依各该项条约规定进行的。缔约国向各该条约委员会提交报告的义务平等，审议依提交报告先后顺序进行，没有国别选择。

其次，"指控"和"申诉"是任择性的辅助措施。其目的为监督缔约国履行条约义务，解决缔约国之间的有关争议及救助缔约国境内个人申诉。"指控"是缔约国之间，一国对另一国履行条约义务或其境内人权问题的来函。条约对缔约国之间的此类争端，规定了"和解"和"调查"程序。"申诉"是其权利受到严重侵害的个人提出来的，个人来文只能在"用尽当地救济"之后提出，并要由受害人亲自以真名提出。

人权条约规定"指控"和"申诉"，完善监督机制，又规定这些措施须经缔约国另行明示同意接受，且必须在具备规定的前提条件之后方能适用，这也正说明：国际人权问题是国家之间的事，只能用和平解决争端的方法来调整；国际人权条约调整的是缔约国之间的关系，一国国内的人权问题首先或最终要经该国国内措施才能解决。

②人权条约的实施机制

一项国际条约的效力和作用关键在缔约国履行条约义务。《维也纳条约法公约》规定："凡有效之条约对其各当事国有拘束力，必须由各该国善意履行。"人权条约的"核心义务"是缔约国要在其境内实行条约规定的人权标准，保障人权。无论是"作为"和"不作为"，缔约国都要采取立法的、行政的、经济的、社会的等措施，来保证人权条约在其境内实施。

a. 缔约国的立法措施

采取立法措施保障境内人权，在民主的法治国家属常规。以国内立法执行条约义务，要处理好国际法与国内法的关系。《维也纳条约法公约》规定，"一当事国不得援引其国内法规为理由而不履行条约"，除非该项条约是在明显违反该缔约国"基本重要性之国内立法"关于缔约权之规定而

缔结的。也就是说，缔约国对于一项合法而有效的条约义务，优先于其国内法律或法令。

但是，缔结条约和完善立法不可能同步，而且完善立法还须缔约国境内状况的改变和发展，故各项人权条约都不明文禁止缔约国作出必要的保留或声明。缔约当事国履行条约义务除非其作有保留或声明的条款的规定，或对这些条款按其保留或声明履行义务。

b. 经济和行政措施

人权条约规定的人权标准，包括“保障”和“禁止”的，在许多国家乃至在所有国家都难以当即实现，须经时日，只能随着经济和社会发展逐步达到。实现人权本身就是一个过程。《经济、社会、文化权利国际公约》只要求缔约国“逐步达到本公约中承认的权利的充分实现”。缔约国的首要义务是采取有效措施发展经济。

缔约国履行人权条约的义务，须采取一系列行政措施，包括调整和规范政府机构行为，社会团体、事业和企业法人的行为，在当今“一体化浪潮中”尤其须规范跨国公司的行为。还要花大力气进行尊重人权的教育和宣传，一些严重侵犯人权的个案，是有种族或宗教歧视或其他不良行为的团体或个人做成的。这些措施，在任何一国都是巨大而艰难的社会工程。所以，人权条约规定不同缔约国不论国情，都要在同一时间、同一水平上实现人权。

c. 国际合作

国际人权条约缔约国之间经济发展、社会状况、资源占有极不平衡，而它们依条约承担的义务是相同的，其间的差距需要以最大限度的国际合作来弥补。国际人权条约几乎都规定了实现人权标准的国际合作。

既然人权问题超出了一国范围，为国际社会所关注，就意味着为实现和保障人权需要国际合作，就不应该将人权问题当作一张政治牌，玩弄别国。“国际合作”既是缔约国的条约义务，又是履行义务的一种机制。

第十三章 条 约 法

基础知识图解

- 条约的概念和特征
- 条约的缔结与生效
  - 缔约能力
  - 缔约程序
    - 谈判（约文的议定、认证）
    - 签署（表示同意受条约的拘束）
    - 批准、接受、赞同
    - 交换或交存批准书
    - 条约的登记与公布
  - 条约的加入
  - 条约的保留
    - 保留的根据和目的
    - 性质和效果
    - 提出和撤回保留的程序
  - 条约的生效（生效方式）
- 条约的遵守、适用及解释
  - 条约必须信守
  - 条约的适用
    - 时间范围
    - 空间范围
    - 在缔约国内的执行
    - 冲突
  - 条约与第三国
    - 为第三国创设义务
    - 为第三国创设权利
    - 取消或变更对第三国的义务或权利
    - 条约的规定成为一般国际法或国际习惯法规则
  - 条约的解释
    - 条约的解释国
    - 解释规则
      - 善意原则
      - 整体原则
      - 目的原则
      - 通常意义原则
- 条约的修改、终止、停止执行与无效
  - 条约的修改
    - 全体当事国的修改
    - 若干当事国彼此间的修改
  - 条约的终止（情形）
  - 条约的停止执行
  - 无效条约
    - 违反国内法关于缔约权限的规定
    - 意思表示不真实
    - 与一般国际法强行法相抵触

配套测试

一、单项选择题

1. 条约的加入是指(　　)。
   A. 加入一个已生效的双边条约
   B. 加入一个未生效的双边条约
   C. 已生效的和未生效的双边条约均可加入
   D. 加入一个开放性的多边条约
2. 按照条约的性质可以把条约分为(　　)。
   A. 双边条约和多边条约
   B. 平等条约和不平等条约
   C. 造法性条约和契约性条约
   D. 开放性条约和非开放性条约
3. 按照条约适用的地域范围可以把条约划分为(　　)。
   A. 区域性条约和全球性条约
   B. 多边条约和双边条约
   C. 造法性条约和契约性条约
   D. 政治条约和经济文化条约
4. 联合国会员国在宪章下之义务与依任何其他国际协定所负之义务有冲突时，优先适用的原则是(　　)。
   A. 后订条约应居优先
   B. 先订条约应居优先
   C. 依其他国际协定之规定
   D. 在宪章下之义务应居优先
5. 中国拟与甲国就有关贸易条约进行谈判。根据我国相关法律规定，下列哪一选项是正确的？(　　)(司考 2010. 1. 32)
   A. 除另有约定，中国驻甲国大使参加该条约谈判，无须出具全权证书
   B. 中国驻甲国大使必须有外交部长签署的全权证书方可参与谈判
   C. 该条约在任何条件下均只能以中国和甲国两国的官方文字作准
   D. 该条约在缔结后应由中国驻甲国大使向联合国秘书处登记
6. 在外交实践中，当事国双方通过外交照会，就双方具体问题达成协议的形式被称为(　　)。
   A. 换文　　B. 复照
   C. 公约　　D. 宣言
7. 国家权力机关批准条约的证明文件是(　　)。
   A. 批准书　　B. 加入书
   C. 宣言　　D. 公告
8. 条约的保留在于摒除或更改条约中的若干条款对该国适用时的法律效果，该项制度适用于下列哪个条约？(　　)
   A. 双边条约
   B. 《联合国宪章》
   C. 《维也纳外交关系公约》
   D. 《联合国海洋法公约》
9. 《条约法公约》规定条约保留的方式为(　　)。
   A. 口头
   B. 书面
   C. 口头和书面任何一种
   D. 保留国认为合适的其他方式
10. 如果一项条约是由于一国直接或间接贿赂另一谈判国代表而缔结的，则该条约应(　　)。
    A. 停止施行　　B. 终止
    C. 无效　　D. 有效
11. 甲、乙两国 1990 年建立大使级外交关系，并缔结了双边的《外交特权豁免议定书》。2007 年两国交恶，甲国先宣布将其驻乙国的外交代表机构由大使馆降为代办处，乙国遂宣布断绝与甲国的外交关系。之后，双方分别撤走了各自驻对方的使馆人员。对此，下列哪一选项是正确的？(　　)(司考 2008. 1. 30)
    A. 甲国的行为违反国际法，应承担国家责任
    B. 乙国的行为违反国际法，应承担国家责任
    C. 上述《外交特权豁免议定书》终止执行
    D. 甲国可以查封没收乙国使馆在甲国的财产
12. 在以下有关条约保留的表述中，不正确的是(　　)。
    A. 提出保留的根据在于国家主权
    B. 保留的目的在于免除公约的某些条款对它的适用效力或修改某些条款
    C. 保留一般不可以随时撤回
    D. 保留是一种单方法律行为
13. 甲、乙、丙国同为一开放性多边条约缔约国，现丁国要求加入该条约。四国均为《维也纳条约法公约》缔约国。丁国对该条约中的一些条款提出保留，下列哪一判断是正确的？(　　)(司考. 2009. 1. 29)
    A. 对于丁国提出的保留，甲、乙、丙国必须接受
    B. 丁国只能在该条约尚未生效时提出保留
    C. 该条约对丁国生效后，丁国仍然可以提出保留
    D. 丁国的加入可以在该条约生效之前或生效之后进行

14. 2008 年 6 月，我国完成缔结某项条约的谈判工作，该条约中的某些条款与我国国内法律的规定有较大冲突，该条约目前尚未生效。根据《维也纳条约法公约》和我国《缔结条约程序法》，下列哪一选项是正确的？（　　）（司考 2008. 四川 . 1. 30）

A. 我国在缔结该条约时，有义务对那些与我国法律相冲突的条款作出保留

B. 我国在缔结该条约时，有义务先行修改与该条约相冲突的我国法律

C. 上述条约须经我国全国人民代表大会常务委员会批准

D. 由于该条约尚未生效，我国不得缔结该条约

15. 甲、乙两国于 1996 年签订投资保护条约，该条约至今有效。2004 年甲国政府依本国立法机构于 2003 年通过的一项法律，取消了乙国公民在甲国的某些投资优惠，而这些优惠恰恰是甲国按照前述条约应给予乙国公民的。针对甲国的上述做法，根据国际法的有关规则，下列哪一项判断是正确的？（　　）

A. 甲国立法机构无权通过与上述条约不一致的立法

B. 甲国政府的上述做法，将会引起其国际法上的国家责任

C. 甲国政府的上述做法如果是严格依据其国内法做出的，则甲国不承担国际法上的国家责任

D. 甲国如果是三权分立的国家，则甲国政府的上述行为是否引起国家责任在国际法上尚无定论

16. 批准条约是缔约国的权力机关对其全权代表所签署的条约的认可，是缔约程序之一，它表明(　　)。

A. 国家签字的条约均需批准

B. 国家拒绝批准应承担法律责任

C. 批准条约是一国的任意行为

D. 未经批准的条约不能生效

17. 我国决定批准我国同外国缔结的条约和重要协定的机关是(　　)。

A. 国家主席　　B. 国务院

C. 人大常委会　　D. 外交部

18. 缔约国在条约的执行与解释上发生分歧时，解决的方法是(　　)。

A. 国际法院解决

B. 仲裁法庭解决

C. 联合国秘书处解决

D. 按条约规定的程序解决

19.《联合国宪章》规定负责条约登记的机关是(　　)。

A. 秘书处　　B. 安理会

C. 经社理事会　　D. 国际法院

20. 根据《条约法公约》第 51 条的规定，使条约无效的情况有(　　)。

A. 条约未经批准

B. 条约规定与缔约国国内法冲突

C. 条约规定涉及第三国利益

D. 条约是在对缔约代表实施强迫的情况下缔结的

21. 嘉易河是穿越甲、乙、丙三国的一条跨国河流。1982 年甲、乙两国订立条约，对嘉易河的航行事项作出了规定。其中特别规定给予非该河流沿岸国的丁国船舶在嘉易河中航行的权利，且规定该项权利非经丁国同意不得取消。事后，丙国向甲、乙、丁三国发出照会，表示接受该条约中给予丁国在嘉易河上航行权的规定。甲、乙、丙、丁四国都是《维也纳条约法公约》的缔约国。对此，下列哪项判断是正确的？（　　）

A. 甲、乙两国可以随时通过修改条约的方式取消给予丁国的上述权利

B. 丙国可以随时以照会的方式，取消其承担的上述义务

C. 丁国不得拒绝接受上述权利

D. 丁国如果没有相反的表示，可以被推定为接受了上述权利

22. 下列条约中，属于“非人身条约”的是(　　)。

A. 同盟条约

B. 参加国际组织的条约

C. 共同防御条约

D. 边界条约

23. 在两国间划定边界的法律文件中，其母约是(　　)。

A. 边界谈判记录　　B. 边界条约

C. 边界走向图　　D. 划界议定书

24. 甲国积极参加了某多边国际公约的约文议定，并且甲国总统作为对约文的认证，亲笔签署了该国际公约，但根据甲国的国内法的规定，该公约须由其议会批准，但甲国议会拒绝批准该公约。根据国际法，下列哪些判断是正确的？（　　）

A. 甲国由于签署了该公约，所以负有批准的义务

B. 甲国由于签署了该公约，所以该公约对甲国产生效力

C. 甲国虽然拒绝批准，但该公约仍对甲国产生效力

D. 甲国没有必须批准其所签署的公约的义务

25. 甲国倡议并一直参与某多边国际公约的制定，甲

国总统与其他各国代表一道签署了该公约的最后文本。根据该公约的规定，只有在2/3以上签字国经其国内程序予以批准并向公约保存国交存批准书后，该公约才生效。但甲国议会经过辩论，拒绝批准该公约。根据国际法的有关规则，下列哪一项判断是正确的？(　　)

A. 甲国议会的做法违反国际法

B. 甲国政府如果不能交存批准书，将会导致其国际法上的国家责任

C. 甲国签署了该公约，所以该公约在国际法上已经对甲国产生了条约的拘束力

D. 由于甲国拒绝批准该公约，即使该公约本身在国际法上生效，其对甲国也不产生条约的拘束力

26. 以下所列举的协议中，可以称为条约的是(　　)。

A. 联邦国家各成员国之间的协议

B. 国家和外国法人之间订立的协议

C. 跨国公司与国际组织之间订立的协议

D. 国家和国际组织间订立的协议

27. 条约草签的法律意义是(　　)。

A. 表明全权代表对条约约文已经认证，对所代表的国家具有法律约束力

B. 表明全权代表对条约约文已经认证，对所代表的国家不具有法律约束力

C. 所代表的国家不得对约文提出异议，只能通过签署而使之具有法律效力

D. 所代表的国家可以对约文提出异议，但必须签署该约文使之具有法律效力

28. 甲国总统草签了某一国际公约，根据甲国国内法的规定，该公约须由该国议会批准，但议会拒绝批准公约。根据国际法，下列哪种判断正确？(　　)

A. 甲国没有批准其草签的该公约的义务

B. 甲国由于草签了该国际公约，所以负有批准该公约的义务

C. 甲国由于草签了该国际公约，所以该公约对甲国生效

D. 甲国虽然拒绝批准该公约，但该公约仍对甲国生效

29. 缔约机关是否具有缔约权取决于(　　)。

A. 国内法的规定

B. 国际法的规定

C. 条约法的规定

D. 缔约各方的协议

30. 据《维也纳条约法公约》，双边条约的作准文本一般是(　　)。

A. 条约明确规定的某种文本

B. 双方本国文字的文本

C. 英语文本

D. 法语文本

31. 对多边条约提出的保留要在保留国与同意国之间生效，接受保留的国家应有(　　)。

A. 所有缔约国　　B. 2个或3个缔约国

C. 次缔约国　　D. 至少1个缔约国

二、多项选择题

1. 依据《中华人民共和国缔结条约程序法》及中国相关法律，下列哪些选项是正确的？(司考2015. 1. 76)(　　)

A. 国务院总理与外交部长参加条约谈判，无须出具全权证书

B. 由于中国已签署《联合国国家及其财产管辖豁免公约》，该公约对我国具有拘束力

C. 中国缔结或参加的国际条约与中国国内法有冲突的，均优先适用国际条约

D. 经全国人大常委会决定批准或加入的条约和重要协定，由全国人大常委会公报公布

2. 条约的主要特征是(　　)。

A. 条约非经批准不能生效

B. 限于国家之间缔结的协议

C. 必须以国际法为准

D. 必须以书面形式订立

3. 以加入表示同意承受条约约束的情况有(　　)。

A. 条约本身规定可以加入

B. 条约无规定，经谈判国协议确定某些国家可以加入者，这些国家可加入

C. 全体当事国嗣后协议，某些国家可用加入表示这种同意

D. 条约无规定，但受到缔约国之一邀请即可加入

4. 条约禁止保留的情形包括(　　)。

A. 条约本身禁止保留

B. 条约仅准许特定的保留，而相关保留不在其内

C. 保留不符合条约的宗旨和目的

D. 有缔约国反对保留

5. 双边条约生效的方式有(　　)。

A. 自签字之日起生效

B. 自批准之日起生效

C. 自互换批准书之日或之后若干天起开始生效

D. 自一国公布之日起生效

6. 多边条约的生效方式包括(　　)。

A. 自全体缔约国批准或各缔约国明确表示承受拘束之日起生效

B. 自绝大多数缔约国批准之日起生效

C. 自一定数目的国家交存批准书或加入书之日或之后某日起生效

D. 自一定数目的国家，其中包括某些特定国家交存批准书后生效

7. 条约在下列哪些情况下为第三国创设权利和义务？（　　）

A. 第三国同意接受该项权利

B. 第三国书面明示接受该项义务

C. 条约当事国有为第三国确定该项义务的明确意图

D. 创设义务经第三国口头接受

8. 条约终止的情况有（　　）。

A. 条约期满和条约的执行完毕

B. 条约解除条件成立

C. 退约和条约被代替，条约执行的不可能

D. 全体当事国同意终止

9. 甲、乙两国2006年发生边境武装冲突，随即先后宣布与对方进入战争状态。此前，甲、乙两国先后缔结了《和平友好条约》（1960年）、《边界条约》（1966年）、《建立外交关系的协定》（1980年）、《引渡协定》（1982年）等一系列条约。在此状态下，如果这些条约中不存在相关的特别约定，根据国际法的有关规则，下列哪些选项是正确的？（　　）（司考2008.1.78）

A. 两国间的《和平友好条约》自动废止

B. 两国间的《边界条约》暂停执行

C. 两国间《建立外交关系的协定》自动废止

D. 两国间的《引渡协定》暂停执行

10. 国际法允许单方终止条约的理由包括（　　）。

A. 缔约一方违背条约义务

B. 情势变迁

C. 条约未经登记

D. 违反国内法

11. 在以下哪些情形中，条约应属无效？（　　）

A. 主体无缔约能力

B. 因错误和欺诈而订立

C. 因贿赂而订立

D. 因强迫而订立

12. 条约是缔约各方的权利义务的协议，因此，解释条约的主体是（　　）。

A. 条约当事国　　B. 国际组织

C. 仲裁法庭　　D. 国际法院

13. 解释条约必须遵守的原则是（　　）。

A. 善意解释原则

B. 整体全面解释原则

C. 如果按上述办法所作的结论意义不同，可使用解释的补充材料

D. 以两种或两种以上文字写成的条约，除规定遇有解释分歧时应以某种文字为准外，每种文字同一作准

14. 以两种以上文字写成的条约遇有解释分歧时，（　　）。

A. 每种文字的文本同一作准

B. 以条约规定的文本作准

C. 以一种文本作准，其他文本作参考

D. 各方只受本国文字文本的约束

15. 国际组织的章程，通常采用下列名称（　　）。

A. 宪章　　B. 协定

C. 盟约　　D. 规约

16. 依《维也纳条约法公约》规定，下列哪些情形为以批准表示接受条约约束？（　　）

A. 条约有此规定

B. 另经确定谈判国协议需要批准

C. 该国代表已对条约作出须经批准的签署

D. 该国对条约作出须经批准的签署的意思可见于其代表的全权证书或已于谈判时有此表示

17. 《联合国宪章》保留了条约的登记制度，条约登记的意义在于（　　）。

A. 未经登记的条约不发生法律效力

B. 未经登记的条约其效力并不受影响

C. 未经登记的条约不得在联合国机构中援引

D. 登记是条约缔结的特殊程序

18. 下列关于条约的表述，正确的是（　　）。

A. 条约的缔结主体是国际法主体

B. 国家是条约的缔结主体

C. 政府间国际组织是条约的缔结主体

D. 争取独立的民族是条约的缔结主体

19. 条约的冲突包括（　　）。

A. 条约与缔约国的国内法冲突

B. 两个国家可能在签订一个条约以后，又就同一事项签订另一新的条约

C. 也有可能一个国家已和另一国缔约承担某种义务，后来又与一第三国签订与该种义务互不相容的条约

D. 一个多边公约的两个当事国之间缔结了一个违反该多边公约的条约

20. 依《缔结条约程序法》的规定，（　　）。

A. 全国人大常委会决定同外国缔结条约的批准和废除

B. 全国人大常委会批准同外国缔结的条约和协定

C. 国家主席根据全国人大常委会的决定批准和废除同外国缔结的条约

D. 国务院管理对外事务，同外国缔结条约和协定

21. 条约必须遵守原则的含义是指（　　）。

A. 无条件地遵守一切条约，不得违反

B. 遵守一切合法有效条约
C. 废除一切不平等条约
D. 依约善意履行合法有效条约

22. 双边条约的生效时间有(　　)。
A. 自谈判之日起
B. 自签字之日起
C. 自批准之日起
D. 自互换批准书之日起

23. 就同一事项，两公约先后作出不同的规定，甲、乙、丙、丁为公约当事国，而甲、乙两国又为后公约的当事国。在甲、乙、丙、丁之间如何适用先后两公约的规定？(　　)
A. 在甲、乙两国之间适用后公约
B. 在丙、丁之间适用先公约
C. 在甲、丙之间适用先公约
D. 在乙、丁之间适用后公约

24. 下列选项中属于条约有效必须具备的实质性要件的有(　　)。
A. 符合任意法
B. 符合强行法
C. 具有完全的缔约权
D. 缔约国自由地表示同意

25. 中国参与某项民商事司法协助多边条约的谈判并签署了该条约，下列哪些表述是正确的？(　　)(司考 2012. 1. 74)
A. 中国签署该条约后有义务批准该条约
B. 该条约须由全国人大常委会决定批准
C. 对该条约规定禁止保留的条款，中国在批准时不得保留
D. 如该条约获得批准，对于该条约与国内法有不同规定的部分，在中国国内可以直接适用，但中国声明保留的条款除外

26. 甲、乙、丙三国为某投资公约的缔约国，甲国在参加该公约时提出了保留，乙国接受该保留，丙国反对该保留，后乙、丙、丁三国又签订了涉及同样事宜的新投资公约。根据《维也纳条约法公约》，下列哪些选项是正确的？(　　)(司考 2014. 1. 76)
A. 因乙、丙、丁三国签订了新公约，导致甲、乙、丙三国原公约失效
B. 乙、丙两国之间应适用新公约
C. 甲、乙两国之间应适用保留修改后的原公约
D. 尽管丙国反对甲国在原公约中的保留，甲、丙两国之间并不因此而不发生条约关系

三、名词解释

1. 条约（中南财经政法大学 2008 年考研真题）
2. accession
3. 议定书
4. 联合声明、联合公报
5. 缔约能力（中国政法大学 2008 年考研真题）
6. 缔约权
7. 签署
8. 条约的加入（中南财经政法大学 2010 年考研真题）
9. 条约的保留
10. 条约必须遵守（华东政法大学 2006 年考研真题；中南财经政法大学 2005 年考研真题中为简答题）
11. 一切条约都假定情势不变原则
12. initialing

四、简答题

1. 条约的含义和表现形式。（清华大学 2007 年考研真题）
2. 根据《维也纳条约法公约》的规定，应依次按照哪些规则来解释条约?
3. 结合 WTO 规则论述国际法在中国的实施。
4. 简述条约的保留。
5. 条约的无效。（中国政法大学 2008 年考研真题）
6. 简述条约的生效方式。
7. 条约在国内适用的途径。（中南财经政法大学 2010 年考研真题）

五、论述题

1. 试论条约在中国国内法中的适用。
2. 试论述条约和国际法的关系。（北京大学 2011 年考研真题）
3. 论条约对第三方的效力。（中南财经政法大学 2005 年、2007 年，北京大学 2005 年考研真题）
4. 条约无效和条约终止的比较。（中国人民大学 2009 年考研真题）
5. 条约的解释。（中国政法大学 2008 年考研真题）
6. 试述条约适用的规则。
7. 论述“条约必须遵守原则”与“情势变更原则”。（中南财经政法大学 2006 年考研真题中有类似题“试论条约必须遵守原则与‘情势变迁’的关系”）

参考答案

一、单项选择题

1. **答案**：D。条约的加入是指未在条约上签字的国家参加已经签订的多边条约从而成为缔约国的一种方式，也是该加入国接受条约约束的一种法律行为。条约的加入一般只适用于明文规定允许非签字国加入的条约，即所谓"开放性条约"。双边条约或非开放性的多边条约一般不存在第三国加入的问题。现代条约法认为，条约生效与否不影响非签字国的加入，而只涉及对加入国的效果，加入不以条约生效为前提，非签字国可以加入已生效的条约，也可以加入未生效的条约，而且加入本身可以算在条约生效的条件之内。

2. **答案**：C。条约从不同的角度可分为不同的种类：按缔约方的数量可以分为双边条约和多边条约；按非缔约方可否加入，可分为开放性条约和非开放性条约；按缔约方地位是否平等，可以分成平等条约与不平等条约；按条约的法律性质，分为造法性条约和契约性条约。造法性条约是指规定有各国共同遵守的行为规则的条约，此类条约的形式多为多边条约或国际公约；契约性条约是指涉及缔约国一般关系或关于特定的具体事项的协议。

3. **答案**：A。按条约的内容，可分为政治性条约与非政治性条约，其中后者又包括经济、文化、科技等。按照条约适用的地域范围，条约可以分成区域性条约与全球性条约，区域性条约适用于某一特定地区的缔约国，而全球性条约则可以适用于全世界范围的。

4. **答案**：D。《联合国宪章》第 103 条规定，当宪章规定的会员国的义务和会员国根据其他条约所负的义务有冲突时，宪章规定的义务居于优先地位。如果会员国缔结的其他条约与宪章规定的义务相冲突，应该适用宪章的规定。即宪章具有高于普遍条约的效力。

5. **答案**：A。本题考查条约的缔结。依据《缔结条约程序法》第 6 条规定，在谈判、签署条约、协定时，谈判、签署与驻在国缔结条约、协定的中华人民共和国驻该国使馆馆长，无须出具全权证书，但是各方另有约定的除外。因此选项 A 正确，选项 B 错误。《缔结条约程序法》第 13 条规定，中华人民共和国同外国缔结的双边条约、协定，以中文和缔约另一方的官方文字写成，两种文本同等作准；必要时，可以附加使用缔约双方同意的另一种第三国文字，作为同等作准的第三种正式文本或者作为起参考作用的非正式文本；经缔约双方同意，也可以规定对条约、协定的解释发生分歧时，以该第三种文本为准。某些属于具体业务事项的协定，以及同国际组织缔结的条约、协定，经缔约双方同意或者依照有关国际组织章程的规定，也可以只使用国际上较通用的一种文字。故选项 C 错误。《缔结条约程序法》第 17 条规定，中华人民共和国缔结的条约和协定由外交部按照联合国宪章的有关规定向联合国秘书处登记。选项 D 错误。

6. **答案**：A。公约是多数国家为解决某重大问题举行国际会议而缔结的多边条约，其缔约国数目较多，一般都需要一定数量的国家批准并交存批准书后方能生效。宣言是规定国家间的权利和义务或行为规则的声明。换文是最常见的一种简易缔约方式，指当事国就彼此关心的事项，通过互相交换外交文件而达成的协议。换文可以作为独立的条约，也可以作为修改或解释条约的条款。换文程序简单，便于解决具体问题，因而在现代采用较多。

7. **答案**：A。在国际实践中，并非所有条约一经签署就对缔约国产生约束力，一些重要的条约签字后还需要经过批准方能生效。所谓批准，是指缔约国的有权机关对其全权代表所签署的条约的认可并同意承受条约约束的行为。一国的权力机关在批准了一项条约以后，需作出批准书。批准书是国家的有权机关批准其缔结的条约的证明文件。批准书一般由国家元首签署，外交部长副署，其内容包括条约的名称、签署或批准的日期、保证遵守或履行条约的承诺等。

8. **答案**：C。条约的保留，是指"一国于签署、批准、接受、赞同或加入条约时所作的单方面声明，不论措辞或名称如何，其目的在于排除或更改条约中若干规定对该国适用时的法律效果"。一般地说，双边条约不发生保留的问题，因为双边条约的所有条款都是缔约双方通过谈判达成的，若一方不同意某一条款，条约就不能成立；在条约成立后不接受某一条款，则意味着要重新谈判。多边条约的保留较为复杂，条约本身禁止保留，或保留与条约的目的与宗旨不符时不允许保留。《联合国海洋法公约》第 309 条规定禁止保留，从《联合国宪章》的目的与宗旨看，保留与其不符，而《维也纳外交关系公约》允许保留。

9. **答案**：B。条约的保留可以在条约签署、批准、正式确认、接受、赞同或加入时提出。保留必须以书面形式提出，并送到缔约国及有权成为条约当事国的其他国家。实践中，保留主要以签署协定书、批准书或加入书等形式表示出来。

10. 答案：C。条约的终止是指条约由于某种法律事实和原因而使条约自动失去效力，从而解除当事国履行条约的义务。条约的中止即条约的停止施行，指一个和数个当事国在一定时期内暂停施行条约的一部或全部，在停止施行期间中止条约效力。条约无效不同于条约的终止和停止施行，条约无效时自始至终无效，条约终止一般不溯及既往，已经履行的部分不用恢复原状。当条约违反国内法关于缔约权限的规定或意思表示不真实或与一般强行法相抵触时，条约无效。一国贿赂另一国谈判代表而与其缔结的条约，属于缔约一方意思表示不真实的情况。

11. 答案：C。本题考察条约终止和暂停实施的原因。根据“国家主权”原则，双方都有权自主决定外交关系的存续与终止，因此，两国的行为并不违反国际法，不承担国家责任，A、B 错误。乙国使馆财产是乙国的财产，甲国无权查封和没收。D 错误。断绝外交关系会导致条约的终止，所以双方缔结的《外交特权豁免议定书》终止执行。因此 C 正确。

12. 答案：C。条约的保留是基于国家的主权，国家拥有平等的缔约能力，当然也就有在签署、批准或加入时对条约提出保留的权利。保留的目的是免除条约的某些条款对提出保留国的适用或更改某些条款，换言之，是为了免除该国的某项义务或变更某项义务。保留是保留国在签署、批准、接受、赞同或加入条约时所作的片面声明，因而是一种单方行为。除非条约另有规定，保留可以随时撤回，无须经业已接受保留的国家的同意。

13. 答案：D。本题考核条约的加入和保留。A 错误。保留是一国单方面作出的。对于保留，其他的缔约国可以作出同意或反对，并无强行规定。B 错误。条约的保留并无时间限制。签署条约时，条约可能尚未生效，加入条约时，条约可能已经生效。所以，条约生效前和生效后都可提出保留。C 错误。条约的保留是指一国在签署、批准、接受、赞同或加入一个条约时所作的单方声明。所以，条约对丁国生效之后，就不得再提出条约保留。D 正确。加入条约一般没有期限的限制，因此加入可以在条约生效之前或生效之后进行。

14. 答案：C。缔结国际条约时，提出条约保留是国家的权利，而非义务，A 错误。我国没有义务先行修改与条约相冲突的国内法，B 错误。现行法律中并无关于条约没有生效就不得缔结的相关规定，D 错误。《缔结条约程序法》第 7 条规定，条约和重要协定签署后，由外交部或者国务院有关部门会同外交部，报请国务院审核；由国务院提请全国人民代表大会常务委员会决定批准；中华人民共和国主席根据全国人民代表大会常务委员会的决定予以批准。C 正确。

15. 答案：B。依据国际法原理，国家根据主权原则，有在自己的管辖范围内制定法律的权利，甲国立法机构有权通过与条约不一致的立法。国家责任是指国家因违反其所承担的国际义务的国际不当行为所引起的法律后果。甲国的行为符合国家责任的构成要件，应当承担其国际法上的国家责任，故 B 项正确。

16. 答案：C。在国际实践中，并非所有的条约一经正式签署就对缔约国产生约束力，一些重要的条约还需要经过批准才能生效。所谓批准，是指缔约国的有权机关对其全权代表所签署的条约的认可并同意承受条约约束的行为。批准条约属于国家的缔约权利，因而国家对已签署的条约并无批准的义务，批准与否均由国家自主决定，可以说是一种任意行为。拒绝批准不产生法律责任。由于有些条约签署就意味着生效，此类条约不需批准。批准不是条约的生效条件，拒绝批准多边条约只会使该条约对拒绝方无效，拒绝批准双边条约，会令该条约不生效。

17. 答案：C。《缔结条约程序法》第 3 条规定，全国人大常委会决定同外国缔结条约和重要协定的批准和废除；国家主席根据全国人大的决定批准和废除同外国缔结的条约和重要协定；国务院管理对外事务，同外国缔结条约和协定；外交部在国务院的领导下，管理同外国缔结条约和协定的具体事务。

18. 答案：D。条约在执行过程中，因缔约国对约文理解不同而产生分歧，会引起条约的解释问题。条约是当事国缔结的，当然应由各当事国来解释，因为只有当事国最清楚缔约的意图及各项条款所包含的内容。但是，由于各缔约国所处的地位不同或出于各自利益考虑，仍可能在解释上发生分歧，有许多国家参加的多边公约尤其如此，因此，许多国际公约都规定有解释的条款和解决解释争端的程序，一旦出现条约的解释问题，即依条约规定的方法与程序解决。

19. 答案：A。条约的登记是将缔结的条约交存国际组织以便公开发表的行为。现行的条约登记制度是由《联合国宪章》与《维也纳条约法公约》规定的。该制度要求凡联合国会员国所订的条约和国际协定，应送请联合国秘书处登记。

20. **答案**：D。根据《维也纳条约法公约》的规定，如果一项条约存在以下情况即为无效：明显违反国内法关于缔约权限的规定；当事国意思表示不真实；与一般的国际强行法相抵触。其中，一方使用强制手段迫使另一方订立条约的行为，包括对一方谈判代表实施的强迫与对国家和其他国际法主体的强迫，因违反当事方的真实意思而导致条约无效。

21. **答案**：D。根据《维也纳条约法公约》规定，当一个条约有意为第三国创设权利时，原则上应征得第三国的同意。但是，如果第三国没有相反的表示，应推断其接受这项权利，不必以书面形式明示接受。因此，丁国如果没有相反的表示，则可以推定为接受了上述权利，故D项正确，C项错误。如果一个条约有意为第三国创设一项义务，必须经过该第三国以书面形式表示正式接受该义务，才能对第三国产生义务。因此题中所涉条约对丙国具有约束力。当条约使第三国负担义务时，该项义务一般必须经过条约各当事国与该第三国的同意方能取消或变更。条约使第三国享有权利时，如果条约规定非经该第三国同意不得变更或取消该项权利，则当事国不得随意变更或取消。故A、B项错误。

22. **答案**：D。在国际条约中，凡是与国际法主体资格相关联的条约称为"人身条约"，相反，与国际法主体资格无关的、只是处分性的条约，称为"非人身条约"。参加国际组织的条约、政治性条约（包括同盟条约、友好条约、共同防御条约等）都属于"人身条约"，这种条约一般不能继承；领土划界条约、有关边境制度、河流和其他水域的使用与管理等条约属于"非人身条约"，可以继承。

23. **答案**：B。按照国际法划定边界，一般经过定界、标界、制定边界文件三个步骤。首先由有关国家进行谈判，签订专门的边界条约，将商定的两国边界线的主要位置及基本走向记载在条约中。边界条约是确定有关国家边界的母约。在边界条约正式签字后，由勘界委员会进行标界，最后制定边界议定书与地图，这是边界条约的子约，与边界条约一起构成划界的基本法律文件。

24. **答案**：D。批准条约是国家的一项缔约权利，国家可以自由决定是否批准一项国际公约，即对其签署的国际公约不负有批准的义务，而未经批准的国际条约对其也不产生效力。

25. **答案**：D。国际法上，条约生效的日期和方式一般依照条约的规定，或依照各谈判国的约定。题中根据公约的规定，只有在2/3以上签字国经其国内程序予以批准并向公约保存国交存批准书后，该公约才生效。甲国签署了该公约的最后文本的行为并不意味着该公约在国际法上已经对甲国产生了条约的拘束力，故C项错误。根据《维也纳条约法公约》规定，条约未经第三国同意对第三国既不创设权利，亦不创设义务。题中甲国议会拒绝批准该公约，作为第三国公约对其不产生条约的拘束力。国家有权自主决定对条约的批准。A、B错误，D项正确。

26. **答案**：D。根据《维也纳条约法公约》的规定，条约是指，"国家间所缔结的以国际法为准之国际书面协定，不论其载于一项单独文书或两项以上相互有关的文书之内，亦不论其特定名称为何"。条约应该是国家之间签订的，因此A、B、C都不是。

27. **答案**：B。条约草签通常用于在约文议定后须经过一段时间才举行条约签署的情况。草签由谈判代表将其姓名的起首字母签于条约的约文下面。草签只标明代表对条约约文已经认证，并不具有法律效力，需待本国政府核准。

28. **答案**：A。条约正式签字前，可由谈判代表草签。所谓草签只表明全权代表对条约文已认证，它不具有法律效力，需待本国有权机关核准，有权机关没有批准其草签的条约的义务。因此，本题只有A项正确。

29. **答案**：A。缔约权与缔约能力是有区别的。缔约能力是国际法上的问题，国际法的主体具备缔约能力。条约法公约规定，每一国皆有缔约能力。缔约权则由国内法规定，是指国内哪个机关享有代表国家缔结条约的权力。各国对缔约权的行使都由宪法加以规定，缔约权一般由国家元首、政府首脑和外交部长享有。

30. **答案**：B。双边条约的作准文本应是缔约国本国的文字。

31. **答案**：D。条约的保留是指一国于签署、批准、接受、赞同或加入条款时所作的申明，其目的在于摒弃或变更条约中若干规定对该国适用的效力。保留的效力：在接受保留和作出保留的国家之间，保留生效；在不接受保留的国家与作出保留的国家之间，被保留的条款与保留的事项均不生效；如果不接受保留的国家认为保留已构成对条约宗旨的违背，则有可能反对条约对作出保留国的效力，那么在这两个国家之间，条约也无效。

二、多项选择题

1. **答案**：AD。《缔结条约程序法》第6条第2款的规定："下列人员谈判、签署条约、协定，无须出具全权证书：（一）国务院总理、外交部长；

（二）谈判、签署与驻在国缔结条约、协定的中华人民共和国驻该国使馆馆长，但是各方另有约定的除外；（三）谈判、签署以本部门名义缔结协定的中华人民共和国政府部门首长，但是各方另有约定的除外；（四）中华人民共和国派往国际会议或者派驻国际组织，并在该会议或者该组织内参加条约、协定谈判的代表，但是该会议另有约定或者该组织章程另有规定的除外。”故 A 正确。我国已经于 2005 年 9 月 14 日签署了《联合国国家及其财产管辖豁免公约》，但我国还没有批准该公约，该公约对我国还没有拘束力，故 B 错误。《民事诉讼法》第 260 条规定，中华人民共和国缔结或者参加的国际条约同本法有不同规定的，适用国际条约的规定，但是我国声明保留的条款除外。故 C 错误。《缔结条约程序法》第 15 条规定：“经全国人民代表大会常务委员会决定批准或者加入的条约和重要协定，由全国人民代表大会常务委员会公报公布。其他条约、协定的公布办法由国务院规定。”故 D 正确。

2. **答案**：CD。条约是国际法主体之间，主要是国家之间依据国际法所缔结的据以确定其相互权利与义务的国际协议。在国际法上，条约具有以下特征：条约是国际法主体之间主要是国家间的协议，但是不仅限于国家间；条约要以国际法为准，即条约的缔结、适用以及解释应受国际法的支配；条约的内容是确定国际法主体间的权利与义务，或者确立某方面的国际法原则和制度；条约缔结采用书面形式。另外，条约可以因签署、批准等多种方式而生效，并非只有经过批准才生效。

3. **答案**：ABC。条约的加入是指未在条约上签字的国家参加已经订立的多边条约，从而成为缔约国的一种方式，也是该加入国接受条约约束的一种法律行为。根据《维也纳条约法公约》的规定，一国以加入表示同意承受条约的约束有以下三种情况：（1）条约规定一国得以加入表示此种同意；（2）另经谈判国协议确定，某些国家得以加入表示此种同意；（3）全体当事国嗣后协议，某些国家得以加入表示此种同意。

4. **答案**：ABC。当代国际法确认，各国或各国际组织在参加条约时可以提出保留，但保留不是任意的，在下列情况下不得提出保留：（1）条约本身禁止保留；（2）条约中的特定条款不得保留；（3）保留与条约的目的和宗旨相抵触时不得保留。除非另有规定，如果保留经另一缔约国反对，条约在保留国与反对国之间并不因此而不产生效力，一国表示同意承受条约约束而附有保留的行为，只要至少有另一个缔约国接受保留就发生效力。

5. **答案**：ABCD。双边条约生效的方式主要有三种：（1）自签字之日起生效，这种方式多用于经济贸易或技术合作协定；（2）自批准之日或自互换批准书之日或之后若干时间生效，如缔约双方于同日批准，条约即在该日生效，如双方先后批准，则自缔约一方最后通知的日期生效；（3）自条约规定的生效日期生效。

6. **答案**：ACD。多边条约的生效方式大体有四种：（1）自全体缔约国批准或各缔约国明确表示承受条约约束之日起生效；（2）自一定数目的国家交存批准书或加入书之日或之后若干时间生效；（3）自一定数目的国家，其中包括某些特定的国家交存批准书后生效；（4）以特定事件的发生作为条约生效的条件。

7. **答案**：ABC。《维也纳条约法公约》规定，条约当事国有意以条约之一项规定对一第三国或其所属一国家或所有国家给予一项权利，而该第三国对此表示同意，则该第三国即因此项规定而享有该项权利。如果条约当事国有意以一项规定作为确立一项义务之方法，且该项义务经第三国以书面明示接受，则该第三国即因此项规定而负有义务。这里，公约对为第三国创设义务规定了两个必备条件：（1）第三国有此意思表示；（2）第三国以书面形式接受。这些条件是国家主权平等的当然结果，也为国际实践所肯定。

8. **答案**：ABCD。条约的终止是指条约由于某种法律事实和原因而使条约自动失去效力，从而解除当事国履行条约的义务。根据国际实践和条约法公约的规定，条约的终止一般有以下情况：（1）条约到期；（2）条约执行完毕；（3）条约解除条件成熟；（4）条约被代替；（5）退约；（6）缔约各方同意终止条约；（7）条约履行不能；（8）条约规定与新产生的国际法强行法相抵触，使该项条约成为非法而终止；（9）在某些特殊情形下，出现一方违约或出现情势变更的情况，也可以终止条约。

9. **答案**：AD。战争是条约终止和暂停施行的原因之一，战争发生使交战的缔约国间的政治条约、双边的商务条约终止，其他双边条约暂停施行。本题中《和平友好条约》《边界条约》属于政治性条约，应当终止。《建立外交关系的协定》《引渡协定》属于其他双边条约，应暂停施行。因此，本题选 A、D。

10. **答案**：AB。一般来说，条约不能单方面被废除，但在下述情况下，单方面可以终止条约。其一为一方违约，条约法公约规定，如果缔约一方废弃条约或行使了与条约目的和宗旨不符的重大违约行为时，双边条约当事国的另一方有权以援引违约为由终止该条约；多边条约的其他当事国有权一致协议，在该国与违约国之间或在全体当事国之间终止条约。其二为情势变迁。

11. **答案**：ABCD。条约的无效是指条约因不符合国际法所规定的条约成立的实质条件而自始无效的情况。条约的无效原因可以归结为三类：违反一般国际法强行规范；违反当事国的真实意思，以及违反国内法关于缔约权限的规定。一项条约为无缔约权限的主体订立而且事后未得到其本国的追认，该条约即为无效。另外，缔约一方故意以欺诈方式诱导他方缔约，或者一方贿赂另一方的谈判代表，使其同意缔约，或一方强迫另一方缔约，均违背当事方的真实意思，因此条约无效。当条约的同意是依据错误的事实或情势而缔结时，条约也无效，当事国可以撤销其对条约的同意。

12. **答案**：ABCD。条约的解释是指对条约的整体和个别条款的含义、内容和适用条件所作的正确的说明。原则上，条约应由缔约各方解释，因为条约主要是国家之间的协议，只有国家最了解缔约国的意图和各条款所包含的内容，所以由缔约国平等协商解释最为合理。国际组织有权解释涉及其关系的条约。多边条约的解释，常由缔约国召开国际会议共同协商，如果达不成协议，可以交付国际仲裁或提交国际法院解决。

13. **答案**：ABCD。《维也纳条约法公约》规定，条约应依其用语按其上下文并参照条约的目的及宗旨所具有的通常意义善意地加以合理解释。这一规定确定了解释条约的善意与整体全面的原则。同时，该公约规定，如果采用上述规则所作解释仍意义不明、荒谬或不合理时，可以使用解释的补充资料。在作准文字出现分歧时，如条约以两种或两种以上文字写成，条约规定作准文字的情况下依条约规定处理，条约无特殊规定时，每种文字的约文应同一作准。

14. **答案**：ABD。条约用两种或两种以上文字写成，遇有分歧时，若条约中规定了应以某种文字的约文为准，则应以约定的文字为准，如果条约中无此类特别规定，每种文字应同一作准，而且有关各方仅受本国文字文本的约束。

15. **答案**：ACD。国际组织的章程，通常采取宪章、盟约、规约的名称，如《联合国宪章》《国际联盟盟约》《国际法院规约》。协定多是解决某一方面具体问题的协议。

16. **答案**：ABCD。《维也纳条约法公约》第 14 条规定：遇有下列情形，一国得以批准表示承受条约约束：（1）条约有此规定；（2）另经确定谈判国协议需要批准；（3）该国代表已对条约作出须经批准的签署；（4）该国对条约作出须经批准的签署的意思可见于其代表的全权证书或已于谈判时有此表示。

17. **答案**：BC。《联合国宪章》规定，凡联合国会员国所订的条约，应送请联合国秘书处登记。这是会员国应尽的义务，同时也是直接或间接参加联合国机构活动的非会员国的义务。但登记并不影响条约的生效和效力，而只是未登记的条约不得在联合国机构中援引。

18. **答案**：ABCD。条约是国际法主体间依国际法所缔结的据以确定相互权利与义务关系的协议。在现代国际法上，国家、政府间国际组织以及争取独立的民族都是国际法的主体，因此，他们也都是缔结条约的主体。

19. **答案**：BCD。由于现代条约关系日益纷繁复杂，几个条约就同一事项规定相互矛盾之事时有发生，条约的适用就涉及条约的冲突问题，即缔约国先后所订的两个条约的内容不符而发生矛盾，从而产生了哪一个条约应优先适用的问题。条约与国内法的冲突不属于条约的冲突。

20. **答案**：ACD。《缔结条约程序法》第 3 条规定：全国人大常委会决定同外国缔结条约和重要协定的批准和废除；国家主席根据全国人大的决定批准和废除同外国缔结的条约和重要协定；国务院管理对外事务，同外国缔结条约和协定；外交部在国务院的领导下，管理同外国缔结条约和协定的具体事务。

21. **答案**：BCD。条约必须遵守原则是指在条约缔结后，各方必须按照条约的规定，行使自己的权利，履行自己的义务，不得违反。但是，条约必须遵守原则也不能被绝对化。应该严格遵守的只是合法的条约，也就是说，凡在平等自愿基础上缔结、符合国际法基本原则的条约，就应当得到遵守；反之，凡是违背平等自愿、违背国际法基本原则的奴役性条约，则应反对和废除。《维也纳条约法公约》规定，凡有效之条约对其各当事国有拘束力，必须由各该国善意履行。不平等条约及其他无效条约是不必遵守的。

22. **答案**：BCD。双边条约生效的方式主要有三种：（1）自签字之日起生效，这种方式多用于经济贸易或技术合作协定；（2）自批准之日或自互换批准书之日或之后若干时间生效，如缔约双方于同日批准，条约即在该日生效，如双方先后批准，则自缔约一方最后通知的日期生效；（3）自条约规定的生效日期生效。

23. 答案：ABC。在出现条约冲突的情况下，在同为条约的当事国之间或部分当事国相同时，适用后法优于先法原则。在部分当事国不同时，适用两国均为当事国的条约。

24. 答案：BCD。条约有效须具备以下三个实质性条件：①具有完全的缔约权；②自由同意；① ③符合强行法。

25. 答案：BCD。根据《维也纳条约法公约》的规定，是否批准及何时批准一项条约，由各国自行决定。国家没有必须批准其所签署的条约的义务，故选项A错误。条约国内法上的批准是一国的权力机构依据该国国内法对条约的认可。根据《宪法》第67条第15项规定，全国人大常委会决定同外国缔结的条约和重要协定的批准和废除，故选项B正确。根据《维也纳条约法公约》的规定，条约规定禁止保留的情况下不得提出保留，故选项C正确。根据该公约规定，凡有效的条约对其各当事国有拘束力，必须善意履行，选项D正确。

26. 答案：BCD。另订新条约，旧条约被代替而失效，遇此情形，一般都在新条约中明文规定旧条约的处理办法。《维也纳条约法公约》第59条第1款规定，全体当事国就同一事项缔结后订条约，如果自后订条约中可见或另经确定当事国有终止前约的意思，或后订条约与前订条约的规定不合之程度使得两者不可能同时适用时，前订条约应视为业已终止。所以，A选项错误，B选项正确。

条约保留是一个国家主权的一部分，其他任何国家不得对其干涉、阻挠。条约缔约国可以根据需要作出条约保留的决定。但不能作出条约禁止、条约未准许可以保留或者与条约目的、宗旨不符合的保留。条约保留的法律效果：(1) 在保留国与接受保留国之间，按保留的范围，改变该保留所涉及的一些条约规定。(2) 在保留国与反对保留国之间，若反对保留国并不反对该条约在保留国与反对保留国之间生效，则保留所涉及的规定，在保留的范围内，不适用于该两国之间。(3) 在未提出保留的国家之间，按照原来条约的规定，无论未提出保留的国家是否接受另一缔约国的保留。所以，C选项正确，D选项正确。

三、名词解释

1. 答案：条约是适用于重大政治、经济、法律等问题的协议，且有效期较长。例如，边界条约。这一种名称即为狭义之条约。

2. 答案：条约的加入是成为缔约国的方式之一，指未在多边条约上签字的国家可在条约正式签署后一定时期内通过签字而成为该条约的缔约国。通常适用于开放性条约。有的条约无条件地允许非签字国加入，如1949年《关于保护战争受难者的日内瓦公约》。有的条约限制在一定范围内或须具备一定条件，如《北大西洋公约》规定，只有经缔约国一致同意和邀请的欧洲国家才可加入。

3. 答案：议定书是条约的一种形式，可分为补充性文书和独立性文书两种。多是辅助性的法律文件，内容一般比协定还要具体，如两国关于贸易协定所缔结的支付议定书。补充性的议定书主要是一些辅助性的法律文件，解决更为具体的问题，通常附在正式协议后；独立性的议定书本身就是一个条约，它需要单独批准。

4. 答案：是指两个或两个以上的国际法主体就同一事项发表的声明，彼此承受有关的权利和义务，如1984年中英《关于香港问题的联合声明》、1987年中葡《关于澳门问题的联合声明》。

5. 答案：缔约能力，就是指国际法主体缔结国际条约的能力，根据国家主权原则，任何国家都拥有与其他国家或国际组织缔结条约的权利。

6. 答案：缔约权，也称缔约能力。在国际法上，可以合法缔结条约的能力称为缔约能力。每个国家都有缔约权，这是国家主权的体现。《维也纳条约法公约》第6条规定："每一国家皆有缔约之能力。"

7. 答案：签署是指条约文本上签字拟定后，经缔约方议定或通过，即可在条约文本上正式签署。

8. 答案：是指未在条约上签字的国家参加已经签订的多边条约，从而成为缔约国的一种方式，也是该加入国接受条约拘束的一种法律行为。

9. 答案：条约的保留是指一国于签署、批准、接受、赞同或加入条约时所作之片面声明，不论辞词或名称为何，其目的在于排除或更改条约中若干规定对该国适用时之法律效果。

10. 答案：约定必须信守——它是一项古老的原则。它最早出现于古罗马万民法，后来发展成为国际法的一项原则——条约必须遵守或称条约神圣原则。条约必须遵守原则是指在条约缔结后，各方必须按照条约的规定，行使自己的权利，履行自己的义务，不得违反。

① 编者注：条约的构成要件，清华大学2008年研究生入学考试中考过简答题。根据《维也纳条约法公约》，以下情况下所表示的同意都不能被认为是自由同意：错误；欺诈和贿赂；强迫。

11. 答案：当事国在缔结条约时，总是以当时的基本情况为根据来表达其意思。因此，其所缔结的条约的效力的持久性有赖于当时的基本情况的继续存在。即它们不发生重大变迁，否则，当事国可以因此而终止或停止施行条约。

12. 答案：草签，通常由缔约各方全权代表将其姓名的起首字母签写在约文的尾部下面。草签是一种非正式签署，仅表示谈判代表对约文的认证，不具有正式签署的效力，也不具有追溯力，要待正式签署后以正式签署日期为条约签署日。

四、简答题

1. 答案：(1) 条约是指国际法主体之间，主要是国家之间依据国际法所缔结的，据以确定其相互权利与义务的国际协议。

(2) 在外交和国际法实践中，“条约”一语有广义和狭义两种含义，相应的条约也具有广义和狭义两种表现形式。狭义的条约仅指在国际协议中以条约为名称的那种协议。广义的条约包括了各种具有不同名称的国际协议。主要有以下几种：

①公约（convention）：通常是多个国家举行国际会议缔结的多边条约，内容多属于造法性的，规定一些行为规则或制度。

②条约（treaty）：适用于重大政治、经济、法律等问题的协议，且有效期较长。

③协定（agreement）：多是解决某一方面具体问题的协议。例如，贸易协定、航空协定等。

④宪章、盟约、规约（charter，covenant，statute）：通常是国际组织的章程。

⑤文件、总文件或最后文件（act，general act or final act）：通常用于国际会议上通过的规定一般国际法规则或解决一般国际问题的多边条约。

⑥议定书（protocol）：多是辅助性的法律文件，内容一般比协定还要具体。但有的议定书是一个独立文件，本身就是一项重要条约。

⑦换文（exchange of notes）：当事国相互交换外交照会，就有关事项达成的协议。

⑧谅解备忘录（memorandum of understanding）：一般是处理较小事项的条约。

⑨宣言（declaration）：规定国家间权利和义务或行为规则的声明。

⑩联合声明、联合公报（joint declaration，joint communique）：是指两个或两个以上的国际法主体就同一事项发表的声明，彼此承受有关的权利和义务。

除上述名称外，国际实践中还有专约（convention）、组织宪章（constitution）、临时协定（modus vivendi）、补充协定（arrangement）等。不过，条约的不同名称仅表示它们在缔约方和缔约程序等事项上有所差别，它们的法律性质和法律效力并无二致。

2. 答案：条约的解释是指对条约条文规定的真实含义予以说明和澄清。《维也纳条约法公约》第31、32、33条规定了条约解释应遵循的主要方法和规则。

(1) 该公约第31条规定了条约解释的一般规则。据此，条约的解释应：首先，根据通常含义和上下文进行解释。条约解释应按照其用语在其上下文中的通常含义。条约的上下文除约文外，还包括条约全体当事国之间就该条约的缔结所订立的与该条约有关的任何协定，或个别缔约国间缔结或作出的并经其他当事国接受的与该条约有关的任何文书。与条约上下文一并考虑的因素还包括该条约当事国之间嗣后订立的关于条约解释或其适用的任何规定；确证该条约各当事国对条约的解释意见一致的在该条约适用上的任何惯例；适用于该条约各当事国之间关系的任何有关国际法规则。其次，条约的解释要符合条约的目的和宗旨。解释条约要选择最符合其目的和宗旨的意义，而不能相反。此外，还要遵循善意解释的原则。是指条约的解释应以诚实信用履行条约为出发点进行，解释不能使得一方不公正或不公平地优于另一方，也不能试图阻挠或破坏条约的履行。善意原则直接源于“条约必须遵守”原则，在条约的解释中具有重要的作用。

(2)《维也纳条约法公约》第32条规定了条约解释的辅助资料。如果以上述规则解释条约，意义仍不明确或难以解释，或所得结果显属荒谬或不合理时，可以使用解释条约的补充资料，包括条约的准备工作及缔约的情况在内，如谈判记录、历次草案、讨论纪要等。但这些资料仅仅是作为上述解释方法的辅助和补充，本身不具有决定性。

(3)《维也纳条约法公约》第33条规定了两种以上文字作准的条约的解释。经两种以上文字作准的条约，除条约中规定或当事国协议遇到意义分歧时应以某种约文为根据外，每种文字的约文应同样作准。作准文本以外的条约译本，不能作为作准文本，仅可以在解释条约时作为参考。在各种文字的作准文本中，条约的用语应被推定为具有相同的意义。如遇分歧，适用以上解释规则不能消除时，应采用顾及条约目的及宗旨的最能调和各约文的意义。

3. 答案：

（1）WTO规则在中国的适用，其实是国际条约在国内如何适用的一个问题。因为国际法的一个重要法律渊源就是国际条约。国际条约在内国的适用是一个由国家承担保证义务的国民之间权利和义务的法律实现的过程。国际条约和国内立法是两个不同的法律领域，国内法院直接适用国际条约不仅将导致国家主权对内职能的削弱，而且实际上也不利于国家履行国际条约约定的国际义务。因此，修改原有的国内立法或者制定新的法律法规，使其符合我国所缔结的国际条约的义务，才是我国履行条约义务的唯一方法。其原因如下：第一，制定与国际条约内容相一致的国内立法，就是我国履行了国际条约。第二，制定、修改与国际条约相一致的国内法，也有利于行政、司法机关执法。第三，制定（包括通过修改）与国际条约相一致的国内法，有利于国家正确地履行国际义务。第四，制定与条约内容相一致的国内立法也是国际条约本身规定的要求。我国法律允许国际条约在以下几种情况中得以直接适用：其一，缔结或参加的国际条约与我国现行法律有不同规定的，应适用国际条约。对相关国际条约“尽必要注意”，是我国人民法院在审理案件以及有关行政机关办理业务时应有之义务。一旦国内法律与国际条约规定不同，国内法规范应立即让位于条约条款成为法律依据，使国际条约从“应然法”转作“实然法”。就WTO规则来讲，如果我国原来国内的实体法与WTO规则的规定相冲突，应当适用规则的有关规定。其二，缔结或参加的国际条约在我国法律中没作规定的，应适用国际条约。尽管各国在努力使其缔结或参加的国际条约与其国内法相协调方面的态度是肯定的，然而不一致之处也在所难免。其三，法律规定直接适用国际条约的，应适用国际条约。其四，合同中明确规定适用国际条约，而我国法律又未加以禁止的，适用国际条约。

（2）国际条约，包括WTO规则是不能在国内直接适用的。国内司法机关直接适用国际条约实际上不利于国家履行国家义务，反而更容易造成违反国际条约的义务，承担违反条约的法律后果。因为国内司法机关在履行条约义务时有一些无法逾越的困难。第一，是解释的困难。第二，是自由裁量权。事实上，自从我国加入世贸组织以来，已经修改了许多国内法，我国的外资法，反倾销方面的法律等，从而保障我国能够积极履行在WTO中承担的义务。

4. 答案：条约的保留①是指国家或国际组织在签署、批准、接受、核准或加入条约时所作的单方面声明，不论措辞或名称如何，其目的在于摒除或更除条约中若干规定对该国或国际组织适用时的法律效果。其有三个方面的含义：（1）保留应在表示接受条约约束时作出；（2）保留可以采用任何措辞或名称，其性质属于单方面的声明；（3）保留的效果是排除条约中某些规定对提出保留的缔约方的约束力。允许缔约方的保留，就相当于允许缔约方不履行或更改条约中的某个或某些条款的规定，直接影响到条约所确立的权利义务关系。双边条约一般不存在保留问题。多边条约中，通常是大多数缔约方利益和要求的妥协，不能保证所有的缔约方对所有的条款都能满意。提出保留就成为那些利益没有得到充分满足的缔约方在条约范围内寻求补偿的手段。

并不是所有的条约都允许保留，按照国际法院1951年《关于灭种罪公约的保留问题的咨询意见》和1969年《维也纳条约法公约》第19条的规定，下列情况不允许保留：（1）该项保留为该条约所禁止；（2）该条约只允许作出一些特定的保留，而提出的保留不在其内；（3）在不属于前两者规定的场合，该项保留与该条约的目的和宗旨不相容。

关于保留，缔约方可以接受也可以反对。按照《维也纳条约法公约》第21条的规定，保留只涉及保留方与其他缔约方之间的关系，并不影响其他缔约方相互间的关系。对另一当事方成立的保留，在保留方与该当事方之间，在保留的范围，改变该保留所涉及的条约规定，在其他当事方之间则并不改变这些规定；如果反对方并未反对条约在该方和保留方之间生效，该保留所涉及的规定在保留的范围内，则不适用于该两方之间。第22条还规定，除非条约另有规定，保留和对保留提出的反对都可以随时撤回，无须经业已接受保留的国家或国际组织的同意。但撤回保留和保留的反对都应及时通知有关当事方，并以书面形式提出。我国在参加一些多边条约时，也对有关的条款作出过保留。

5. 答案：国际法主体在国际法允许的范围内享有缔结条约的自由，但是在某些情况下，它们所缔结的条约可能无效。条约的无效有两个不同方面：相对无效和绝对无效。相对无效是指只能由受害国援引以主张条约无效，这类无效的原因仅同受

① 编者注：条约的保留是国际法考查中常见的考点，如关于保留的效力等问题，读者应当予以熟练掌握。

害国有利害关系。绝对无效是指任何有关第三国都有权援引以主张条约无效，受害国无须提出要求，任何国际法庭或国际机构在职权范围内都可以宣布条约无效。这类绝对无效的条约对整个国际社会都有利害关系。

按照《维也纳条约法公约》的规定，条约无效有以下几种情况：

（1）违反国内法有关缔约权的规定。为了避免缔约方利用这项规定拒绝履行业已作出的承诺从而影响条约的稳定性，《维也纳条约法公约》第45条对这一规定加以严格的限制：第一，所违反的国内法必须是有关缔约权限的规定；第二，所违反的国内法必须对该国具有根本重要意义；第三，所违反的国内法必须是显而易见的。

（2）违反自由同意。条约的缔结应是缔约各方真实的意思表示，违背缔约方真实意思的条约是无效的。违反自由同意有以下情形：A. 错误。即缔约方在表示同意接受条约约束时，所依据的事实或情势存在根本的错误。但是，如果错误是该国本身的行为所促成，或者如当时情况足以使该国有期待错误的可能，该国就不得援引错误，撤销其受条约约束的同意。B. 诈欺。《维也纳条约法公约》规定，谈判一方可以援引条约是由于另一方的诈欺行为诱使缔结的为由主张条约无效。C. 贿赂。《维也纳条约法公约》规定，缔约一方可以援引条约是由于另一方直接或间接贿赂该方代表而缔结的为由主张无效。D. 强迫。《维也纳条约法公约》规定，缔约一方同意受条约约束的表示是通过对其代表实施强迫而取得的，其同意的表示无任何法律效果。

（3）与强行法规则冲突。《维也纳条约法公约》规定，条约在缔结时与一般国际法强行法规则抵触者无效。就适用条约而言，一般国际法强行规则是指国家的国际社会全体接受并公认为不许损抑且只有以后具有同等性质之一般国际法规则方可加以更改的规则。至于哪些规则是国际法上的强行规则，没有一个普遍接受的范围，但是至少《联合国宪章》序言、第2条和其他一些条款所规定的一些原则，得到了国际社会的普遍接受。

6. **答案**：条约的生效是指一个条约在法律上成立，各当事方受该条约的拘束。条约生效的日期和方式一般依照条约的规定，或依照各谈判方的协定。常见的方式有：

（1）条约经签署后生效。如果谈判各方在不同日期签署，则规定在后一签署日生效。有些条约规定签署后经过一定的时间生效，也有的规定签署后须经缔约双方相互通知已完成各自使条约生效的法律程序后生效。双边条约多采用这种方式。

（2）条约经批准后或自互换批准书之日或之后若干时间生效。条约批准后，一般在互相作出已经批准的通知或交换批准书后生效，或在作出批准的通知或交换批准书后经过一段时间生效。双边条约多采用这种方式。

（3）交存批准书或加入书后生效。多边条约经常规定一定数目的国家交存批准书或在交存一定数目的批准书和加入书后经过一定时间生效。

（4）自一定数目的国家其中包括某些特定的国家提交批准书后生效，多边条约多采用此方式。

（5）条约于规定的一定日期生效。双边条约多采用这种方式。

（6）在条约无规定、谈判国也无约定的情况下，条约在经确定所有谈判国都已明确同意接受该条约拘束时生效。

（7）以特定事件的发生为条约生效的条件。

另外，根据1969年《维也纳条约法公约》第25条规定，条约或条约的一部分在下列情况可以暂时适用：（1）条约本身有此规定；（2）谈判国以其他方式协定如此办理。而且，条约或条约的一部分对一国的暂时适用，除条约另有规定或谈判国另有协议外，于该国将其不想成为条约当事国的意思通知给已暂时适用该条约的其他各国时终止。

7. **答案**：（1）国际条约与国内法存在紧密的联系，从各国实践来看都承认国际条约对本国具有拘束力，可以构成本国法律的一部分。我国目前没有法律明确规定国际条约与国内法的关系。有学者通过对我国现行的法律法规及实践分析，认为国际条约与我国国内法具有同等效力，国际条约可以在我国国内法中直接生效，国际条约优先适用是处理国际条约与国内法冲突时的重要原则。

（2）国际条约能否在国内直接适用，考察各国的实践可知，由于各个国家法律体系不尽相同，做法也各异。一般来看有以下三种比较典型的方式：第一种为转化；即通过国内立法机关的立法行为将国际条约中的有关具体规则转变成国内法体系，用国内法的形式表现出来。这在国际法上称之为转化式。第二种为纳入；即无须转化，而将条约规定直接纳入国内法。这可以由宪法统一规定国际条约具有国内法效力，条约一公布其内容直接转变为国内法。也就是一般地承认国际条约为国内法的一部分。第三种为混合方式；即同时采用转化和纳入两种适用条约的方式。一些国家根据国际条约的性质或内容不同要求有些国际条约以纳入的方式在国内直接适用，有些则需要采取一定的立法措施将其转化为国内法后才能适用。典型的如美国。

五、论述题

1. 答案：（1）国际条约与国内法存在紧密的联系，从各国实践来看都承认国际条约对本国具有拘束力，可以构成本国法律的一部分。我国目前没有法律明确规定国际条约与国内法的关系。有学者通过对我国现行的法律法规及实践分析，认为国际条约与我国国内法具有同等效力，国际条约可以在我国国内法中直接生效，国际条约优先适用是处理国际条约与国内法冲突时的重要原则。

（2）国际条约能否在国内直接适用，考察各国的实践可知。由于各个国家法律体系不尽相同，做法也各异。一般来看有以下三种比较典型的方式：第一种为转化；即通过国内立法机关的立法行为将国际条约中的有关具体规则转变成国内法体系，用国内法的形式表现出来。这在国际法上称之为转化式。第二种为纳入；即无须转化，而将条约规定直接纳入国内法。这可以由宪法统一规定国际条约具有国内法效力，条约一公布其内容直接转变为国内法。也就是一般地承认国际条约为国内法的一部分。第三种为混合方式；即同时采用转化和纳入两种适用条约的方式。一些国家根据国际条约的性质或内容不同要求有些国际条约以纳入的方式在国内直接适用，有些则需要采取一定的立法措施将其转化为国内法后才能适用。典型的如美国。

（3）《宪法》对于国际条约能否在国内直接适用未作出一般性规定。全国人民代表大会常务委员会在公布决定批准或加入的条约时，并未声明其开始在国内生效，命令执行该条约或单独制定实施某一国际条约的法律。我国法律也没有将条约纳入国内法的明确规定。但是对于已生效的国际条约，我国也有含有国际条约与之发生冲突时适用国际条约的规定。《民事诉讼法》第260条规定，中华人民共和国缔结或者参加的国际条约同本法有不同规定的，适用该国际条约的规定，但中华人民共和国声明保留的条款除外。目前，我国不少法律法规都规定了类似的内容，涉及民诉、行政诉讼、海商、商标等。这些规定虽然直接规定的是国际条约与国内法相冲突时应适用哪类法，但它也间接回答了国际条约在国内法上的接受问题，即条约在国际上生效后直接纳入国内法，在国内法直接适用无须转变为国内法。对此问题我国外交部有明确的声明：1990年4月针对联合国禁止酷刑委员会提出的《禁止酷刑和其他不人道或有辱人格的待遇或处罚公约》与中国国内法关系的问题，我国代表回答，中国缔结或者参加国际条约要经过立法机关批准或国务院核准程序，该条约一经对中国生效，即对中国具有法律效力。《禁止酷刑公约》在我国直接生效，其所规定的犯罪在我国被视为国内法中所规定的犯罪，该公约的具体条款在我国可以得到直接适用。

2. 答案：条约是指国际法主体之间所缔结“以国际法为准之国际书面规定”。条约与国际法的关系主要是：（1）条约是国际法主体之间，主要是国家间、国家与国际组织间或国际组织间相互的协议。（2）条约以国际法为准，这是指条约的缔结、适用及解释应受国际法，包括条约法的支配。只有受国际法支配的国际协议才是条约。（3）条约的内容是确定国际法主体相互之间在某一问题或某些问题上的权利和义务，或者是确立某方面国际法的原则和制度。

3. 答案：在条约法上，条约对第三方的效力问题是指一个条约是否为第三方创设权利或义务的问题。严格地说，条约是当事方之间的协议，仅对当事方产生效力，而不对第三方产生有利或不利的影响，即“条约对第三方既无损，也无益”。1969年《维也纳条约法公约》第34条规定：条约未经第三国同意，对第三国既不创设义务，亦不创设权利。但是在条约的实践中，却存在条约为第三方创设义务或创设权利的情形，从而引起对第三方的效力问题。①

（1）条约为第三方创设义务。具体地说，如果一个条约有意为第三方创设一项义务，必须经该第三方书面明示接受，才能对第三方产生义务。据此，第三方承担的条约义务是第三方书面接受了这个条约所规定的义务的结果。但如果条约为第三方创设的义务属于依公认的国际习惯法规则所创设的义务时，该项义务对第三方的效力不是以该第三方的明示接受为前提。例如，1945年《联合国宪章》第2条第6款规定，在维持国际和平及安全的必要范围内，非联合国会员国有遵守宪章第2条第3款至第5款规定的原则的义务。

（2）条约为第三方创设权利。当一个条约有

① 编者注：条约对第三方的效力问题是一个常见考点，读者须熟练全面掌握。

意为第三方创设一项权利时，原则上仍应得到第三方的同意。但是，如果第三方没有相反的表示，应推断其同意接受这项权利，不必以书面形式明示接受。例如，关于国际水道的条约都规定了这些国际水道的自由化，为非当事方创设了在国际水道中自由航行的权利。此外，开放性多边条约都为非缔约方创设了加入该条约的权利。需要注意的是，当第三方行使条约为其创设的权利时，必须遵守该条约所规定或依照该条约所确定的条件。

条约使第三方负担义务时，除另有协议外，该项义务一般必须经条约各当事方与该第三方的同意方得取消或变更。条约使第三方享有权利时，如果经确定原意为非经该第三方同意不得取消或变更该项权利，当事方不得随意取消或变更该项权利。

4. **答案**：条约的终止是指条约由于某种法律事实和原因而使得条约自动失去效力，从而解除当事国履行条约的义务。条约的无效是指条约由于缔结中的某种原因而使得条约自始不发生效力。因此两者之间的主要区别在于：

(1) 发生的原因事由不同。条约终止是由于以下情形所导致：条约到期；条约执行完毕；条约解除条件成熟；条约被代替；退约；缔约各方同意终止条约；条约履行不能；条约规定与新产生的国际法强行法相抵触；单方面废约。而条约无效主要是由于违反国内法关于缔约权限的规定，或者意思表示不真实，以及与一般国际法强行法相抵触。

(2) 效力不同。条约终止的后果一般不溯及既往，已经履行的部分不用恢复原状。而条约无效则是自始至终无效。

5. **答案**：条约在执行过程中，因缔约国对约文理解不同而产生分歧，这就引起条约的解释问题。条约的解释主要涉及两个问题：

(1) 一般地说，条约的解释应由缔约国进行，因为只有当事国最清楚缔约的意图和各项条款所包含的内容。缔约国的解释通常表现为双方协议的“解释性声明”或“解释性议定书或换文”，或在另一条约中载入“解释条款”等形式。另外，许多国际条约为了避免在解释时发生分歧，而规定了解释的条款和解决解释争端的程序。

(2) 《维也纳条约法公约》规定了四个解释原则：①善意原则，要求对条约加以善意的解释；②整体原则，根据条约的全部条款而不拘泥于个别字句进行解释；③目的原则，应注重条约所载的目的和宗旨；④通常意义原则，应尽力按约文的自然而通常的含义使条文有效。

6. **答案**：条约的适用涉及条约适用的时间范围、空间范围以及在缔约国内执行等问题。

(1) 条约适用的时间范围

一般说来，条约自其生效之日起开始适用，其有效期由条约明文加以规定，有些限期条约还作了条约期满之前或以后经协议等方式继续延长的规定。立法性的国际公约和国际组织的规章一般不规定有效期，其适用的时间是没有限制的。根据《维也纳条约法公约》的规定，条约没有溯及力。也就是说，除非条约另有规定，条约一般不溯及既往。对于当事国在条约生效以前发生的任何行为和事实，条约的规定对该国不发生约束力。

(2) 条约适用的空间范围

条约适用的空间范围，是指条约适用的领土范围。《维也纳条约法公约》第29条规定，“除条约表示不同意思，或另经确定外，条约对每一当事国的拘束力及于其全部领土”。条约的规定应在当事国全部领土内适用，这是公认的国际法原则。但是当一国不愿条约影响其领土的某些部分时，可以限制条约的适用范围。

(3) 条约在缔约国内的执行

国家缔结条约，就是要享受条约规定的权利并履行条约规定的义务。如果缔约国不在其领土内执行条约，条约规定的权利和义务就无法实现，缔约也就没有任何意义，因此，国家必须采取必要的措施，以保证有些条约在其领土内的执行。对此，有些国家的宪法和法律明确规定，条约是该国法律的一部分。有的国家虽未明文规定条约在其国内法的地位，但也是应该履行的。现在，有一些国际公约，明文规定缔约国应采取必要的立法或其他措施来保证条约在其领土内的执行。

(4) 条约的冲突

当缔约国先后所订的两个条约的内容不符而发生矛盾时，就会产生哪一个条约应优先适用的问题。《维也纳条约法公约》规定，如果条约明文规定不违反先订或后订条约，则不得视为与先订或后订条约不合，该先订或后订条约应居优先；如果条约无明文规定，当先订条约的当事国也为后订条约的当事国时，但在后订条约没有终止或停止施行先订条约的情形下，先订条约仅在其规定与后订条约相符的范围内适用，即按后订条约执行；如果后订条约的当事国不包括先订条约的全体当事国，在同为两个条约的当事国之间，按后订条约执行，而在为两条约的当事国与仅为其中一个条约的当事国之间，其权利义务则依两个同为当事国的条约的规定。

7. 答案：（1）条约必须遵守原则：合法的条约生效后，缔约各方应按照条约的规定，行使权利，履行义务，不得随意违反。一国不得援引其国内法规定而不履行条约。

例外情况有：①非法的不平等条约，不应予以遵守。②已经失效的条约，不必遵守。③情势变迁（变更）。

（2）情势变更原则：情势变迁是条约法上的一项原则，是指缔结条约时，缔约方之间存在一个假设，即缔约时所能预见的情况不会发生变化，这是条约有效的前提；如果情况发生了根本变化，则缔约方有权终止条约。但缔约方不能以此理由任意废止条约。《维也纳条约法公约》第 62 条作了严格限制。情势变迁必须是：

①由于缔约时存在的情况发生了根本改变。

②且这种改变是各当事方所预料不到的。

③这种情况的存在构成各当事方同意受该条约拘束的必要根据（基础）。

④该项改变的效果将根本变动依该条约尚待履行的义务的范围。

另外：

①条约必须不是确定边界的条约或和平友好条约。

②改变必须不是援引该理由的当事国违反条约义务与违反对条约任何其他当事国所负任何其他国际义务的结果。

第十四章　国家责任

基础知识图解

- 国家责任的概念、性质
- 国家责任的构成要件
  - 引起国家责任的"国家行为"
    - 国家机关的行为
    - 逾越权限行事的机关的行为
    - 实际上代表国家行事的个人行为
    - 一国交由另一国家支配的机关所做的行为
    - 叛乱或起义机关的行为
  - 违背国际义务
- 国家责任的免除
  - 同意
  - 反措施
  - 不可抗力和偶然事故
  - 危难与危急情况
  - 自卫
- 国家责任的形式
  - 停止不法行为
  - 赔偿
  - 恢复原状
  - 补偿
  - 赔礼道歉
  - 保证不重犯
- 国家责任制度的新问题
  - 国际罪行
  - 国家责任与国际赔偿责任

配套测试

一、单项选择题

1. 国际不当行为泛指各种违背国际义务和国际法的能够引起国际法律责任的行为，国际不当行为的主观要件是(　　)。

A. 该行为是否可归因于国家
B. 是否存在损害事实
C. 是否存在过错
D. 是否存在因果关系

2. 下列行为中，属于国际罪行的是(　　)。

A. 侵害他国侨民的合法权益
B. 侮辱他国的外交代表
C. 侮辱他国的国旗
D. 贩卖奴隶

3. 国际不当行为的客观要件是(　　)。

A. 是否可归因于国家
B. 是否存在损害事实
C. 是否存在故意或过失
D. 是否违背国际义务

4. 国家作为国际不当行为的主体，不仅包括国家本身的行为，也包括可归因于国家的行为，下列行为中哪个行为不应被视为国家行为？(　　)

A. 国家机关的行为
B. 军队的行为
C. 叛乱运动的机关的行为
D. 成为一国新政府或导致组成一个新国家的叛乱运动的行为

5. 根据国际实践，排除行为不法性主要有以下哪种

情形？(　　)
A. 事先同意　　B. 报复措施
C. 平时封锁　　D. 武装干涉

6. 国际法律责任中最严厉的责任形式是(　　)。
A. 限制主权　　B. 道歉
C. 恢复原状　　D. 赔偿损失

7. 下列情形中，不可以用来作为免除国家责任理由的是(　　)。
A. 对抗措施　　B. 偶然事故
C. 紧急状态　　D. 执行国内法

8. 对抗措施作为免除国际法律责任的情形之一，应当包括(　　)。
A. 自卫　　B. 平时封锁
C. 武力威胁　　D. 战时封锁

9. 发射国对其空间实体对地球表面造成的损害，承担的责任在性质上是(　　)。
A. 过错责任　　B. 绝对责任
C. 公平责任　　D. 过错推定责任

10. 从《联合国气候变化框架公约》规定缔约国对气候变化的保护承担的责任是(　　)。
A. 绝对责任
B. 连带责任
C. 共同责任
D. 共同但有区别的责任

11. 甲国警察布某，因婚姻破裂而绝望，某日持枪向路人射击。甲国警方迅速赶到事发现场，采取措施控制事态并围捕布某。布某因拒捕被击毙。但布某的疯狂射击造成数人死亡，其中包括乙国驻甲国参赞科某。根据国际法的有关规则，就该参赞的死亡，下列判断哪一项是正确的？(　　)
A. 甲国国家应承担直接责任
B. 甲国国家应承担间接责任
C. 甲国国家应承担连带责任
D. 甲国国家没有法律责任

12. 甲国某核电站因极强地震引发爆炸后，甲国政府依国内法批准将核电站含低浓度放射性物质的大量污水排入大海。乙国海域与甲国毗邻，均为《关于核损害的民事责任的维也纳公约》缔约国。下列哪一说法是正确的？(　　)(司考.2011.1.32)
A. 甲国领土范围发生的事情属于甲国内政
B. 甲国排污应当得到国际海事组织同意
C. 甲国对排污的行为负有国际法律责任，乙国可通过协商与甲国共同解决排污问题
D. 根据“污染者付费”原则，只能由致害方，即该核电站所属电力公司承担全部责任

二、多项选择题

1. 根据国际法，下列行为中属于违背国际义务而构成国际罪行的行为包括(　　)。
A. 严重违背对于维护国际和平与安全具有根本重要性的国际义务
B. 严重违背对维护各国人民的自决权利具有根本重要性的国际义务
C. 严重违背对保护人类有根本重要性的国际义务
D. 严重违背对维护和保全人类环境有根本重要性的国际义务

2. 一国实行国有化或征用外国企业而给其他国家或国民带来损害的，(　　)。
A. 并不构成国际不当行为，也不引起国家责任
B. 构成国际不当行为，但不引起国际责任
C. 该国应负赔偿的法律责任
D. 应由采取此种措施的国家给予适当的补偿

3. 国家行为如果发生以下情况，则构成国家责任(　　)。
A. 违反国内法和国际法
B. 不违反国内法，但违反国际法
C. 违反国内法但不违反国际法
D. 不违反国际法也不违反国内法

4. 当代国际法中，国家承担国际法律责任的形式包括(　　)。
A. 割让领土　　B. 限制主权
C. 恢复原状　　D. 道歉

5. 伊拉克入侵科威特，严重违反国际法，海湾战争结束后安理会作出决议，其重要内容之一是销毁和限制伊拉克的核武器和生化武器，这不属于下列哪些国际法律责任形式？(　　)
A. 限制主权　　B. 恢复原状
C. 保证不再重犯　　D. 赔偿

6. 甲国公民廖某在乙国投资一家服装商店，生意兴隆，引起一些从事服装经营的当地商人不满。一日，这些当地商人煽动纠集一批当地人，涌入廖某商店哄抢物品。廖某向当地警方报案。警察赶到后并未采取措施控制事态，而是袖手旁观。最终廖某商店被洗劫一空。根据国际法的有关规则，下列对此事件的哪些判断是正确的？(　　)
A. 该哄抢行为可以直接视为乙国的国家行为
B. 甲国可以立即行使外交保护权
C. 乙国中央政府有义务调查处理肇事者，并追究当地警察的渎职行为
D. 廖某应首先诉诸乙国行政当局和司法机构，寻求救济

三、不定项选择题

甲国某船运公司的一艘核动力商船在乙国港口停泊时发生核泄漏，使乙国港口被污染，造成严重损害后果。甲、乙两国都是《关于核损害的民事责任的维也纳公约》及《核动力船舶经营人公约》的缔约国，根据上述公约及有关规则确定，乙国此时应得到7800万美元的赔偿，但船运公司实际赔偿能力最多只能负担5000万美元。对此事件，根据国际法上的国家责任制度，甲国国家对乙国承担的义务是什么？（　　）

A. 甲国国家应承担全部7800万美元的赔偿

B. 甲国有义务在保证船运公司赔付乙国5000万美元的同时，船运公司无力赔付的其余2800万美元，由甲国政府先行代为赔偿

C. 甲国有义务在保证督促船运公司进行赔偿，但以船运公司能够负担的实际赔偿能力为限，即只能赔付5000万美元，其余2800万美元可以不予赔付

D. 由于该行为不是甲国国家所从事，故甲国国家不需就此事件承担任何义务

四、名词解释

1. 国家责任（中国人民大学2007年考研真题）
2. international legal liability
3. 国际不法行为
4. 拒绝司法
5. 限制主权
6. 国际责任（西北政法大学2007年考研真题）
7. 国际罪行
8. 对抗措施（中南财经政法大学2007年考研真题）

五、简答题

1. 简述国际责任的免除。
2. 一国国际不当（不法）行为的构成要素是什么？在哪些情况下可以排除国家行为的不当（不法）性？
3. 可以归因于国家的行为有哪些？（中南财经政法大学2007年考研真题）
4. 什么是国际赔偿责任？
5. The US government's attack on Afghanistan, after September 11 event, according to its "rights of self－defense".
6. 简述国家责任的构成要件。（清华大学2005年、中山大学2007年考研真题）
7. 现代国际责任法的新发展。
8. 国家责任的种类。（北京大学2006年考研真题）
9. 简述国际损害行为责任与国际不法行为责任的区别。（华东政法大学2007年考研真题）

六、论述题

试述国家责任的概念和构成要件。（清华大学2008年考研真题“试论国际法上国家责任的特征和基础”）

参考答案

一、单项选择题

1. **答案**：A。国际不当行为是指违反国际义务的行为。其应具备主观和客观要素。主观要素是，某一行为依国际法的规定可以“归因于”国家，即该行为依国际法可被视为国家的行为。客观要素是，一国的行为违背了该国负担的有效国际义务。
2. **答案**：D。国际罪行是指，严重违背对于保护国际社会的根本利益至关重要的国际义务，且被整个国际社会公认为犯罪的国际不当行为。根据有关的条约，主要包括：侵略、以武力建立和维持殖民统治、建立和维持奴隶制度、种族灭绝、种族隔离、大规模污染大气层和海洋等。
3. **答案**：D。国际不当行为是指违反国际义务的行为。其应具备主观和客观要素。主观要素是，某一行为依国际法的规定可以“归因于”国家，即该行为依国际法可被视为国家的行为。客观要素是，一国的行为违背了该国应承担的有效国际义务。
4. **答案**：C。可归因于国家的行为主要有以下几种：（1）国家机关的行为。不论这些国家机关是属于制宪、立法、行政、司法或其他权力之下，不论担任国际或国内职务，也不论处于上级或下级的地位，但以该机关在有关事件中系以此种资格行事为限；（2）经授权行使政府权力的其他实体的行为，但以上述机关在有关事件中以此种资格行事为限；（3）实际上代表国家行事的人的行为；（4）别国或国际组织交由国家支配的机关的行为；（5）与叛乱运动的机关有关的行为，如果一国与叛乱运动的机关有关，则可归因于该国；（6）成为一国新政府或导致组成一个新政府的叛乱一定的行为应视为该国的行为；（7）非代表国家行事的人的行为，不应视为国家的行为，但国家对其行为是否需要承担责任，则视具体情况而定，如

国家元首、政府首脑的行为。另外，一国牵连入他国的不法行为时，也要承担相应的责任。

5. **答案**：A。排除行为不法性的情形有①：同意、自卫、反措施（一国针对另一国的国际不法行为所采取的对应措施）、不可抗力、危难与危急情况等。

6. **答案**：A。国际法上国家责任的形式主要有：限制主权、继续履行、停止不法行为、恢复原状、赔偿、道歉、保证不再犯等。限制主权是全面和部分限制一国主权的责任形式，是国家责任形式中最严重的一种。只适用于对他国进行武装侵略，侵犯他国主权、独立和领土完整，破坏国际和平与安全从而犯下国际罪行的国家。

7. **答案**：D。排除国际法上国家责任的情形有：同意、不可抗力和偶然事故、对国际不法行为的对抗措施，如自卫等、危难、紧急状态。一国不能根据本国国内法的规定违反国际法上的义务。

8. **答案**：A。对抗措施是受害国针对他国所犯国际不法行为而采取的对抗行为。通常包括一般对抗措施和自卫行为两种。一般对抗措施是由于一般国际不法行为引起的，应限于非武力措施，包括经济制裁、断绝邦交等行为，自卫行为是由于受到他国武力侵略和武力攻击时，受害国为了保卫国家主权和领土完整所采取的武力反击行为。

9. **答案**：B。外空物体所造成的损害责任主要有两种原则：即绝对责任原则和过失责任原则。绝对责任原则是指不论发射国是否有过失，只要对他国造成了损失，发射国就要承担责任。这个原则适用于空间物体对地球表面或对飞行中的飞机造成的损害，无论损害是一个空间物体造成的，还是一个发射国的空间物体对另一个发射国的空间物体造成的损害，并由此对第三国造成损害。过失责任原则是指空间物体造成的损害是因为发射国的过失或其负责人的过失造成的，应负责任。此责任适用于在地球表面以外的地方的空间物体或所载人员或财产造成的损害。

10. **答案**：D。《联合国气候变化框架公约》规定各国应在公平的基础上，并根据它们共同但有区别的责任和各自的能力，为人类当代和未来的利益，保护气候系统。

11. **答案**：D。国际责任的构成。(1) 布某持枪杀人是因为婚姻破裂而绝望，并非执行职务的行为，因此不构成行使政府权力的行为，不属于国家不当行为，应认定为一般私人行为。(2) 一般私人对外国或外国人的不法侵害不引起国家责任，除非该行为是由于国家失职造成，或国家对该行为进行纵容，才可能引起国家对本身失职或放纵行为的责任，也即间接责任。本案中甲国警方迅速赶到事发现场，采取措施控制事态并围捕布某。布某因拒捕被击毙。表明甲国不存在失职或放纵行为，故不需承担责任。

12. **答案**：C。由于核废水被排入大海，造成了与甲国相邻的乙国海域的污染，就不再是单纯的内政问题了。所以A错。国际海事组织不负责国家此类事件的处理，甲国排污，无须经过国际海事组织的同意。所以B错。根据《关于核损害的民事责任的维也纳公约》，对核损害的应赔总额如果超过经营者的最高赔偿额，国家应提供有限的财政补偿。所以D错。运用排除法，C项正确。另外，甲国污染他国环境的行为，可通过协商手段加以解决。

二、多项选择题

1. **答案**：ABCD。根据国际法，违背对于整个国际社会的根本利益至关重要的义务，以至于整个国际社会公认为违背该项义务是一种罪行的行为，是国际罪行。其主要包括以下几种情况：(1) 严重违背对维持国际和平与安全具有根本重要性的国际义务，如禁止侵略的义务；(2) 严重违背对维护各国人民的自决权力具有根本重要性的义务，如禁止以武力建立和维持殖民统治的基本义务；(3) 大规模地严重违背对保护人类具有根本重要性的国际义务，如禁止奴隶制度等义务；(4) 严重违背对维护和保全人类环境既有根本重要性的国际义务，如禁止大规模污染大气层或海洋的义务。

2. **答案**：AD。一国进行国有化或征用外国企业的行为，在国际法上被视为一国经济主权的一部分。除非其严重损害了其他国家的利益，不应认为是对国际义务的违反。因此也不构成国际不当行为，不必承担国际责任。但是依据国际条约与惯例，应由采取这种措施的国家给予适当的补偿。

3. **答案**：AB。国家责任的要件是违反国际法上规定的先行有效的国家义务和此行为可归因于国家，而不问是否违反国内法。如果根据国内法判断是否要承担国家责任，是将本国的主权凌驾于别国主权之上的霸权主义行为。

① 编者注：引起一国国家责任的条件是该国实行了违背其国际义务的行为，给其他国家的利益造成了损害。但是，在特殊情况下，一国违背国际法义务的行为虽然在表面上具备了承担国家责任的条件，但该行为不具备不当性，排除了“不法性”，这时的国家行为可以免除国家责任。

4. **答案**：BCD。国家责任的形式主要有：限制主权、恢复原状、道歉、赔偿损害等。

5. **答案**：BCD。限制主权是指限制责任国主权或主权的某些方面的行使。储备、生产、发展一定量的武器属于一国主权的一部分。因而，销毁和限制伊拉克的核武器和生化武器构成了对伊拉克主权的限制。

6. **答案**：CD。可归因于一国而成为该国家行为的情形有以下几种：(1) 国家机关的行为；(2) 经授权行使政府权力的其他实体的行为；(3) 国家官员的行为；(4) 在一国指示、指挥或控制之下实际上代表该国行事的一个人或一群人的行为；(5) 别国或国际组织交与东道国支配的机关的行为；(6) 上述可归因于国家行为的国家机关和国家授权人员的行为，一般地也包括他们以此种资格执行职务内事项时的越权行为或不法行为；(7) 叛乱运动机关的行为，不视为该国的国家行为，但正在组成新国家的叛乱运动的行为，将被视为该新国家的行为；(8) 一个行为可以归因于几个国家时，相关国家对于其各自相关的行为承担单独或共同责任。可见，选项 A 中的哄抢行为不能视为国家行为，故 A 错误。外交保护是指国家对于本国国民在外国的合法权益遭到所在国违反国际法的侵害而得不到救济时，对所在国提出的赔偿要求。行使外交保护，必须满足以下条件：(1) 该国民或法人合法权益受到了所在国的侵害；(2) 该所在国的行为构成了违反国际义务，应当承担国际责任的行为；(3) 用尽东道国当地救济，且未获合理补偿。可见只有用尽东道国当地救济后，廖某才能请求甲国行使外交保护权，故 B 错误，C、D 正确；由此可知，本题答案为 C、D。

三、不定项选择题

答案：B。本题涉及有关国际法上不加禁止的行为所产生的国家赔偿责任问题，两项国际公约均规定法人的赔偿责任和赔偿数额的上限，赔偿数量超过此上限时，由其所属国政府进行赔偿。

四、名词解释

1. **答案**：如果一国违反了自己所承担的国际义务，它就应当对自己的不法行为承担责任，国家不能以主权为理由而拒绝承担这种责任。国家的不法行为在国际法上产生一定的后果，行为国与受害国之间由此产生一定的法律关系。国际不法行为最通常的后果是受害国能够运用它按照国际法所能利用的措施和程序，迫使违反其义务的国家履行它的义务或从该国得到赔偿。

2. **答案**：国际法律责任。国际法律责任是国际责任的一种，主要是因国家违反国际义务的行为即国际不当行为而引起的法律后果。但是随着国际法的发展，不仅国际不当行为导致国家责任，国际法不加禁止的某些行为，也可以导致国家责任。这主要适用于一些无过错原则的场合，如环境污染方面。

3. **答案**：当一国的行为违背该国所承担的国际义务时，就构成国际不法行为。所以国际不法行为的要素有二，一是该行为按国际法规定可归于该国，二是该行为构成对该国国际义务的违背。这种行为，既包括作为，也包括不作为。

4. **答案**：司法机关的行为如果违反了本国对外国所承担的国际义务，同样也可以引起该国的国家责任。对他国而言，司法机关违反国际法的行为视为国家的行为。在对外关系上，它与立法和行政机关别无二致，是作为国家机关对待的。在对待外国人的问题上，西方学说主张，如果一个国家的法院拒绝向外国人提供司法救济，或拒绝受理关于救济外国人遭受损害的诉讼，或无理由地延迟诉讼，或明显司法不公，就构成“拒绝司法”。

5. **答案**：限制主权是指限制责任国行使主权的一种责任形式。这种责任形式只适用于对他国进行武装侵略、侵犯他国主权、政治独立和领土完整，破坏国际和平与安全，危害人类并构成国际罪行的责任国。

6. **答案**：国际责任是指国际法主体（主要是指国家）对其国际不当行为或国际法不加禁止的行为造成的损害所应承担的法律责任。传统国际法中，国家的国际责任主要限于对外国人造成损害所引起的国家赔偿责任，一般采取过错责任原则。但是由于国家责任范围的扩大，各种责任制度的规定日益复杂，现代国际法倾向于采取无过错原则。国际责任的免除，即排除行为的不当性的条件主要有：同意、对抗措施、不可抗力和偶然事故、危难与紧急状态。

7. **答案**：一国所违背的国际义务对于保护国际社会的根本利益至关紧要，并且整个国际社会公认违背该项义务为犯罪时，其因而产生的国际不法行为构成国际罪行。

8. **答案**：对抗措施，是指受害方针对加害方所犯的国际不当行为而采取的对抗行为。这种行为即使违背原先对他方承担的国际义务，但因该行为是由加害方的国际不当行为引起的，所以对抗措施的不当性应予排除。通常对抗措施包括一般对抗措施和自卫行为。一般对抗措施是由对方的一般国际不当行为引起的，因此受害方也只限于采取相应的非武力措施来对抗，如经济制裁和断绝外交关系等。

五、简答题

1. 答案：国际责任的免除理由有：(1) 同意。一国在权利国有效同意的范围之内从事的违背其国际义务的行为根据国际法不属于国际不当行为，但是这一原则不适用于因为一般国际法强行规则所产生的义务。(2) 国际不当行为的对抗措施，即报复。一国因为对他国进行合法报复而违背对该国所负担的国际义务的行为不属于国际不当行为。(3) 不可抗力和偶然事故。(4) 危难。代表一国行事的个人在遭遇极端危难的情况下，为了挽救本人或者受其监护人的生命而被迫采取的违背其本国的国际义务的行为，原则上不应当视为其本国的国际不当行为，但是，该原则不适用于其本国对该危难的发生负有责任或者其行为可能造成同样或者更大危难的情况。(5) 紧急状态。一国在本国生存以及其他重大利益受到严重和急迫危害的情况下，为了消除这一危害所被迫采取的违背本国国际义务的行为。原则上不视为国际不当行为。(6) 自卫。一国的合法自卫即使违背了本国对侵略国所负担的国际义务，也不属于国际不当行为。

2. 答案：(1) 要素：该行为可以归因于国家；该行为违反了国家所承担的国际义务。

(2) 第一，同意。一国在权利国有效同意的范围之内从事的违背其国际义务的行为根据国际法不属于国际不当行为，但是这一原则不适用于因一般国际法强制规则所产生的义务。第二，国际不当行为的对抗措施，即报复。第三，不可抗力和偶然事故。第四，危难。第五，紧急状态。第六，自卫。

3. 答案：国际法上可归因于国家的行为主要有以下几种：

(1) 国家机关的行为。不管国家内部采用何种政治结构，依该国国内法具有国家机关地位者，以此种资格执行职务的行为，依照国际法被视为该国的国家行为。不论该机关是立法、行政、司法或其他机关，或行使的职务是对内或是对外，也不论其在国家结构中处于上级或下级地位。

(2) 经授权行使政府权力的其他实体的行为。国家地方政治实体机关的行为，或经国内法授权行使政府权力的其他实体机关的行为，在该机关职权或授权范围内，是该国的国家行为。

(3) 实际上代表国家行事的人的行为，这些人包括国家元首、政府首脑、外交使节等。当他们以公务以外的私人身份进行了国际不当行为时，其本国也应当承担责任。尽管这些人员享有特权与豁免，但不能免除其本国的国家责任。

(4) 别国或国际组织交与一国支配的机关的行为，一国或国际组织将某个机构交与另一国支配，则在行使该支配权范围内的行为，被视为该支配国的国家行为。

(5) 叛乱运动机关的行为，在一国领土上的被承认为叛乱运动的机关自身的行为，根据国际法不视为该国的国家行为，而已经和正在组成新国家的叛乱运动的行为，被视为已经或正在形成的新国家的行为。

上述可归因于国家行为的国家机关和国家授权人员的行为，一般也包括他们以此种资格执行职务内事项时的越权或不法行为。这是由于对有关其职务的行为或事项，外国很难判断他是否超越其国内指示或国内法规定而越权从事；而且这种判断越权的根据是其国内法，而国内法的规定不能当然地作为免除国际责任的理由。另外，在这种情况下，虽然国家对该官员的惩罚可能是国家承担责任的一部分，但对官员的惩罚与国家的责任是两个不同范畴的问题。

4. 答案：国际赔偿责任是一国为其不当行为和损害行为所应承担的国际责任。

国际赔偿责任是国家责任，传统的国家责任是一国的国际不当行为所引起的责任。其构成要件包括主观要素和客观要素。

主观要素是：某一行为依国际法可以归因于国家。实践中，可归因于国家的情况有：(1) 国家机关的行为。不论这些国家机关是属于制宪、立法、行政、司法或其他权力之下，不论担任国际或国内职务，也不论处于上级或下级的地位，但以该机关在有关事件中系以此种资格行事为限。(2) 经授权行使政府权力的其他实体的行为，但以上述机关在有关事件中以此种资格行事为限；(3) 实际上代表国家行事的人的行为；(4) 别国或国际组织交由国家支配的机关的行为；(5) 叛乱运动或机关的行为，如果一国与叛乱运动的机关有关，则可归因于该国；(6) 成为一国新政府或导致组成一个新政府的叛乱组织的行为应视为该国的行为；(7) 非代表国家行事的人的行为，不应视为国家的行为，但国家对其行为是否需要承担责任，则视具体情况而定，如国家元首、政府首脑的行为。另外，一国牵连入他国的不法行为时，也要承担相应的责任。

客观要素是：国家的行为违反了现行有效的国际义务。这一国际义务可以是根据条约，也可以是根据国际习惯法所产生的。

如果国家行为的不当性能被同意、国际不当

行为的对抗措施、不可抗力和偶然事故、危难、紧急状态、自卫等原因排除，则不承担责任。

现代国家赔偿责任，又有了新的发展，不仅包括国家为其国际不当行为所承担的责任，也包括国家为其在国际法上正当的某些行为所承担的责任。如发射外空物体所造成的损害。这些行为不构成违反国际法，但由于其造成的损害很难由个人承担，因此需要国家对其承担责任。

5. 答案：(1) 自卫权是国家保卫自己的生存和独立不受侵犯的权利。《联合国宪章》禁止使用武力，而自卫权的行使是禁止使用武力的例外。

(2) 自卫权的行使是有限制的。前提是遭到了武装攻击。而且武装自卫要行使适当。

(3) 美国政府对阿富汗的攻击，并不符合自卫的必要性和相称性。美国对阿富汗的攻击是在“9·11”之后持续发生的，并不满足必要性要求，即在别无选择的情况下进行。另外，对阿富汗的攻击也不符合相称性的要求。美国的攻击有扩大的趋势。尽管有国际反恐的时代背景，但是毕竟不符合国家自卫权理论。

6. 答案：(1) 国家责任是现代国际法中的一个重要的法律制度。它所指的是当一个国际法主体从事了违反国际法规则的行为，或者说，当一个国家违反了自己所承担的法律义务时，在国际法上应当承担的责任。这种不法行为在国际法上产生一定的后果，行为国和受害国之间由此产生一定的法律关系。

(2) 国家责任的基本构成要件有两个：一、某行为违背了该国所承担的国际义务；二、该行为可归于该国家，即可视为“国家的行为”。前一要件也叫“国际不法行为”，这种行为既包括作为，也包括不作为，判断某一行为是否构成国际不法行为必须根据国际法，即使该行为依据某国内法是合法的，只要它违反了该国的国际义务，就构成国际不法行为。后一要件也叫“归责性”，即根据一定的国际法规则，可将某一国际不法行为归于某个国家。

(3) 联合国国际法委员会在其通过的《国家对国际不法行为的责任条款草案》第 2 条中涉及一国的国际不法行为的要素，该条规定的国家责任两个要件分别是，某个行为按照国际法可归于某个国家和该行为构成对该国承担的国际义务的违反。这是对国家责任构成要件在目前国际法实践中的发展状况的权威总结。

7. 答案：现代国际责任法有四个方面的新发展：一是责任主体扩大了（国家唯一主体；国家、国际组织、争取独立民族、个人均可成为责任主体）；二是责任范围扩大了（由国家对外侨的责任，发展到国家一切不法行为的责任，到国际罪行，到国际损害行为的责任）；三是责任的根据扩大了（主观责任发展到客观责任）；四是承担责任的形式也扩大了（由赔补责任，发展为刑事责任和行政责任）。

8. 答案：国家的国际不法行为一经确定就产生承担相应的国际责任的法律后果。从有关国际条约、国际习惯和国际实践中可以看出，国家责任种类主要有以下几种：

(1) 限制主权。限制主权是指全面或局部限制责任国行使主权的一种责任形式，它是国家责任形式中最严重的一种。只适用于对他国进行武装侵略，侵犯他国的主权、独立和领土完整，破坏国际和平与安全从而犯下国际罪行的国家。

(2) 恢复原状。国际法上的恢复原状是指将被损害的事物恢复到发生不法行为以前存在的状态。例如，归还非法没收或掠夺的财产、历史文物和艺术珍品，恢复被非法移动的边界界标或非法毁坏的边境建筑物，修复被不法行为损坏的外交使团的馆舍等。

(3) 赔偿。国际法上的赔偿是指对受害国的物质损失付给其相应的货币或物质赔偿。这种形式既可以适用于侵略他国、犯了国际罪行的侵略国家，也可以适用于犯有一般国际不法行为、对他国造成物质损失的国家。

(4) 道歉。道歉是指犯有国际不法行为的国家向受害国承认错误，给受害国以精神上的满足的责任形式。

9. 答案：国际损害责任是指国际法主体在从事国际法不加禁止的活动造成损害时应承担的国际责任。国家违反国际法的行为构成国际不法行为，应承担国际责任，其形式主要有道歉、终止不法行为、赔偿等。如果将这种损害行为的责任与国家责任相比较，我们不难发现两者间存在下列区别：

(1) 主体不同

目前只有国家才是国际不法行为责任体制的明确主体，国际组织和正在形成国家的民族的主体资格问题还有待于相关法律规则的发展和完善。而在国际损害责任制度下，其主体既包括国家，也包括国际组织。

(2) 行为方式不同

2001 年《关于国家责任的条款草案》规定，构成国家责任的行为是“国际不法行为”，包括严重国际不法行为和一般国际不法行为两种形式。而按《国际法不加禁止行为的损害性后果所引起的国际责任的条款草案》的规定，国际损害行为针对的却是国际法主体所从事的“国际法不加禁止”的行为或活动。这类行为的典型特征是，行为者的行为是否违背国际义务并不明确。

(3) 主观方面不同

目前，国际法律责任制度的总体奉行的是“无过错责任”。而在国际损害责任体制下，应当属于一种纯粹的“无过错责任”。

(4) 对后果的要求不同

从2001年《关于国家责任的条款草案》的规定看，国家责任的构成在客观方面只考虑行为者的行为是否“违背国际义务”，并未考虑这种行为给他方带来任何损害后果。而按《国际法不加禁止行为的损害性后果所引起的国际责任的条款草案》的规定，引起国际损害责任的唯一前提是，行为者的行为给他国带来了“实际损害”的后果。

(5) 行为归因的范围不同

按照2001年《关于国家责任的条款草案》的规定，可以归因于国家的行为主要包括：国家机关的行为、国家官员的行为、行使某些政府权力因素的实体的行为、实际上代表国家行事的人的行为等。而根据《国际法不加禁止行为的损害性后果所引起的国际责任的条款草案》的规定，国际损害责任不仅涉及上述代表国家所为的行为，而且还涉及在一国控制和管辖下自然人和法人的行为。

(6) 免责理由以及承担方式不同

根据2001年《关于国家责任的条款草案》及国际实践，国家责任的免责理由主要有：同意、对抗措施、不可抗力、危难和危急状态；承担方式主要有：限制主权、继续履行、终止不法行为、保证不重犯、恢复原状、赔偿、抵偿和追究国际刑事责任。而从有关国际条约的规定及国际实践看，国际损害责任的免责理由主要有：时效、暴乱、战争、自然灾害和不可抗力，承担方式主要有：恢复原状和赔偿。

总之，国际损害责任在许多方面都与国家责任存在很明显的区别，因而有些学者称之为“新国家责任”。

六、论述题

答案：国家责任是国际责任的一种，主要是因国家违反国际义务的行为即国际不当行为而引起的法律后果。但是随着国际法的发展，不仅国际不当行为导致国家责任，国际法不加禁止的某些行为，也可以导致国家责任，这主要适用于一些采取无过错原则的场合，如环境污染方面。本题涉及的是前者，即国际不当行为①。根据《国际责任条文草案》，国际不当行为必须具备以下两个条件：

(1) 可归因于国家。引起国家责任的行为必须根据国际法能够归因于国家，或者说该行为是国际法上的国家行为。下列行为，包括作为和不作为，被国际法认为是可归因于国家的行为：①国家机关的行为。不管国家内部采用何种政治结构，依该国家国内法具有国家机关资格者，以该资格从事的行为即被国际法视为该国家的行为。不论该机关是立法、司法、行政或其他机关，也不论其在国家结构中处于上级或下级的地位。②经授权行使政府权力的其他实体的行为。③实际上代表国家行事的人的行为。④别国或国际组织交与一国支配的机关的行为。⑤上述可归因于国家的国家机关和国家授权人员的行为，一般也包括他们以此种资格执行职务时的越权或不法行为。

(2) 违背国际义务。一国违背国际义务是指一国行为不符合对其有效的国际义务的要求，不论其所承担的该国际义务来源于条约、国际习惯或国际法的其他渊源。

在国家责任问题上需要注意的是，在一国领土上被承认为叛乱团体的机关自身的行为，在国际法上不视为该国的国家行为。如该叛乱成功而导致组成一个新国家，则该行为视为新国家的行为。因此，就涉及对叛乱团体的承认的概念以及对叛乱团体承认的法律后果。对叛乱团体的承认是指处于内乱状态中的一国中央政府及其他国家确认反政府的叛乱者具有叛乱团体的资格，并表示愿意承担由此产生的法律后果的行为。反政府的叛乱者被承认为叛乱团体，必须具备以下四个条件：内乱已发展为全面的内战或武装冲突；叛乱者已占领并有效地控制和管理该国的一部分地区；叛乱者须有一定的军事和政治组织；叛乱者的作战行动须遵守战争法规。对叛乱团体的承认一经作出，对于承认者而言，有关内乱即构成国际法意义上的国内战争，被承认者即取得交战一方的地位。在叛乱团体被外国承认的情况下，承认国对交战双方承受战时中立的权利义务，该叛乱团体对其控制地区内侵犯承认国及其国民权益的行为承担国际责任，而其所反抗的中央政府本来负有的相应责任因此而解除。

① 编者注：国际不当行为的构成要件是国际法考查中的常见考点，读者应当予以重点和全面掌握，并能对具体情况予以正确的区分和评判。

第十五章　国际争端的和平解决

基础知识图解

- 国际争端的概述
  - 概念
  - 种类（法律争端、政治争端、混合型争端、事实争端）
  - 解决方法的分类（不同标准）
- 和平解决国际争端原则的确定及其意义
- 解决国际争端的政治方法
  - 谈判和协商
  - 调查
  - 斡旋和调停
  - 和解
- 解决国际争端的法律方法
  - 仲裁
  - 常设仲裁法院
  - 司法解决
  - 国际常设法院
  - 国际法院（组织、管辖权、组织形式、适用法律、审理案件的程序）
- 联合国与和平解决国际争端
- 区域机关或区域办法与和平解决国际争端
- 世贸组织和联合国海洋法公约的解决争端机制
  - 世贸组织
    - 磋商
    - 斡旋、和解和调停
    - 专家小组程序
    - 上诉复审
  - 联合国海洋法公约
    - 国际海洋法庭
    - 仲裁
    - 特别仲裁

配套测试

一、单项选择题

1. 法律性质的争端又称作(　　)。

A. 不可裁判的争端　　B. 可裁判的争端

C. 政治性争端　　D. 可仲裁的争端

2. 传统国际法上，解决国际争端的强制方法中，现代国际法允许采用的有(　　)。

A. 反报　　B. 平时封锁

C. 干涉　　D. 武力进攻

3. 以查清争端事实为主要目的的和平解决国际争端的方法被称为(　　)。

A. 调停　　B. 调解

C. 调查　　D. 斡旋

4. 甲、乙两国因历史遗留的宗教和民族问题，积怨甚深。2004 年甲国新任领导人试图缓和两国关系，请求丙国予以调停。甲、乙、丙三国之间没有任何关于解决争端方法方面的专门条约。根据国际法的有关规则和实践，下列哪一项判断是正确的？(　　)

A. 丙国在这种情况下，有义务充当调停者

B. 如果丙国进行调停，则乙国有义务参与调停活动

C. 如果丙国进行调停，对于调停的结果，一般不负有监督和担保的义务

D. 如果丙国进行调停，则甲国必须接受调停结果

5. 国际法院是1946年4月正式成立的，国际法院设在(　　)。

A. 纽约　　B. 日内瓦

C. 巴黎　　D. 海牙

6. 国际法院适用的法律中，只能作为确定法律原则的补充资料的是(　　)。

A. 国际公约

B. 国际习惯

C. 司法判例

D. 当事国的国内法

7. 区域性机关若采取执行行动，须经下述哪一国家或机构授权？(　　)

A. 联合国大会

B. 联合国安全理事会

C. 争端当事国

D. 第三国

8. 国际仲裁作为和平解决国际争端的法律方法，以下对其效力的表述中不正确的是(　　)。

A. 仲裁裁决对当事人具有法律拘束力

B. 仲裁裁决是终局的，不得上诉

C. 仲裁不属法律制裁的性质，争端当事国是基于道义上的责任和自觉承担义务而执行仲裁裁决的

D. 争端当事国可以采取报复和反报复等措施使仲裁裁决得到执行

9. 国际法院中现任中华人民共和国籍的法官是(　　)。

A. 史久镛　　B. 王铁崖

C. 倪征燠　　D. 李浩培

10. 在下列的国家或机构中，有权向国际法院请求发表咨询意见的是(　　)。

A. 联合国会员国

B. 安理会常任理事国

C. 《国际法院规约》当事国

D. 联合国大会

11. 可以成为国际法院的诉讼当事方的是(　　)。

A. 国家　　B. 个人

C. 联合国　　D. 联合国专门机构

12. 国际法院法官的选举方法是(　　)。

A. 联合国大会单独选举

B. 安理会单独选举

C. 联合国和安理会分别选举

D. 安理会推荐大会选举

13. 国际法院的诉讼管辖分为(　　)。

A. 咨询管辖　　B. 自愿管辖

C. 指定管辖　　D. 任意管辖

14. 国际常设法院(　　)。

A. 是联合国的司法机关

B. 是国际联盟创立的

C. 即国际常设仲裁法院

D. 是联合国的专门机构

15. 国际法院判决生效的时间是(　　)。

A. 自宣读判决之日

B. 自判决送达当事国时

C. 自双方接受判决时

D. 自判决公告时

16. 在国际法和国际实践中，解决国际争端的方法由(　　)。

A. 联合国大会讨论后作出规定

B. 国际法院行使强制管辖权后作出决定

C. 已由专门的法典作出规定

D. 当事国自愿选择适用

17. 在甲国公开宣布乙国驻甲国的两名外交人员为不受欢迎的人后，乙国也宣布甲国的两名外交官不受欢迎。乙国的行为在国际法上被称为(　　)。

A. 反报　　B. 报复

C. 干涉　　D. 自卫

18. 将案件提交国际法院受理的主体可以是(　　)。

A. 国家　　B. 联合国

C. 非政府组织　　D. 检察官

19. 根据《国际法院规约》，在国际法院的诉讼程序中，反诉属于(　　)。

A. 一种起诉　　B. 书面程序

C. 口头程序　　D. 特别程序

20. 关于国际法院，依《国际法院规约》，下列哪一选项是正确的？(司考2016.1.34)(　　)

A. 安理会常任理事国对法官选举拥有一票否决权

B. 国际法院是联合国的司法机关，有诉讼管辖和咨询管辖两项职权

C. 联合国秘书长可就执行其职务中的任何法律问题请求国际法院发表咨询意见

D. 国际法院做出判决后，如当事国不服，可向联合国大会上诉

21. 当事国在国际法院的判决作出后，可向法院提出请求(　　)。

A. 上诉　　B. 复议

C. 撤销　　D. 解释

22. 如争端一方当事国不执行国际法院的判决，他方当事国可向(　　)申诉，由该机关决定采取执行判决的方法。

A. 联合国大会　　B. 安全理事会

C. 秘书长　　D. 国际法院

23. 2001年，甲国新政府上台后，推行新的经济政策和外交政策，在国内外引起强烈反应。乙国议会

通过议案，谴责甲国的政策，并要求乙国政府采取措施，支持甲国的和平反政府运动；同时乙国记者兰摩也撰写了措辞严厉的批评甲国政策的文章在丙国报纸上发表；甲国的邻国丁国暗自支持甲国的反政府武装的活动。根据上述情况和国际法的相关原则，下列哪一选项是正确的？（　　）（司考 2008. 1. 32）

A. 乙国记者的行为，涉嫌违反国际法

B. 乙国议会的法案一旦被执行，则涉嫌违反国际法

C. 丙国的行为涉嫌违反国际法

D. 丁国的行为不涉嫌违反国际法

24. 甲、乙两国协议将其边界领土争端提交联合国国际法院。国际法院作出判决后，甲国拒不履行判决确定的义务。根据《国际法院规约》，关于乙国，下列哪一说法是正确的？（　　）（司考2011. 1. 34）

A. 可申请国际法院指令甲国国内法院强制执行

B. 可申请由国际法院强制执行

C. 可向联合国安理会提出申诉，请求由安理会作出建议或决定采取措施执行判决

D. 可向联大法律委员会提出申诉，由法律委员会决定采取行动执行判决

25. 甲、乙是联合国会员国。甲作出了接受联合国国际法院强制管辖的声明，乙未作出接受联合国国际法院强制管辖的声明。甲、乙也是《联合国海洋法公约》的当事国，现对相邻海域中某岛屿归属产生争议。关于该争议的处理，下列哪一选项是不符合国际法的？（　　）（司考 2012. 1. 33）

A. 甲、乙可达成协议将争议提交联合国国际法院

B. 甲、乙可自愿选择将争议提交联合国国际法院或国际海洋法庭

C. 甲可单方将争议提交联合国国际法院

D. 甲、乙可自行协商解决争议

二、多项选择题

1. 甲国惊奇公司的创新科技产品经常参加各类国际展览会，该公司向乙国的投资包含了专利转让，甲、乙两国均为《巴黎公约》和《华盛顿公约》（公约设立的解决国际投资争端中心的英文简称为ICSID）的成员。依相关规定，下列哪些选项是正确的？（　　）（司考 2017. 1. 81）

A. 惊奇公司的新产品参加在乙国举办的国际展览会，产品中可取得专利的发明应获得临时保护

B. 如惊奇公司与乙国书面协议将其争端提交给ICSID 解决，ICSID 即对该争端有管辖权

C. 提交 ICSID 解决的争端可以是任何与投资有关的争端

D. 乙国如对 ICSID 裁决不服的，可寻求向乙国的最高法院上诉

2. 国际争端的特点是（　　）。

A. 国际争端的主体主要是国家

B. 国际争端往往涉及国家的重大利益或重要权利

C. 国际争端的解决方法决定于该争端的性质

D. 国际争端的解决方法由当事国自愿

3. 解决国际争端政治方法的特点是（　　）。

A. 争端当事国直接进行

B. 第三方只起促进解决的作用

C. 当事国承担道义责任

D. 政治方法产生法律拘束力

4. 仲裁所适用的法律有（　　）。

A. 国际条约

B. 国际习惯

C. 一般法律原则

D. 根据仲裁协定的规定适用有关国家的国内立法或判例

5. 仲裁裁决（　　）。

A. 对当事国有拘束力

B. 各当事国可不予执行

C. 由仲裁法庭仲裁员多数作出

D. 可由当事国一方就构成裁决的决定性事实提出复核

6. 仲裁是解决国际争端的法律方法之一，其特点有（　　）。

A. 自愿管辖

B. 仲裁员由当事国自行选任

C. 仲裁程序可由当事国补充

D. 仲裁适用的法律由当事国商定

7. 国际法院所适用的法律有（　　）。

A. 国际公约或条约

B. 国际习惯

C. 文明各国所承认的一般法律原则

D. 作为确定法律原则补充资料的司法判例及权威最高之公法学家的学说

8. 国际法院的诉讼程序应依下列步骤进行（　　）。

A. 起诉　　B. 书面程序和口头程序

C. 评议　　D. 宣判

9. 国际法院审理案件过程中的特别程序包括（　　）。

A. 临时性保全措施　　B. 应诉和答辩

C. 参加　　D. 调解

10. 在国际法院受理的案件中，如法院有属于一方当事国国籍的法官，则他方当事国也有权选派一名本国法官参与审理，此种法官不是（　　）。

A. 任选法官　　B. 特别法官
C. 专案法官　　D. 聘任法官

11. 国际法院口头程序是指询问(　　)。
A. 证人　　B. 鉴定人
C. 代理人　　D. 律师与辅佐人

12. 仲裁裁决在下述情况下是无效的(　　)。
A. 仲裁协议无效　　B. 仲裁员有欺诈行为
C. 仲裁法庭越权　　D. 仲裁裁决理由不足

13. 国际法院的判决作出后，当事国不服(　　)。
A. 可向联合国大会上诉
B. 应向安理会上诉
C. 向法院申请解释或复核
D. 向安理会申诉

14. 下列关于国际法院的表述，正确的是(　　)。
A. 国际法院是联合国的主要司法机关
B. 国际法院由15名法官组成，在15名法官中不得有两人为同一国家的国民
C. 法官不代表任何国家，法官不受其本国政府的制约
D. 法官须受联合国某一机关制约

15. 下列有关国际仲裁的表述哪些是正确的？(　　)
A. 国际法上所指的仲裁是两个国家之间的仲裁
B. 国际仲裁是两国政府的行为
C. 国际仲裁是争端当事国自愿同意解决它们之间的法律性争端的法律程序
D. 国际仲裁通常用来解决由条约的解释和适用而引起的争端

16. 将和解作为解决国际争端的一种重要方法的条约是(　　)。
A.《布赖恩和平条约》
B.《维也纳条约法公约》
C.《联合国海洋法公约》
D.《日内瓦和平解决国际争端的总议定书》

17. 国际法院作为联合国的主要司法机关，其法官的选举(　　)。
A. 由安理会和大会并行独立选举产生
B. 安理会常任理事国享有否决权
C. 安理会常任理事国不享有否决权
D. 由《国际法院规约》当事国投票产生

18. 国际法院法官的任职条件包括(　　)。
A. 品格高尚
B. 在本国具有最高司法职位之任命资格
C. 公认的国际法学家
D. 其人选应来自世界各主要法系的国家

19. 甲、乙两国因某些领土的归属问题，常年交战，积怨甚深。丙国出面使甲、乙两国重开谈判，并为领土的归属问题提出解决方案。但甲国表示反对，丙国在说服未果的情况下，派军舰在甲国近海进行军事示威，以迫使甲国接受其方案。根据国际法，下列哪些判断是正确的？(　　)
A. 丙国使甲、乙两国重开谈判，并提出解决问题的方案属于斡旋
B. 丙国使甲、乙两国重开谈判，并提出解决问题的方案属于调停
C. 丙国的军事示威行为已构成干涉
D. 丙国的军事示威行为是现代国际法承认的解决争端的方式

20. 国际法院在对国家间的争端行使管辖权时，应满足以下任一条件(　　)。
A. 争端当事国在另一国不同意的情况下，将争端提交国际法院
B. 争端当事国双方均为《国际法院规约》当事国，且声明接受国际法院根据《国际法院公约》第36条规定的管辖权
C. 争端当事国双方达成协议，同意将问题提交国际法院解决
D. 在争端当事国双方同为当事国的国际条约中规定争端应由国际法院解决

21. 根据国际法相关规则，关于国际争端解决方式，下列哪些表述是正确的？(　　)(司考2011.1.76)
A. 甲、乙两国就界河使用发生纠纷，丙国为支持甲国可出面进行武装干涉
B. 甲、乙两国发生边界争端，丙国总统可出面进行调停
C. 甲、乙两国可书面协议将两国的专属经济区争端提交联合国国际法院，国际法院对此争端拥有管辖权
D. 国际法院可就国际争端解决提出咨询意见，该意见具有法律拘束力

三、名词解释

1. 国际争端
2. 反报(武汉大学2007年考研真题)
3. 平时封锁
4. 和平解决国际争端
5. 斡旋(西北政法大学2007年、中南财经政法大学2005年考研真题)
6. 国际仲裁
7. 临时保全措施
8. 任择性强制管辖(中山大学2006年、华东政法大学2007年考研真题)
9. 欧洲国际军事法庭审判

四、简答题

1. 简述联合国安全理事会在和平解决争端方面的职权。
2. 在现代国际法上，和平解决国际争端的方法主要有哪些？
3. 国际法院的诉讼管辖权主要包括哪几种？（中南财经政法大学2010年考研真题）
4. 简述国际法院的咨询管辖。（北京大学2011年考研真题）
5. 依据《国际法院规约》，简述国际法院裁判争端时的法律适用。
6. 简述国际法院判决的效力。（北京大学2010年考研真题）

五、论述题

1. 结合国际实践说明联合国主要机关在解决国际争端中的地位和作用。
2. 试述国际法院的管辖权。（中国政法大学2008年考研真题）
3. 国际法院和国际刑事法院的管辖权及其异同。
4. 结合有关国际实践，论述国际组织在和平解决国际争端方面的作用。（武汉大学2006年考研真题）

六、案例分析题

庇护权案（德·拉·托雷案）
哥伦比亚 诉 秘鲁
（国际法院，1950年）

1948年10月3日，秘鲁发生一次未遂政变，政变当天即被镇压。秘鲁总统下令取缔组织政变的“美洲人民革命联盟”，并通缉其领导人德·拉·托雷。托雷在事发三个月后，于1949年1月3日到哥伦比亚驻秘鲁首都利马的大使馆请求避难。哥伦比亚大使馆接受他的请求并通知秘鲁政府：哥伦比亚根据1928年的《哈瓦那庇护公约》第2条规定给予托雷庇护，并认为根据1933年的《美洲国家关于政治庇护公约》（蒙得维的亚公约）第2条规定，秘鲁政府应准许托雷安全离开秘鲁。秘鲁政府认为托雷是刑事罪犯，无权获得庇护，更不能获得安全离境的权利。两国在这些问题上不能取得一致的看法。为了明确庇护权的行使问题，两国于1949年特别签订《利马协定》，把争端提交国际法院解决。国际法院经过审理后，在1950年11月20日作出判决。

在诉讼过程中，哥伦比亚认为它有权根据《哈瓦那庇护公约》第2条规定给予托雷庇护，该条规定：“在使馆、军舰、军营或军用飞机中，对政治犯所给予的庇护，应在惯例、公约或给予庇护的国家的法律承认为一种权利的范围内，或在人道宽容的范围内，受到尊重。”该条还规定，庇护的给予“必须在紧急情况下”。秘鲁未否定哥伦比亚以使馆进行庇护的权利，但认为托雷不是政治犯而是普通犯罪，而且庇护的给予也非“在紧急情况下”。

哥伦比亚主张自己有权单方面确定托雷的犯罪性质，因为《蒙得维的亚公约》第2条规定：“对于罪行是否政治性质的判断权，属于给予庇护的国家。”至于秘鲁不是该公约缔约国的问题，哥伦比亚认为《蒙得维的亚公约》第2条的规定是对国际习惯规则的编纂——即使不是普遍或一般国际习惯法，也是拉丁美洲国家间的区域习惯规则——因此对于秘鲁也同样具有拘束力。

国际法院在判决中首先区分了“领域庇护”和“使馆庇护”的概念。对于哥伦比亚“对于罪行是否为政治性质的判断权属于给予庇护的国家”是区域习惯规则的观点，国际法院未予认可。法院认为：《蒙得维的亚公约》仅有11个国家批准，因此很难说公约的规定有普遍或一般习惯法的效力；即使是在拉美国家之间，有关的庇护实践也是不稳定和前后矛盾的，不能表现为“经接受为法律的”和“前后一致的惯例”；而且，因为秘鲁一直反对该规则，该规则也不能拘束秘鲁。

虽然法院不支持哥伦比亚有权单方面判断托雷是否政治犯的主张，但法院也不认可秘鲁“托雷是普通刑事犯罪”的观点。法院认为，托雷被控犯有参与武装叛乱的罪行，那就是政治犯。至于庇护的给予是否“在紧急情况的绝对必要下”，法院的观点是，托雷是在叛乱后三个月后请求庇护的，这时已不存在简易军事审判的危险，而是处于正常的司法秩序下了，哥伦比亚这时给予庇护，就不是以庇护对抗专横，而是对抗司法了。因此，法院判定哥伦比亚的庇护是不正当的。（中南财经政法大学2005年考研真题）

问题：

1. 联合国在和平解决国际争端中的作用包括哪些？
2. 国际法院具有怎样的法律地位？
3. 国际法院如何组成？
4. 国际法院的诉讼管辖包括哪三种类型？本案中法院的管辖属于其中的哪一类？
5. 国际法院裁判案件时所适用的法源包括哪些？
6. “领域庇护”和“使馆庇护”的主要区别是什么？
7. 按照《国际法院规约》，国际习惯法必须具备哪些要件？
8. 何谓普遍国际法、一般国际法和特殊（或区域）国际法？

参考答案

一、单项选择题

1. **答案**：B。国际争端因其性质不同可以区分为法律性质的争端和政治性质的争端。法律争端指争端当事方的各自要求和主张是以国际法为根据的争端，也是可以通过法律方法解决的争端，这类争端在传统国际法上也被称为“可裁判的争端”，提倡交付仲裁和司法解决。政治争端是争端当事方基于国家或民族的政治利益的对立或冲突而产生的争端，也称为“不可裁判的争端”，这类争端只能通过外交途径或用政治方法加以解决。

2. **答案**：A。在传统国际法上，战争、反报、报复、平时封锁、干涉等都是解决国际争端的合法方式。其中，反报是一国针对另一国的某种不礼貌、不公平、不友好的行为以同样或类似的行为作为还击。平时封锁是指在和平时期以军事力量阻止船舶进出另一国港口或领海，以迫使被封锁国接受前者所提出的解决争端条件的行为。干涉是一国对另一国事务专断干预以强迫该国采取符合自己意愿或政策的行为。平时封锁、干涉与武力进攻均使用威胁或武力，构成对另一国主权的侵犯，是现代国际法所禁止的。

3. **答案**：C。调查指在特别涉及对事实问题发生分歧的国际争端中，有关争端当事国同意一个与争端没有任何关系的第三方通过一定的方式调查有争议的事实，查明是否存在争端当事国所声称的情势，以有助于争端的合理解决的一种方式。斡旋和调停是指争端当事国之间不能通过直接谈判或协商解决争端时，第三方善意地主动或应邀进行有助于促成争端当事国直接谈判，或提出建议，并直接介入以协助解决争端的方法。调解也叫和解，是由一个特别组成的委员会对争端进行调查与评估，并提出解决争端建议在内的报告的一种争端解决方法。

4. **答案**：C。调停是指第三方以调停人的身份，就争端的解决提出方案，并直接参加或主持谈判，以协助争端解决。调停国提出的调停方案本身没有拘束力，调停国对于调停或调停成败也不承担任何法律义务或后果。故C项正确。

5. **答案**：D。国际法院是根据《联合国宪章》于1946年4月3日正式建立的，是联合国的六大机构之一。法院地址设在荷兰海牙。

6. **答案**：C。根据《国际法院规约》第38条第1款规定，国际法院根据国际法审判案件，适用的法律有四类：国际条约；国际习惯；为文明各国所承认的一般法律原则；作为确定法律原则的辅助资料的司法判例和各国权威最高的公法学家的学说。由此可见，可以作为确立法律原则的补充资料的只能是司法判例或公法学家的学说。

7. **答案**：B。区域性机关作为一种解决国际争端的途径，在《联合国宪章》中有明确的规定。具体而言，区域性机关在解决争端方面对两会各处于合作与补充的地位。区域性机关应协助安理会实施依安理会权力而采取的任何强制行动，在安理会的授权下，区域机关可以采取执行行动。

8. **答案**：D。仲裁裁决虽然没有司法判决的法律强制性，但由于当事各方在仲裁协议中承担了道义上的责任，除非裁决有重大明显的错误，都对当事人具有拘束力，必须得到善意执行，当事国不得采取报复、反报等措施使裁决得以执行。据此，本题中D项叙述是错误的。

9. **答案**：A。国际法院中现任中华人民共和国籍的法官是史久镛，王铁崖曾任海牙常设仲裁法院仲裁员，倪征燠与李浩培曾任国际法院法官。

10. **答案**：D。国际法院的咨询管辖权是指国际法院作为联合国的司法机关，应有关国际组织或机构的请求，对有关法律问题提供权威性的意见。根据《联合国宪章》的规定，联合国5个机关和16个联合国专门机构与其他机构，有权就执行职务中的法律问题请求国际法院发表咨询意见，国家不能要求国际法院发表咨询意见，也不得阻止国际法院发表咨询意见。任何个人，包括联合国秘书长都无权要求国际法院发表咨询意见。

11. **答案**：A。《国际法院规约》规定，只有国家可以成为国际法院的诉讼当事方。联合国会员国是《国际法院规约》的当然当事方，非联合国会员国的国家可以根据《联合国宪章》规定的条件，成为《国际法院规约》的当事方。①

12. **答案**：C。法官候选人由常设仲裁法院的各国团体提名，或者由在常设仲裁法院没有代表的联合国会员国另行成立的国内团体提名，每一团体不得超过4人，联合国大会和安理会同时并分别选举法官，每3年改选法官人数的1/3，在大会和安理会

① 编者注：联合国、联合国的专门机构和其他国际组织以及个人均不能成为国际法院的诉讼当事方。

同时获得绝对多数票者即当选为国际法院法官。

13. 答案：B。国际法院的管辖权包括诉讼管辖权与咨询管辖权。诉讼管辖又分为三类：(1) 自愿管辖，即各当事国临时商定同意将案件交国际法院管辖；(2) 协定管辖，是争端当事国根据《联合国宪章》和对本国有约束力的条约的规定，将待定的争端或事件提交国际法院管辖；(3) 任择强制管辖，国家事先声明接受国际法院管辖的一切法律性质的争端。

14. 答案：B。国际常设仲裁法院是1900年在海牙建立的以仲裁方式解决国际争端的机构，国际常设法院是1922年由国际联盟根据《国际联盟盟约》建立的，1946年解散。国际法院是联合国的司法机关，也是联合国的专门机构，是根据《联合国宪章》的规定而设立的。

15. 答案：A。国际法院法庭审理结束后，由法官评议和讨论判决。法院在完成评议或作出判决后，应将宣判日期通知各争端当事国。判决应在法院公开庭上宣读，并自宣读之日起对各当事国具有拘束力。

16. 答案：D。解决国际争端的方式有强制方法和非强制方法。强制方法又分为反报、报复、平时封锁、干涉等几种；非强制方法分为政治方法和法律方法。政治方法有：谈判与协商、斡旋与调停、调查与和解。法律方法有国际仲裁与国际司法解决。采取何种方法解决国际争端，完全由当事国自愿选择。

17. 答案：A。反报①是指一国以相同或类似的行为对另一国采取的不礼貌、不友好或不公平的行为作出的反应。引起反报的行为并不是国家的不法行为。如歧视外国侨民、禁止移民或实行过分严格的护照条例、宣布外交官为不受欢迎的人并驱逐出境等。但由于它给对方造成实质的损害，所以对方可以采取同样的或者类似的行为作为回报。

18. 答案：A。根据《国际法院规约》第34条的规定，国际法院的诉讼当事人限于国家，任何组织、团体或个人均不能成为诉讼的当事者。法院以国家为诉讼当事者，但并非一切国家都可以作为法院的诉讼当事者。根据规约，法院的诉讼当事国可以是规约当事国和其他国家，但法院受理其他国家的诉讼的条件，除先行条约另有规定外，由联合国安理会决定。

19. 答案：D。国际法院规约规定，诉讼中的特别程序包括：临时保全办法；初步反对主张，即被告国可对原告国请求书的准许、法院的管辖权及关于下一步程序的确定，在限定期限内以书面形式提出反对意见；反诉，如果与原告的诉讼标的直接有关，并且属于法院管辖的范围之内，被告国可以提出反诉主张；第三国参加；中止等。

20. 答案：B。依《国际法院规约》第8条的规定："大会及安全理事会各应独立举行法院法官之选举。"第10条规定："一、候选人在大会及在安全理事会得绝对多数票者应认为当选。"故A错误。

第1条规定："联合国宪章所设之国际法院为联合国主要司法机关，其组织及职务之行使应依本规约之下列规定。"故B正确。

第65条规定："一、法院对于任何法律问题如经任何团体由联合国宪章授权而请求或依照联合国宪章而请求时，得发表咨询意见。"故C错误。

第65条规定："二、凡向法院请求咨询意见之问题，应以声请书送交法院。此项声请书对于咨询意见之问题，应有确切之叙述，并应附送足以释明该问题之一切文件。"第60条规定："法院之判决系属确定，不得上诉。判词之意义或范围发生争端时，经任何当事国之请求后，法院应予解释。"故D错误。

21. 答案：D。国际法院判决作出后，属于确定和终局的判决，不得上诉。当事国对判决词的意义和范围发生争议，任何一方均可请求法院作出解释。

22. 答案：B。对于国际法院的判决，当事国须承诺遵守。如果任何事件当事国不履行依法院判决所承担的义务时，其他当事国可以向联合国安理会提出申诉；安理会在认为必要时，可以提出建议或决定应采取的办法，以执行国际法院的判决。

23. 答案：B。本题考核国际争端的解决方式。现代国际法确立了和平解决国际争端的基本原则。本题中，乙国因甲国新政府的经济和外交政策而产生争端，乙国采用干涉、支持甲国和平反政府运动、丁国暗自支持甲国的反政府武装的行为都违反了国际法。因此，B正确，D错误。乙国的记者不是国际法的主体，因他的行为不构成违反国际法。因此，A项说法错误。乙国的记者在其国内发表了相关的文章，这与国家本身的行为没有任何关系。因此，C项说法错误。

24. 答案：C。依照《国际法院规约》的规定，国际法院的管辖不像国内法院那样具有强制管辖权。

① 编者注：读者要注意区分反报与报复这两个极容易混淆的概念。

为了尊重各国主权，国家可对国际法院的管辖提出保留。而世界各国在接受国际法院管辖权的问题上尚未呈现积极的姿态，到目前为止，只有60多个国家声明接受国际法院的强制管辖，且基本都有保留。这就大大削弱了国际法院的管辖权，限制了其功能的充分发挥。《国际法院规约》第41条规定："一、法院如认情形有必要时，有权指示当事国应行遵守以保全彼此权利之临时办法。二、在终局判决前，应将此项指示办法立即通知各当事国及安全理事会。"所以在当事国不执行国际法院判决时，可申请联合国安理会通过集体安全保障机制加以解决。所以C项正确。

25. 答案：C。根据国家主权平等原则，国际法院不是凌驾于主权国家之上的司法机构。国际法院的诉讼管辖权是建立在国家同意的基础之上的。只有在国家明确表示同意接受法院管辖权的情况下，国际法院才能行使诉讼管辖权。由于乙国未作出接受联合国国际法院管辖的声明，甲方就无权将争议提交联合国国际法院，选项C不符合国际法规定。根据主权平等原则，经双方达成协议，可提交联合国国际法院。选项A符合国际法规定。根据《联合国海洋法公约》第15部分的规定，国际法院、国际海洋法庭、仲裁法庭以及特别仲裁法庭为争端解决机构，故选项B正确。又根据该公约规定，缔约国有用和平方法解决有关海洋法的争端的义务和选择争端各方同意的任何和平方法解决其争端的权利，选项D符合国际法规定。

二、多项选择题

1. 答案：AB。临时保护原则是《巴黎公约》的基本原则之一，是指缔约国应对在任何一个成员国内举办的或经官方承认的国际展览会上展出的商品中可以取得专利的发明、实用新型、外观设计和可以注册的商标给予临时保护。故A正确。

ICSID受理的争端限于一缔约国（东道国）与另一缔约国国民（外国投资者）的争端，此外，在争端双方均同意的情况下，也受理东道国和受外国投资者控制的东道国法人之间的争端，而不是任何与投资有关的争端。故C错误。

ICSID的管辖权具有排他的效力，一旦当事人同意在中心仲裁，有关争端便属于中心专属管辖，而不再属于作为争端一方的缔约国国内法管辖的范围。ICSID裁决对争端各方均具有约束力，不得进行任何上诉或采取任何其他除《华盛顿公约》规定外的补救办法；每一缔约国都应承认裁决对其有约束力，并在其领土内履行该裁决所裁定的财政义务，并赋予该裁决等同于其国内法院终审判决的效力。故B正确，D错误。

2. 答案：ABCD。国际争端是两个或两个以上国家之间、国家与其他公认的国际法主体之间有关法律权利或政治利益的观点、主张上的矛盾、分歧和对立。国际法的主体主要是国家，因而国际争端也主要是国家之间的争端，这种争端往往涉及国家的重大利益或权利，甚至关系到某一地区乃至全世界的利益。国际争端依性质不同可以分成法律争端与政治争端，前者可以通过仲裁或司法方式解决，后者则通过政治或外交方式解决。采取什么方式解决由争端当事方选择，各种方法均无强制适用的效力。

3. 答案：ABC。解决争端的政治方法是由争端各方解决或通过第三方介入解决。无论是否有第三方的介入，争端各方均必须参与争端的解决过程之中，即使第三方介入，也只是起到促使争端各方尽快解决争端的作用。通过政治方法解决争端，达成的各种协议均不具有法律效力。当事国没有必须遵守所达成的解决争端的协议的义务，而只是有道义上的责任。

4. 答案：ABCD。通过国际仲裁的方式解决国际争端，争端当事国可以事先就仲裁所适用的法律达成协议。争端当事国共同同意的法律可以是对特定案件的特殊法律规则包括有关国家的国内法及判例，或者是《国际法院规约》第38条提到的适用的法律，包括国际条约、国际惯例、一般法律原则等。如仍无规则可循，也可以是争端当事国同意的公平原则，甚至"公允及善良"原则来解决问题。

5. 答案：AC。仲裁的结果是形成对争端当事国各方具有拘束力的裁决。仲裁裁决通常是书面的，由仲裁员多数票作出，需要仲裁庭庭长签字并注明日期。仲裁裁决是最终的，一经正式宣布并通知争端当事国或代理人后，即开始生效，不得上诉。仲裁裁决对提交仲裁的争端当事国有拘束力，各争端当事国应善意诚实地遵守和执行仲裁裁决。

6. 答案：ABD。仲裁是指争端当事国达成协议同意将他们之间的争端交给由双方自己选任的仲裁员来裁决并承诺服从裁决的一种国际争端解决方法。仲裁与司法解决不同，仲裁属于"自愿管辖"的性质，即由争端当事国自愿将争端交给自己选任的仲裁员，仲裁适用的法律是由争端当事国选择的，仲裁程序也可以是争端当事国依协议达成的，只有在当事国没有协议的情况下由仲裁庭自定仲裁规则。

7. 答案：ABCD。依据《国际法院规约》第38条的规定，国际法院应依国际法裁判案件，裁判时适用的法律有：（1）国际条约，指争端当事国明确承认为有效的双边或多边条约；（2）国际习惯，即被国际社会普遍接受的国际习惯法；（3）被世界各国所普遍承认的一般法律原则；（4）司法判例和各国权威最高的公法学家的学说可以作为确定法律原则的辅助资料。除此以外，法院征得争端当事国的同意，可以依照“公允及善良”原则裁判案件。

8. 答案：ABD。国际法院审理案件的程序经过起诉、诉讼以及判决三个程序。起诉阶段，争端当事国以请求书或以特别协议通知提起诉讼的形式向国际法院提出诉讼案件；诉讼程序分为书面程序和口头程序，书面程序是以诉状、辩诉状及必要时的答辩状连同可资佐证的各种文件及公文文书送达法院及各当事国，口头程序指询问证人、鉴定人、代理人、律师和辅佐人。辩论终结后，由法官评议和讨论判决。判决应在法院公开庭上宣读。

9. 答案：AC。起诉、诉讼和判决是国际法院审理案件的基本程序。除上述基本程序外，国际法院还有一些在特定情况下可以采用的特别程序，包括临时保全、初步反对意见、反诉、参加、向法院的特别提交以及停止等。临时保全是指争端当事方向法院起诉后，如感到其权利处于直接威胁之中，可随时请求法院指示临时措施保全其权利。参加指诉讼当事方以外的第三方参加诉讼程序，以影响法院的考虑和判决，并保护其本身的利益。

10. 答案：ABD。在审理特定案件时，案件当事方如果在国际法院不拥有本国国籍的法官，可以根据《国际法院规约》第31条规定，在国际法院没有法官的争端当事国可以选派一名或一名以上的专案法官参与案件的审理，专案法官在参与案件的审理工作时，与其他法官的权利与地位完全平等。

11. 答案：ABCD。国际法院审理案件诉讼程序分为书面程序和口头程序，口头程序指询问证人、鉴定人、代理人、律师和辅佐人。法院进行口头询问，应由法院院长或副院长主持，公开进行，但法院另有决定或各争端当事国要求，可拒绝公众旁听。

12. 答案：ABCD。根据《仲裁程序示范规则》的规定，以下原因会导致仲裁裁决无效：（1）仲裁庭超越其权力；（2）仲裁庭成员有欺诈情况；（3）对裁决未说明理由或严重偏离基本的议事规则；（4）提出仲裁的约定或仲裁协议无效。

13. 答案：CD。根据《联合国宪章》第94条规定，如果争端当事国不履行依法院判决所承担的义务时，其他当事国可以向安理会提出申诉。安理会在认为必要时，可以提出建议或决定应采取的方法，以执行国际法院的判决。虽然国际法院的判决是终局的，但争端当事国可以在两种情况下请求法院作出解释或申请复核：一是由于对判决的含义或范围发生争端，可以请求国际法院作出解释；二是由于发现在判决宣告时所不知道的且具有决定性意义的新事实时，可以请求法院对案件进行复核。

14. 答案：ABC。国际法院是根据《联合国宪章》的规定而设立的联合国的主要司法机关。《国际法院规约》规定，国际法院由15名法官组成，其中不得有两名法官为同一国家的国民。国际法院的法官不代表任何国家包括其本国，也不受任何国家与国际组织、包括其本国政府的约束。

15. 答案：ABCD。国际法上的仲裁是指争端当事国达成协议自愿将它们之间发生的争端交给其自行选定的仲裁员裁判并承诺服从其裁决的解决争端的方法。作为解决国际争端的法律方法之一，仲裁主要用于解决法律性质的争端，尤其是因条约的解释与适用而引起的争端。

16. 答案：ABCD。和解也称为调解，是指争端当事国通过条约或其他形式的协议把它们之间的争端提交给一个由若干名成员组成的委员会，委员会经过对争端事实的调查和评估，提出包括解决争端建议在内的报告的一种争端解决方法。1944年《关于和平解决国际争端的日内瓦总议定书》、1969年的《维也纳条约法公约》、1982年的《联合国海洋法公约》以及《布赖恩和平条约》都对和解程序作出了具体的规定。

17. 答案：AB。国际法院的法官由联合国大会和安理会同时并分别选举产生，在大会和安理会同时获得绝对多数票者即当选为国际法院的法官。另外，由于对于非程序性的事项，安理会的常任理事国拥有否决权，而选举国际法院的法官即属于非程序性的问题，因而在安理会的多数票中必须包含全体常任理事国的同意票，但弃权的除外。

18. 答案：ABCD。《国际法院规约》规定，国际法院的法官应是品格高尚并在本国具有最高司法职务的任命资格或公认的国际法学家，这些法官作为整体应确能代表世界各大文化及各主要法系。

19. 答案：BC。斡旋与调停的主要区别在于第三方是否参与谈判解决争端，斡旋方不参加谈判，而只是促使双方进行谈判，而调停方以中间人的身份推动和协助争端当事国采取和平方式解决争端，包括提出建议作为争端当事国进行谈判的基础，而且直接参加争端当事国之间的谈判，以促使争端当事国达成妥协。调停方提出的建议对争端方无法律约束力，不能强迫当事方接受。军事威胁构成干涉，是强制解决国际争端的方法，被现代国际法所禁止。

20. **答案**：BCD。根据《国际法院规约》第 36 条的规定，国际法院的诉讼管辖权有三类：自愿管辖、协定管辖与任择性强制管辖。国家采取三种形式表示同意接受国际法院的诉讼管辖权：(1) 特别协议：争端当事国把它们之间的某项具体争端提交国际法院，共同订立就该案接受国际法院管辖的特别协议；(2) 条约规定的争端解决条款：现行有效的双边条约或多边条约的缔约国，根据条约或公约的明文规定，同意把今后它们之间因条约或公约所载事项所发生的争端，提交国际法院解决；(3) 任择强制管辖权：《国际法院规约》当事国根据规约第 36 条第 2 款的规定，随时作出单独声明，就与接受同样义务的任何其他国家发生的某些性质的法律争端，承认国际法院的强制管辖权，而不需另行订立特别协议。

21. **答案**：BC。现代国际法确立了和平解决国际争端的基本原则，使用战争或武力解决争端是被禁止的。所以 A 选项错误。和平解决国际争端的方法分为政治解决方法和法律解决方法。政治方法包括谈判、协商、斡旋、调停、调查、和解等。法律方法包括仲裁和法院解决。所以 B 选项正确。国际法院管辖案件的范围有三个方面，第一种是自愿管辖。对于任何争端，当事国都可以在争端发生后，达成协议，将争端提交国际法院。法院根据当事国各方的同意进行管辖。第二种是协定管辖。在现行条约或协定中，规定各方同意将有关的争端提交国际法院解决。提交法院的争端及范围等可以通过在条约中设立专门条款，也可以在订立条约的同时，再订立专门的协定加以规定。第三种是任择强制管辖。《国际法院规约》的当事国，可以通过发表声明，就具有下列性质之一的争端，对于接受同样义务的任何其他当事国，接受法院的管辖为当然具有强制性，而不需要再有特别的协定。这些争端是：对于条约的解释、违反国际义务的任何事实、违反国际义务而产生的赔偿的性质和范围等。所以 C 选项正确。国际法院作出的咨询意见虽然没有法律拘束力，但对于有关问题的解决以及国际法的发展都具有重要的影响。所以 D 选项错误。

三、名词解释

1. **答案**：国际争端是国际社会存在的一种客观现象，它是随着国家的产生、国家之间的交往形成和发展而出现的。由于国家之间利益、主张、权利上要求甚至对事实认识等方面的矛盾，就产生了国际社会不可能回避的一种结果——国际争端。国际法上的争端是指国家与国家之间在政治利益或法律权利等方面产生的争端。

2. **答案**：反报是指对某种不礼貌、不友好或不公平的行为以同样或类似行为作为还击。但是，一旦受到反报的国家改变了其行为，一切反报行为必须立即停止。

3. **答案**：平时封锁是指一国在和平时期以军事力量阻止船舶进出另一国的港口或领海，以迫使被封锁国接受前者所提出的解决争端条件的行为。在历史上，平时封锁是一种被经常采用的争端解决方法，但由于它是一种以武力来实现的具有严重后果的强制性措施，是对被封锁国领土主权的侵犯，因此在现代国际法上是被禁止的。

4. **答案**：和平解决国际争端已成为现代国际法的一项基本原则。作为世界上最大的普遍性国际组织——联合国的《宪章》对和平解决国际争端有明确的规定。联合国通过的一系列重要的决议和宣言中都重申和确认了和平解决国际争端的原则。许多重要的专门性国际组织、区域性国际组织的章程和多边条约、区域性条约都规定了以和平的方法解决成员国或缔约国之间的争端的义务。和平解决国际争端原则与其他国际关系基本准则、国际法基本原则密切相关，共同构成国际关系和国际法的基础。

5. **答案**：斡旋是在争端当事国未能以谈判与协商解决争端的情况下由第三方进行干预促使当事国进行谈判并协助其解决争端的一种方法。斡旋只是第三方促使当事国进行谈判而第三方一般不介入。换言之，斡旋者可以提出建议也可以转达当事国的建议，提供谈判与协商的条件，但不参与谈判。当争端当事国坐在谈判桌前为解决争端开始谈判时，斡旋的任务就结束了。斡旋者可以对争端的解决提出建议，但其建议对当事国没有拘束力。

6. **答案**：国际法上所指的仲裁是指争端当事国达成协议同意将它们之间的争端交给由双方自己选任的仲裁员来去解决并承诺服从裁决的一种国际争端解决方法。国际仲裁是两国政府的行为，不同于不同国家之间的法人所进行的国际商事仲裁，也不同于一国国内个人或法人之间所进行的商事仲裁。国际仲裁是争端当事国自愿接受的一种法律程序；国际仲裁法庭的组成、所适用的法律、裁断的方式等由争端当事国签订的仲裁协定决定。国际仲裁法庭的裁决是终决，对当事国有法律拘束力。

7. 答案：临时保全措施指在国际法院的诉讼中，一方当事国为防止另一方当事国采取单方面行动而使法院的判决效力失去意义，该当事国得请求国际法院以命令指示临时保全措施。

8. 答案：任择性强制管辖是指国际法院对于国家事先声明接受国际法院管辖之一切法律争端具有强制性管辖权。《国际法院规约》第 36 条规定：有关条约解释、任何国际法问题、构成违反国际义务的任何事实、赔偿之性质和范围等方面的争端，只要当事国事前声明接受国际法院的强制管辖，国际法院即可对上述事项行使管辖权。之所以称为"任择性强制管辖"，是因为国际法院的这种管辖权是以争端当事国的事先选择为前提的。

9. 答案：欧洲国际军事法庭审判是第二次世界大战后成立的，目的在于对"二战"中破坏和平罪、战争罪、违反人道罪和犯有严重违反国际人道主义法行为的人加以制裁和惩罚。按照 1945 年 8 月 8 日苏、美、英、法四国签订的《关于控诉及惩处欧洲各轴心国家主要战犯协定》及其附件《欧洲国际军事法庭宪章》的规定，建立了纽伦堡国际军事法庭，对国际管辖的战犯进行了审判。法庭由苏、美、英、法四国各指派一名法官和助审法官组成。为了侦查轴心国的主要战犯之罪状及起诉，又由该四国各指派一名检察官组成侦查和起诉委员会。法庭自 1945 年 11 月 10 日至 1946 年 10 月 1 日对 22 名被告和 6 个被控的犯罪组织进行了审判。

四、简答题

1. 答案：安理会是联合国解决国际争端的主要机构，是联合国唯一有权在维持国际和平与安全方面采取行动的机关。安理会的职责主要有：第一，对任何争端或者可能引起争端或者国际摩擦的局势，进行调查；第二，对于足以危及国际和平与安全的争端或者情势，安理会可以建议适当程序或者调整方法；第三，安理会在提出适当程序或者调整方法的时候，可以进行调停、斡旋或者和解的活动；第四，当争端发展到威胁和平、破坏和平或者存在侵略行为的时候，安理会有权采取执行行动；第五，安理会还可以鼓励或者利用区域性的组织或者办法来解决区域性或者地方争端。

2. 答案：（1）所谓国际争端，是指国际法主体之间，主要是国家之间，关于法律上或事实上的主张不一致，或者是政治利益和特定权利上的矛盾对立而引起的争端。和平解决国际争端是联合国的宗旨和国际法基本原则。所谓和平解决国际争端原则，是指国家之间在交往和合作过程中，一旦发生争执或纠纷，当事国就应当通过和平的政治方法或法律方法加以解决，禁止任何使用武力或武力威胁的方法。和平解决国际争端的原则是互不侵犯原则的直接引申。应当指出，《联合国宪章》特别强调和平解决国际争端方法的重要地位，《联合国宪章》第 33 条规定："任何争端之当事国，于争端之继续存在足以危及国际和平与安全之维持时，应尽先以谈判、调查、调停、和解、公断、司法解决、区域机关或区域办法之利用，或各国自行选择之其他和平方法，求得解决。"

（2）和平解决国际争端，从原则上讲，应当严格遵守《联合国宪章》的宗旨和原则，不得违反国际关系的基本原则，这样才能保证国际争端的解决既是和平的，又是合理的。和平解决争端的方法可以分为政治的方法和法律的方法。传统的国际法将国际争端分为法律性质的争端和政治性质的争端。所谓法律性质的争端，是指争端当事国提出的要求和论据是以国际法为根据的争端，因此称为"可裁判的争端"，即可以通过国际仲裁和国际法院的法律方法来解决的争端；政治性质的争端，是指起因于政治利益的冲突而发生的争端，因其关涉到国家或民族的根本政治利益，所以，不能通过法律方法来解决，而只能通过政治的方法（又称外交方法）来解决，称之为"不可裁判的争端"。但是，在国际关系和国际法实践中，由于国际争端的性质、内容以及产生的原因错综复杂，上述两种性质的争端往往相互交错，很难截然分开。据此，政治的解决方法可以适用于任何性质的争端，只要当事国同意，都可以采取政治的方法来解决国际争端。政治的方法包括谈判、斡旋、调停、和解①和国际调查。法律的方法包括仲裁和司法解决。

3. 答案：国际法院的诉讼管辖权包括对人管辖权和对事管辖权：

（1）对人管辖权是指只有国家才能够在国际法院成为诉讼当事方。联合国会员国是《国际法院规约》的当然当事方。非联合国会员国的国家可以根据《联合国宪章》的规定条件，成为当事方。而联合国、联合国专门机构和其他国际组织不能成为国际法院的诉讼当事方，个人也不能成为国际法院的诉讼当事方。

（2）对事管辖权主要有三类：①争端当事

① 编者注：读者要注意具体区分政治方法的各种不同形式，以免发生混淆。

国提交的一切案件，且不限于法律性质的争端；②《联合国宪章》和现行国际条约中特别规定的事件或争端；③国家事先声明接受国际法院管辖的一切法律争端。

4. 答案：国际法院的咨询管辖权是国际法院管辖权的重要方面之一，是指国际法院作为联合国的司法机关，应有关国际组织和机构的请求，对有关法律问题提供权威性意见。根据《联合国宪章》的规定，联合国5个机关和16个联合国专门机构及其他机构，有权就执行职务中的法律问题请求国际法院发表咨询意见。但是，国家和任何个人都不能要求国际法院发表咨询意见，也不得阻碍国际法院发表咨询意见。

国际法院的咨询管辖虽然不具备法律效力，但是有着特殊的意义：一方面，是从法律上为国际争端的和平解决提供法律意见和依据，特别是帮助安理会和大会履行对于提交它们的争端进行和平解决和报告的义务，甚至可能对争端的解决产生决定性的影响或效果；另一方面，对国际法发展有重要的影响。

5. 答案：根据《国际法院规约》第38条第1款规定，国际法院适用的法律包括以下几项：(1) 国际条约，不论普遍或特别国际协定，确立诉讼当事国明白承认之规条者；(2) 国际习惯，即作为通例之证明而经接受为法律者；(3) 文明各国承认的一般法律原则；(4) 作为确定法律原则补充资料的司法判例及权威最高的公法学家学说。另外，在诉讼当事国同意的基础上，法院也可以适用“公允及善良”原则裁决案件。在国际法院的实践中，只要适用的法律是国际条约和国际习惯，很少适用一般法律原则和规则。至于“公允及善良”原则，迄今为止尚未适用过。

6. 答案：国际法院的判决是终审判决，不得上诉。判决对各个争端当事国均有拘束力。根据《联合国宪章》第94条规定，如果任何争端当事国不履行依照法院判决所承担的义务时，其他当事国可以向联合国安理会提出申诉；安理会在认为必要时，可以提出建议或决定应采取的方法，以执行国际法院的判决。虽然国际法院的判决是最终判决，但争端当事国可以在两种情况下请求国际法院作出解释或者申请复核：一是由于对判决的含义或范围发生争端，可以请求国际法院进行解释；二是由于发现在判决宣告时所不知道的且有决定性意义的新事实时，可以请求法院对案件复核。

五、论述题

1. 答案：(1)《联合国宪章》有关联合国大会、安理会、秘书处的条款中都明确了这些机构在解决国际争端方面的职能和作用。首先，就联合国大会而言，其在维护国际和平方面，起着辅助安理会的地位和作用。大会在和平解决国际争端方面的职权是进行讨论和提出建议：第一，对于足以危及国际和平与安全的情势，提请安理会注意；第二，对于认为足以危及国际公共福利或者任何关系的任何情势，建议采取适当的措施，以维持和平；第三，大会有权设立委员会或者机构，对争端或者情势进行调查；第四，大会可以讨论危及国际和平与安全的紧急问题，呼吁争端当事国和平解决国际争端。但是大会行使上述职责受到《联合国宪章》第12条的限制。

其次，安理会是联合国解决国际争端的主要机构，是联合国唯一有权在维持国际和平与安全方面采取行动的机关。安理会的职责主要有：第一，对任何争端或者可能引起争端或者国际摩擦的局势，进行调查；第二，对于足以危及国际和平与安全的争端或者情势，安理会可以建议适当程序或者调整方法；第三，安理会在提出适当程序或者调整方法的时候，可以进行调停、斡旋或者和解的活动；第四，当争端发展到威胁和平、破坏和平或者存在侵略行为的时候，安理会有权采取执行行动；第五，安理会还可以鼓励或者利用区域性的组织或者办法来解决区域性或者地方争端。

最后，《联合国宪章》授予联合国秘书长实质性的政治权利。在和平解决国际争端方面，秘书长应当密切注视各地潜在的冲突或者争端，对于危及国际和平与安全的所有事项中，有权要求安理会介入。在国际实践中，秘书长可以直接与争端当事国讨论以及磋商，开展实况调查活动，参与谈判、协商、斡旋、调停等活动，还可以在必要的时候建议建立维持和平与安全的部队，在安理会或者大会的授权之下统率维持和平的部队。

(2) 联合国这三大机关在解决国际争端中，通过行使职责，发挥了某些作用，从某种意义上讲，这一作用是重大的；但是，并没有发挥应有的作用。比方说在20世纪70年代苏联入侵阿富汗，虽然孟加拉等5个不结盟国家于1980年1月7日，在联合国安理会为审议阿富汗局势以及它对国际和平与安全的影响问题而召开的紧急会议上提出了一项联合国决议草案，要求立即、无条件地从阿富汗撤出一切外国军队，并且这一决议受到美国、中国、英国等13个国家的赞成，但是却由于苏联的否决票，使得联合国无法作出决议。最后只得召开特别联大，审议阿富汗问题。虽然此后联大通过了一系列的谴责苏联的决议对争端解决有一定的影响，但是由于苏联在安理会的否决权，安理会没有发挥其应有的作用。

2. 答案：国际法院的管辖权包括诉讼管辖权与咨询管辖权。

国际法院的诉讼管辖权是指法院审理争端当事国提交的诉讼案件的权力。根据《国际法院规约》规定，国际法院的诉讼当事者限于国家，任何组织、团体和个人均不能称为国际法院的诉讼当事者。国际法院管辖的案件，主要包括三个方面：(1) 各当事国提交的一切案件。这类案件应在当事国双方同意的基础上签订一个特别协定，提交国际法院审理。当事国双方相互同意构成法院管辖权的依据。这类管辖称为自愿管辖。(2)《联合国宪章》或其他现行条约及协定中所特定的一切事件。由于条约或协定的缔约国根据争端解决条款或争端解决的任择议定书事先接受了法院的管辖权，所以将来在因条约的解释或适用发生争端时，就不能拒绝法院的管辖。法院对此类案件的管辖称为协定管辖。(3) 根据规约第36条规定，规约当事国可以随时声明关于具有下列性质的一切法律争端，对于接受同样义务的其他国家，承认法院的管辖权为当然而具有强制性，无须另订特别协议。包括条约的解释、国际法的任何问题、任何事实的存在，如经确定属于违反国际义务者、因违反国际义务而应予赔偿之性质和范围。这种管辖叫作“任意强制管辖”。

《联合国宪章》规定，联合国大会和安全理事会可以请国际法院就任何法律问题提出咨询意见。此外，联合国其他机关或专门机构经大会授权，也可以请国际法院就他们工作范围内的任何法律问题提出咨询意见。法院发表咨询意见，无须取得各会员国的同意，各会员国无权请求也无权阻止法院发表咨询意见。法院行使咨询管辖权的目的，主要是对有关法律问题提供权威性的意见，以使联合国机构更好地遵照《联合国宪章》进行活动。法院的意见是咨询性的，没有法律拘束力。但法院对重大问题发表的咨询意见，往往被认为是权威性的解释而受到重视。

3. 答案：(1) 国际法院，是联合国的主要司法机关，由经联合国大会和安理会联合选出的15名法官组成。它的职能是解决国家之间的争端并为联合国及其机构就法律问题提供咨询意见。国际法院的判决和咨询意见对国际法的发展产生重要的影响。国际法院的管辖权有诉讼管辖权和咨询管辖权两种。

①诉讼管辖权

根据《国际法院规约》规定，诉讼当事国指联合国会员国、规约当事国或符合特定条件的其他国家。法院的诉讼管辖权以提交诉讼的当事方自愿为基础，分为三类：

a. 自愿管辖：是在争端发生后，经当事国协定提交的案件；

b. 协议管辖：是在缔结有关条约时已约定将条约事项的争端提交国际法院，接受了条约中的有关条款就有接受管辖的义务；

c. 任意强制管辖：由《国际法院规约》第36条第2款规定，属任意条款，但是接受此款下列事项法院当然取得强制管辖：i. 条约之解决；ii. 国际法之任何问题；iii. 任何事实之存在，如经确定即属违反国际义务者；iv. 因违反国际义务而应予赔偿之性质及其范围。依照第3款规定，在声明接受第2款时可以作出保留：限定期限（只在声明的期限内接受强制管辖）或限定数个或特定的国家（而不是“接受同样义务之任何其他国家”）或限定事项范围（而不是接受规定的全部事项）。此外对法院有无管辖权的争议，由法院裁决。

②咨询管辖权

咨询管辖权是指国际法院对按照规定向它提出的任何法律问题发表咨询意见的职能。《联合国宪章》第96条规定，大会、安理会得就任何法律问题，请求法院发表咨询意见；联合国其他机关和专门机构，得随时以大会授权，请求法院发表咨询意见。依照规约，可以请求法院发表咨询意见的是由联合国宪章授权之“任何团体”。实际中，有权和提出过咨询请求的只有联合国机构，包括：大会、安理会、经社理事会、托管理事会、大会临时委员会、联合国专门机构、联合国行政法庭要求复核判决的申请书审查委员会。咨询管辖可以由国际法院决定进行，国家无权反对法院提供咨询意见。咨询管辖提出的咨询意见只具有咨询性质，没有法律拘束力。联合国秘书长、会员国不能向法院请求咨询。

(2) 国际刑事法院是根据1998年在罗马签署的《国际刑事法院规约》(以下简称《罗马规约》) 而设立的常设性国际刑事审判机构。2002年7月1日《罗马规约》生效，国际刑事法院正式成立，它是世界历史上首个普遍性的、不限于审判战争罪行的常设国际刑事法院。该法院总部设在荷兰海牙，其任务是审判那些犯有灭绝种族罪、战争罪、反人道罪和侵略罪等引起全球关注的最严重罪行的个人。法院由18名独立的法官组成，其组织机构包括了预审庭、审判庭和上诉庭三个审级，审判庭的判决允许上诉。

国际刑事法院对整个国际社会关注的最严重犯罪具有管辖权，其管辖权不具有溯及既往的能力，是对国家刑事管辖权的一种补充。国际刑事法院的管辖权具有如下特点：

①固有性：即加入《罗马规约》就意味着接受国际刑事法院的管辖，不必再表示同意。

②并行性：即国际刑事法院和国内法院都可以对规约所列罪行行使管辖权。与此相联系，是其补充性特征。

③补充性：即国际刑事法院的管辖只是国家刑事管辖权的补充。只有一国在不愿意或不能够对罪行进行起诉和惩罚时，国际刑事法院才可以行使管辖。这是对国家主权原则的一种妥协。

④普遍性：即国际刑事法院的管辖仅考虑犯罪的性质，而不考虑犯罪实施地、被指控人或罪犯的国籍、被害人的国籍等。当然这仅仅是对缔约国而言，但是由于国际刑事法院的启动机制，非缔约国也可能受此约束。

(3) 由于两个国际常设司法机构的性质不同，导致了二者的管辖权具有显著的不同：

①在管辖权的取得上，国际法院取得管辖权以当事国的自愿为基础，即使一国是《国际法院规约》的缔约国，也并不意味着国际法院就当然取得对该国的管辖权；而国际刑事法院取得管辖权则具有一定的强制性或者说固有性，只要一国是《罗马规约》的缔约国，就意味着接受国际刑事法院的管辖。

②在管辖的事项上，国际法院可受理的争端范围比较广泛，包括当事国之间的一切法律争端；而国际刑事法院的属事管辖范围则限于最严重的国际罪行，即灭绝种族罪、战争罪、危害人类罪和侵略罪。

③在管辖的对象上，国际法院仅受理国家之间的争端，即只有国家才能成为法院的诉讼当事方；而国际刑事法院的对人管辖权范围则只限于自然人，不能对法人或国家行使管辖权。

④在时效管辖方面，国际法院并无特别的规定，其受理的许多案件源起于国际法院成立之前，并且在某些情况下，法院的判决具有一定的溯及力；而国际刑事法院仅仅对《罗马规约》生效后实施的犯罪具有管辖权，不具有溯及既往的能力。

⑤在管辖权的行使上，国际法院不存在与国内管辖权的交叉，国际法院管辖的事项是国内法院无法受理的；而国际刑事法院则与国内法院行使并行管辖权，并且是国内法院管辖权的一种补充。只有在一国的国内法院“不愿意”或“不能够”对国际罪行行使管辖权时，国际刑事法院才可以行使管辖权。

(4) 作为国际司法机构，二者在管辖权方面也有一定的相似之处：

①二者一般均只对当事国有管辖权，一般情况下，在非缔约国自愿时，也可接受法院的管辖。

②二者的管辖事项均涉及国际法上的权利和义务。

(5) 作为常设的国际司法机构，国际法院和国际刑事法院在行使管辖权方面虽有一定的相似性，但更多的是二者显著的不同，这是由二者的目标和宗旨所决定的。由于国家之上不存在超国家的立法机关，所以，国际法的执行和对国际法上责任的追究，历来是国际法上的一个难题。但国际刑事法院的设立，使得国际法在惩治国际罪行方面有了强制执行力。

4. 答案：(1) 概述

第二次世界大战和国际联盟经历留下的惨痛教训，使联合国创始会员国意识到了以和平方式解决国际争端的重要性。在《联合国宪章》第1条中，“以和平方式解决且依正义及国际法之原则，调整或解决足以破坏和平的国际争端或情势”被列为联合国的宗旨之一。第2条进一步把“各会员国应以和平方式解决争端”和“各会员国在其国际关系上不得使用威胁或武力”列为联合国及其会员国必须遵循的原则。以此为基础，宪章还规定了联合国和平解决争端的制度和一系列方法。宪章除规定国际法院作为联合国的主要司法机关，可依其职权处理法律性质的争端外，还规定联合国安理会和大会对和平解决国际争端负有重要责任。此外，还规定了区域机关和区域办法。

与国联盟约相比较，宪章确立了联合国在解决国际争端方面更加广泛的职权，并使其会员国承担了相应的义务，即不以武力的方式解决彼此间的争端。在这一点上，宪章的规定与国联盟约的规定相比，是一个重大进步。国联会员国在盟约中保留了使用战争或武力方式解决争端的权利。因此，国联会员国在用非和平方法解决争端时，就有可能形成更严重的冲突。这正是国际联盟短命的原因之一。

(2) 联合国大会解决国际争端的主要职权

联合国大会作为联合国的主要议事机构，对解决国际争端具有广泛的权力。《联合国宪章》第10条规定，“大会得讨论本宪章范围内之任何问题或事项，或关于本宪章所规定任何机关之职权”。显然，任何国际争端都属于大会讨论的范围。这类争端包括：联合国成员国提出的任何争端或情势；安理会提出的关于维持国际和平与安全的任何问题。但是根据宪章第12条的规定，安理会根据宪章的规定正在处理之中的任何争端或情势，大会不得提出任何建议，除非安理会请求大会提出建议。这是宪章对大会参与解决国际争端的唯一限制。

另外，根据宪章第13条第2、3款的规定，大会还可以讨论联合国任何会员国或安理会以及非联合国会员国向大会提出的“关于维持国际和平与安全的任何问题”，并向会员国或安理会或兼向两者提出对于各该问题的建议。“大会对足以危及国际和平与安全的情势，得提请安理会注意。”此外，大会还有与安理会同样的调查某项争端或情势的权利，并可以设立常设或临时调查委员会协助解决国际争端。联合国大会对争端或情势的讨论、建议和调查的结果可以通过决议的形式提出，决议也可以提出解决争端的方法和条件。但是，这类决议只有道义力量，并不具备法律强制力。

(3) 安理会解决国际争端的职权

安理会是联合国对维持和平与安全负主要责任的机关，因此也是联合国解决国际争端，特别是有可能危及国际和平与安全的重大争端的主要机构。根据《联合国宪章》的有关规定，安理会在处理争端时拥有的职权在有些方面与大会相似，如调查和建议权，但安理会处理的是“足以危及国际和平与安全的争端”。这表明了大会与安理会在这方面的职能有层次之分。但是，安理会拥有对威胁和破坏和平以及侵略行为采取执行行动的权力，这是大会所没有的。具体说来，安理会解决国际争端的职权主要有以下几个方面：

①建议。当争端的继续存在足以危及国际和平与安全时，如果安理会认为有必要，可以促请当事国以谈判、调查、和解、公断、司法解决、利用区域机关或区域办法或各国自行选择的其他和平方法解决争端。此外，安理会还可以在任何阶段建议适当的程序和调整方法。

②调查。对可能引起国际摩擦或惹起争端的任何情势，安理会得通过调查以断定该项争端或情势之继续存在是否足以危及国际和平与安全。安理会为行使调查的职权，可以设立调查委员会。

③执行行动。当争端发展到威胁或破坏国际和平与安全或构成侵略行为时，宪章第七章赋予了安理会以具体的执行行动的权力来实施其决议。这类权力包括两大类行为和办法。一类是武力以外的办法，如局部或全部停止经济关系、铁路、海运、航空、邮、电、无线电及其他交通工具，直至断绝外交关系；另一类是武力行动，如会员国联合进行的海陆空军示威、封锁及其他军事行动。由于安理会是联合国唯一的执行机构，因此，安理会这方面的权力是大会和其他任何机构所不具有的。但值得注意的是，安理会这时的执行行动针对的只能是侵略行为，而不是一般法律意义的争端。

进入20世纪90年代以后，联合国安理会在解决国际争端方面的作用得到了加强，安理会5个常任理事国对重大国际争端与冲突的和平解决采取了积极的行动。但以武力方式解决冲突的事例也时有发生。我国的一贯立场是坚持在任何情况下，尽一切努力用和平的方式解决国际冲突。

另一个值得注意的发展趋势是，秘书长用斡旋调解和国际调查的方式解决国际争端的作用也明显加强。柬埔寨问题、朝鲜半岛局势、利比亚与西方的争端和南斯拉夫危机，都有秘书长及其特使的参与解决，有些取得了较好的结果。

六、案例分析题

1. **答案**：仲裁和司法解决。
2. **答案**：联合国的主要（不是唯一的）司法机关，《国际法院规约》构成《联合国宪章》的组成部分，联合国会员国是《国际法院规约》当然的缔约国。
3. **答案**：国际法院由15名法官组成，法官应品格高尚并在本国具有最高司法职位任命资格或为公认的国际法学家，由联合国大会和安理会平行选举产生。
4. **答案**：自愿管辖、协议管辖和任择强制管辖，本案为自愿管辖。
5. **答案**：《国际法院规约》第38条规定的裁判案件所适用的法源包括条约、习惯、一般法律原则，辅助渊源包括司法判例和学说，当事国同意还可依据“公允善良”原则判案。
6. **答案**：领域庇护是在国家领土内的庇护，以属地优越权为基础，为国际习惯法和国际实践所普遍接受；使馆庇护是在驻外使馆内的庇护，以外交豁免权为基础，未被国际习惯法和国际实践所普遍接受，只是少数国家（特别是拉美一些国家）之间的做法。
7. **答案**：物质因素（惯行或常例）和心理因素（法律确信）。
8. **答案**：普遍国际法：国际社会整体接受，对一切国家以及一切国际法主体均有拘束力的规则；一般国际法：对多数但非一切国际法主体具有拘束力的规则；特殊（或区域）国际法：只对少数（或特定区域内的）国家（国际法主体）有拘束力的规则。

第十六章　集体安全保障制度

基础知识图解

- 集体安全保障的概念
- 联合国的集体安全体制
  - 政治基础
  - 《联合国宪章》下的集体安全义务
    - 联合国会员国的义务
      - 禁止非法使用武器或武力威胁
      - 和平解决国际争端
      - 集体协助
    - 非联合国会员国的义务
  - 集体安全保障职能的划分
  - 和平之威胁、破坏及侵略行为的应付办法
    - 行为断定
    - 防止形势恶化的临时办法
    - 维持或恢复国际和平的强制办法
    - 维持国际和平安全所必需的军队、协助及便利
    - 安理会集体强制决议的实施
  - 集体安全体制下的区域办法
- 联合国维和行动
- 当代集体安全中的若干法律问题
  - 禁止使用武力或威胁的限度
  - 合法自卫的条件与范围
  - 使用武力保护在国外的国民问题
  - “人道主义干预”
  - 集体安全的前途

配套测试

一、单项选择题

1. 联合国大会实行一国一票制，对于所谓“重要问题”的表决，(　　)。

A. 须由会员国以简单多数票决定

B. 须由会员国以 2/3 多数票决定

C. 须由全体会员国通过决定

D. 须交安理会讨论决定

2. 联合国安理会关于非程序性事项表决时，5 个常任理事国均有否决权，这表明(　　)。

A. 常任理事国任何一国投反对票，决议便不能通过

B. 常任理事国任何一国投弃权票，决议也不能通过

C. 常任理事国投一致同意票，决议通过

D. 常任理事国一致同意再加全体理事国 2/3 多数同意，决议通过

3. 联合国机构中，有权采取执行措施的机关是(　　)。

A. 联合国大会

B. 联合国安理会

C. 联合国秘书处

D. 联合国国际法院

二、名词解释

1. 集体安全保障

2. 维和行动

3. 相称性原则

4. 人道主义干预

三、简答题

1. 简述联合国集体安全体制的政治基础。
2. 请简要回答合法自卫的条件。

四、论述题

Give your comments on the veto rights of the permanent members of the Security Council of UN.

参考答案

一、单项选择题

1. **答案**：B。联合国的每一会员国享有一个投票权，大会关于重要问题的决议，以出席并参加投票的会员国2/3的多数决定，如修改宪章，接纳会员国，提出和平与安全的建议，安理会、经社理事会、托管理事会理事国的选举，中止会员国权利或开除会员国，实施托管制度，预算等；一般问题以过半数决定，有时大会采用协商一致通过决议的方法。
2. **答案**：A。联合国安理会通过程序性事项的决议应以15个理事国中9个理事国的可决票通过；关于非程序性事项表决时，应以9个理事国的可决票包括全体常任理事国的同意票通过，即任何一个常任理事国的反对票都可以否决实质性问题的决议，但是常任理事国不参加投票或者弃权，不构成否决。
3. **答案**：B。联合国机构中，安理会是唯一有权采取执行措施的机构。根据《联合国宪章》的规定，安理会在维持和平与制止侵略方面，应断定任何对和平的威胁、和平的破坏和侵略行为是否存在，可以促请当事国遵行安理会认为必要或适当的临时措施，安理会可以决定采取非武力措施以实施其决议，包括局部或全部停止经济关系、铁路、海运、航空、邮、电、无线电及其他交通工具，以及断绝外交关系，并促请会员国执行这些措施，如果认为上述措施还不够，可以采取必要海陆空军行动，包括会员国海陆空军示威、封锁及其他军事举动。

二、名词解释

1. **答案**：集体安全保障，简称“集体安全”是国际社会成员以相互约定，对国家使用武力实施法律管制，并采取有效的集体办法，共同防止侵略，维持普遍和平与安全的国际制度。集体安全就其起源和传统而言，一般指先前的国际联盟和当今联合国的安全保障体制。
2. **答案**：维和行动在《联合国宪章》中没有明文规定，它是在联合国调解和解决地区冲突的实践中逐步形成和发展起来的一种特殊措施，联合国秘书长曾称之为“预防性外交”，是联合国集体安全保障的辅助手段或补充。
3. **答案**：相称性原则是针对自卫权的行使，即武力反击的规范及强度应适当。
4. **答案**：在法律上，并不存在权威的定义。西方国际法学界通常将其解释为，当一个国家不愿或无力保护其国民的生命安全，或给予其人民极不人道的待遇，其严重程度超出了人类理性和正义所能容忍的地步，他国为了人道主义的目的，而对该国单方面地使用武力进行干涉的情况。

三、简答题

1. **答案**：联合国集体安全保障的起源，从奠定政策基础的意义上可以追溯到第二次世界大战初期反法西斯国家阐明战争目的和战后秩序设想的一系列政策性宣言，其中包括1941年“大西洋宪章”(the Atlantic Charter)、1942年《联合国家宣言》(Declaration by the United Nations)、1994年《普遍安全宣言》(Moscow Declaration on General Security)等，而1945年10月24日《联合国宪章》的生效和联合国的正式成立，则宣告了人类新的普遍性集体安全体制的诞生。

   联合国的集体安全体制是在第二次世界大战期间反轴心国联盟中占核心地位的大国，在战时合作的基础上建立起来的。“大国一致原则”(the principle of unanimity of great powers)从一开始就被设想为联合国集体安全体制的建立和有效运作的基础。《联合国宪章》的有关规定使“大国一致原则”具体化。

   宪章规定，安理会常任理事国对于非程序性事项的决议享有“否决权”(第27条)。“大国一致原则”在宪章中确定下来具有深远的意义。一方面，“五大国”在联合国集体安全体制中的特殊地位被永久化了；另一方面，联合国集体安全体制的有效运作以及在具体场合安理会职权的行使在很大程度上取决于“五大国”能否取得一致。
2. **答案**：自卫权的行使必须满足宪章规定的条件。这些条件是：

   (1) 自卫必须是而且只能是对已经实际发生的武力攻击进行的反击。

   (2) 自卫权只有在安理会采取必要办法，以维持国际和平及安全之前才得行使。

(3) 当事国所采取的自卫措施或办法必须立即向安理会报告。

(4) 自卫权的行使还必须遵守“相称性原则”(the proportionality rule)，即武力反击的规模及强度应适当。

四、论述题

答案：(1) 否决权或者是“大国一致”的原则是第二次世界大战结束前夕国际力量对比的反映。而战争结束以后否决权的频频使用则反映了它既是大国之间特别是两大国争夺世界霸权的真实写照，又在客观上适应了联合国维护世界和平的需要，形成了世界正义力量对霸权主义强权政治的一种制约。这种与复杂的国际关系纠缠在一起的矛盾性，决定了否决权从它诞生的那天起，世人就对它褒贬不一。所谓的“大国一致”的原则，是指安理会常任理事国使用反对票以阻止通过一项获得规定多数票的草案。否决票是根据安理会五个常任理事国对一项决议必须作出全体一致同意的原则而产生的。《联合国宪章》第 24 条中规定：“为了保证联合国行动迅速有效起见，各会员国将维持国际和平及安全之主要责任，授予安全理事会，并同意安全理事会于履行此项责任下之职务时，即代表各会员国。”从理性的角度思考，这一思路是不无道理的。但是，从开始酝酿否决权就出现了理想与现实之间的冲突。

(2) 虽然，大国拥有否决权都有其自身的考虑，但是，鉴于第二次世界大战的特殊历史条件以及大国在战争中的贡献，在《联合国宪章》中给予大国的这一种特殊权力并不过分。同时，也必须看到，当时，会员国已经估计到会出现的矛盾，为了制约大国的这种特权，《联合国宪章》中对非常任理事国的组成也作了明确的规定。应该说从安理会构成上已经无可挑剔了。至今仍然各执一词的不在于《联合国宪章》如何规定，而在于执行者的意图与行为。安理会常任理事国行使否决权的范围是由《联合国宪章》赋予的。从 50 多年来否决权的使用情况来看，主要集中在三个方面：第一，地区冲突。第二，接纳新会员国。第三，秘书长人选问题。

(3) 联合国自建立以来，安理会常任理事国否决权的使用成为国际格局以及大国关系变化的晴雨表。从 1946 年苏联第一次启动否决权以后的 15 年中，它在安理会采取狂轰滥炸战术引起许多会员国的不安。20 世纪 70 年代美国首次挥舞否决权大棒，1973 年以后在安理会更是动辄否决。两个超级大国频频使用否决权，直到 80 年代中后期开始，随着两国关系的缓和，大国使用否决权的次数逐渐减少。90 年代以后，否决权的使用率越来越下降。这一过程证明了否决权的使用与冷战时期两极格局的对峙是密切关联的。冷战结束以后，使用否决权的减少，说明大国关系正在逐渐调整，从对抗向对话，由冲突向协商转化，逐步向理性方向发展。虽然，这仅仅是一个开端，也应该看到霸权主义国家并不完全能够理智地审时度势，但多少给追求公平正义的人们带来一点希望。

(4) 当前现实而又最富有成效的改革主要应在如下方面进行：目前，在全面修改《联合国宪章》几乎是不可能的情况下，有必要以通过联合国文件的方式逐步地有限度地限制安理会行使否决权的范围，使安理会的职责范围更加明确；增加非正式协商机制的透明度，从五大国的幕后磋商尽量走到前台，使更多的会员国参加，逐步实现联合国决策的民主化；根据发展中国家会员国在联合国中占绝对多数这一事实，应该按照地域公平的分配原则使其在安理会中占有较多的比例，这完全合乎《联合国宪章》中关于主权国家平等的原则。综上所述，越来越多的人认识到，我们生存的地球是多元化的，多元社会的矛盾与冲突是不可避免的。但是，为了使这个整体能够和平共处，“欲免后世再遭今代人类两度身历惨不堪言之战祸”，就应该建立一个符合大多数人利益的新的国际秩序，这一秩序的理论基础应该是由人类智慧凝聚的《联合国宪章》。当然，时代在前进，事物在发展，世界上没有一成不变的东西。否决权也一样，在它的行使过程中既体现了正义，也有诸多谬误。世界人民的共同期望是安理会的每一个常任理事国在行使否决权的时候，优先考虑的是人类的利益。地球是我们共同的家园，人类的命运休戚与共，《联合国宪章》赋予大国的责任是维护世界和平与安全，而不是利用这一特权为其霸权主义服务。

第十七章　军备控制与裁军

配套测试

一、不定项选择题

1. 军备控制与裁军是国际安全和国际关系中的一个重要问题，是现代国际法的重要内容。下列说法中，有关军备控制与裁军的陈述不正确的有(　　)。
   A. 宣布侵略战争是非法和破坏国际和平的罪行是国际法从近代国际法转变为现代国际法的重要标志之一
   B. 在现代国际法体系中，实现以在国际监督下全面彻底裁军为最终目标的军备控制与裁军措施，已成为减少和消除战争危险、维护和平的重要手段和根本方法之一
   C. 军备控制与裁军措施的根本目的是维护国家安全，促进世界和地区的和平与稳定
   D. 军控措施与裁军措施在军控与裁军条约中只能单独采用
2. 军备控制与裁军的内容主要包括（　　）。
   A. 常规军备控制与裁军、核军备控制与裁军
   B. 禁止生物武器、化学武器
   C. 外层空间军备控制
   D. 防止大规模杀伤性武器的扩散

二、名词解释

1. 军备控制
2. 裁军
3. 常规军备控制与裁军
4. 核军备控制与裁军
5. 大规模杀伤性武器

三、简答题

1. 简述军备控制与裁军的基本方式。
2. 军备控制与裁军的区别与联系。
3. 冷战后时期的军备控制与裁军的特点。
4. 中国关于军备控制与裁军的主要主张。

参考答案

一、单项选择题

1. **答案**：D。军控措施与裁军措施在军控与裁军条约中既可以单独采用，也可以组合采用。例如，1993年签署的《美俄关于进一步削减和限制进攻性战略武器条约》，除对武器进行削减和限制外，还包括冻结和改组武库构成等内容。因此，D项错误。
2. **答案**：ABCD。

二、名词解释

1. **答案**：军备控制（arms control）是指国家或国际上对军备发展状况的监控和限制活动，包括对军事力量的规模、发展和武器系统的研制、生产、部署、保护、转让与使用进行限制和管制。
2. **答案**：裁军（disarmament）是指国家或国际上削减军备的活动，主要是对常备军和武器装备的数量进行削减。
3. **答案**：常规军备控制与裁军，主要是指战胜国在战后强迫战败国单方面实行削减或限制常规军备。20世纪后，常规军备控制与裁军已发展为国家或国家集团之间为各自安全利益而彼此削减或限制常规军备，也包括各国为适应本国内外政策的需要主动采取的削减或限制常规军备的措施。
4. **答案**：核军备控制与裁军是指一切与核武器有关的控制与裁减活动，主要是对核武器的限制、削减和禁止，同时也包括禁止核试验、禁止为核武器生产裂变材料、建立无核区、防止核扩散、建立核领域的信任措施等。
5. **答案**：大规模杀伤性武器，早期主要是指核武器，防止大规模杀伤性武器扩散，主要是防止核武器的扩散。20世纪80年代开始，防止生化武器以及导弹运载工具的扩散也包括进来，从而扩大了防扩散的范畴。

三、简答题

1. 答案：军控与裁军条约以及国家或国家集团单方面宣布的军控与裁军措施，通常采取以下一种或几种方式。这些方式各不相同，但相互之间有一定的联系。

（1）限制（limits）。指对武器的类型、装备数量、性能和武装力量的规模进行限制。

（2）冻结（freezes）。指停止某一武器装备领域内所有新的活动。

（3）削减（reductions）。指对现有武器装备和军事人员的数量进行削减。

（4）禁止（bans）。指禁止某种或某类武器或武器系统的使用及相关活动。可以是单项禁止，也可以是全面禁止。

（5）销毁（destruction）。是最彻底的一种军控措施，通常在全面禁止一类武器的条约中均规定销毁这类武器。

（6）改组武库构成（restructuring of the arsenal）。指改组对抗双方武库的结构，以增强危机稳定性，或者淘汰生存能力差的系统。

（7）建立信任与安全措施（confidence and security - building measures）。指国家之间为消除猜疑和恐惧、缓解紧张局势以及防止引发战争而采取的措施。这类措施虽然不直接涉及军控与裁军，但却有利于增强军事稳定性。

上述军控与裁军措施在军控与裁军条约中可以单独采用，也可以组合采用。

2. 答案：从严格意义上讲，军备控制与裁军是有区别的，其主要区别是：前者是对武器装备或武装力量进行限制。这种限制可能是对武器装备或武装力量在数量和质量上的冻结；也可能是规定一个上限，允许武器装备或武装力量在一定程度内的发展。裁军则要求削减武器装备或军队。它可以采取“零点方案”，即全面消除某类型武器装备，如美国与苏联于1987年签订的《美苏中导条约》，就是要求全面消除中程和中近程导弹；也可以是削减至一个下限，如1993年签订的《美俄第二阶段削减战略武器条约》。

军备控制与裁军虽然有区别，但二者都是军备领域里的限制性措施与活动，并存在一定的交叉和包含关系。通常，军备控制一词可以包括裁军，而裁军一词一般不包括军备控制，尽管裁军条约经常包含了许多军备控制的措施。

军备控制与裁军的实施可以是强制性的，如对战败国采取的强制性军备限制措施；也可以是一方主动的，如一个国家或军事集团单方面采取的军备控制与裁军措施。

3. 答案：这一时期军备控制与裁军的特点是：

（1）在军控与裁军协议中，裁军的比重增加，世界主要军事大国相继削减军队和武器数量，同时继续争夺军备质量和技术优势；

（2）以美国为首的西方国家掌握了军控与裁军的主动权，尤其是美国通过军控与裁军条约以及北约东扩，确立了美国对俄罗斯的核与常规力量的优势；

（3）以美国为首的西方国家将军控与裁军的重点逐步转向热点地区，由过去的防止核战争转向防止大规模杀伤性武器的扩散，强化核、生、化武器和弹道导弹不扩散机制，并将防扩散作为向发展中国家施加压力、拓展其政治和经济利益的手段，军控与裁军主要针对发展中国家，存在着扩散与反扩散的斗争；

（4）军控模式从传统的美苏对抗转向“合作安全”，其措施包括对话、增加军事透明度、加强防扩散机制、建立信任措施和安全机制等；

（5）联合国等国际组织在军控与裁军活动中的作用有所增强，军控和裁军斗争的国际化趋势日渐明显。

4. 答案：（1）军控与裁军问题关系到世界各国的安全利益，军控与裁军的目的是增进而不是减损各国的安全，而安全必须是各国的普遍安全。

（2）国际社会应促进公正、合理、全面、均衡的军控与裁军。国家不分大小，都有权在平等的基础上参加讨论和解决军控与裁军问题。

（3）军控与裁军的最终目标是全面禁止和彻底销毁核武器和其他大规模杀伤性武器，包括化学武器和生物武器，全面禁止外空武器，同时根据实际情况削减常规军备。拥有最大、最先进常规武器和核武库的国家在军控与裁军方面负有特殊责任。

（4）军控与裁军不应成为强国控制弱国的工具，更不应成为少数国家优化军备，进而谋求单方面安全的手段。因此，应防止少数国家在凭借其先进军事科技和经济实力谋求绝对安全和军事优势的同时，将裁军目标引向广大发展中国家，剥夺其正当自卫的手段和权利。

（5）为了确保军控与裁军的实施，军控与裁军必须规定必要的、有效的核查措施。

（6）应加强国际军控条约的普遍性，继续通过具有普遍代表性的多边谈判机制谈判缔结新条约。因此，应全面整理和改造现有歧视性和排他性的出口控制制度和安排，大力加强联合国裁军机构的作用，在普遍参与的基础上，谈判制定公平合理的国际防扩散制度，以多边条约逐步取代集团性安排。

第十八章　武装冲突法

基础知识图解

- 武装冲突法的概说
- 武装冲突法的基本内容和特点
  - 基本内容和范围
  - 特点
- 对作战手段和方法的限制
  - 使用作战手段和方法的基本原则
    - 限制原则
    - 比例原则
    - 区分原则
    - 中立原则
    - “军事必要不能解除交战国义务的原则”
    - 条约未规定情况下，武装冲突各方尊重国际法义务的原则
  - 陆战
  - 海战和空战的特殊规则
- 对战争受难者的保护
  - 保护战争受难者条约体系的内容范围
    - 伤病员待遇
    - 战俘待遇
    - 战时平民的保护
  - 保护战争受难者条约体系的特点
- 中立
  - 概念（特征）
  - 中立国的权利、义务
    - 中立国的义务（自我约束、防止、容忍）
    - 交战国的义务（自我约束、防止、容忍）
- 战争罪和严重违反国际人道主义法等罪行及其责任
  - 概念
  - 纽伦堡、东京审判及其意义
  - 前南国际法庭和卢旺达国际法庭的设立
- 国际刑事法院
  - 《国际刑事法院规约》
  - 国际刑事法院的组成、管辖权、适用法律、适用刑罚、诉讼程序

配套测试

一、单项选择题

1. 战争法规适用于(　　)。

A. 交战国

B. 中立国

C. 一切武装冲突

D. 经过宣战的战争状态

2. 国际法上的中立是指(　　)。

A. 非交战国在战时选择的地位

B. 根据国际条约和国际承认宣布某国为永久中立国

C. 国家在战时选择的不可改变的地位

D. 交战国在战争进行中所选择的法律地位

3. 甲国在其国内实施种族清洗政策，遭到国际社会的强烈谴责，在该问题通过政治途径得不到解决的情况下，乙国试图使用武力解决之。下列哪种判断正确？(　　)

A. 甲国在其国内实施的行为其他国家不容干涉

B. 因甲国的行为违反国际法，乙国可以使用武力

C. 乙国使用武力的行为因甲国行为违反国际法，应为合法

D. 问题应通过联合国安全理事会解决

4. 战争开始后，(　　)。
A. 中立国商船如果破坏封锁或违反中立义务，不能拿捕，但可令其离开
B. 对因不知已经开战而驶入敌港的商船，可以没收
C. 可拿捕沿岸渔业用的敌国船只
D. 对参加战争的渔船可以拿捕

5. 武器是战争的重要构成要素。在现代国际法上，下列武器类型中哪一种武器本身尚未被战争法规则明确地直接禁止？(　　)
A. 核武器
B. 生物武器
C. 毒气化学类武器
D. 射入人体后爆炸的达姆弹

6. 战争开始后，中立国一经表示中立，即在交战国与中立国之间适用(　　)。
A. 交战国法律　　B. 第三国法律
C. 中立国法律　　D. 中立法

7. 缔约国之间发生战争，(　　)。
A. 交战国之间的某些条约即应终止
B. 交战国之间的所有条约即应终止
C. 交战国之间的边界条约当然失效
D. 交战国参加的国际条约当然失效

8. 国际法上的战争和武装冲突的区别取决于(　　)。
A. 交战国的意向
B. 战争的规模
C. 战争持续的时间
D. 是否经过宣战

9. 在国际法上，战争开始后，(　　)。
A. 交战国之间的外交关系不一定断绝
B. 外交关系自动断绝，领事关系不受影响
C. 外交关系和领事关系自动断绝
D. 交战国人民的财产均可没收

10. 武装冲突开始后，(　　)。
A. 适用全部战争法
B. 中立法开始适用
C. 外交关系自动断绝
D. 部分适用战争法

11. 甲国与乙国在一场武装冲突中，各自俘获了数百名对方的战俘。甲、乙两国都是 1949 年关于对战时平民和战争受难者保护的四个《日内瓦公约》的缔约国。根据《日内瓦公约》中的有关规则，下列哪种行为不违背国际法？(　　)
A. 甲国拒绝战俘与其家庭通信或收发信件
B. 甲国把乙国的战俘作为战利品在电视中展示
C. 乙国没收了甲国战俘的所有贵重物品，上缴乙国国库
D. 乙国对被俘的甲国军官和甲国士兵给予不同的生活待遇

12. 法律上，战争停止的方式有(　　)。
A. 投降　　B. 停火
C. 全面停战　　D. 签署和平条约

13. 武装部队(　　)。
A. 应遵守国内法
B. 应遵守敌对国法律
C. 应遵守本国法律和敌对国法律
D. 应强制遵守国际法规则并应遵守其国内法

14. 非正规武装部队包括民兵、游击队和(　　)。
A. 志愿军
B. 武装部队的伤病员
C. 武装部队的战俘
D. 武装部队的牧师

15. 志愿军享有与被支援国(　　)同样的合法地位。
A. 民兵　　B. 游击队
C. 正规武装部队　　D. 非正规武装部队

16. 战事停止后战俘应(　　)。
A. 释放和遣返
B. 移交给中立国
C. 移交给联合国
D. 移交给比较安全的第三国

17. 战争法的基本原则（除中立义务外）对武装冲突是(　　)。
A. 基本不适用
B. 基本适用
C. 根本不适用
D. 是否适用要看武装冲突的性质

18. 反人道罪就是在战争发生前或战争进行中，对(　　)进行谋杀、灭绝等非人道行为。
A. 战俘　　B. 正规武装郡队
C. 非正规武装部队　　D. 平民

19. 有关保护平民和战争受难者的公约，被称为(　　)。
A. 日内瓦规则体系
B. 海牙规则体系
C. 巴黎规则体系
D. 纽伦堡规则体系

20. 结束战争状态最通常的方式是(　　)。
A. 事实上终止敌对行动
B. 单方面宣布停战
C. 缔结和约
D. 单方宣布停止敌对行动

21. 甲、乙国发生战争，丙国发表声明表示恪守战时中立义务。对此，下列哪一做法不符合战争法？(　　)（司考 2012. 1. 34）
A. 甲、乙战争开始后，除条约另有规定外，两

国间商务条约停止效力

B. 甲、乙不得对其境内敌国人民的私产予以没收

C. 甲、乙交战期间，丙可与其任一方保持正常外交和商务关系

D. 甲、乙交战期间，丙同意甲通过自己的领土过境运输军用装备

二、多项选择题

1. 国际法上的战争(　　)。

A. 是武装冲突的事实

B. 是武装冲突的事实和由此产生的法律状态

C. 包括反对殖民统治的战争

D. 包括非国际武装冲突的国内战争

2. 国际罪行应包括(　　)。

A. 战争罪　　B. 反和平罪

C. 反人道罪　　D. 空中劫持罪

3. 背信弃义的作战方法指(　　)。

A. 假装有休战或投降的意图

B. 假装受伤而无力作战

C. 假装具有平民、非战斗员身份

D. 使用中立国的标志或制服

4. 战争法的基本原则是(　　)。

A. 人道主义原则

B. 区别待遇原则

C. 遵守中立义务原则

D. 最惠国待遇原则

5. 现代国际法上的合法交战者除正规军和武装部队外，还包括(　　)。

A. 民兵　　B. 志愿军

C. 雇佣兵　　D. 游击队

6. 战俘的待遇包括(　　)。

A. 战俘的医疗应有保障

B. 战俘的宗教信仰应受尊重

C. 战争停止后应立即释放、遣返战俘

D. 战俘拘留所应设在较安全的地方

7. 战时封锁包括(　　)。

A. 切断敌国海上的对外联系

B. 用军舰阻挡一切国家的船舶进出敌国港

C. 用军舰阻挡中立国的船舶进出敌国港口

D. 事先通知中立国

8. 纽伦堡审判和东京审判开创了审判战争罪犯的先河，“纽伦堡原则”主要包括(　　)。

A. 从事构成违反国际法的犯罪行为的人承担个人责任并因此而受惩罚

B. 不违反所在国的国内法不能作为免除国际法责任的理由

C. 被告的地位不能作为免除国际法责任的理由

D. 政府或上级命令不能作为免除国际法责任的理由

9. 国际上开创了国际法庭审理战争罪犯先例的法庭是(　　)。

A. 纽伦堡国际军事法庭

B. 前南斯拉夫国际法庭

C. 卢旺达国际法庭

D. 东京远东国际军事法庭

10. 19世纪中后期以后，随着战争法规的正式编纂，战争法的条约体系形成，这些条约大致上可以分为两大类，它们是(　　)。

A. 海牙规则体系

B. 巴黎规则体系

C. 莫斯科规则体系

D. 日内瓦规则体系

11. 甲、乙两国因边境冲突引发战争，甲国军队俘获数十名乙国战俘。依《日内瓦公约》，关于战俘待遇，下列哪些选项是正确的？(　　)(司考．2009.1.78)

A. 乙国战俘应保有其被俘时所享有的民事权利

B. 战事停止后甲国可依乙国战俘的情形决定遣返或关押

C. 甲国不得将乙国战俘扣为人质

D. 甲国为使本国某地区免受乙国军事攻击可在该地区安置乙国战俘

12. 甲、乙两国由于边界纠纷引发武装冲突，进而彼此宣布对方为敌国。目前乙国军队已突入甲国境内，占领了甲国边境的桑诺地区。根据与武装冲突相关的国际法规则，下列哪些选项符合国际法？(　　)(司考2008.1.79)

A. 甲国对位于其境内的乙国国家财产，包括属于乙国驻甲国使馆的财产，不可予以没收

B. 甲国对位于其境内的乙国国民的私有财产，予以没收

C. 乙国对桑诺地区的甲国公民的私有财产，予以没收

D. 乙国强令位于其境内的甲国公民在规定时间内进行敌侨登记

13. 战争法规限制的作战方法和手段有(　　)。

A. 极度残酷的武器

B. 不分皂白的作战手段和作战方法、改变环境的作战手段和方法，以及背信弃义的作战手段和方法

C. 有毒、化学和细菌（生物）武器

D. 原子武器、氢武器和核武器

14. 武装部队的特征有(　　)。

A. 由向政府或当局负责的司令部统率

B. 受内部纪律制约

C. 武装部队的人员，包括医生、牧师，都是战斗员

D. 应强制遵守国际法规则

15. 在现代国际法中，海战法规的特殊问题包括(　　)。

A. 关于海战战场问题

B. 关于海战工具问题

C. 关于水雷和鱼雷问题

D. 关于商船和其他民用船只的地位问题

16. 从事构成违反国际法的犯罪行为的人承担个人责任，下述原因不得成为免除其国际法责任的理由(　　)。

A. 不违反所在国的国内法

B. 政府或上级命令

C. 作为国家元首应享有的豁免权

D. 已过追诉时效

17. 战争的定义包含三个重要内容(　　)。

A. 战争是国家之间的行为

B. 武装冲突就是战争

C. 战争是武装冲突的结果

D. 战争是一种法律状态

三、不定项选择题

甲、乙两国在其交界处发现一处跨国界的油气田，两国谈判共同开发未果。当甲国在其境内对该油田独自进行开发时，乙国派军队进入甲国该地区，引发了两国间的大规模武装冲突。甲国是1949年日内瓦四个公约的缔约国，乙国不是。根据国际法的有关规则，下列判断何者为错误？(　　)

A. 由于战场在甲国领土，甲国军队对乙国军队的作战不受战争法规则的拘束

B. 由于甲国作战是行使自卫权，甲国军队对乙国军队的作战不受战争法规则的拘束

C. 由于乙国不是日内瓦四公约的缔约国，甲国军队对乙国军队的作战不受该四个公约的约束

D. 由于乙国不是日内瓦四公约的缔约国，乙国没有遵守战争法规则的法律义务

四、名词解释

1. 武装冲突

2. 战争权

3. 区别原则

4. 中立原则

5. 背信弃义的作战手段和方法

6. 中立

7. 间接执行模式

8. international humanitarian law

9. 战争罪（中南财经政法大学2007年考研真题）

五、简答题

1. 战争法规有哪些基本原则？

2. 纽伦堡和远东国际军事法庭确定了哪些惩办战犯的原则？

3. 战争期间使用的作战手段和作战方法应服从哪些人道基本原则？

4. 国际人道法的范围。（中国人民大学2008年考研真题）

六、论述题

1. 试论人道主义干涉问题。

2. 战争法对作战手段和作战方法的限制。（中南财经政法大学2007年考研真题；西北政法大学2007年研究生入学考试中此题为简答题）

参考答案

一、单项选择题

1. 答案：C。战争法是调整交战国之间、交战国与中立国之间和与其他非交战国之间的关系以及规定交战行为的原则、规则的规章制度的总称。因此战争法不仅适用于交战国之间，而且适用于不经过宣战的战争。其适用范围是很广泛的。

2. 答案：A。战时中立是指国家在交战国之间保持一种不偏不倚的法律地位。为此它不仅不参加交战国的作战和敌对行为，而且也不支持和援助交战国任何一方。国家的战时中立地位是战争开始后选择的，是临时性的中立，国家可以随时宣布结束它的这种中立地位。

3. 答案：D。联合国安理会是联合国中唯一有权采取包括军事行动在内的行动的机关，本题中的问题应通过联合国安全理事会解决。因此，正确的答案是D。

4. 答案：D。对因不知道战争已经开始而进入敌国港口的商船，应准其立即或在合理的宽容期限内自由离去；专供沿岸渔业用的船只，从事地方贸易的小船以及他们所备的渔具等，都免于拿捕；对

参加战争的渔船，因其已经取得了战争船只的地位，可以拿捕。

5. **答案**：A。根据战争法规则，禁止具有过分伤害力和滥杀滥伤作用的武器使用，这类武器包括极度残酷的武器如达姆弹、有毒化学和生物武器、核武器。但是，目前的国际法还未对核武器的禁止作出全面明确的规定，故A项正确。

6. **答案**：D。战争开始后，一旦一国表示中立，则在其与交战国之间适用中立法。中立国须承担不作为的义务（不得直接或间接向任何交战国提供军事援助）、防止的义务（有义务采取可能的措施防止交战国在其领土或其法权管辖范围以内的区域从事战争，或利用其资源准备从事战争敌对行动以及同战争相关的行动）、容忍的义务（容忍交战国依战争法对其国家和人民采取的有关措施），交战国须承担不作为的义务（不得在中立国领土和其法权管辖区域从事战争行为，或将中立国领土及其法权管辖区域作为作战基地）、防止的义务（交战国有义务采取措施，防止虐待其境内或占领区内的中立国使节和人民）、容忍的义务（交战国须容忍中立国收容敌国官兵避难于该国领域等行为）。

7. **答案**：A。战争开始后，交战国之间的条约情况如下：（1）仅以交战国为当事国的条约效力：凡以维持共同的政治行动和友好关系为前提的条约，立即废止；一般政治性和经济性条约，除非条约另有规定外，应停止生效，战后是否自动恢复效力或重订，由缔约国在条约中明确；关于缔约国之间固定或永久状态的条约，如边界条约，仍然有效。（2）交战国与非交战国为当事国的多边条约，一种是普遍性的多边条约或有关卫生、医药的条约不因战争开始而终止，另外是有的条约明文规定战时停止效力，则依其规定。

8. **答案**：D。国际法上战争与非战争武装冲突最主要的区别在于是否宣战。

9. **答案**：B。战争开始后，外交关系自动断绝，领事关系不受影响。

10. **答案**：D。非战争的武装冲突一般表现为局部和有限度的武力行为。其与战争的区别主要表现在：冲突的规模，构成战争的武装冲突涉及的范围广，持续的时间长，具有相当的规模；冲突的意图，若冲突双方均无交战的意思，则视冲突为非战争的武装冲突；非冲突方的态度和反应，凡冲突已经影响到第三国的权益和危及国际和平与安全时，第三国和国际组织判断战争已经存在。如果国家间处于战争状态，全部战争法包括战时中立法开始适用，如果国家间的武力冲突限于非战争武装冲突，则只适用有关的战争法规。

11. **答案**：D。根据《日内瓦公约》，战俘应享有规定的合法待遇和相关权利。主要包括：准许战俘与其家庭通信和收寄信件；不得侮辱战俘的人格和尊严；战俘的金钱和贵重物品可以由拘留国保存，但不得没收；战俘除因其军职等级、性别、健康、年龄及职业资格外，一律享有平等待遇，不得歧视。故本题答案为D。

12. **答案**：D。国际法上敌对行为结束的方式主要有以下三种：停战、无条件投降、停火与休战；战争状态的结束：缔结和平条约、单方宣布战争结束、联合声明。

13. **答案**：D。武装部队在战争中应遵守国内法和国际法。

14. **答案**：A。非正规武装部队即非正规军包括：民兵、志愿军、起义居民和游击队。

15. **答案**：C。在民兵和志愿军构成军队或军队的一部分的国家中，民兵和志愿军应包括在“军队”一词中。

16. **答案**：A。当战争和非战争武装冲突结束后，交战国应立即释放和遣返战俘，不得扣留和迟延。

17. **答案**：B。战争法的基本原则对武装冲突也基本适用。

18. **答案**：D。违反人道罪是在战前或战时，对平民施行谋杀、歼灭、奴役、放逐及其他任何非人道行为；或基于政治、种族的或宗教的理由，为执行或有关于本法庭裁判权内的任何犯罪而作出的迫害行为。

19. **答案**：A。此题是常识题。

20. **答案**：C。国际法上敌对行为结束的方式主要有以下三种：停战、无条件投降、停火与休战；战争状态的结束：缔结和平条约、单方宣布战争结束、联合声明。

21. **答案**：D。战争开始后，一般的政治和经济类条约，如商务条约，除条约另有规定外，停止效力。故选项A符合战争法规定。战争开始后，交战国对于国境内的敌产处理应区分公产和私产，对于敌国家财产，除属于使馆的财产档案等外，可予以没收；对于境内的敌国人民的私产可予以限制，如禁止转移、冻结或征用，但不得没收。故选项B符合战争法规定。战时中立是指一国对其他国家间的争端或对立所采取的一种超脱的政治态度，包括不参加军事联盟，拒绝在本国领土上设置外国军事基地或驻扎外国军队，以及不偏袒任何国家等。中立国在战时享有与交战国保持正常外交和商务关系的权利。选项C符合战争法规定。中立国对交战国承担防止的义务，中立国有义务采取一切可能的措施，防止交战国在其领土或其管辖范围内的区域从事战争，或利用其资源准备从事战争敌对行动以及与战争相关的行动，如不得允许交战国通过本国领土运输军用装备。选项D不符合战争法规定。

二、多项选择题

1. **答案**：BC。国际法上的战争是指两个或两个以上国家武装部队的冲突，以及由此产生的法律状态。战争主要是国家之间的武装争斗。

2. **答案**：ABC。违反国际法的罪行是：破坏和平罪、战争罪和反人道罪。

3. **答案**：ABCD。背信弃义的作战方法主要包括以下方法：假装有在休战旗下谈判或投降的意图；假装因伤或因病而无能力；假装具有平民、非战斗员的身份、适用联合国或中立国家或其他非武装冲突各方的国家的记号、标志或制服而假装享有被保护的地位。

4. **答案**：ABC。战争法的基本原则有："军事必要"不解除当事国尊重国际法的义务；条约无规定的情况，不解除当事国尊重战争法的义务；人道原则；区别平民与武装部队、战斗员与非战斗员、战斗员与战争受难者。

5. **答案**：ABD。现代战争中，合法的交战者除武装部队外，还包括非正规军（民兵、志愿军、起义居民与游击队）、军使、侦察兵。间谍和雇佣兵不是合法的交战者。

6. **答案**：ABCD。战俘的待遇主要包括：交战国应将战俘拘留所设在比较安全的地带；不得将战俘扣为人质，禁止对战俘施以暴行和恫吓及公众好奇的烦扰；战俘应保有其被俘时所享有的民事权利；对战俘的衣、食、住要能维持其健康的水平；尊重战俘的宗教信仰和风俗习惯；准许战俘与其家庭通信和收寄邮件；战俘享有司法保障；不得歧视战俘；当战争或非战争武装冲突结束后，交战国应立即释放和遣返战俘。

7. **答案**：ABD。战时封锁是指交战国以兵力切断敌国或敌国占领的海港以及海岸的交通，使所有国家的船舶和航空器不能出入。封锁应当公平进行，并应事先宣告与通知。

8. **答案**：ABCD。惩治战争犯罪的原则有：从事构成违反国际法的犯罪行为的人承担个人责任，并因此而受惩罚；不违反所在国的国内法不能作为免除国际法责任的理由；被告地位不能作为免除国际法责任的理由；政府或上级命令不能作为免除国际法责任的理由；被控有违反国际法罪行的人有权得到公平的审判；违反国际法的罪行是：破坏和平罪、战争罪和反人道罪；共谋上述罪行是违反国际法的罪行。

9. **答案**：AD。

10. **答案**：AD。

11. **答案**：AC 。本题考核《日内瓦公约》有关战俘待遇的规定。A正确，战俘应保有其被俘时所享有的民事权利。战俘的个人财物除武器、马匹、军事装备和军事文件外的自用物品一律归其个人所有；战俘的金钱和贵重物品可由拘留国保存，但不得没收。B错误，战事停止后、战俘应立即予以释放并遣返，不得迟延。C正确。不得将战俘扣为人质；禁止对战俘施以暴行或恫吓及公众好奇的烦扰；不得对战俘实行报复，进行人身残害或肢体残伤，或供任何医学或科学实验；不得侮辱战俘的人格和尊严。D错误，交战方应将战俘拘留所设在比较安全的地带，无论何时都不得把战俘送往或拘留在战斗地带或炮火所及的地方，也不得为使某地点或某地区免受军事攻击而在这些地区安置战俘。

12. **答案**：AD。根据国际法的规则，战争开始后，交战国关闭其在敌国的使、领馆，接受国有一般的义务尊重馆舍财产和档案安全。所以A是正确的。关于战时保护平民的《日内瓦公约》规定，对于在战争或武装冲突发生时，位于交战国境内的敌国平民一般应允许离境。为了保证平民维持生活，不能没收在本国境内的敌国国民的私有财产。所以B错误。而D是国际法没有禁止的，符合国际法的规定。《日内瓦公约》还规定："军事占领是指交战国一方击败或驱逐敌方军队后临时控制敌国领土的行为。在军事占领下，占领当局只能在国际法许可的范围内行使军事管辖权，并对平民应给予以下人道主义待遇：①不得剥夺平民的生存权……"因此，乙国对其占领的桑诺地区的甲国公民的私有财产予以没收，是不被国际法所允许的。所以C错误。

13. **答案**：ABCD。战争法限制和禁止使用的作战方法包括：禁止使用的武器：极度残酷的武器、有毒、化学和生物武器、核武器；禁止不分皂白的战争手段和方法；禁止使用改变环境的作战手段和方法；禁止使用背信弃义的方法。

14. **答案**：ABD。武装部队的特征是：受内部纪律约束；由一个为其部下的行为向该方负责的司令部统率；冲突一方的武装部队人员（除医务人员和随军牧师外）是战斗员。

15. **答案**：ABCD。四项都是现代战争中海战的特殊制度。

16. **答案**：ABCD。惩治战争犯罪的原则有：从事构成违反国际法的犯罪行为的人承担个人责任，并因此而受惩罚；不违反所在国的国内法不能作为免除国际法责任的理由；被告地位不能作为免除国际法责任的理由；政府或上级命令不能作为免除国际法责任的理由；被控有违反国际法罪行的人有权得到公平的审判；违反国际法的罪行是：破坏和平罪、战争罪和反人道罪；共谋上述罪行是违反国际法的罪行；战争犯罪不适用法定时效制度。

17. **答案**：ACD。国际法上的战争是指两个或两个以上国家武装部队的冲突，以及由此产生的法律状态。战争主要是国家之间的武装争斗。

三、不定项选择题

答案：ABCD。本题考查《日内瓦公约》和战争法的适用范围。

战争法属于强行法，所谓强行法是为了整个国际社会的利益而存在的，是国际社会全体公认为不能违背，并且以后只能以同等性质的规则才能变更的规则，它不能以个别国家间的条约排除适用。所以战争法具有强制适用性，各国均应遵守，故 A、B、D 错误。

《日内瓦公约》第 2 条规定："冲突之一方虽非缔约国，其他曾签订本公约之国家与其相互关系上，仍应受本公约之拘束……"也就是说第三章公约的规定不仅对于发生在缔约国之间的战争或武装冲突中，对于缔约国具有拘束力，而且在交战国中有非缔约国的情况下，对于缔约国也具有拘束力。

四、名词解释

1. **答案**：武装冲突可以是有战争状态的，也可以是没有战争状态的。没有战争状态的武装冲突主要是指武装敌对行为的事实。

2. **答案**：战争权被称为"诉诸战争权"，是传统国际法上承认的国家的固有权利之一。战争权是从国家主权引申出来的一项国家主权权利，也是国家解决国际争端的强制手段之一。

3. **答案**：这项原则是把平民居民与武装部队中的战斗员与非战斗员、有战斗能力的战斗员与丧失战斗能力的战争受难者、军用物体与民用物体以及民用目标与军事目标等区分开来，并在战争与武装冲突中分别给以不同的对待。

4. **答案**：是指武装部队的伤、病员、战俘和平民，是武装冲突法保护的对象，通称为"被保护人"。武装冲突法的规则，确定了交战各方与被保护人关系上的一定的权利和义务，从而使后者的安全和利益具有法律的保障。但是，这些已退出战斗的人员和平民，必须严守中立原则，不得参加军事行动。

5. **答案**：与在战场上使用诈术不同，根据 1977 年《日内瓦公约》第一附加议定书第 37 条的规定，背信弃义的作战手段和方法是指以背弃敌人的信任为目的的诱取敌人的信任，使敌人相信其有权享受或有义务使用于武装冲突的国际法规则所规定的保护的行为。例如，假装因伤因病而无能力；假装具有平民或非战斗员的身份等。

6. **答案**：中立主要是传统战争法中的一个概念。有下述特征：（1）中立法是规定交战国与中立国之间权利和义务关系的原则、规则和制度，目的在于使交战国与中立国之间的利益保持平衡。（2）一个国家在战争中是否宣布中立，不是法律问题，而是政治问题，但在宣布中立后则引起交战国和中立国的权利和义务关系，受战争法关于中立的原则、规则和制度的支配。（3）一个国家选择中立地位的方式，可以通过发表中立宣言或声明，也可以不发表宣言或声明而采取事实上遵守中立义务的方式。如果一个国家事先承担了中立义务，它的中立地位就在事前已经确定。（4）战时中立不同于中立化。（5）战时中立不同于政治意义上的中立、中立主义和不结盟。（6）战争法上的中立是国家的地位，而不是个人或团体的地位。

7. **答案**：间接执行模式是指缔约国将国际条约或条款中规定的国际犯罪转化为国内立法，成为国内刑法上的犯罪，并且，依照其国内法进行起诉、审判和处罚；或者将罪犯引渡给具有管辖权的国家进行起诉、审判和处罚。

8. **答案**：国际人道主义法的内容主要包括 1949 年《日内瓦公约》和 1977 年该公约的两个《附加议定书》。它是第二次世界大战后唯一独立于联合国组织以外编纂、发展的法律，也是自成一种的法律体系。它不涉及战争的法律地位和交战国间的一般关系，亦不涉及交战国适用的作战方法和手段，不涉及交战国和中立国间的权利义务，只是从人道主义的原则出发给予战争受难者（武装部队的病者、伤者、战俘和平民等）以必要的保护。国际人道主义法主要是关于保护伤病员、战俘或平民的法律体系，主要内容有伤病员待遇、战俘待遇、战时平民的保护等。

9. **答案**：战争罪，即违反战争法规和惯例的各种犯罪行为。此种违反包括谋杀、为奴役或为其他目的而虐待或放逐占领地平民、谋杀或虐待战俘或海上人员、杀害人质、掠夺公私财产、毁灭城镇或乡村或非基于军事上必要之破坏，但不以此为限。

五、简答题

1. 答案：(1) 应服从以下基本原则："军事必要"不解除当事人遵守国际法的义务。

(2) 条约没有规定的时候，不解除当事人尊重战争法的义务。

(3) 人道原则。战争法规中人道原则目的在于减轻战争的残酷性，交战国不仅要保护平民，而且要保护战争受难者，对交战国不得施加以与作战目的不成比例的伤害。

(4) 区别平民与武装部队，战斗员与非战斗员，战斗员与战争受难者。

另外，对作战手段与方法上，又有如下限制：

(1) 禁止使用的武器。禁止使用极度残酷的武器；禁止使用生化武器；禁止使用核武器。

(2) 禁止不分皂白的作战手段和方法。

(3) 禁止使用改变环境的作战手段和方法。

(4) 禁止使用背信弃义的作战手段和方法。

2. 答案：(1) 从事违反国际法的犯罪行为的个人承担个人责任；

(2) 不违反所在国的国内法不能作为免除国际法责任的理由；

(3) 被告的地位不能作为免除国际法责任的理由；

(4) 政府或者上级命令不能作为免除国际法责任的理由；

(5) 被控违反国际法罪行的人有权得到公平审判；

(6) 违反国际法的罪行是：反和平罪、战争罪、反人道罪；

(7) 共谋上述罪行是违反国际法的罪行。

3. 答案：关于作战手段和方法的一些基本原则①，集中体现在1907年《陆战法规和惯例章程》中，主要有：

(1) 限制原则 (restriction)。在战争与武装冲突中应对一些作战手段和方法加以限制。在原则上，各交战国和冲突各方对作战方法和手段的选择都应受到法律的限制。例如，禁止使用不分青红皂白的作战手段和方法；禁止使用大规模屠杀和毁灭人类的作战手段和方法；禁止使用滥杀滥伤、造成极度痛苦的作战手段和方法。

(2) 比例原则 (proportion)。这项原则主张作战方法和手段的使用应与预期的、具体的和直接的军事利益成比例，禁止过分地攻击，以及引起过分伤害和不必要痛苦性质的作战手段和方法。

(3) 区分原则 (distinction)。这项原则是把平民居民与武装部队中的战斗员与非战斗员、有战斗能力的战斗员与丧失战斗能力的战争受难者、军用物体与民用物体以及民用目标与军事目标等区分开来，并在战争与武装冲突中分别给以不同的对待。

(4) 中立原则 (neutrality)。武装部队的伤、病员、战俘和平民，是武装冲突法保护的对象，通称为"被保护人"。武装冲突法的规则，确定了交战各方与被保护人关系上的一定的权利和义务，从而使后者的安全和利益具有法律的保障。但是，这些已退出战斗的人员和平民，必须严守中立原则，不得参加军事行动。

(5)"军事必要" (military necessity) 不能解除交战国义务的原则。这项原则强调，尽管在武装冲突中存在有"军事必要"的原则，但"军事必要"不能被用来解除各交战国或武装冲突各方尊重和适用武装冲突法的原则、规则和制度的义务。

(6) 在条约没有规定的情况下，武装冲突各方仍有尊重国际法义务的原则。由于武装冲突法的原则、规则和制度不仅在于条约之中，而且还通过习惯的形式发挥作用，并随着军事科学和武器装备技术的发展而迅速发展。因此，在武装冲突法尚无具体规则的情况下，有关各方不能为所欲为。根据"马顿斯条款" (Martens clause)，在国际协定未规定的情况下，平民和战斗员仍然受来源于既定习惯、人道原则和公众良心要求的国际法原则的保护和支配。

4. 答案：国际人道法主要从人道主义的原则出发基于战争受难者以必要的保护。因此国际人道法的范围主要包括：(1) 武装部队的伤病员；(2) 战俘，即战争或武装冲突中落于敌方权力之下的合法交战者；(3) 平民。

六、论述题

1. 答案：(1) "人道主义干涉"的界定早在17世纪，近代国际法学说的奠基人雨果·格劳秀斯提倡过"爱的万国法律"，即通过武力限制战争，因为"正确的理性原则和社会本质并不禁止一切暴力行为，所禁止的只是那些反社会的暴力行动"。在北约对科索沃开战后，捷克总统哈维尔就是利用格劳秀斯的学说来证明"人道主义干涉"的合

① 编者注：这些基本原则是在战争与武装冲突中长期发展形成的，具有普遍意义和广泛法律效力，并构成武装冲突的基础。

法性的。他认为，曾经被视为神圣不可侵犯的“不干预”观念必须寿终正寝，因为它和“国家利益”一样自私，即自私地认为发生在别国的事情与自己无关，无论那里的人权是否受到践踏。因此有西方学者认为：主权者合理而公正地行事有一定的限度，“人道主义干涉”就是为使别国人民免遭超出这种限度的专横和持续的虐待而正当使用的强制。结合当今的国际实际及已经实施了的“人道主义干涉”所具有的特征，所谓“人道主义干涉”是指当一国“对它的国民施行虐待或加以迫害到了否定他们的基本人权和使人类良心震惊的程度”，在未得到被干涉国政府同意的情况下基于人道主义原因对该国实施武力干涉或以武力干涉相威胁。它包括两类行为：一类是出于人道主义目的而实施的强制行动，它出现在有大规模侵犯人权发生的情形下，根据《联合国宪章》第7章，由全球性地区或区域性国际组织实施的或由其授权而进行的集体干涉；另一类是没有授权的单方面的或由多国进行的干涉，这种以武力相威胁或使用武力的行为既没有事先得到联合国有关机构的授权，也没有得到被干涉国合法政府的同意。我们所讲的主要是后一种情况。

（2）对“人道主义干涉”正当性的分析。一种行为要获得法律的承认，首先应具有正当性，所谓“正当”，指某种行为在伦理上、道德上是可接受的，在实践层面上是必需的、可行的或至少是无须禁止的，同时此种行为还不会危及其他既存的利益，或至少能将危害限制在合理的限度以内。简言之，行为的正当性必须具有伦理道德上的可接受性、实践上的必要性、效果上的无害性或最小危害性。我们从伦理道德角度来考察“人道主义干涉”的正当性问题。就干涉行为本身而言，大规模侵害人权确实违背了人类社会基本的伦理道德观，甚至可能对全人类安全构成威胁，制止和干预这些行为当然是很有必要的，因此限制侵害者的自由并对其进行制裁，在理论上似乎具有伦理道德的可接受性。但从实际看，虽然世界上绝大多数民族都共有某些最根本的伦理信念，但也必须肯定它们相互间存在形形色色具体的伦理准则和道德惯例，因此，各个民族从其固有的伦理准则和道德惯例出发来评价“人道主义干涉”的伦理可接受性，得出的结论无疑是不同的。从实践上的必要性来看，大规模侵犯人权行为波及一定范围时，为保护基本人权而进行干预当然是必要的。但在现实中，对于基本人权的国际保护存在两种表现形式：一种是真正实质意义上的国际保护，即在联合国体制下的保护，这种方式是在联合国授权下的行动，是符合国际法的行为，是真正出于维护和实现人权的合法行为；另一种是没有经过合法授权的个别国家的所谓“人道主义干涉”，而后者之中不乏打着“保护人道主义”的旗帜，实质上却是为达到其他目的而干涉的情况。由此我们不难看出，联合国体制下的国际人权保护在实践中当然是必要的，并对实现和平安定的国际秩序具有一定的现实意义；没有经过合法授权的单方面的所谓“人道主义干涉”的“保护”，却对和平稳定的国际秩序具有一定的潜在危害性。实践已经证明，多数“人道主义干涉”并非真正出于保护人权的目的，而是为少数国家推行霸权主义服务的。关于“人道主义干涉”在效果上是否具有无害性问题，笔者认为需从两方面来进行考察：既无损于国际秩序，也无害于被干涉国的独立及其国民的生命、财产安全。但在实践中，一些大国往往通过所谓的“人道主义干涉”来获取各种经济、军事及政治利益。在这种复杂的干涉动机之下，要保证效果的无害性也就相当困难了。具体而言，“人道主义干涉”对国际社会秩序之害可从以下方面分析：其一，“人道主义干涉”有可能会打破原有国际政治体制的相对平衡格局，会使世界政治格局的一极化发展趋势更加明显，因此，“人道主义干涉”试图在现有国际安全和争端法律体制外创设一个“超权利”的做法，这对国际社会稳定和秩序无疑会产生消极的影响；其二，“人道主义干涉”会打破数百年来形成的以国家主权原则为理论基石的国际法体系，使国际法失去原有的公平、正义、安全和秩序价值。同时，“人道主义干涉”所倡导的“人权高于主权”的法律理念会诱导国际法向有利于大国霸权主义的方向变异。另外“人道主义干涉”对被干涉国之利益也是有害的。比如，会在国际政治和外交方面孤立被干涉国，扼杀被干涉国的经济发展，在某些情况下，甚至还会加剧被干涉国的灾难。以北约对南联盟的“人道主义干涉”为例，北约的干涉不但在南联盟地区造成新的直接战争灾难，而且因干涉而扶植的阿族部队又成为在该地区制造灾难的新根源。国际上的“人道主义干涉”实践已经反复证明了“人道主义干涉”的不正当性，忽视“人道主义干涉”所带给人们的痛苦及其对国际秩序所产生的负面影响是一种极不负责任的态度，盲目地认为“人道主义干涉”已经被各国文化传统涵纳，或者仅因看到其短期的表面效果就认定其具有正当性，这只是少数为某种目的实施干涉的大国的一面之词。

（3）综上所述，“人道主义干涉”的存在既不符合正当性的要求，也没有国际法上的合法性依据，因此，在实践中它往往成为西方大国借以干涉他国内政，谋取政治军事战略利益的一种手段，因此对“人道主义干涉”大唱赞歌并企图使其合法化的观点是十分错误的。而种种打着“保护人权”旗帜进行“人道主义干涉”的行为，无论是对国际秩序的稳定，还是对被干涉国的利益，都有着不小的负面影响，并非对人道主义危机的合法与正当的解决之道。

2. **答案**：在武装冲突与战争中交战国在对敌手段方面并不拥有无限制的权利。战争的需要应服从人道的要求，应尽可能地减少战争灾难。国际社会为了实现战争的这一法则，限制某些作战手段和方法，制定了一系列的条约、公约、议定书等。1977 年《日内瓦公约第一议定书》确定了使用作战手段和方法的三项基本原则：(1) 在任何武装冲突中，冲突各方选择作战方法和手段的权利，不是无限制的。(2) 禁止使用属于引起过分伤害和不必要痛苦的性质的武器、投射体和物质及作战方法。(3) 禁止使用旨在可能对自然环境引起广泛、长期而严重损害的作战方法和作战手段。公约考虑到新科学技术对武器发展的影响，又规定：在研究、发展、取得或采用新的武器、作战手段或方法时，缔约一方有义务断定，在某些或所有情况下，该新的武器、作战手段或方法的使用是否为本议定书或适用于该缔约一方的任何其他国际法规则所禁止。

有关国际法文件规定限制或禁止使用的作战手段和方法主要是：

(1) 禁止使用野蛮的和极度残酷的武器

《圣彼得堡宣言》指出：战争唯一的合法目标是削弱敌人的军事力量，使最大数量的敌人失去战斗力。宣言规定：缔约国之间发生战争时，它们的陆军和海军部队须放弃使用任何轻于 400 克的爆炸性弹丸，以减轻失去战斗力的人的过分痛苦。

(2) 禁止使用有毒、化学和细菌（生物）武器

有毒、化学和细菌（生物）武器比易燃易爆武器具有更大的杀伤力，更为残酷。因此，有专门性国际条约对其使用作出禁止性规定。1899 年海牙第二宣言规定：禁止使用专用于散布窒息或有毒气体的投射物。1907 年海牙第四公约附件规定特别禁止使用毒物或有毒武器。1925 年《禁止在战争中使用窒息性、毒性或其他气体和细菌作战方法的议定书》重申了上述禁令，并宣告此项禁令扩大适用于细菌作战方法方面。彻底禁止使用这类武器的关键是禁止生产、储存并且完全销毁。为此，1972 年签署了《禁止细菌（生物）及毒素武器的发展、生产及储存以及销毁这类武器的公约》。

(3) 禁止使用核武器

第二次世界大战期间，美国先后在日本广岛和长崎投掷了两颗原子弹，给日本造成了巨大的生命和财产损失。由于核武器给人类造成了极其严重的损失和威胁，各国人民和反对侵略战争的国家要求全面禁止发展、生产、储存和使用核武器。1961 年联合国通过了《禁止使用核武器宣言》，宣称：任何国家使用核及热核武器，一概作为破坏联合国宪章、违反人道法则及犯摧残人类及其文化罪论。

(4) 禁止不分青红皂白的作战手段和方法

战争法规的重要原则就是在平民和战斗员之间、民用物体和军事目标间加以区别。1977 年《日内瓦公约第一附加议定书》规定，禁止不分青红皂白的攻击是指：①不以特定军事目标为对象的攻击；②使用不能以特定军事目标为对象的作战方法和手段；③使用其效果不能按照本议定加以限制的作战方法或手段。因为，在上述每个情况下，都是属于未区分军事目标和平民或民用物体的性质的。

上述附加议定书还规定：除其他外，下列各类攻击，也应视为不分皂白的攻击：①使用任何将平民和民用物体集中的城镇、乡村或其他地区内许多分散而独立的军事目标视为单一的军事目标的方法或手段进行轰击的攻击；②可能附带使平民生命损失、平民受伤害、平民物体受损害或三种情形均有而且与预期的具体和直接军事目标相比损害过分的攻击。

(5) 禁止使用改变环境的作战手段和方法

改变环境的作战手段和方法是指使用改变环境的技术人为地破坏或改变自然力，将自然力用于军事目的。目前，尽管改变环境的技术还处于初级阶段，但潜在的危害性是极其严重的。1961 ~ 1969 年美国在侵略越南战争中使用的落叶剂，使 13000 平方公里的可耕地遭到破坏。国际社会对改变环境的作战方法和手段十分关注。

(6) 禁止背信弃义的战争手段和方法

战争法规是把战争诈术和背信弃义区别开的。1977 年《日内瓦公约第一议定书》对两者作了一般性区别，并列举了背信弃义行为的表现。该议定书规定：禁止诉诸背信弃义行为以杀死、伤害或俘获敌人。以背弃敌人的信任为目的而诱取敌

人的信任，使敌人相信其有权享受或有义务给予适用于武装冲突的国际法规则所规定的保护的行为，应构成背信弃义行为。下列行为是背信弃义行为的事例：①假装有在休战旗下谈判或投降的意图；②假装因伤或因病而无能力；③假装具有平民、非战斗员的身份；④使用联合国或中立国家或其他非冲突各方的国家的记号、标志或制服而假装享有被保护的地位。战争诈术是不受禁止的。这种诈术是指旨在迷惑敌人或诱使敌人作出轻率行为，但不违反任何适用于武装冲突的国际法规则，而且由于并不诱取敌人在该法所规定的保护方面的信任而不构成背信弃义的行为。下列是这种诈术的事例：使用伪装、假目标、假行动和假情报。

期末测试题一

一、单项选择题（每题2分，共20分）

1. 甲、乙二国建立正式外交关系数年后，因两国多次发生边境冲突，甲国宣布终止与乙国的外交关系。根据国际法相关规则，下列哪一选项是正确的？（　　）（司考2010.1.29）
   A. 甲国终止与乙国的外交关系，并不影响乙国对甲国的承认
   B. 甲国终止与乙国的外交关系，表明甲国不再承认乙国作为一个国家
   C. 甲国主动与乙国断交，则乙国可以撤回其对甲国作为国家的承认
   D. 乙国从未正式承认甲国为国家，建立外交关系属于事实上的承认
2. 甲国与乙国1992年合并为一个新国家丙国。此时，丁国政府发现，原甲国中央政府、甲国南方省，分别从丁国政府借债3000万美元和2000万美元。同时，乙国元首以个人名义从丁国的商业银行借款100万美元，用于乙国1991年救灾。上述债务均未偿还。甲、乙、丙、丁四国没有关于甲、乙两国合并之后所涉债务事项的任何双边或多边协议。根据国际法中有关原则和规则，下列哪一选项是正确的？（　　）（司考2008.1.33）
   A. 随着一个新的国际法主体丙国的出现，上述债务均已自然消除
   B. 甲国中央政府所借债务转属丙国政府承担
   C. 甲国南方省所借债务转属丙国政府承担
   D. 乙国元首所借债务转属丙国政府承担
3. 甲国和乙国爆发战争，丙国宣布战时中立，丙国作为战时中立国家，下列哪一项不是丙国的权利或义务？（　　）
   A. 甲、乙两国的军舰及其捕获物，不得在丙国领海通过，非因风浪、缺少燃料或损坏，不得在丙国口岸停泊
   B. 禁止甲国和乙的军舰在丙国的领海内进行拿捕和临检等敌对行为
   C. 甲国和乙国不得以丙国口岸或中立水域为海战根据地攻击敌人
   D. 丙国必须在对外关系中承担永久中立的义务
4. 甲、乙两国边界附近爆发部落武装冲突，致两国界标被毁，甲国一些边民趁乱偷渡至乙国境内。依相关国际法规则，下列哪一选项是正确的？（司考2016.1.33）（　　）
   A. 甲国发现界标被毁后应尽速修复或重建，无须通知乙国
   B. 只有甲国边境管理部门才能处理偷渡到乙国的甲国公民
   C. 偷渡到乙国的甲国公民，仅能由乙国边境管理部门处理
   D. 甲、乙两国对界标的维护负有共同责任
5. 甲、乙两国是温室气体的排放大国，甲国为发达国家，乙国为发展中国家。根据国际环境法原则和规则，下列哪一选项是正确的？（　　）
   A. 甲国必须停止排放，乙国可以继续排放，因为温室气体效应主要是由发达国家多年排放积累造成的
   B. 甲国可以继续排放，乙国必须停止排放，因为乙国生产效率较低，并且对于环境治理的措施和水平远远低于甲国
   C. 甲、乙两国的排放必须同等地被限制，包括排放量、排放成分标准、停止排放时间等各方面
   D. 甲、乙两国在此问题上都承担责任，包括进行合作，但在具体排量标准、停止排放时间等方面承担的义务应有所区别
6. 甲国是联合国的会员国。2006年，联合国驻甲国的某机构以联合国的名义，与甲国政府签订协议，购买了一批办公用品。由于甲国交付延期，双方产生纠纷。根据《联合国宪章》和有关国际法规则，下列哪一选项是正确的？（　　）
   A. 作为政治性国际组织，联合国组织的上述购买行为自始无效
   B. 上述以联合国名义进行的行为，应视为联合国所有会员国的共同行为
   C. 联合国大会有权就该项纠纷向国际法院提起针对甲国的诉讼，不论甲国是否同意
   D. 联合国大会有权就该项纠纷请求国际法院发表咨询意见，不论甲国是否同意
7. 2007年，甲国国内不幸爆发某种流行传染病。据报，甲国驻乙国大使的官邸发现疑似患者。乙国卫

生防疫人员迅速赶到该官邸外，做好处理患者准备工作。甲、乙两国都是《维也纳外交关系公约》的缔约国，且彼此间没有其他的相关协定。根据该公约规定，下列哪一选项是正确的？（　　）

A. 由于官邸处于城市居民区，乙国卫生防疫人员可以立即进入官邸调查处理患者

B. 只要患者不是大使本人或其家属，乙国卫生防疫人员就可以进入官邸进行调查和处理工作

C. 如果未得到甲国大使的明确同意，乙国卫生防疫人员不得进入官邸进行调查和处理工作

D. 只要甲国大使没有明确反对，乙国卫生防疫人员就可以进入官邸进行调查和处理工作

8. 甲、乙、丙三国订有贸易条约。后甲、乙两国又达成了新的贸易条约，其中许多规定与三国前述条约有冲突。新约中规定，旧约被新约取代。甲、乙两国均为《维也纳条约法公约》的缔约国。根据条约法，下列判断哪一项是错误的？（　　）

A. 旧约尚未失效

B. 新约不能完全取代旧约

C. 新约须经丙国承认方能生效

D. 丙国与甲、乙两国间适用旧约

9. 甲国政府与乙国A公司在乙国签订一份资源开发合同后，A公司称甲国政府未按合同及时支付有关款项。纠纷发生后，甲国明确表示放弃关于该案的诉讼管辖豁免权。根据国际法规则，下列哪一选项是正确的？（　　）（司考2010.1.30）

A. 乙国法院可对甲国财产进行查封

B. 乙国法院原则上不能对甲国强制执行判决，除非甲国明示放弃在该案上的执行豁免

C. 如第三国法院曾对甲国强制执行判决，则乙国法院可对甲国强制执行判决

D. 如乙国主张限制豁免，则可对甲国强制执行判决

10. 甲、乙、丙、丁四国共同签订了一份《引渡公约》，公约中规定四国之间的毒品犯可以引渡，在签署公约时，甲国对这一规定提出保留，乙国同意甲国的保留，丙国反对甲国的保留，丁国就甲国的保留未作任何的表示，该四国均签署了公约，那么依据条约法中关于条约保留的规定，下列说法中错误的是：（　　）

A. 在甲、乙两国之间，可以引渡毒品犯，乙国在甲国的保留范围内不适用公约的规定

B. 若丙国并不反对公约在甲、丙两国之间生效，那么甲国保留所涉及的引渡问题，在保留的范围内，不适用于该两国之间

C. 在乙国和丙国之间，丙国在甲国保留的范围内不适用公约的规定，公约规定的引渡毒品犯问题不适用于两国之间

D. 在丙国和丁国之间，两国应当适用原公约的规定，不引渡毒品犯

二、多项选择题（每题5分，共20分）

1. 甲国与乙国共同进行一项外太空的探测活动，并且签订了条约，下列条约的内容违反国际法的规定的有哪些？（　　）

A. 条约约定双方负有相互救助对方的宇航员的义务

B. 将该处外太空用于试验某种新型的具有很小杀伤力的武器

C. 条约规定某处外太空归甲国与乙国共同所有

D. 条约约定如果条约履行给第三国的利益造成损失的，那么甲、乙两国对各自的行为承担责任

2. 杜某为甲国驻乙国使馆的三等秘书，艾某为丙国驻乙国使馆的随员。杜某在乙国首都实施抢劫，有1名乙国人在抢劫中被其杀死。艾某当时恰好目击了该抢劫杀人事件。甲、乙、丙三国都是《维也纳外交关系公约》的缔约国，且三国之间没有其他双边的涉及外交和领事特权与豁免方面的协定。根据国际法规则，下列判断哪些是错误的？（　　）

A. 如杜某本人表示放弃其管辖豁免，则乙国即可以对其提起刑事诉讼，无论使馆是否同意

B. 如艾某本人表示愿意出庭作证，则乙国即可以带其到法庭作证，无论使馆是否同意

C. 乙国向甲国提出请求，要求放弃杜某的豁免，如甲国没有答复，则可以推定甲国已经同意放弃，从而对杜某提起刑事诉讼

D. 如甲国表示放弃杜某的管辖豁免，则乙国可以对杜某提起刑事诉讼，而不论杜某本人是否同意

3. 甲国公民彼得，在中国境内杀害一中国公民和一乙国在华留学生，被中国警方控制。乙国以彼得杀害本国公民为由，向中国申请引渡，中国和乙国间无引渡条约。关于引渡事项，下列哪些选项是正确的？（　　）（司考2012.1.76）

A. 中国对乙国无引渡义务

B. 乙国的引渡请求应通过外交途径联系，联系机关为外交部

C. 应由中国最高法院对乙国的引渡请求进行审查，并作出裁定

D. 在收到引渡请求时，中国司法机关正在对引渡所指的犯罪进行刑事诉讼，故应当拒绝引渡

4. 外国公民雅力克持旅游签证来到中国，我国公安机关查验证件时发现，其在签证已经过期的情况

下，涂改证照，居留中国并临时工作。关于雅力克的出入境和居留，下列哪些表述符合中国法律规定？（　　）（司考2012.1.75）

A. 在雅力克旅游签证有效期内，其前往不对外国人开放的地区旅行，不再需要向当地公安机关申请旅行证件

B. 对雅力克的行为县级以上公安机关可拘留审查

C. 对雅力克的行为县级以上公安机关可依法予以处罚

D. 如雅力克持涂改的出境证件出境，中国边防检查机关有权阻止其出境

三、名词解释（每题5分，共10分）

1. 积极国籍冲突

2. 外交保护

四、简答题（每题10分，共20分）

1. 简述外交代表管辖豁免的主要内容。

2. 简述条约的保留。

五、论述题（共30分）

列举有关引渡的三项国际法原则。

参考答案

一、单项选择题

1. 答案：A。本题考查国家的承认。建立外交关系属于法律承认而非事实承认。法律承认是认定被承认者作为法律的正式人格的存在，表明承认者愿意与被承认者发展全面正常的关系，带来全面而广泛的法律效果，这种承认是正式和不可撤销的，我们通常所说的承认都是指法律承认，事实承认被认为是不完全的、非正式的和暂时性的，它比较模糊并可以随时撤销。终止与某国的外交关系，并不必然地导致对国家的承认。

2. 答案：B。国家债务是指一国对他国、国际组织或其他国际法主体所负担的任何财政义务。国家实践中，国家继承的债务包括国家整体所负的债务或称国债，也包括以国家的名义承担而实施上级用于国内某个地方的债务或称地方化债务。国家对外国法人或自然人所负之债或国家的地方当局自己承担的对他国所负之债，不在国家继承的范围。本题中甲国南方省的2000万美元的债务，属于地方当局自己承担的对他国所负债务，所以不予继承。而乙国元首以自己的名义向外国法人借款100万美元，也不属于丙国继承的范围。所以丙国继承的债务只有甲国政府从丁国所借债务3000万美元。本题的正确选项是B。

3. 答案：D。中立国的权利包括：①中立国的领土主权应得到交战国的尊重；②中立国人员的权益应得到保护；③中立国与交战国关系中的某些特殊权利。中立国有权与交战国的任一方保持正常的外交和商务关系。对在不违背其中立义务的情况下，与互为敌国的交战国任一方进行的交往，交战国的另一方应予以尊重和容忍。中立国的义务包括：①不作为义务。是指中立国不得直接或间接地向任何交战国提供军事支持或帮助；②防止的义务。是指中立国有义务采取一切可能的措施，防止交战国在其领土或其管辖范围内的区域从事战争，或利用其资源准备从事战争敌对行动以及与战争相关的行动；③容忍的义务。指中立国须容忍交战国根据战争法对其国家和人民采取的有关措施，包括对其有关船舶的临检、对其从事非中立义务的船舶的拿捕审判、处罚或非常征用。因此A、B、C错误，D当选。

4. 答案：D。界标，是指竖立在边界线上或边界线两侧，在实地标示边界线走向，且其地理坐标已测定并记载于勘界文件或联检文件中的标志。如发现界标被损坏、移动或毁灭，双方主管部门立即相互通报。按勘界文件和联检文件的规定，负责维护该界标的一方立即采取措施在原位修理、恢复或重建，并应在工作开始前通知另一方。一方主管部门在进行上述工作时，应有另一方主管部门的代表在场，工作完成后做出记录。故A错误。

在已设界标边界线上，相邻国家对界标的维护负有共同责任。应使界标的位置、形状、型号和颜色符合边界文件中规定的一切要求。两国可以协议确定对全部界标的维护进行分工。陆地上的界标和边界线应保持在易于辨认的状态。双方都应采取必要措施防止界标被移动、损坏或灭失。若一方发现界标出现上述情况，应尽快通知另一方，在双方代表在场的情况下修复或重建。国家有责任对移动、损坏或毁灭界标的行为给予严厉惩罚。故D正确。

5. 答案：D。作为国际社会成员的所有国家都应该并且有权参与保护与改善国际环境的行动。所以甲国和乙国都应当在温室气体排放上承担责任。国际环境法规定了以下四个原则：国家环境主权和不损害其管辖范围以外环境的原则；国际环境合

作原则；共同但有区别的责任原则；可持续发展原则。根据上述四条原则可知，在甲、乙两国解决温室气体排放的问题上，双方都应承担责任，要进行合作，在具体排放标准和停排时间上，要根据各自的工业、经济、科技发展水平区别对待。所以本题应选D。

6. **答案**：D。政治性国家组织可以在一定程度上成为民事主体，因此，上述的购买行为是有效的。故A错误。只有在联合国的目的和宗旨内，并且经适当程序作出的决议后所从事的行为才属于共同行为，单纯的民事行为是不可以视为所有会员国的共同行为。故B错误。国际法院管辖权包括两方面：一是咨询管辖权、二是诉讼管辖权。国际法院只能审理国家与国家之间的争端。而且必须获得甲国的同意受其管辖。故C错误。根据《联合国宪章》的规定，国际法院除诉讼活动外，还有提供法律咨询的重要职能，称为法院的咨询管辖权。联合国大会及专门机构或其他机构，可以就执行其职务中的任何法律问题请求国际法院发表咨询意见。因此本题的正确选项是D项。

7. **答案**：C。《维也纳外交关系公约》规定了使馆馆舍不得侵犯。使馆馆舍不可侵犯表现在：(1)接受国人员非经使馆馆长许可，不得进入使馆馆舍。这表明接受国官员未经使馆馆长同意，不得擅自进入使馆馆舍执行公务，即使是送达司法文书或遇火灾以及流行病发生，也不例外。(2)接受国对使馆馆舍负有特殊的保护责任，应采取一切适当步骤保护使馆馆舍免受侵入或损害，并防止一切扰乱使馆尊严和安宁的事情。(3)使馆馆舍及设备，以及馆舍内其他财产与使馆交通工具免受搜查、征用、扣押或强制执行。所以本题选C。

8. **答案**：C。甲、乙两国私自达成的新约与旧约有冲突，意味着新约变更了旧约中确定的三国间的权利义务关系，构成了为第三国（丙国）创设权利或义务的行为。根据《维也纳条约法公约》规定，条约未经第三国同意对第三国既不创设义务，亦不创设权利。所以在未经丙国同意前，新约中与旧约冲突的部分内容不得对丙国生效，丙国与甲、乙两国仍适用旧约，换个说法也即旧约尚未失效、新约不能完全取代旧约，由此可知C为错误的。

9. **答案**：B。本题考查国家主权豁免。选项A错误，选项B正确。国家主权豁免是指国家的行为及其财产不受或免受他国管辖。在实践中，国家主权豁免主要表现在司法豁免，包括：一国不对他国的国家行为和财产进行管辖；一国的国内法院非经外国同意，不受理以外国国家作为被告或外国国家行为作为诉由的诉讼，也不对外国国家的代表或国家财产采取司法执行措施。但是，国家对于管辖豁免的放弃，并不意味着对执行豁免的放弃。即使国家放弃了管辖豁免，外国法院也不能因此当然地可以对该国国家财产实施扣押、查封等强制执行措施。选项C、D错误。国家豁免权的放弃是国家的一种主权行为，必须是自愿、特定和明确的。一国不能通过本国立法来改变别国的豁免立场，也不能将一国对某一特定事项上的豁免放弃推移到其他事项上，或将一国的豁免放弃推移到另一国家上。

10. **答案**：C。本题考查条约的保留。A项在公约的保留国与接受保留国之间，可以按照保留的范围，改变该保留所涉及的公约中的规定。B项在保留国与反对保留国之间，若反对保留国并不反对该公约在两国之间生效，则保留所涉及的规定，在保留的范围内，不适用于该两国之间。C项在未提出保留的国家之间，应当适用原公约的规定引渡毒品犯，而无论未提出保留的国家是否接受另一缔约国的保留。D项在未提出保留的国家之间，按照原来公约的规定，无论未提出保留的国家是接受还是反对另缔约国的保留。

二、多项选择题

1. **答案**：BCD。本题考查外空活动的主要原则。根据《外层空间条约》的规定，国家从事外空活动应该遵循以下基本原则：共同利益原则；自由探索和利用原则；不得据为己有原则；和平利用原则；救援宇航员原则；外空物体登记和管辖原则；国际责任原则；保护空间环境原则；国际合作原则。C违反不得据为己有原则，B违反和平利用原则，D违反国际责任原则。

2. **答案**：ABC。外交代表享有外交特权与豁免，在接受国实施的犯罪行为不受接受国的管辖，除非其本国明确放弃该外交代表所享有的特权与豁免，包括作证义务。使馆三等秘书和随员均属于外交代表的范畴，享有外交特权与豁免。

3. **答案**：AB。在国际法中，国家之间没有达成引渡条约时，一国对另一国家没有一般的引渡义务。选项A正确。《引渡法》第10条规定，请求国的引渡请求应当向中华人民共和国外交部提出。选项B正确。根据第16条规定，最高人民法院指定的高级人民法院对请求国提出的引渡请求是否符合本法和引渡条约关于引渡条约等规定进行审查并作出裁定。高级人民法院作出裁定，最高人民法院复核，故选项C错误。根据该法第9条规定，中华人民共和国对于引渡请求所指的犯罪具有刑事管辖权，并且对被请求引渡人正在进行刑事诉讼或者准备提起刑事诉讼的，可以拒绝引渡。根据属地管辖原则，中国对甲国公民彼得有管辖权，而且已经进行刑事诉讼，应当拒绝引渡的请求过于绝对，选项D错误。

4. **答案**：BCD。根据《外国人入境出境管理法》① 第21条规定，外国人前往不对外国人开放的地区旅行，必须向当地公安机关申请旅行证件。根据该法第29条规定，对伪造、涂改、冒用、转让入境、出境证件的，县级以上公安机关可以处以警告、罚款或者十日以下拘留处罚，故选项B、C正确。根据该法第24条规定，对于持用伪造或者涂改的出境证件的外国人，边防检查机关有权阻止出境，并依法处理，故选项D正确。

三、名词解释

1. **答案**：积极国籍冲突是指一个人同时具有两个或者两个以上的国籍。
2. **答案**：外交保护是指国家对于在外国的本国国民的合法权益遭到所在国违反国际法的侵害而得不到救济时，通过外交机关向加害国提出求偿的行为。

四、简答题

1. **答案**：（1）人身自由不可侵犯。接受国尊重外交人员的尊严，不得污辱其人格；不得对外代表的人身实施搜查、逮捕和拘留，接受国有责任保护外交人员人身不受侵犯。

（2）寓所、财产和文书信件不可侵犯。外交代表的私人寓所应享有同样的不得侵犯权及受保护权，接受国不得侵犯外交人员的文书、信件以及财产。

（3）管辖豁免。①刑事管辖豁免，外交人员免受接受国当局司法管辖，接受国不得对其加以传讯、起诉或审判。②民事管辖豁免，是指外交代表卷入民事纠纷，接受国法院不得对其实行审判和处罚，也不得对其强制执行，其责任通过外交途径解决。民事管辖豁免包括以下例外情形：关于私有不动产之物权诉讼；以私人身份参与继承事件的诉讼；关于外交代表于公务范围以外所从事的专业或商业活动引起的诉讼；根据公约规定，如外交代表主动提起诉讼，就不能对与主诉直接相关的反诉主张管辖的豁免。③行政管辖豁免。外交人员对接受国的行政管辖享有豁免权。④无作证义务。外交人员没有以证人身份作证的义务。但在一定条件下，如某一外交人员为某一案件的目击者，此事又不涉及使馆，经派遣国同意，外交人员也可以出庭作证。

（4）捐税、关税和查验的免除。一般原则是对外交人员应免征直接税，而不免征间接税。

2. **答案**：条约的保留是指国家或国际组织在签署、批准、接受、核准或加入条约时所作的单方面声明，不论措辞或名称如何，其目的在于摒除或更除条约中若干规定对该国或国际组织适用时的法律效果。其有三个方面的含义：（1）保留应在表示接受条约约束时作出；（2）保留可以采用任何措辞或名称，其性质属于单方面的声明；（3）保留的效果是排除条约中某些规定对提出保留的缔约方的约束力。允许缔约方的保留，就相当于允许缔约方不履行或更改条约中的某个或某些条款的规定，直接影响到条约所确立的权利义务关系。双边条约一般不存在保留问题。多边条约中，通常是大多数缔约方利益和要求的妥协，不能保证所有的缔约方对所有的条款都能满意。提出保留就成为那些利益没有得到充分满足的缔约方在条约范围内寻求补偿的手段。

并不是所有的条约都允许保留，按照国际法院1951年《关于灭种罪公约的保留问题的咨询意见》和1969年《维也纳条约法公约》第19条的规定，下列情况不允许保留：（1）该项保留为该条约所禁止；（2）该条约只允许作出一些特定的保留，而提出的保留不在其内；（3）在不属于前两者规定的场合，该项保留与该条约的目的和宗旨不相容。

关于保留，缔约方可以接受也可以反对。按照《维也纳条约法公约》第21条的规定，保留只涉及保留方与其他缔约方之间的关系，并不影响其他缔约方相互间的关系。对另一当事方成立的保留，在保留方与该当事方之间，在保留的范围，改变该保留所涉及的条约规定，在其他当事方之间则并不改变这些规定；如果反对方并未反对条约在该方和保留方之间生效，该保留所涉及的规定在保留的范围内，则不适用于该两方之间。第22条还规定，除非条约另有规定，保留和对保留提出的反对都可以随时撤回，无须经业已接受保留的国家或国际组织的同意。但撤回保留和保留的反对都应及时通知有关当事方，并以书面形式提出。我国在参加一些多边条约时，也对有关的条款作出过保留。

① 编者注：《中华人民共和国外国人入境出境管理法》和《中华人民共和国公民出境入境管理法》已被自2013年7月1日起施行的《中华人民共和国出境入境管理法》取代，参见后法第21、27、28、43、44、70、71条的规定。

五、论述题

答案：(1) 不干涉内政原则，是国际法的重要原则之一，是指任何国家均无权以任何理由直接或间接干涉任何其他国家之内政或外交事务，引渡是一种将当时在其境内的而被别国指控为犯罪或判罪的人应改过请求而移交该国审判或处罚的司法协助行为，这些国家依据属地、属人或国际法上的其他管辖权，有权对犯罪实行管辖，因此原本应当属于一国内政。引渡作为一种司法协助行为，符合“不干涉内政原则”。

(2) 国际合作原则，是指各国应当彼此之间充分合作，包括维持国际和平与安全；促进对于一切人的人权及基本自由的普遍尊重与遵行等。引渡正是基于这一原则而产生的一种国际司法协助行为。

(3) 各国主权平等原则，是指各国均有平等权利与责任。主要包括：各国法律地位平等，每一国均有充分主权之固有权利，每一国均有充分主权之固有权利，国家领土完整和政治独立不得侵犯等。引渡这项制度的出现，体现了对各国主权，特别是司法主权的尊重，两国处在平等地位，解决罪犯或犯罪嫌疑人的移交问题。

期末测试题二

一、单项选择题（每题2分，共20分）

1. 甲、乙、丙三国对某海域的划界存在争端，三国均为《联合国海洋法公约》缔约国。甲国在批准公约时书面声明海洋划界的争端不接受公约的强制争端解决程序，乙国在签署公约时口头声明选择国际海洋法法庭的管辖，丙国在加入公约时书面声明选择国际海洋法法庭的管辖。依相关国际法规则，下列哪一选项是正确的？（　　）（司考2017.1.34）
   A. 甲国无权通过书面声明排除公约强制程序的适用
   B. 国际海洋法法庭对该争端没有管辖权
   C. 无论三国选择与否，国际法院均对该争端有管辖权
   D. 国际海洋法法庭的设立排除了国际法院对海洋争端的管辖权
2. 甲国人兰某和乙国人纳某在甲国长期从事跨国人口和毒品贩卖活动，事发后兰某逃往乙国境内，纳某逃入乙国驻甲国领事馆中。兰某以其曾经从事过反对甲国政府的政治活动为由，要求乙国提供庇护。甲、乙两国之间没有关于引渡和庇护的任何条约。根据国际法的有关规则和制度，下列哪一项判断是正确的？（　　）
   A. 由于兰某曾从事反对甲国政府的活动，因此乙国必须对兰某提供庇护
   B. 由于纳某是乙国人，因此乙国领事馆有权拒绝把纳某交给甲国
   C. 根据《维也纳领事关系公约》的规定，乙国领馆可以行使领事裁判权，即对纳某进行审判并做出判决后，交由甲国予以执行
   D. 乙国可以对兰某的涉嫌犯罪行为在乙国法院提起诉讼，但乙国没有把兰某交给甲国审判的义务
3. 中国人姜某（女）与甲国人惠特尼婚后在甲国定居，后姜某在甲国生下一女。根据我国国籍法，下列哪一选项是正确的？（　　）
   A. 如姜某之女出生时未获其他国家国籍，可以获得中国国籍
   B. 姜某之女一出生就无条件获得中国国籍
   C. 如姜某之女出生时已获得甲国国籍，她也可以同时获得中国国籍
   D. 姜某之女出生地在甲国，因而不能获得中国国籍
4. 八角岛是位于乙国近海的本属于甲国的岛屿。40年前甲国内战时，乙国乘机强占该岛，并将岛上的甲国居民全部驱逐。随后乙国在国内立法中将该岛纳入乙国版图。甲国至今一直主张对该岛的主权，不断抗议乙国的占领行为并要求乙国撤出该岛，但并未采取武力收复该岛的行动。如果这种实际状态持续下去，根据国际法的有关规则，下列判断哪一项是正确的？（　　）
   A. 根据实际统治原则，该岛在乙国占领50年后，其主权就归属乙国
   B. 根据时效原则，该岛在乙国占领50年后，其主权将归属乙国
   C. 根据实际统治和共管原则，乙国占领该岛50年后，该岛屿主权属于甲、乙国共有
   D. 根据领土主权原则，即使乙国占领该岛50年后，该岛屿主权仍然属于甲国
5. 甲国警察布某，因婚姻破裂而绝望，某日持枪向路人射击。甲国警方迅速赶到事发现场，采取措施控制事态并围捕布某。布某因拒捕被击毙。但布某的疯狂射击造成数人死亡，其中包括乙国驻甲国参赞科某。根据国际法的有关规则，就该参赞的死亡，下列判断哪一项是正确的？（　　）
   A. 甲国国家应承担直接责任
   B. 甲国国家应承担间接责任
   C. 甲国国家应承担连带责任
   D. 甲国国家没有法律责任
6. 甲、乙两国边界附近爆发部落武装冲突，致两国界标被毁，甲国一些边民趁乱偷渡至乙国境内。依相关国际法规则，下列哪一选项是正确的？（司考2016.1.33）（　　）
   A. 甲国发现界标被毁后应尽速修复或重建，无须通知乙国
   B. 只有甲国边境管理部门才能处理偷渡到乙国的甲国公民
   C. 偷渡到乙国的甲国公民，仅能由乙国边境管理部门处理

D. 甲、乙两国对界标的维护负有共同责任

7. 甲国发生的叛乱运动已被甲国政府和国际社会承认为叛乱团体。该叛乱在其控制的一些地区，强行掠夺或占用外国侨民和外国国家的财产。根据国际法，下列关于甲国政府是否承担责任的说法哪个是正确的？(　　)

A. 承担直接责任

B. 承担间接责任

C. 甲国政府和叛乱运动共同承担直接责任

D. 不承担责任

8. 在国际法中，对于战争犯罪的审判和惩罚始于“二战”之后，下列关于战争犯罪的判断正确的是(　　)。

A. 对于战争犯罪的审判和惩罚始于纽伦堡审判和卢旺达审判

B. 根据《欧洲国际军事法庭宪章》和《远东国际军事法庭宪章》的规定，战争犯罪包括战争罪、危害和平罪和灭绝种族罪

C. 联合国前南军事法庭是根据联合国大会的决议成立的惩治前南斯拉夫境内严重违反国际人道主义法行为的法庭

D. 国际刑事法院是一个常设的国际刑事司法机构，其管辖范围限于灭绝种族罪、战争罪、危害人类罪和侵略罪等几大类

9. 甲、乙两国协议将其海洋划界争端提交联合国国际法院。国际法院就此案作出判决后，甲国拒不履行依该判决所承担的义务。根据《国际法院规约》，下列做法哪一个是正确的？(　　)

A. 乙国可以申请国际法院指令甲国的国内法院强制执行该判决

B. 乙国可以申请由国际法院执行庭对该判决强制执行

C. 乙国可以向联合国安理会提出申诉，请求由安理会作出建议或采取行动，执行该判决

D. 乙国可以向联合国大会法律委员会提出申诉，由法律委员会决定采取行动，执行该判决

10. 甲国是群岛国，乙国是甲国的隔海邻国，两国均为《联合国海洋法公约》的缔约国。根据相关国际法规则，下列哪一选项是正确的？(　　)(司考 2014.1.33)

A. 他国船舶通过甲国的群岛水域均须经过甲国的许可

B. 甲国为连接其相距较远的两岛屿，其群岛基线可隔断乙国的专属经济区

C. 甲国因已划定了群岛水域，则不能再划定专属经济区

D. 甲国对其群岛水域包括上空和底土拥有主权

二、多项选择题（每题 4 分，共 20 分）

1. 甲、乙、丙三国均为 WTO 成员国，甲国给予乙国进口丝束的配额，但没有给予丙国配额，而甲国又是国际上为数不多消费丝束产品的国家。为此，丙国诉诸 WTO 争端解决机制。依相关规则，下列哪些选项是正确的？(　　)(司考 2017.1.80)

A. 丙国生产丝束的企业可以甲国违反最惠国待遇为由起诉甲国

B. 甲、丙两国在成立专家组之前必须经过“充分性”的磋商

C. 除非争端解决机构一致不通过相关争端解决报告，该报告即可通过

D. 如甲国败诉且拒不执行裁决，丙国可向争端解决机构申请授权对甲国采取报复措施

2. 2007 年年底，甲国驻乙国总领馆的一只邮袋在乙国入境时，被乙国有关部门怀疑内有违禁品，并试图拆开检查。该邮袋上有领馆专用的明显标志。甲、乙两国均为《维也纳领事关系公约》的缔约国，但相互间无其他相关协定。根据公约的规定，下列哪些选项是正确的？(　　)

A. 乙国有关部门有权自行打开该邮袋检查

B. 乙国有关部门若打开该邮袋检查，须在甲国授权代表在场的情况下进行

C. 若甲国拒绝打开该邮袋，则乙国可以对该邮袋采取没收或扣押措施

D. 若甲国拒绝打开该邮袋，则乙国应将该邮袋退回原发送地

3. 中国某国有企业在甲国设有办事处，甲国人贾某为该办事处雇员。贾某利用职务之便，将办事处公款 1000 万美元窃为己有并进行挥霍。此间，贾某在乙国又参与了一起伪钞案。贾某从未到过中国，目前其在甲国。中国与甲国之间没有任何司法协助方面的协定，但中国与乙国间有引渡协定。根据国际法及中国的有关法律，下列哪些判断是错误的？(　　)

A. 中国对贾某的上述侵占公款案没有管辖权

B. 乙国向甲国就贾某伪钞案请求引渡，如获成功，贾某被引渡到乙国后，乙国可以不经甲国同意，径直将贾某转引给中国

C. 中国对贾某的上述侵占公款案拥有管辖权，可以自行派公务人员赴甲国缉拿贾某归案

D. 中国法院可以对贾某首先作出缺席判决，然后申请甲国对该判决予以执行

4. 假设甲、乙两国自愿经过谈判、签署和批准程序，缔结了一项条约。该条约内容包括：出于两国的共同利益，甲国将本国领土提供给乙国的军事力

量使用，用来攻击并消灭丙国国内的某个种族。根据国际法，下列哪些说法是错误的？（　　）

A. 由于双方平等自愿缔约，满足条约成立的实质要件，因此该条约是合法有效的

B. 由于条约经过合法的缔结程序，因此该条约是合法有效的

C. 如果该条约的上述内容得到丙国同意，则缔约行为的不法性可以排除

D. 如果该条约的上述内容被实施，则乙国的行为构成国际不法行为，甲国的行为不构成不法行为

5. 甲、乙两国就海洋的划界一直存在争端，甲国在签署《联合国海洋法公约》时以书面声明选择了海洋法法庭的管辖权，乙国在加入公约时没有此项选择管辖的声明，但希望争端通过多种途径解决。根据相关国际法规则，下列选项正确的是（　　）。（司考 2014. 1. 97）

A. 海洋法法庭的设立不排除国际法院对海洋活动争端的管辖

B. 海洋法法庭因甲国单方选择管辖的声明而对该争端具有管辖权

C. 如甲、乙两国选择以协商解决争端，除特别约定，两国一般没有达成有拘束力的协议的义务

D. 如丙国成为双方争端的调停国，则应对调停的失败承担法律后果

三、名词解释（每题 5 分，共 10 分）

1. 领事裁判权

2. 条约的加入

四、简答题（每题 10 分，共 20 分）

1. 条约在国内适用的途径。

2.《南极条约》的主要内容是什么？

五、论述题（共 30 分）

试述难民的法律地位。

参考答案

一、单项选择题

1. 答案：B。依据《联合国海洋法公约》的规定，对于海洋划界、领土争端、军事活动、涉及历史性海湾所有权的争端以及安理会正在行使管辖权的争端，缔约国可以通过书面声明排除强制程序的适用。故 A 错误。

国际海洋法法庭的管辖权具有任择强制管辖性质，即一国在加入公约时，或在其后任何时间，都可以自由用书面声明方式选择海洋法法庭的管辖，只有争端各方都选择了法庭程序，法庭才有管辖权。故 B 正确、C 错误。

国际海洋法法庭的设立不排除国际法院对海洋争端的管辖，争端当事国可以自愿选择将争端交由哪个机构来审理。故 D 错误。

2. 答案：D。国际法中，国家没有一般的引渡义务，引渡需要根据有关的引渡条约进行。国家通常没有必须给予庇护的义务。甲、乙两国之间没有关于引渡和庇护的任何条约，乙国没有义务引渡和庇护。但乙国可以依据属地管辖原则对兰某的涉嫌犯罪行为在乙国法院提起诉讼，故 D 项正确。根据《维也纳领事关系公约》的规定，领馆不可以行使领事裁判权。国际法上没有引渡的一般义务，除非有条约关系；无条约时，一国可以自由裁量。提供庇护是国家的权利，而不是国家的义务。庇护的对象主要是从事政治或科学活动而受到迫害的人，对民事争议的当事人、刑事犯罪分子和战争罪犯不能给予庇护。对从事侵略战争、种族灭绝和种族隔离、劫机、侵害外交代表等罪行及其他条约或习惯国际法认为是国际罪行的人，不得进行庇护。庇护原则上只能基于领土主权来行使，域外庇护是没有国际法依据的，除非是基于相互的协议，且在不违反国际义务的前提下进行。

3. 答案：A。根据《国籍法》第 3 条的规定：“中华人民共和国不承认中国公民具有双重国籍。”第 4 条规定：“父母双方或一方为中国公民，本人出生在中国，具有中国国籍。”第 5 条规定：“父母双方或一方为中国公民，本人出生在外国，具有中国国籍；但父母双方或一方为中国公民并定居在外国，本人出生时即具有外国国籍的，不具有中国国籍。”本题中，父母一方（母方）为中国公民，本人出生在外国，如果本人没有取得甲国国籍的，就可以获得中国国籍；如果本人因出生而取得甲国国籍，就不能取得中国国籍。因此 A 项正确，其他三项错误。

4. 答案：D。此题涉及传统国际法中获得领土的五种方式：（1）先占；（2）时效；（3）添附；（4）征服；（5）割让。选项 A 中因实际统治取得领土主

权的方式不在以上五种之列，可排除；甲国一直向乙国主张该岛的主权，乙国未能“不受干扰地”实现对甲国领土的占有，故可排除B；C项考查共管。共管有时是有关国家通过协议规定，如对某一尚未划定的边境地区暂时共同管理，或者经某一领土人民自由同意，有关国家对该领土实行共管。题中乙国强占甲国岛屿，此后两国也未达成共同管理的协议，故不成立共管，排除C。

5. **答案**：D。布某的行为并不属于政府国家机关行为或者代表国家行事的个人行为，并不引起国家责任。因此选D。

6. **答案**：D。界标，是指竖立在边界线上或边界线两侧，在实地标示边界线走向，且其地理坐标已测定并记载于勘界文件或联检文件中的标志。如发现界标被损坏、移动或毁灭，双方主管部门立即相互通报。按勘界文件和联检文件的规定，负责维护该界标的一方立即采取措施在原位修理、恢复或重建，并应在工作开始前通知另一方。一方主管部门在进行上述工作时，应有另一方主管部门的代表在场，工作完成后做出记录。故A错误。

在已设界标边界线上，相邻国家对界标的维护负有共同责任。应使界标的位置、形状、型号和颜色符合边界文件中规定的一切要求。两国可以协议确定对全部界标的维护进行分工。陆地上的界标和边界线应保持在易于辨认的状态。双方都应采取必要措施防止界标被移动、损坏或灭失。若一方发现界标出现上述情况，应尽速通知另一方，在双方代表在场的情况下修复或重建。国家有责任对移动、损坏或毁灭界标的行为给予严厉惩罚。故D正确。

7. **答案**：D。本题是关于叛乱团体的责任问题，在一国境内成立的叛乱团体的机关的行为，依国际法不应视为其所属国家的行为，而导致成为一国新政府或组成一个新国家的叛乱团体的行为，依国际法应被视为该有关新政府或新国家的行为。应注意的是叛乱运动被承认为叛乱团体前不负责任；被承认后，应对其行为负责。

8. **答案**：D。A项是纽伦堡审判和东京审判开创了对战争罪的审判和惩治的先例。B项根据《欧洲国际军事法庭宪章》和《远东国际军事法庭宪章》的规定，战争犯罪包括战争罪、危害和平罪和违反人道罪三大类，不包括灭绝种族罪。C项联合国前南军事法庭是根据联合国安理会而不是根据联合国大会成立的。在本题中，需要注意区分国际刑事法院管辖的战争犯罪的类别与《欧洲国际军事法庭宪章》和《远东国际军事法庭宪章》规定的战争犯罪的类别。

9. **答案**：C。国际法院是联合国的司法机关，也是当今最普遍、最重要的国际司法机构，是法律方法解决国际争端的主要机构。其组成如下：（1）法院由15名法官组成。（2）专案法官。（3）书记处。负责处理法院的文书、档案，日常工作和对外联系等。国际法院没有设置专门的执行庭，故选项B错误。

安理会是联合国在维持国际和平与安全方面负主要责任的机关，也是联合国中唯一有权采取行动的机关。安理会的重要职权包括：（1）促使争端和平解决。（2）制止侵略行为。（3）其他方面。包括建议或决定为执行国际法院的判决而采取的强制措施。

国际法院的判决是终局性的。判决一经作出即对本案及本案当事国产生拘束力，当事国必须履行。如有一方拒不履行判决，他方得向安理会提出申诉，安理会可以作出有关建议或决定采取措施执行判决。由此排除A，确定答案为C。

10. **答案**：B。内政就实质而言是国家在其管辖的领土上行使最高权力的表现。也就是说，凡是国家在宪法和法律中规定的事项，即本质上属于国家主权管辖的事项都是国家内政。“内政”不是一个单纯的地域上的概念，一个国家在本国境内的某些行为，也可能是违反国际法的，别国对此违法行为的干预并不构成对内政的干涉。因此A错误，B正确。判断某一事项是否属于内政，要看其是否本质上属于国内管辖的事项及该事项中的行为是否违背已经确立的国际法原则和规则。

二、多项选择题

1. **答案**：CD。最惠国待遇是WTO多边贸易制度中最重要的基本原则和义务。WTO的任何成员，都可以享有其他成员给予任何国家的待遇。WTO争端解决机制的主体是国家。故A错误。

磋商是争端解决的必经程序，提出磋商请求日起60天内没有解决争端时，申诉方才可以申请成立专家组。但磋商事项以及磋商的充分性，与设立专家组的申请及专家组将作出的裁定没有关系。故B错误。

与关税与贸易总协定的争端解决机制相比，WTO争端解决机构在通过专家组和上诉机构报告的程序上有所突破，将关税与贸易总协定的“协商一致原则”改为“反向协商一致原则”，即除非争端解决机构一致不通过相关争端解决报告，该报告即得以通过。该通过实际上是一种一票通过制，是一种准自动通过方式。故C正确。

被裁定违反了有关协议的一方，应当在合理

时间内履行争端解决机构的裁定和建议。如果被诉方在合理期限内没有履行裁定和建议，原申诉方可以经争端解决机构授权交叉报复，对被诉方中止减让或中止其他义务。故D正确。

2. 答案：BD。根据《维也纳领事关系公约》第35条规定，领馆邮袋不得予以开拆或扣留。但如接受国主管当局有重大理由认为邮袋装有不在本条第4项所称公文文件及用品之列之物品时，得请派遣国授权代表一人在该当局前将邮袋开拆。如果派遣国当局拒绝此项请求，邮袋应予退回至原发送地点。因此，B、D当选。

3. 答案：ABCD。国际法上国家有对其境内的除享有外交特权与豁免的一切人、物、事进行管辖的权利，即属地管辖权。同时国家有对位于任何地方的具有本国国籍的人进行管辖的权利，也包括对在国外侵害本国人合法权益的外国人进行管辖的权利，即属人管辖权。另外，国际法规定在未得到被请求国的同意的情况下，请求国不得将犯罪嫌疑人引渡到第三国审判或处罚。

4. 答案：ABCD。国家间的条约的成立必须符合强行法规则，包括国际法的基本原则。国际法的基本原则包括不使用威胁或武力原则，即各国在其国际关系上不得以武力或武力威胁，侵害任何国家的政治独立和领土完整；不得以任何与联合国宪章或其他国际法原则所不符的方式使用武力。根据该规定，该条约并没有有效成立。

5. 答案：AC。根据《联合国海洋法公约》（以下简称《公约》）规定，法庭的管辖权及于下列案件：(1) 有关《公约》的解释或适用的任何争端；(2) 关于与《公约》的目的有关的其他国际协定的解释或适用的任何争端；(3) 如果同《公约》主题事项有关的现行有效条约或公约的所有缔约国同意，有关这种条约或公约的解释或适用的争端，也可提交法庭。但法庭只是《公约》规定的导致有拘束力裁判的众多强制程序之一。缔约国可在任何时间以书面方式选择法庭或《公约》规定的其他争端解决程序，如国际法院、仲裁法庭等解决争端。同时，《公约》也对适用争端强制解决程序设定了一些限制或例外。例如，关于行使主权权利或管辖权的法律执行活动方面的争端；有关划定海洋边界的《公约》条款的解释或适用的争端；关于军事活动的争端；以及正由联合国安理会执行《联合国宪章》所赋予的职务的争端等。对于上类争端，缔约国可在任何时候作出书面声明，表示不接受《公约》规定的强制解决程序。所以，A选项正确。

根据《国际法院规约》的规定，《国际法院规约》的当事国可以通过发表声明，就具有下列性质之一的争端，对于接受同样义务的任何其他当事国，接受法院的管辖为当然具有强制性，而不需要再有特别的协定。这些争端是：对于条约的解释、违反国际义务的任何事实、违反国际义务而产生的赔偿的性质和范围等。这里“任择”是指当事国自愿选择是否作出声明；一旦作出声明，在声明接受的范围内，国际法院就具有了强制的管辖权，而不需其他协定。此本题中，甲作出了接受联合国国际法院强制管辖的声明，乙未作出接受联合国国际法院强制管辖的声明。所以，甲可单方将争议提交海洋法庭的做法不符合国际法。所以，B选项错误。

根据《公约》第280条的规定，用争端各方选择的任何和平方法解决争端。本公约的任何规定均不损害任何缔约国于任何时候协议用自行选择的任何和平方法解决它们之间有关本公约的解释或适用的争端的权利。所以，C选项正确。

调停是指第三方以调停人的身份，就争端的解决提出方案，并直接参加或主持谈判，以协助争端解决。有三个特点：（1）第三方可以是主动进行的，也可以是应邀请进行的。争端当事方和调停方可以对有关活动加以拒绝，并不承担相应的义务；（2）调停者提出的意见只具有建议或劝告的性质，没有法律的强制性，各方当事国对此保留完全的自由；（3）斡旋或调停不论成功与失败，第三方的任务均告终止，不承担监督和担保争端解决方案实施的法律责任。所以，D选项错误。

三、名词解释

1. 答案：领事裁判权是指历史上西方列强在亚非各国的领事按照其本国法对其本国侨民行使司法管辖权的片面特权。列强在中国的领事裁判权首次规定于1843年中英《五口通商章程》中。

2. 答案：是指未在条约上签字的国家参加已经签订的多边条约，从而成为缔约国的一种方式，也是该加入国接受条约拘束的一种法律行为。

四、简答题

1. 答案：（1）国际条约与国内法存在紧密的联系，从各国实践来看都承认国际条约对本国具有拘束力，可以构成本国法律的一部分。我国目前没有法律明确规定国际条约与国内法的关系。有学者通过对我国现行的法律法规及实践分析，认为国际条约与我国国内法具有同等效力，国际条约可以在我国国内法中直接生效，国际条约优先适用是处理国际条约与国内法冲突时的重要原则。

（2）国际条约能否在国内直接适用，考察各国的实践可知。由于各个国家法律体系不尽相同，做法也各异。一般来看有以下三种比较典型的方式：第一种为转化；即通过国内立法机关的立法行为将国际条约中的有关具体规则转变成国内法体系，用国内法的形式表现出来。这在国际法上称之为转化式。第二种为纳入；即无须转化，而将条约规定直接纳入国内法。这可以由宪法统一规定国际条约具有国内法效力，条约一公布其内容直接转变为国内法。也就是一般地承认国际条约为国内法的一部分。第三种为混合方式；即同时采用转化和纳入两种适用条约的方式。一些国家根据国际条约的性质或内容不同要求有些国际条约以纳入的方式在国内直接适用，有些则需要采取一定的立法措施将其转化为国内法后才能适用。典型的如美国。

2. **答案**：法律上的南极地区是指南纬60度以南的地区，包括南极洲大陆及其沿海岛屿和海域。南极洲在18世纪被发现后，一些国家先后对其某些部分提出领土主张。这些领土主张彼此存在相互重叠，引起有关国家之间的冲突，并且遭到其他一些国家的反对。为协调各国利益，1959年，当时进行南极活动的12个主要国家，签署了《南极条约》，该条约于1961年生效。此后，各国就保护南极动植物、保护海豹、保护生物资源及保护环境等问题相继缔结了一系列条约。这些条约构成了南极条约体系，规范各国在南极的活动。根据这些条约，目前南极的法律制度的主要内容包括：

(1) 南极只用于和平目的。在南极地区，禁止建立军事设施、进行军事演习和武器试验，禁止核爆炸和放置核废料。但是为科学研究或其他和平目的使用军事人员和军事设施不被禁止。

(2) 科学考察自由和科学合作。任何国家都有在南极进行科学考察的自由。同时各国应促进考察计划、人员和成果的交换和交流。

(3) 冻结对南极的领土要求。包括对南极领土不得提出新的或扩大现有要求；《南极条约》不构成对任何现有的对南极领土主张的支持或否定；条约有效期间进行的任何活动也不构成主张支持或否定南极领土要求的基础。

(4) 维持南极地区水域的公海制度。任何国家在南极地区根据国际法享有的对公海的权利不受损害或影响。

(5) 保护南极环境与资源。在南极进行的任何活动不得破坏南极的生态或环境。

(6) 建立南极协商会议。南极协商会议由《南极条约》原始缔约国和其他符合条件的加入国组成，一般要求该国在南极建立了常年考察站。会议每两年召开一次，交换有关情报，专门讨论有关南极的共同利益问题，以及向各国政府提出促进南极条约原则和宗旨的相关措施。

五、论述题

答案：国际法上的难民在广义上泛指因政治迫害、战争或自然灾害而被迫离开其本国或经常居住国而前往别国避难的外国人或无国籍人，包括政治难民、战争难民和经济难民在内，但目前通常仅指狭义上的难民，即政治难民。

确定某人具有难民身份。根据1951年公约和1967年议定书的规定，某人欲成为公约和议定书定义下的难民（即国际政治难民），必须具备以下两个方面的条件：(1) 客观条件，即该人跻身于其本负有遵守国或居住国之外，且不能或不愿受其本国保护或返回其经常居住地国国境内的难民，不分种族、宗教或国籍。(2) 主观条件，即造成上述客观条件的原因是该人有正当理由畏惧而采取的措施的一般义务，同时享受所在国赋予的权利和待遇。缔约国对其境内的难民应当区别情况在不同方面给予以下各种待遇：

(1) 国民待遇。缔约国境内的任何难民在种族、宗教、国籍、属于某一社会团体或具有某种政治见解等原因而受到迫害。

(2) 最惠国待遇。缔约国境内合法居留的难民应在非政治性和非营业性的结社权利。1951年公约和1967年议定书的缔约国并不负有主动接受难民入境并准其在本国居留的积极义务，但在拒绝难民入境、居留以及驱逐出境等和以工资受偿的雇佣方面享有在同样情况下一个外国国民所享有的最惠国待遇。

另外，所在国在难民待遇方面受到了以下限制：(1) 对于未经许可而进入或逗留于缔约国领土但毫不迟疑地自动向有关当局说明了正当理由的难民，该国不得对其因非法入境或逗留的事实本身加以惩罚，如决定不予接纳，应给此类难民以获得另一国入境许可所需要的合理时间以及一切必要的便利；(2) 对于合法位于缔约国境内的难民，该国除非基于国家安全或公共秩序的理由且根据法定程序作出的判决，不得将之驱逐出境，对于决定予以驱逐的难民，该国应给他们一个合理的期间，以便其取得合法进入另一国家的许可；(3) 除非有正当理由认为难民足以危害其所在的缔约国的安全，或难民已被确定的判决认为犯过特别严重罪行从而构成对该国社会的危险，该国不得以任何方式将难民驱逐或送回至其生命或自由因为政治原因而受威胁的领土边界。

附录一：部分名牌法学院校国际法学研究生入学考试真题

中国政法大学

2021 年

一、名词解释

1. 国际法主体
2. 国际习惯
3. 国家领土
4. 条约解释
5. 国际仲裁

二、简答题

1. 简述和平共处五项原则
2. 简述国家基本权利义务
3. 简述国际海底区域的法律地位

三、论述题

论述国家责任理论的发展

2020 年

一、名词解释

1. 外交保护
2. 条约的保留
3. 国家主权豁免

二、简答题

1. 简述大陆架的法律地位
2. 简述国际法院诉讼管辖权
3. 简述南极条约的内容

三、论述题

举例说明国际法和国内法的关系

2019 年

一、选择题

1. 关于 WTO 的正确表述是（　　）

A. WTO 是联合国的下属机构

B. WTO 设立常设争端解决小组

C. WTO 要求各成员在货物贸易领域和服务贸易领域均承担国民待遇义务

D. WTO 争端解决机构作出的裁决具有强制执行力

2. 关于国际投资法，正确的表述是（　　）

A. 国际投资法规范直接投资问题

B. 国际投资争议只能在东道国解决

C. 国际投资争议只能适用东道国法律

D. 国际投资中的公平公正待遇要求东道国给予最惠国待遇

二、简答题

1. 简述中国国籍的取得方式。
2. 简述国际货币基金组织关于汇率问题的规定。

三、论述题

传统国际法领土取得方式及其国际法地位。

2018 年

一、名词解释

1. 国家边界
2. 不受欢迎的人
3. 国际仲裁

二、简答题

1. 引渡的规则。
2. 条约的解释规则。
3. 安理会的表决程序。

三、论述题

论领海的法律地位。

2017 年

一、名词解释

1. 法律确认
2. 默示承认
3. 外交保护

二、简答题

1. 简述传统国际法上的领土取得与变更方式。
2. 简述沿海国对大陆架的主权权利。
3. 简述国家责任的内容。

三、案例题（17 分）

战俘于国内法院诉战败国。涉及国际法院的管辖权问题。

2015 年

简要回答国际强行法的概念和特征。

2014 年

试述排除国家行为不当性的情形。

2013 年

分析题

传统国际法上的领土取得方式及其在现代国际法上的地位。

2012 年

简答国际强行法。

2011 年

简述国际法院的诉讼管辖权。

2010 年

简述国际人权法和国际人道法的区别。

北京大学

2017 年

一、名词解释

1. 领海
2. 国家责任

二、简答题

1. 简述国际法的性质。
2. 简述国际法院的诉讼管辖权。
3. 简述国家的基本权利。

三、论述题

1. 论国家及其财产豁免原则的历史及最新发展。
2. 论国际人权法的新发展。

2011 年

一、简答题

1. 简述一般法律原则。
2. 简述人类共同继承财产。
3. 简述共同但有区别的责任。
4. 简述国际法院的咨询管辖。

二、论述题（三选一）

1. 试论述条约和国际法的关系。
2. 试论述“预防性自卫”。
3. 试论述普遍性管辖。

2010 年

一、简答题

1. 简述什么是外大陆架？
2. 简述国际法院判决的效力。
3. 简述电视卫星转播问题。
4. 简述不可克减条款。
5. 简述国际习惯法的证据。
6. 简述“科索沃”是否是主权国家？

二、论述题

1. 论“或引渡或起诉”。
2. 国家为什么要遵守国际法？

2008 年

1. 简述《国际法院规约》第 38 条第 1 款规定的有关国际法院适用的法律如何？
2. 简述自卫权。

2007 年

1. 简述国际法院的诉讼管辖权。
2. 简述国家的基本权利。

中国人民大学

2019 年

一、材料分析

材料：A、B、C 三国签了自贸协定（三国协定）且规定任意一国不能和非市场经济国家签自贸协定，否则其余国家可退出协定。

C 国和 D 国签了自贸协定。由于三国协定里同意的争端解决方式是提请仲裁，A 国以 D 国非市场经济国为由，对 C 国提请仲裁。仲裁结果是认定 D 国不具有市场经济地位。D 国不满，状告作出 D 国不具有市场经济地位的仲裁员甲在其本国 E 煽动实施反人类罪。

D 国政府派了个使团去 C 国沟通，因为其国民乙在 C 国投资受到影响而遭受了损失。

A 国取消了和 C 国的自由贸易，禁止 C 国船只进入 A 国领海。C 国认为 A 国违反了《联合国海洋法公约》，向国际海洋法法庭提起诉讼。

A 国以 D 国公民在 D 国驻 A 国总领事馆里失踪为由，进入 D 国总领事馆开展刑事调查，并请求联合国人权理事会公开 D 国人权记录。

问题：

（1）三国协定和仲裁结果对 D 国有无约束力？为什么？

（2）D 国能否因反人类罪行而对仲裁员甲提起诉讼？为什么？

（3）D 国政府派使团去 C 国沟通，这在法律上属于什么行为？D 国有权这样做吗？为什么？

（4）A 国领海禁入合法吗？为什么？

（5）国际海洋法法庭能否受理此案？若能受理，管辖权基础是什么？

（6）A 国能进入 D 国总领事馆对失踪案进行调查吗？为什么？

（7）联合国人权理事会应该同意 A 国的申请吗？为什么？

二、论述题（20 分）

试分析比较联合国集体安全体制与反措施的异同。(20 分)

2018 年

一、材料分析

材料：人民都拥有自决权，人民有权凭借此权利决定自己的政治地位。

问题：结合实践，谈谈你对这一条款的认识？

二、论述题

比较外交保护和国家责任。

2017 年

一、材料分析题

问题：

1. 国际刑事案件的司法管辖权。(发生在临海)
2. 国际投资的保护。
3. 外交人员的豁免管辖权由谁剥夺。
4. 某国法院法官能否剥夺另一国外交人员的豁免权。
5. 国际争端的法律解决途径；最佳途径是什么？

二、论述题

试比较条约的终止和解除国际行为不法性。

2016 年

一、比较下列概念

1. 承兑交单和付款交单
2. 反垄断和反倾销
3. 引渡和保护

二、法条分析题

试分析《涉外民事关系法律适用法》第 39 条：“有价证券，适用有价证券权利实现地法律或者其他与该有价证券有最密切联系的法律。”

2015 年

一、名词解释

1. 人权委员会的个人申诉
2. Vested right
3. 直线基线
4. 联合国的专门机构

二、简答题

试述外商投资企业法和公司法的关系。

2014 年

一、名词解释

1. UCP600

2. 国际法上的个人责任
3. 领事特权与豁免
4. 保理

二、简答题

简述外空物品损害赔偿责任。

2013 年

一、名词解释

1. incoterms
2. personal law
3. 旗国法
4. 特许协议

二、简答题

结合中国实践，简述政府继承的规则。

2012 年

一、名词解释

1. ADR
2. 法律关系本座说
3. 海牙规则
4. 关税联盟

二、简答题

简述不得援引豁免。

2010 年

一、名词解释

1. 法则区别说
2. 公共秩序保留
3. CIF
4. 特许协议

二、简答题

简述条约的解释。

2009 年

一、名词解释

1. 侵权行为自体法理论
2. 单边冲突规范
3. 普遍定期审查制
4. 提单
5. ADR

二、简答题

1. 简述中外合资经营企业和中外合作经营企业的比较。

2. 简述 WTO 争端解决机制特点。

3. 简述领海管辖权。

4. 简述 CISG 卖方违约救济方法。

三、论述题

1. 条约无效和条约终止的比较。

2. 国际立法中属人法的发展趋势和在中国立法中的具体体现。

清华大学

2019 年

案例题

A 国 C 公司到 B 国 D 省挖矿，C 公司被 B 国抗议者抢砸打烧，B 国 D 省警察不理会 C 公司的求助不肯管，问 A 怎么向 B 国求赔偿？

2018 年

1. 远洋岛的划分依据是什么？
2. 1996 年或武装冲突中使用核武器的合法性问题咨询意见，这个意见的性质、内涵、有没有其他的法律规则制约它。

2008 年

一、简答题

1. 简述国际法上国籍的意义。
2. 简述国际法上条约的构成要件。

二、论述题

1. 试论述国际法上国家责任的特征和基础。
2. 试论述国际法上国家行使管辖权的标准。

武汉大学

2007 年

一、名词解释

1. jus gentium
2. subject of international law
3. special mission
4. transit passage
5. retortion
6. tcrra nullius
7. 格劳秀斯
8. 史汀生不承认主义
9. 登临权
10. 国际法院的咨询管辖权

二、简答题

1. 概述联合国国际法委员会及其对国际法的编纂活动。

2. 试述免除国际不当行为责任的主要情形。

三、论述题

1. 试论国际组织对现代国际法发展的影响。

2. 有人提出，国际社会共同利益原则（或称全人类共同利益原则）应成为国际法的基本原则，请谈谈你的看法。

2006 年

一、名词解释

1. 登临权
2. 外交团
3. 联合国专门机构
4. 国际法与国内法相互关系论
5. 《联合国国家及其财产管辖豁免公约》
6. 国际法的编纂
7. 无害通过权
8. 普遍管辖
9. 否决权

二、问答题

1. 从国际法与国内法的角度试述国际法在国际关系中的普遍效力。

2. 试述引渡的概念和国际法上的主要引渡规则。

三、论述题

1. 论国家主权平等原则。

2. 结合有关国际实践，论述国际组织在和平解决国际争端方面的作用。

中南财经政法大学

2019 年

一、名词解释

1. 自卫权
2. 国际人道法
3. 和解
4. 毗连区
5. 难民
6. 国际法的渊源
7. 选任领事

二、论述题

1. 试结合安理会的表决程序，论述联合国的改革问题。

2. 试论人权的国际保护与国家主权的关系。

2010 年

一、名词解释

1. 法律确信（opinio juris）
2. 二元论
3. 构成说（constitutive theory）
4. 保护性管辖权
5. 积极国籍冲突
6. 国民待遇
7. 条约的加入
8. 国际罪行

二、简答题

1. 条约在国内适用的途径。
2. 列举有关引渡的三项国际法原则。
3. 国际法院的诉讼管辖权主要包括哪几种？

4. 安理会在维持国际和平与安全方面的主要权力包括哪些？

5. 国际法的基本原则有哪些？

6. 国际组织的基本特征有哪些？

7. 和平解决国际争端的方法有哪些？

8. 使馆不可侵犯主要包括哪些基本内容？

三、论述题

1. 论外交保护与领土庇护之不同点。

2. 论国家承认与政府承认之间的差别。

3. 论国际条约与国际习惯的关系。

2009 年

一、名词解释

1. 外交保护

2. 法律关系本座说

3. 共同海损

4. 国际罪行

5. 国际税收协定

6. 内水

7. 区际国际法律冲突

8. 海外投资保险制度

9. 仲裁协议书

二、简答题

1. 国际法上引渡制度的主要内容是什么？

2. 国际法与国内法关系的主要理论有哪些？

3. 《南极条约》的主要内容是什么？

4. 区际私法与国际私法有哪些联系和区别？

5. 如何理解仲裁协议的概念及法律效力？

6. 我国对协议管辖权有哪些限制？

7. 跨国公司的主要特征是什么？

8. 根据《联合国国际货物销售合同公约》的规定，卖方违约时买方的救济方法主要有哪些？

9. 何谓信用证交易的“独立抽象性原则”？

三、论述题

1. 试论述国际法是不是法律？

2. 试论述国际私法的范围。

3. 试论述国际货物买卖合同买卖双方的义务。

2008 年

一、名词解释

1. 条约

2. 冲突规范

3. 倾销

4. 国际商事仲裁协议

5. 人权

6. 专属经济区

7. 公共秩序保留

8. 国际重叠征税

9. 国家及其财产豁免

10. 国家主权

二、简答题

1. 如何理解联合国安理会的“双重否决权制度”？

2. 外交特权与豁免的现代国际法依据有哪些？

3. 外空的法律地位如何？

4. 国际私法调整涉外民商事关系的方法有哪些？

5. 承认与执行外国法院判决的条件有哪些？

6. “物之所在地法原则”的含义及适用例外？

7. 国际经济法有哪些基本原则？

8. 国际贸易术语的性质与作用如何？

9. WTO 争议解决机制有哪些？

三、论述题

试论述国际公法、国际私法、国际经济法三个部门法的关系。

2007 年

一、名词解释

1. 法律确信

2. 国际强行法

3. 自保权

4. 对抗措施

5. 群岛水域

6. 用尽当地救济原则

7. 外交特权与豁免

8. 换文

9. 联合国专门机构

10. 战争罪

二、简答题

1. 国际法基本原则。

2. 大陆架界限及其法律地位。

3. 可以归因于国家的行为有哪些？

4. 全球性与区域性人权公约主要有哪些？

5. 和平解决国际争端的方法有哪些？

6. 什么是国际法的基本原则？现代国际法有哪些基本原则？

三、论述题

1. 从航行主体、航行方式、航行领域三个方面比较无害通过制度与过境通行制度的异同。

2. 比较《东京公约》《海牙公约》《蒙特利尔公约》中关于“飞行中的航空器”的解释的不同点。

3. 论条约对第三方的效力。

4. 战争法对作战手段和作战方法的限制。

四、案例题

巴尔马斯岛仲裁案

巴尔马斯岛位于棉兰老、圣阿古斯丁岬东南约50海里之处，可以居住。根据结束美西战争的1898年12月10日的巴黎和约规定：西班牙将菲律宾和巴尔马斯岛割让给美国。1906年美国驻棉兰老岛司令在视察巴尔马斯岛时发现岛上飘着荷兰国旗。于是在美国与荷兰之间形成领土争端。经过外交接触之后，两国于1925年缔结仲裁协议，将争端提交国际常设仲裁法院仲裁，由国际常设法院院长麦克斯·胡伯担任独任仲裁员，通过审理发现，西班牙开拓者最早于16世纪发现并登上了该岛，并在岛上插上了西班牙国旗，宣布该岛为西班牙领土。由于西班牙没有对该岛实行移民管辖，荷兰开拓者后于西班牙开拓者登上该岛，但荷兰政府对该岛实施了移民管辖。

问题：

1. 何谓先占？
2. 先占有哪两个前提条件？
3. 从先占的角度考虑，你认为荷兰和西班牙谁拥有巴尔马斯岛的主权？为何？
4. 巴尔马斯岛的主权最终属于美国还是荷兰？
5. 先占在现代国际法中具有何种意义？

华东政法大学

2013年

一、名词解释

1. Parallel exploitation system
2. international humanitarian law
3. international legal personality

二、简答题

1. 领土庇护和域外庇护的区别。
2. 以审判战争罪犯为例简述个人在国际法上的地位。

2012年

案例分析题

案情略，钓鱼岛问题，日本能否以先占或时效主张对钓鱼岛的主权？文中涉及马关条约、波茨坦公告、开罗宣言、日本投降书、美日安保条约等，上述条约对中国有无效力？

2011年

一、名词解释

1. jus gentium
2. exhaustion of local remedies
3. Accretion

二、简答题

1. 对于本国国民的外交保护和领事保护的区别。
2. 你认为“全国人民代表大会常务委员会对需要批准的条约进行‘批准’后，我国即成为该条约的缔约国”这句话是否正确？请简述理由。

三、案例分析

甲是英国人，在中国境内贩毒，中国警方将其逮捕后起诉，依照中国法应该判处死刑。英国首相希望中国不要执行死刑，但中国法院最终判处甲死刑。

（1）中国能否接受英国首相的请求不对其起诉，任其逍遥法外，为什么？

（2）若中国警方明知其贩毒而置之不理，中国的不作为是否违反一般国际法？

（3）该男子依据国际人权法对中国判处的死刑提出抗辩，可否？

2010年

一、名词解释

1. protective jurisdiction
2. effective control
3. alien

二、问答题

1. 简述国际法主体的“独立性”“直接性”。
2. 相比较国际仲裁裁决的效力，论述国际法院判决的效力。

2009年

一、名词解释

1. pacta sunt servanda
2. customary international law
3. passive personality
4. innocent passage

5. jus cogens

二、简答题

1. 为何条约在原则上只约束缔约国，而习惯国际法规则在原则上却可拘束所有国家?

2. 外交保护问题上，为何只有在外国人用尽当地救济后，本国才可提出外交保护。

2008 年

一、名词解释区分

1. 国际习惯与国际惯例

2. 庇护与域外庇护

3. 内海湾与历史性海湾

二、问答题

请举例说明先占与时效的区别。

2007 年

一、名词解释

1. 条约的加入（accession）

2. 外交庇护（extra – territorial asylum）

3. 无害通过（innocent passage）

4. 任意强制管辖权（optional compulsory jurisdiction）

二、简答题

简述国际损害行为责任与国际不法行为责任的区别。

三、论述题

试论国际法上的“自卫权”，并对所谓的“预防性自卫”做出评述。

复旦大学

2018 年

一、名词解释

1. Optical compulsory jurisdiction

2. Contiguous zone

3. Preliminary questions

4. Comfort letter

5. ICSID

6. GSP

二、论述题

1. 试述国际法上的主权与人权的关系。

2. 简述反致制度的优缺点，并评述现行中国法律中对反致制度的接纳情况。

2014 年

论述题

1. 论解决大陆架争端的公平原则及其适用。

2. 比较国际贸易、国际金融里的 negotiation, novation, assignment 有什么不同。

3. 论当事人意思自治原则在我国涉外民事法律关系适用法里的地位以及适用情况。

2013 年

论述题

1. 简述国际豁免以及其制度发展。

2. 简述涉外民事案件中的协议管辖制度。

3. 简述 IBRD 的贷款对象以及贷款协议的性质。

2012 年

论述题

1. 论述引渡的原则。

2. 投资保护协定的公正及公平原则及其对中国海外投资保护的意义。

3. 试述国际私法中强行规范的适用。

2011 年

1. 试述国际法上的自卫权及新发展。

2. 试述 WTO 与 WIPO 的关系以及在两者条约中的表现。

3. 结合我国涉外民事法律关系法律适用原则，论述自然人属人法的连接点。

2010 年

论述题

1. 论述国际法院管辖权。

2. 简述我国涉外海事的法律应用。

3. 结合金融危机背景评述 IMF 加权表决制和 SDRS 及其改革。

附录二：国际法学习所涉及的主要法律文件

1. 中华人民共和国出境入境管理法（2012 年 6 月 30 日）
2. 中华人民共和国引渡法（2000 年 12 月 28 日）
3. 中华人民共和国专属经济区和大陆架法（1998 年 6 月 26 日）
4. 中华人民共和国领海及毗连区法（1992 年 2 月 25 日）
5. 中华人民共和国缔结条约程序法（1990 年 12 月 28 日）
6. 中华人民共和国国籍法（1980 年 9 月 10 日）
7. 维也纳条约法公约（1969 年 5 月 23 日）
8. 联合国宪章（1945 年 6 月 26 日）

附录三：国际法学习参考及推荐书目

1. 程晓霞、余民才主编：《国际法》（第六版），中国人民大学出版社 2021 年版。
2. 马呈元、朱建庚：《国际法》，中国政法大学出版社 2020 年版。
3. 邵沙平主编：《国际法》（第四版），中国人民大学出版社 2020 年版。
4. 朱文奇主编：《国际法学原理与案例教程（第四版）》，中国人民大学出版社 2018 年版。
5. 周鲠生：《国际法》，商务印书馆 2018 年版。
6. 杨泽伟：《国际法析论（第四版）》，中国人民大学出版社 2017 年版。
7. 贾兵兵：《国际公法理论与实践》，清华大学出版社 2009 年版。
8. 王铁崖：《国际法》，法律出版社 2004 年版。
9. ［奥］凯尔森：《法与国家的一般理论》，沈宗灵译，中国大百科全书出版社 2013 年版。
10. ［意］卡塞斯：《国际法》，蔡从燕等译，法律出版社 2009 年版。
11. ［美］惠顿：《万国公法》，丁韪良译，中国政法大学出版社 2003 年版。
12. ［英］詹宁斯、瓦茨修订：《奥本海国际法》，王铁崖等译，中国大百科全书出版社 1995 年版。

图书在版编目（CIP）数据

国际法配套测试／教学辅导中心组编．—10版．—北京：中国法制出版社，2021.7

高校法学专业核心课程配套测试

ISBN 978-7-5216-2025-2

Ⅰ．①国… Ⅱ．①教… Ⅲ．①国际法-高等学校-习题集 Ⅳ．①D99-44

中国版本图书馆 CIP 数据核字（2021）第136931号

责任编辑　谢雯　　封面设计　杨泽江

国际法配套测试（第十版）

GUOJIFA PEITAO CESHI（DI-SHI BAN）

组编/教学辅导中心

经销/新华书店

印刷/三河市紫恒印装有限公司

开本/787毫米×1092毫米　16开　　印张/13.5　字数/376千

版次/2021年7月第10版　　2021年7月第1次印刷

中国法制出版社出版

书号 ISBN 978-7-5216-2025-2　　定价：39.00元

北京西单横二条2号

邮政编码 100031　　传真：010-66031119

网址：http：//www.zgfzs.com　　**编辑部电话：010-63141797**

市场营销部电话：010-66033393　　**邮购部电话：010-66033288**

（如有印装质量问题，请与本社印务部联系调换。电话：010-66032926）